韦　民　周强武　王春生／著

中日关系与亚太经合

日中関係とアジア太平洋地域における経済協力

趋向·博弈·应对

中国财政经济出版社

图书在版编目（CIP）数据

中日关系与亚太经合：趋向·博弈·应对/韦民，周强武，王春生著.—北京：中国财政经济出版社，2016.1
ISBN 978-7-5095-6422-6

Ⅰ.①中… Ⅱ.①韦… ②周… ③王… Ⅲ.①中日关系-国际经济关系-研究 ②亚太地区经济合作组织-研究 Ⅳ.①F125.531.3②F114.46

中国版本图书馆CIP数据核字（2015）第241307号

责任编辑：罗亚洪　　责任校对：刘　靖
封面设计：汪俊宇　　版式设计：录文通

中国财政经济出版社 出版

URL：http：//www.cfeph.cn
E-mail：cfeph@cfeph.cn

社址：北京市海淀区阜成路甲28号　邮政编码：100142
营销中心电话：88190406　北京财经书店电话：64033436　84041336
北京财经印刷厂印刷　各地新华书店经销
710×1000毫米　16开　23.75印张　380 000字
2016年1月第1版　2016年1月北京第1次印刷
定价：52.00元
ISBN 978-7-5095-6422-6/F·5173
（图书出现印装问题，本社负责调换）
质量投诉电话：010-88110538
打击盗版举报热线：010-88190492、QQ：634579818

自序

在当今中国对外关系之中，近年来出现重大波折的中日关系是一大焦点。如何评估中日关系现状及其发展趋向？中日是否已进入相互制衡与博弈为基本取向的新阶段？两国在亚太，尤其东亚经合中的竞合态势又将如何演进？在新的国际环境下，我们该如何应对来自日本的诸多挑战、管控潜在的恶性竞争甚或对抗？这是我们必须直面的重大课题。

中国崛起正值历史关键期。“两个一百年”战略目标是中国人民的集体夙愿和意志，和平发展是实现这一宏伟愿景的基本国策。富国强军，富民强国，是中国屹立于世界民族之林的基础和前提。深化改革和扩大开放是实践业已证明的关键举措和路径。当前，中国已发展成为世界第二大经济体，在世界经济版图上举足轻重，在国际政治中扮演着日趋重要的角色。然而，作为世界上最大的发展中国家，中国仍然处于崛起的进程之中，发展状况与其宏大愿景尚存巨大差距。事实表明，中国发展离不开世界，中国崛起与全球化发展战略紧密关联。一个相对和平稳定的国际环境，尤其是周边环境，符合中国的整体战略利益。在当前背景下，争取尽可能长久的战略机遇期仍是中国对外战略的优先政策选项。

现实来看，中国所处国际背景已然发生重大变化。这是一个大发展、大变革、大转型的时代，以中国为代表的新兴市场国家整体实力不断提高。短短数十年里，它们大幅缩小了与长期主导世界政经的西方强国的差距，并对传统国际格局产生了深刻影响。转型时代往往意味着更多的不确定性，各种新问题、新矛盾和新挑战纷纷浮现。不言而喻，中国因素是推动国际环境变迁的重要变量，中国崛起是美日等国调整对外战略和对华政策的客观动因。不愿意接受中国崛起的现实、前景及其影响，是这些国家对华认知和行为的内在根源。近年来，中国周边环境总体稳定，但不乏竞逐、博弈和争斗的

“负能量”。这与美日等国的对华政策调整及其推波助澜不无关联。

外部环境中的竞争性和挑战性不断上升是中国必须直面的新常态。在这一背景下，如何与时俱进，趋利避害，维护和促进战略利益，是中国无法回避的重大现实课题。其中，中日关系的变化与走向就是一个亟待审视和思考的现实问题。中日分属当今世界第二、第三大经济体，均享有不容否认的国际地位，都是亚太，尤其是东亚合作进程中的关键行为体。因此，中日关系不仅会影响两国政治经济发展，也会产生相应的地区性和全球性影响。显而易见的是，合则两利、斗则两败是中日大多数有识之士的共识。然而，在当今国际关系中，中日关系无疑是复杂性、敏感性、挑战性高度交织的一对双边关系。历史问题、现实争端和未来预期相互激荡，使得中日关系充满了诸多变数，两国似乎陷入很难摆脱的恶性循环怪圈之中。从发展趋势看，中日关系步入长期低位徘徊的可能性极大。在历史问题上反复无常和在钓鱼岛争端上主动寻衅的日方显然要为两国关系急转直下承担主要责任。动荡的中日关系不是和平发展倡导者愿意看到的局面，也不是中国单方面所能阻挡的。

毋庸置疑，中日之间的确存在相互比较和彼此竞逐的集体意识。地理位置是无法更改的宿命。在长达数千年的交往中，两个国家起起伏伏，在不同历史阶段超越对方（日本显然短暂得多），曾经互为师生，相互借鉴和启迪，同时也互为优先比较对象和竞争对手。历史表明，强弱格局鲜明的中日关系往往相对稳定，而强弱转换之际则易于动荡不安，甚至走向对立和对抗。历史事实和国家禀赋同样表明，中国天生就是一个大国，中强日弱本是两国关系的固有常态。近代以后中华民族堕入100余年的惨痛低谷期，教训深刻，令人痛心疾首。在历史长河中，这或许只是个片段。历史积淀深厚、后劲十足的中国绝非久甘人后之辈。2010年，中国经济总量超越日本，从此便踏上大幅甩开日本的坚定步伐。中日关系已经进入一个崭新的历史阶段，一个强弱转换背景下反复磨合、相互适应和重新定位的新阶段。在中国真正崛起、或曰实力占据压倒性优势之前，反复性将是中日互动的重要特征。对此，我们要有清醒认识。

辩证思之，对中国而言，中日关系走低并不全然都是坏事。稳定的中日关系符合两国利益，也有助于中国和平发展进程，尽可能维护和促进两国关系发展应是我们积极追求的政策目标。然而，我们不能无视日本仇视中国崛起的不良意图，不能在历史问题和领土争议等原则性分歧上妥协退让，要丢掉不切实际的对日幻想，采取更具针对性的对日策略，以反制和斗争方式迫使日本重新审视其对华观，反思其错误的对华政策行为。对于推崇实力的日本来说，这是最有效的行为策略。与此同时，一个处处对我叫板的日本可以不自觉地充当中国崛起不可多得的“试金石”。在不得不面对的竞争和博弈之中，我们会不断增强危机意识，获取自我发展、自我革新的动力，不断提高自身实力和能力，最终实现全方位的对日超越。这当然是一个长期过程。

财富是权力的基石。中日关系的前景实质上取决于两国经济发展水平和实力对比。在经济发展领域，中日各具优劣势，也各具特色。日本是发达国家，具有较强的先发优势。中国仍是一个不折不扣的发展中国家，具有一定的后发优势和更大的发展潜能。作为两个东亚大国，中日在经济发展方面存在许多共性，日本战后曾经面临的经济问题也是现在中国必须应对的难题。从发展趋向看，中国在经济微观层面逐渐缩小与日本的差距，在经济规模层面大幅超越日本似是不可逆转的历史趋势。

经济博弈是新阶段中日关系的主要环节。中日都是全球化发展战略取向的国家，国际市场是两国经济可持续发展的重要成因，也是两国对外战略的重中之重。在经济资源、世界市场和国际经济机制方面，基于类似的发展模式和外部需求，两国之间的经济竞争性显然会不断增强。中日在世界范围内的经济博弈既是正常的市场行为，也夹杂着强烈的地缘政治思维。对日本而言，遏制中国的要害在于经济，在于阻遏中国经济影响力的海外辐射。对中国来说，外部市场是中国经济崛起的必争之地，日本是中国扩展国际经济空间的强劲对手之一。

经合是维护和改善一国经济发展环境的常规途径，经合博弈因而构成中日关系的主要活动领域。这体现在全球性、地区性、双边性等多个层面，以及各种竞争性经合动向之上。具体来看，亚太，尤其东亚地区是中日经合博弈的关键场所。原因不言自明，中日均是亚太的重要行为体，亚太更是当今全球政治经济的核心地带，对两国的战略环境和发展空间至关重要。抢占亚太经合制高点是亚太大国战略调整的关键目标。这也是近年亚太经合热点不断、有关各方纵横捭阖的基本驱力。亚太经合正在酝酿的重大变迁不能不引起我们高度关注。无论是在亚太大背景还是东亚小背景下，中日之间的政经博弈都是不争的事实。

对日关系只是中国对外关系的构成之一。它的走向究竟如何，不会动摇中国和平发展的战略主题，也不会影响中国外交的全球性、开放性与和平性。对于一个实力不俗、欣欣向荣、前景广阔的大国而言，击败我们的唯有我们自己。只要中国人团结一心，任何外部挑战都可以面对和克服。坚定信心，埋头苦干，自强不息，积蓄内力，不断提高国家在各种复杂环境下的适应能力、施政能力和外交能力，是新形势下处理大国关系、排除日本战略干扰的金钥匙。历史大势不可阻挡。中国崛起进程正是这一趋势的主旋律之一。中日关系将在这一趋向之下反复磨合和重新定位，也终将趋于正常和稳定。

作者

2015 年 12 月 6 日

目录

第1章
绪　　论

亚太乃当今世界政治经济的核心区域，当前正处经济发展、格局调整和区域整合的重要历史阶段。综而观之，亚太总体局势基本稳定，但不乏紧张因素；和平发展大势并未根本改变，但蕴含诸多不确定性；经合空前活跃并呈现出丰富多彩的合作性特征，但其中的竞争性甚至对抗性思维与行为日渐显现。不言而喻，大国是亚太政经版图的主导力量，其关系性质与样式对区域发展和经合进程具有决定性影响。亚太集中了位列世界前三的三大经济体，它们间的关系直接界定着亚太经合的内涵、方式及走向。

亚太时代已然来临。这是一个越来越明显的历史趋势。然而，亚太大国关系并不稳定。大国博弈是当今亚太政经发展的突出特征。在中国迅速崛起和美国推动亚太“再平衡”战略的大背景下，中日关系出现大幅变化，两国在诸多层面、众多领域相互竞争、制衡，甚至对抗，并有表面化、复杂化和长期化的趋向。作为亚太两大核心经济体，中日关系新动向不仅会深刻影响两国政经关系，且会不可避免地衍生各种地区性、全球性影响，也势必构成亚太经济发展和经合进程的新背景和新变量。

中国崛起是历史的必然，但这一进程并未完成，尚需时日与耐心。在亚太新局之下，积极营造良好的外部经贸环境，争取尽可能持久的战略机遇期，符合中国总体战略利益。这样的战略基调不能轻易改变。为此，冷静观察和应对中日关系变化带来的竞争和挑战，积极面对并塑造亚太经贸新环境，制定兼具针对性和前瞻性的亚太方策，以构建有益于我国和平发展的外部环境，是我们必须亟待严肃思考的重大问题。

一、"亚太"概念及其演进

亚太经合进程与亚太概念的演进相辅相成，且相互印证。不难看出，"亚太"概念是战后国际政治经济不断发展的衍生物，是亚太主要国家对外战略、经济禀赋、经合政策互动的结果，也是亚太国际关系的现实折射。它建基于地理位置基础上，一般泛指包括西太平洋海域周边的东北亚、东南亚国家，大洋洲国家，太平洋岛国，以及北美洲、中美洲和南美洲毗邻太平洋的诸多国家的广泛区域。从政经视角看，该概念的外延并不一定囊括上述所有国家，而是特指寻求某种程度、某种形式的多边合作且有可能形成某种区域性合作机制的若干国家组合。在不同的国际背景下，亚太的学术涵义和政策指向各有不同。

第一，亚太概念意味着亚洲国家（含大洋洲国家）与美国的政经联系，是这些国家定位与建构美欧取向国家身份的产物。日本学者大庭三枝（Mie Oba）所做的研究指出，"亚太"概念最早源于日本和澳大利亚两国学术界。[①]从20世纪50年代开始，日澳对外贸易急剧增长，许多日澳经济学家开始倡议在亚洲国家和太平洋国家之间建立对话机制。到了20世纪60年代，两国经济学家经常将"亚洲"和"太平洋"概念结合起来。大庭认为，两国试图创造"亚太区域"概念的动因是日澳都在寻找某种"地区身份"（Regional Identity）。尽管日澳都地处亚太地区，但日本曾经实施的"大东亚共荣圈"政策和澳大利亚的"白澳政策"（White Australian Policy）均造成了与其邻国的疏远和隔阂。与此同时，日澳虽在经济上严重依赖美欧，但并不被美欧视为核心合作伙伴。因此，出于增强与西方发达国家的经济联系，提高本国的地区影响力之考虑，两国试图通过倡导亚太概念加强与西方的纽带关系。

基于这样的动因，日澳等国在上世纪做出了许多努力。这些国家共同建立了许多重要区域组织，如1967年建立的太平洋盆地经济理事会（Pacific Basin Economic Council，PBEC），1968年的太平洋贸易和发展会议（Pacific Trade and Development Conference，PAFTAD），1980年的太平洋经济合作委员

① Yoshida Tadahiro, *East Asia Regionalism and Japan*, APEC Study Center, Institute of Developing Economies, JETRO, March 2004, p. 1.

会（Pacific Economic Cooperation Council，PECC），以及1989年成立的亚太经合组织（APEC）。这些努力一方面使两国慢慢被邻国接受为这一新概念的成员，同时也使两国成为新概念地区的中心角色。[①] 正是在日本、澳大利亚等国倡导之下，亚太逐渐成为一个连接亚洲国家和西方国家（尤其美国）的政经概念。

第二，基于不同的对外政策基调，不同国家的“亚太”概念的侧重点各有差异。毫无疑问，日本、澳大利亚这些早期倡导亚太概念的国家，其概念更多偏向于“太平洋”，或者说是脱离不开依附美国这个因素。早在20世纪60年代使用“亚太”概念的时候，其重心在“太平洋”而非“亚洲”。当时，日本更看重美国而非东盟或者中国、韩国。日本也是唯一同时是太平洋贸易和发展会议（Pacific Trade and Development Conference，PAFTAD）和太平洋经济合作委员会（Pacific Economic Cooperation Council，PECC）的成员。[②] 20世纪60年代，真正意义上的亚洲（东亚）区域主义相当孱弱。究其原因，可能是因为当时日澳的所作所为均是为了试图强化同美国的经济关系。[③] 对于美国而言，将其纳入其中的亚太概念是其参与东亚地区可能的合作机制并据此施加政经影响力的合法性工具。美国并不希望东亚形成一个类似欧盟的强大地区机制。这样的机制无疑会对美国既有的全球性和地区性主导地位构成潜在的竞争和挑战。与此相对，中国和东盟较为偏向亚太概念中的“亚洲”指向，重视亚太区域中的东亚经济合作。

在实践中，两种取向的代表性概念当推“亚太共同体”和“东亚共同体”。亚太共同体是宽泛亚太区域的合作构想。第二次世界大战结束以来，类似理念的倡议不时出现。其中，澳大利亚前总理陆克文（Kevin Rudd）的倡议较具代表性。陆克文于2008年6月4日宣布，澳将努力寻求在2020年建成一个包含美国在内的“亚太共同体”（Asia Pacific Community）。陆氏认为，所有区域合作论坛都未能单独将所有亚太国家囊括在内。因此，有必要重新

---

① Yoshida Tadahiro, *East Asia Regionalism and Japan*, p. 2.

② 这两个组织最开始均只有五个发达国家成员，即，日本、澳大利亚、新西兰、美国和加拿大。

③ Yoshida Tadahiro, *East Asia Regionalism and Japan*, p. 3.

检视该地区的“架构”（architecture）。[①] 陆克文还曾任命理查德·武尔科特（Richard Woolcott）为特使，前往该地区各地就该倡议进行磋商。[②] 武尔科特在与21国进行大量磋商之后表示，澳大利亚在该地区有着极为成功的外交记录（比如APEC倡议、柬埔寨和平进程以及东盟地区论坛等）。此外，在为该地区提出一些新思想等事情方面，像澳大利亚（或者马来西亚）这种中等国家比美、中、日等主要大国更为有利。因为小国会怀疑大国提出的类似意见中含有隐性或者自私的考虑。[③] 武尔科特考察后发布的“概念文本”（Concept Paper）指出：（1）该地区领导人广泛认为有必要集中讨论什么样的区域架构能够最好地服务自身的未来利益；（2）各国领导人同样认为目前的区域机制安排都不能为相关各方提供讨论政治、经济、安全在内的全领域事务的统一平台；（3）各国都不愿新增更多的会议，也对额外的机制没有兴趣；（4）认为ASEAN对于区域合作与互信至关重要，且已为该地区的和平与稳定做出了极大贡献；（5）各国对亚太共同体的倡议的进一步探讨极富兴趣。[④] 可以看出，亚太共同体涵盖面甚广，成员众多，在实际操作中难度极大。该理念的最大贡献是为亚太经合提供了一个符合地区利益的合作远景。

东亚共同体概念在东亚国家很有市场。前有马来西亚前总理马哈蒂尔提出的东亚经济集团构想，后有“10+3”机制的推行。这也是日本对外战略思维的重要途径之一。日本前首相鸠山由纪夫是该理念的重要倡导者。2009年8月10日，鸠山在日本杂志《声音》（*Voice*）发表了题为《我的政治哲学》（My Political Philosophy）一文。鸠山表示，“另一个由‘友爱’（fraternity）概念延伸出来的国家目标就是要创立一个东亚共同体（East Asian Community）。”日美关系无疑是“我们外交的一个重要支柱。但是，我们一

① Feigenbaum, Evan A. and Manning, Robert A., *The United States in the New Asia*, The Council on Foreign Relations (CFR), November 2009, p. 4. Frank Frost, “Australia's proposal for an ‘Asia Pacific Community’: issues and prospects”, Department of Parliamentary Services, Parliament of Australia, December 2009, 1834 - 9854, p. 1.

② 但陆克文的倡议在国内遭到了反对派的抨击。Frank Frost, “Australia's proposal for an ‘Asia Pacific Community’: issues and prospects”, Department of Parliamentary Services, Parliament of Australia, December 2009, 1834 - 9854, p. 10.

③ Frank Frost, “Australia's proposal for an ‘Asia Pacific Community’: issues and prospects”, Department of Parliamentary Services, Parliament of Australia, December 2009, 1834 - 9854, pp. 16 - 17.

④ Frank Frost, “Australia's proposal for an ‘Asia Pacific Community’: issues and prospects”, Department of Parliamentary Services, Parliament of Australia, December 2009, 1834 - 9854, p. 18.

定不能忘记我们亚洲国家这个身份。”① 然而，他也认识到，东亚各国之间存在广泛的历史争议、领土纠纷。他同时认为，一方面，这些纷繁复杂的矛盾的确是区域一体化的绊脚石；另一方面，这些矛盾也仅仅只能通过区域一体化的方式才能得到真正的解决。② 鉴于此，他呼吁亚洲国家克服极端民族主义并致力于区域经济和安全合作。鸠山最终认为，在世界多极化和区域一体化的大环境下东亚国家理应建立区域货币，并建立永久性的安全框架来确保货币一体化。③ 东亚共同体概念的具体实践面临太平洋取向的重大挑战，障碍重重，但它是解决地区矛盾、促进地区繁荣的最佳政策选择，因而仍然具有旺盛的生命力和想像空间。

第三，“亚太”概念在特定历史阶段意味着发达国家与发展中国家之间的联系。前日本外相三木武夫（Takeo Miki，后来的首相）是首位使用该概念的日本高官。在他的语境中，太平洋地区意味着“南北问题”的解决。1967年，在主题为“亚太外交与日本经济合作”的讲话中，三木所指的“太平洋国家”即发达国家（北），而亚洲国家则相对应为发展中国家（南）。太平洋国家理应对亚洲国家施以援手。④ 随着东亚国家的不断发展和地区形势的巨大变迁，这种划分早已不合时宜。

20世纪70年代中叶后，亚太概念的内涵逐渐开始发生变化。在这一时期，尼克松主动访华，越南战争也宣告结束，美国在亚洲的势力相对衰落。美国的撤离意味着亚洲地区出现了权力真空。1977年，时任日本首相的福田赳夫在出访东南亚国家期间发表了以“福田主义”（Fukuda Doctrine）著称的演讲。“福田主义”表明日本开始将东盟视作重要合作伙伴，亚洲国家对于日本的重要性逐渐上升。倡导亚太取向也就逐渐成了日本在美国和亚洲国家之

① Hatoyama Yukio, “My Political Philosophy”, Tokyo: *Voice*, September Issue, Aug. 10th, 2009, p. 10. 同样可参见：金融时报译本：Yukio Hatoyama, “My Political Philosophy”, *Financial Times*. [Online] 08 13, 2009. http://www.ft.com/intl/cms/s/0/99704548 - 8800 - 11de - 82e4 - 00144feabdc0.html#axzz31vyv6VZz。以及 Hatoyama Yukio, “Japan: Shifting Away from American - led Globalization”, *New Perspectives Quarterly*, 2010, vol. 27, no. 1, p. 25.

② 鸠山认为欧洲一体化就是一体化解决领土纠纷的案例。参见：Hatoyama Yukio, “My Political Philosophy”, Tokyo: *Voice*, September Issue, Aug 10th, 2009, p. 11.

③ Hatoyama Yukio, “Japan: Shifting Away from American - led Globalization”, *New Perspectives Quarterly*, 2010, vol. 27, no. 1, p. 28.

④ Yoshida Tadahiro, *East Asia Regionalism and Japan*, p. 3.

间相互平衡的对外政策选择。

第四，当今东亚在国际组织经济中的地位日趋凸现，亚太内涵逐渐演化为东亚国家与美国等美洲国家之间的经济合作。20 世纪 80 年代末以来，东亚国家经济已有大幅提升，政治民主化也明显改善。日本逐渐意识到，东亚国家不再是过去那种只是接受援助的发展中国家，它们已经发展为重要的贸易和合作伙伴。欧洲同期出现的地区主义[①]浪潮同样影响了日本推动亚太区域一体化的政策决心。到 80 年代末，日本决心重振亚太区域主义。1989 年 11 月，在日澳韩等国推动下，亚太经合组织（APEC）正式成立。其中，该组织的首批成员经济体就包含了日本、澳大利亚、新西兰、加拿大、美国等传统“太平洋国家”，同时也吸纳了韩国、泰国、新加坡、印度尼西亚、菲律宾、马来西亚和文莱等传统“亚洲国家”。APEC 是首个囊括了亚太经济体的区域合作组织，也是日本等国亚太区域主义的体现。[②]

在经济强劲发展的新时期，东亚逐渐成为亚太概念的关键构成。冷战结束以来，伴随着地区合作力度的不断加大，东亚地区一体化进程取得了重大进展，并迅速成为亚太经合进程中的热点和焦点。从严格的地区概念看，东亚已从单纯的地理概念转型为一个某种程度的政治经济地区。然而，东亚地区化显然还处在相对滞后的发展阶段。一方面，通过日趋广泛的贸易、投资和社会文化交流，区内国家间的交往更加密切，经济相互依赖关系空前紧密，并形成了颇有潜力的地区经合机制；另一方面，在战略安全层面，虽然东南亚和东北亚之间已建构了联系纽带和活动平台，但总体上看，东亚并没有形成平稳有序的“地区安全共同体”（regional security community）。传统威胁和非传统威胁依然对东亚构成重大挑战，地区安全合作还有广阔的发展空间。这对东亚经合无疑是个巨大制约。对于东亚国家而言，东亚经合意义更为重大。这是它们促进经济发展、提高地区国际地位、稳定地区环境的重要途径，也是在更宽泛的亚太经合进程中捍卫自身利益、占据经贸先机的前提。

总之，亚太是一个外延宽泛、内涵模糊、使用灵活的术语，在国际关系和地理涵义上应用广泛。然而，该概念的学术确定性并不清晰。从该概念的

---

① 学界对 region 有“区域”和“地区”两种称谓，有时混用，但所指涵义并无二致。故，regionalism 有“区域主义”和“地区主义”、regional cooperation 有“区域合作”和“地区合作”、regionalization 亦有“区域化”和“地区化”之两种意义相同的术语。

② Yoshida Tadahiro, *East Asia Regionalism and Japan*, p. 4.

演进过程可以看出，亚太是第二次世界大战结束后，尤其冷战结束之后的一个新兴区域。其内涵和外延的不断变迁，与亚太，尤其东亚政经的巨大发展密不可分。亚太是一个充满活力、前景广阔的年轻区域，该概念还会继续丰富和发展下去。某种意义上看，亚太代表着发展机遇和全球格局的未来。对于世界各国，尤其亚太国家而言，高度重视并积极参与亚太发展进程，显然是一个不可或缺的政策选项。

二、亚太崛起及其经合特征

冷战结束之后，伴随着亚太经合组织、东亚“10+X”（包括“10+1”、“10+3”、“10+6”或“10+8”等以东盟10国为核心的地区合作机制）与其他众多经合机制的设立和发展，亚太迅速成为国际组织经济格局中举足轻重的区域。亚太概念的政治经济内涵也越发清晰可信。在经济全球化和区域经济一体化的时代大潮之下，中日也在不断调整对外政策，以适应世界经济发展的新环境，更积极地参与到亚太经合进程中。

（一）亚太崛起及其影响

亚太是当今全球政治经济的核心地区。第二次世界大战结束以来，东亚奇迹或东亚崛起是国际政治经济格局中的一大突出特征。随着中国的迅速崛起，东亚更是成为堪与北美、欧盟相抗衡的世界三大经济核心之一。不言而喻，包含北美、东亚在内的亚太区域是全球政经的核心地带。

第一，该地区是当今世界的经济重心。2013年，亚太地区经济总量约为45.97万亿美元，占全球经济总量的61.37%。欧美主导的大西洋经济带已为太平洋经济带所超越和取代。

第二，该地区囊括了世界第一、第二和第三大经济体。2013年，美国、中国与日本的经济总量分别占全球GDP的22.43%、12.34%和6.54%，三国共占全球经济总量的41.31%。三国构成了世界经济的主体，是描画世界经济版图的关键。

第三，该地区汇集了全球经济增长最迅速的东亚经济圈。2013年，中国、日本、韩国和东盟国家的GDP总量为17.85万亿美元，占亚太GDP总量的38.8%，占全球GDP总量的23.83%。以中国为代表的东亚地区也是世界经济贡献率最大的区域，且具有其他地区难以企及的持续发展潜力和空间（参见表1－1）。亚太、尤其东亚是未来世界经济发展的强大动力。

表1－1　亚太主要经济体GDP总量及全球所占比重（2013年）

经济体	GDP总量（美元）	全球所占比重（%）
俄罗斯	2 096 777 030 571	2.80
中国	9 240 270 452 050	12.34
日本	4 901 529 519 266	6.54
韩国	1 304 553 972 502	1.74
东盟	2 400 595 293 951	3.21
澳、新	1 743 191 619 807	2.33
加拿大	1 825 096 387 909	2.44
美国	16 800 000 000 000	22.43
拉美与加勒比地区	5 654 890 494 895	7.55
亚太主要经济体总量	45 966 904 770 951	61.37
全球	74 899 882 095 640	100

数据来源：世界银行官网（http：//www.wb.org）。其中，缅甸的数据来自国际货币基金组织（World Economic Outlook Database）。

第四，该地区是国际政治演进的决定性舞台。世界上唯一的超级大国——美国和迅速崛起的中国共同活跃在这个区域。中美关系对国际关系的影响举足轻重，其关系样式和发展趋向不仅界定着亚太国际关系及其前景，同时也预示着全球政治经济格局的发展方向。

亚太是当今全球政治经济的枢纽。它在全球体系中的核心位置决定了相关各国的亚太政策。具体表现在几个方面：

其一，世界主要国家纷纷调整了其政策重心，均高度重视亚太的政治经济意义，将战略触角纷纷伸向亚太，积极发展与亚太主要经济体的经贸联系。

其二，为了在发展强劲的亚太占据发展先机，亚太国家加大了经贸合作力度，掀起了一轮经合重新组合的热潮。

其三，亚太大国关系进入博弈和磨合阶段。中国崛起及其趋势是世界经济奇迹之一，这是亚太，乃至全球政经版图大幅改写的历史性事件。新兴力量的强势崛起触发了地缘政治经济的敏感神经，大国博弈中的竞争性色彩愈发明显。为了维系自己的主导地位，美日等国试图通过各种政经手段影响中国发展进程。大国关系并不顺畅，亚太经合过程因此增添了诸多不稳定性和不确定性。

（二）亚太经合态势及特征

在亚太崛起的背景下，亚太经合也逐渐发展。目前，亚太经合呈现出合作主体多元、合作形式多样、合作前景不确定的新态势。

第一，亚太经合是世界经济发展趋势的具体体现之一。冷战结束之后，经济发展是各国内外战略的优先选项，经济合作因此成为世界政治经济的大势。一方面，各区努力推动经济一体化为目标的国家间合作，欧盟、东盟等地区性机制取得了前所未有的发展；另一方面，主权国家也在通过双边和多边途径，积极营造有益于自身发展的外部环境。全球自贸区（FTA）的发展现状及其趋势是这一现象的缩影（参见图1－1）。

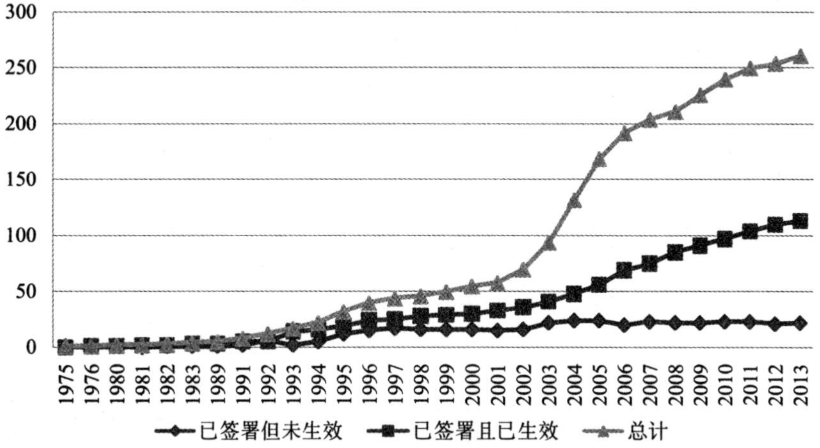

图1－1　全球FTA发展趋势线形图

资料来源：根据亚洲一体化研究中心的数据统计制成，Asia Regional Integration Center，“Free Trade Agreements，”［Online］2014. http：//aric. adb. org/fta－all。

其一，全球FTA发展迅速。据亚洲开发银行亚洲一体化研究中心（Asia Regional Integration Center）统计，目前全世界已签署135个FTA协议（其中，113个已签署且已生效，另外22个已签署但尚未生效）。另外有62个FTA已经启动谈判，51个FTA已经完成了可行性研究（见表1－2）。FTA成为各国在经济全球化背景下构建良好经贸外部环境的重要政策工具。

表 1-2　　全球 FTA 发展历程一览（1975—2013）

年度	倡议中	谈判中		签署但未生效	签署且生效	总计
		已签署框架	已谈判			
1975	0	0	0	1	0	1
1976	0	0	0	0	1	1
1980	0	0	0	1	1	2
1981	0	0	0	0	2	2
1982	0	0	0	1	2	3
1983	0	0	0	1	3	4
1989	1	0	0	1	3	5
1991	1	0	0	2	5	8
1992	1	0	0	6	5	12
1993	1	0	0	2	14	17
1994	1	0	0	5	16	22
1995	1	0	0	12	19	32
1996	1	0	0	15	24	40
1997	2	0	0	17	25	44
1998	2	0	0	16	28	46
1999	4	0	1	16	29	50
2000	3	0	6	16	30	55
2001	2	0	8	15	33	58
2002	8	2	8	16	36	70
2003	18	4	9	22	41	94
2004	31	14	15	24	48	132
2005	43	18	28	24	56	169
2006	48	18	37	20	69	192
2007	46	18	42	23	75	204
2008	46	16	42	22	85	211
2009	52	16	45	22	91	226
2010	56	17	47	23	97	240
2011	59	17	47	23	104	250
2012	49	15	59	21	110	254
2013	51	13	62	22	113	261

资料来源：Asia Regional Integration Center，“Free Trade Agreements”．［Online］2014. http：//aric. adb. org/fta - all。

其二，自由化程度越来越高，经合内容越来越丰富。自贸区正由第一代自贸区（货物贸易）向第二代自贸区（货物、服务、投资、贸易相关及非贸易领域）的制度协调和融合方向发展。

其三，超大型自由贸易区的酝酿正在重塑世界经济格局。正在酝酿和推进的跨太平洋伙伴关系协定（TPP）、跨大西洋贸易与投资伙伴关系协定（TTIP）与区域全面经济伙伴关系协定（RCEP）三个超大型自由贸易区，都将可能极大地影响世界经贸格局。它们对既有国际经济机制的潜在冲击和影响不可小视。

在这种背景下，亚太经贸合作取得了可观的成就。纵向来看，战后亚太经合机制经历了从无到有、从有到多的快速发展过程。经合广度和深度日趋加强，经合领域、层次、形式不断丰富。与此同时，亚太经合潜力巨大，具有广阔发展空间。然而，在不断发展的进程中，亚太经合也存在较为鲜明的特征与突出的问题。

第二，亚太经合相对滞后。层次不高、水准初级、障碍众多是亚太经合的真实现状。亚太是国际关系的热点区域，政治安全竞争态势明显。冷战时期的安全机制和安全问题依然延续，一些国家的冷战思维顽固遗留下来。美国的霸主心态对地区国际关系产生了巨大影响。大国间的战略互信明显不足。这对地区经济合作构成了负面影响。总体而言，经济一体化远远滞后于亚太经济发展的现实，经合机制并未满足经济发展提出的内在要求。在全球范围内，亚太经合的水准仍然低下，远远落后于其他地区，尤其是欧洲。

第三，亚太国际关系存在政治经济的双轨特征。当前，世界地缘政治与地缘经济之间并不同调，政治安全领域的现实主义思维与经济领域的自由主义倾向形成鲜明对照。在全球化背景下，地缘经济关系不断发展，经济相互依赖的程度不断加深。与此同时，地缘政治安全却存在许多不确定性，甚至出现一些影响地区和平与稳定的动向。

第四，亚太经合进程存在东亚和太平洋两种互有竞争的政策偏好。亚太概念事实上是这两种偏好的妥协和矛盾的统一体。东亚经合势头不错。“10+3”（APT）和“10+1”合作框架是东亚核心合作机制。东亚经贸合作取得了迅猛发展，但其他经合领域尚有大幅加强的空间。经过各方不懈努力，基于“10+3”框架建立的财政与央行对话机制、区域资金救援机制、区域债券市场发展、清迈倡议（Chiang Mai Initiative）和相应的货币互换交易机制、“10

+3”宏观经济研究办公室（ASEAN +3 Macroeconomic Research Office，AMRO）等机制，以及中日韩三方金融合作，都展现了较有活力和潜力的合作态势，推动了东亚经济合作的组织化和程序化。“东亚峰会”参与范围不断扩展。与此同时，以“10 +6”为主体的 RCEP 构想正在积极推进。在东亚经合不断深化的同时，以美国为主导的 TPP 进入实质性谈判阶段。TTP 是亚太经济治理不可忽视的贸易机制。它的重心不是东亚，而是美国倡导的太平洋取向。两种取向虽可彼此兼容，但也存在明显的竞争性。

第五，亚太经合正在孕育新一轮大调整和大发展。旧的经合机制和新设经合机制相互交织，双边和多边经贸合作方式共同演进，使得亚太经济合作前景具有许多不确定性。基于各自外部经贸利益，东亚一些国家纷纷与美国、加拿大，甚至亚太之外的经济体签订双边贸易协定，力图在竞争激烈的国际经济环境中不落下风。次级区域的东北亚三国（中、日、韩）是东亚的主体，它们之间的自由贸易区谈判业已启动，但鉴于矛盾重重的历史纠纷和现实争端，存在的政策障碍不言而喻。在亚洲，亚洲基础设施投资银行等新设多边开发机制也在顺利推进。在 APEC 进程之中，普遍性的亚太自贸区建设构想亦有实质性举措。2014 年 11 月，在中国的不懈努力之下，亚太经合组织第二十二次领导人非正式会议（北京）达成了“推动实现亚太自贸区北京路线图”的共识。这对于构建亚太共同体的长远愿景具有实质意义。

第六，亚太经合进程存在诸多障碍和重大挑战。亚太地理范围广阔，国家数量众多，国家间和次级区域间的差异性和多样性极为显著。在这样的区域里进行经济一体化难度极大，内在障碍形形色色。

（1）区域的地理定义缺乏共识。有人试图将更为广泛的西太平洋甚至拉美国家纳入该地区一体化的范围，但有些人则强调更加集中于“10 +3”区域。

（2）东亚以及亚太地区国家的多样化，政治、经济、宗教文化高度异质。

（3）该地区许多国家曾经遭受过殖民统治，对主权让渡等问题极为敏感。

（4）区内许多国家之间存在着长期的历史分歧、领土纠纷以及政治敌对。①

---

① Frank Frost, “Australia's proposal for an ‘Asia Pacific Community’: issues and prospects”, Department of Parliamentary Services, Parliament of Australia, December 2009, 1834 –9854, p. 5.

（5）更为突出的一个挑战是，主要大国之间的竞争性超越了合作性的关系样式增加了地区经合的复杂性和难度。在宽泛的亚太区域，中美关系样式塑造着地区格局的走向，主导着地区国际关系的性质和态势。在东亚地区，在中美关系框架下，中日关系具有显著的地区影响，直接界定着东亚经济合作的内涵与外延。

总之，在中国崛起、美国亚太新战略、中日关系变化为主要变量的新背景下，亚太经济格局正处深刻变迁之中，地区经合内容和方式正经历前所未有的调整和发展。对所有亚太国家而言，这会带来发展机遇，也会蕴含潜在挑战，是亚太诸国不得不面临的新环境。

三、中美博弈与中日关系

大国是国际关系、地区经合的主导力量。大国关系是地区政经发展的根本背景，直接关系到经合内涵及其发展进程。中、美、日是亚太地区的核心经济体和主要大国，它们之间的关系样式对地区经合具有不言而喻的决定性影响。鉴于美日同盟关系及日本对美国的依附性，中日关系实质上是中美关系的部分反映和延伸。当今世界上，中美关系显然是国际环境建构的基石，当然也是亚太政经环境和地区经合演进的关键背景。亚太政经离不开中美关系的巨大建构性影响。现实来看，中美、中日在政经领域的战略博弈是一个长期趋势，对亚太诸国和亚太事务所衍生的影响无疑广泛而深刻。

遍观亚太诸国，中国和美国无疑是亚太合作进程的核心力量。中美关系及其地区合作政策主导着亚太格局的走向，同时也决定了亚太经合进程及其前景。在当今国际体系中，美国的实力和影响力相对下降已是不争的事实，但没有人因此低估并挑战美国在亚太的传统地位及其在亚太经合中的巨大影响力。为了维持其主导地位，美国防范崛起的中国，利用日本充当这一战略的重要工具。这无疑一定程度上制约了地区合作进程，尤其是地区政治安全合作进程。

第一，中美关系是决定亚太合作现状和走向的关键因素。随着中国综合实力的不断增强，中美关系事实上已经成为国际关系中最具影响力的一对双边关系。中美和，则天下安；中美斗，则天下乱。在亚太格局中，中美关系更是区域政治经济的基石。中美两国的战略思维与行为不仅决定着亚太国际语境，某种程度上也塑造着地区的合作与竞争态势。

美国如何看待中国崛起是其对华政策的基础，然而，美方的态度令人玩味。在公开场合，美国官方曾多次表态称，“美国欢迎一个和平而繁荣的中国的崛起”，[①] 并认为，美国与崛起的中国建立一种基本的建设性长期关系是可行的和可取的。[②] 2014 年 11 月 10 至 12 日，前来参加亚太经合组织领导人非正式会议并对中国进行国事访问的美国总统奥巴马，也在强调美国无意围堵中国。美知名中国问题专家李侃如（Kenneth Lieberthal）表示，美国官方主流观点认为，中国在地区和全球范围内都发挥着重要作用，但其不断壮大的实力不会专门针对削弱或损害美国的利益。与此同时，美国政府决策者也认为中国的未来发展具有非常大的不确定性。[③] 然而，在很多人看来，美国的对华战略认知是片面的。它对中国和平崛起充满了猜忌、担忧和不信任，并在具体政策行为上力图阻遏中国的崛起进程。这是中美关系的根本症结。

美国对华“接触”与“遏制”战略的两面性是亚太政治、经济难以同步发展的重要根源。一方面，当前亚太国际格局维持着较为稳定的发展态势。经济合作稳步发展，经济相互依赖关系越来越密切，经济关系网络成为亚太地区建构的基本途径，并为地区政治关系的良性发展提供了重要条件。另一方面，在亚太国际关系大致稳定的同时，与和平发展主题不相协调的杂音和迹象依然存在，甚至存在许多战略安全方面的不确定因素。

中国崛起的国际影响巨大。现实来看，它在给亚太带来发展活力和机遇的同时，必然会面临来自美日等国的外部消极反应。作为新兴崛起大国，中国有能力为亚太和平发展做出贡献。这也是越来越全球化的中国国家利益不断向外辐射的必然要求。但是，或者基于现实利益考虑，或者因为现有国际地位受到竞争的担忧，或者因为心理上对“后来者”的赶超难以适应，新兴大国并不必然受到国际体系既得利益者的欢迎。在崛起的历史进程中，中国必然伴随着外界的怀疑甚乃至防范、牵制和遏制的行为。

---

① 美国前国家安全顾问托马斯·多尼隆与奥巴马总统均有多次类似表态。参见：Sasae, Kenichiro, *What lies ahead for Japan and the United States*, The Brookings Institution, March 22, 2013, p. 7.

② 王缉思、李侃如：《中美战略互疑：解析与应对》，北京大学国际战略研究中心 & 布鲁金斯学会，2012 年 3 月，第 8 页。

③ 王缉思、李侃如：《中美战略互疑：解析与应对》，北京大学国际战略研究中心 & 布鲁金斯学会，2012 年 3 月，第 9 页。

作为当今世界的第一和第二经济体，中美复杂多变的竞合关系，或曰博弈显然具有深刻的区域性和全球性影响。在亚太的不同领域，两国各有比较优势。美国在政治安全方面仍然维持着传统的主导地位，中国在经贸方面则是亚太诸多国家经济发展不可或缺的主要伙伴。中美战略博弈将是亚太政经版图演进的根本动因。

第二，美国亚太“再平衡”战略的实质是防范与“遏制”[①] 中国。当今，美国在亚太仍享有他国难以企及的主导地位。逻辑上和现实上看，美国的战略动机必然是竭力维持此现状（这也是美国及其伙伴频繁指责中国改变国际现状的动因）。美国亚太“再平衡”的主要目标不单单是亚太全球核心地位带来的政治经济要求，是亚太崛起的逻辑反应，[②] 也是针对中国崛起的战略谋划和因应之策。其实质是视中国为其潜在竞争对手，并力图通过军事、经济等手段影响并制衡中国的发展进程，延续其世界霸主地位。

在安全战略层面，美国的亚太“再平衡”战略是在既有双边同盟关系网络的基础上，利用中国与周边国家的现实矛盾，拉拢一些重要国家，积极构筑牵制与防范中国的国际联盟，在中国周边构建一个以其为主导的战略屏障。在美国规划的亚太战略地图上，日本是“北锚”，澳大利亚是“南锚”，印度是其竭力争取的“西锚”。东南亚战略位置险要，攸关中国南部海疆安全，是中国连接世界的关键通道之一。有鉴于此，东盟国家也是美国战略规划的重要环节。这样，中国的东、南、西三个方向上都有美国苦心筹划的战略“棋子”。其战略意图清晰可见，即，这一方面可以进一步巩固其在西太平洋占据优势地位的战略态势，维护其在该地区的传统影响力；另一方面，此举可收未雨绸缪之效，对其认定的潜在竞争对手予以防范、牵制和遏制。

在经济领域重塑经济势力范围，牵制并影响中国的外部经贸环境。跨太平洋伙伴关系协定（TPP）可能就是美国制衡中国的重要经济手段。据此，一方面，它可以分化东亚经济合作的力量，迟滞东亚经济合作的进程，削弱

---

① 当然，这种“遏制”不同于冷战时期美国针对社会主义阵营的全方位、高强度、以意识形态为标准的“遏制”政策，而是经济全球化背景下选择性的复杂防范、制衡、阻遏策略。

② 奥巴马总统国家安全顾问托马斯·多尼隆（Thomas Donilon）在 CSIS 的演讲中（2012 年 12 月）指出：“美国是一个太平洋国家，其利益密不可分地与亚洲经济安全和政治秩序联系在一起。美国 21 世纪的成功依赖于亚洲的成功。”参见：Thomas Donilon, “Statesmen's Forum: The Honorable Thomas E. Donilon, U. S. National Security Advisor: President Obama's Asia Policy and Upcoming Trip to the Region”, *Center for Strategic and International Studies.* [Online] Nov. 15, 2012。

中国对东亚经济影响力的可能攀升，阻止中国地区大国的步伐（日本曾经也遭此打压）；另一方面，它可以牢牢掌控亚太地区经济合作的节奏和主导权，进而维持和巩固美国的亚太霸主地位。

第三，美国对华战略是东亚局势复杂化的催化剂。就当今亚太，尤其东亚国际关系的动荡和既有争端的复杂化和尖锐化而论，美国出于遏制中国而产生的“负能量”显然是重要成因。2014 年 4 月，美国总统奥巴马的东亚四国之行公开鼓励和支持日本、菲律宾、越南等国制衡中国，强势介入中国与周边国家之间的双边争端。此举显示，美国的遏华战略事实上已经图穷匕见、昭然若揭，对华战略逼迫的节奏显著加速，遏华手段越发多样化和尖锐化，由此引发的地区紧张局势和危险性不言而喻。

这种对华敌意是美国现实主义政治思维的必然产物。这与两国的意识形态、国体、政体、种族、文化没有多大关系，是国家实力接近之际“老大”的惯性反应。中方的和平宣示、战略克制和忍辱退让根本不能改变美国的战略盘算和对华认知。这是作为世界“老二”的中国不得不面临的战略难题。当然，根据刺激—反应行为模式，中国的反制是美国敌视中国合乎逻辑的必然回应。这是因为中国不可能成为美国所期待的“日本式”的国家，也不可能对蚕食中国权益、恶化中国发展环境的敌意行为长期熟视无睹，更不会持续容忍周边小国挟美自重，肆意挑衅中国，削弱中国政府的内在合法性与国际威望。简言之，美国的过度战略压迫必会导致中国合乎情理的反制。

必须指出的是，稳定的中美关系是中国和平发展的关键环节，重视并努力稳定中美关系符合中国的长期利益。然而，现实是残酷的，国际关系是互动的。中国单方面的政治意愿能在多大程度上得到美国的积极回应？难以乐观。中方构建中美新型大国关系的努力可能遭遇美国的忽视和挑战，两国关系中的竞争性与对抗性似乎无法避免。这对亚太局势而言无疑是个重大挑战。

第四，美国遏华政策是中日关系变化的基本背景。“二战”之后，美国东亚战略的基本目标是维持和巩固其既有霸权地位。为此，美国一直将防范和压制潜在竞争对手作为重要战略手段。它不愿意看到东亚国家走向紧密合作的地区一体化道路，也不愿意看到任何东亚大国的崛起。20 世纪 80 年代，日本曾遭美国强势敲打。它逼迫日本在贸易和金融领域做出大幅妥协，坚决压制了日本经济可能超越美国的发展势头。冷战结束之初，美国充分利用其对东亚盟国的巨大影响力，迫使马哈蒂尔倡导的、拟以日本引领的“东亚经济集团”构想付诸流产。亚洲金融危机之后，日本的亚洲货币基金构想（AMF）同样遭到美国的强硬抵制。对于当今中国的赶超态势，美国同样也在故技重施，半渡而击，力求在中国真正崛起之前扭转历史趋势。

中日关系是美国东亚战略的重要环节。在美国的东亚战略规划者看来，中日关系是维系美国区域霸权的关键杠杆。中日不和不仅增加了东亚国家间的内耗，削弱了东亚凝聚力，而且大幅降低了中日共同或单独主导东亚的可能性。这样的地区态势相应提高了美国在东亚的战略存在价值，增加了其对华、对日政策的灵活性，有利于美国延续其东亚领导地位。

因此，在中国崛起的背景下，中日关系大幅走弱，相当程度上是美国对华战略的衍生物。虽然动因和手法有异，但美日两国在防范中国上目标类似。它们相互倚重，相互利用，相互促动，不断强化同盟关系，共同鼓吹中国威胁论调，将中国视为共同对付的“假想敌”，挟各自之战略私利，蛊惑地区诸国。在中国经济持续强劲成长，而美国经济乏力、财力紧张、国力相对下降的情况下，美国自感无法单独实施围堵中国的亚太新战略。在历史和现实问题上鼓励、纵容和扶植日本制衡中国，便成为美国遏制中国的重要策略。与此同时，日本认为美国的亚太“再平衡”是一个战略契机。它试图利用美国实力下滑及遏华的乏力感和迫切感，借助美国之力侵占中国权益，压缩中国战略空间，迟滞中国发展，同时实现国家正常化的长期战略构想。一言以蔽之，美日在对华政策上虽战略需求各异，但其战略手段和地区影响却是如出一辙，不可不察也。

我们不得不清醒地认识到，美国遏华举措是霸权意识、冷战思维，且夹杂着偏见和猜想的结果。这样的战略在实践上是非建设性和危险的。它是东亚国际关系动荡的根源，也是中日关系恶化不可否认的动因。基于历史和现实考虑，不能排除相互制衡的中日关系进入复杂化、长期化的阶段，也不能排除中日发生直接对抗的可能性。中日关系事实上已经滑入充满变数的困难期和危险期。

四、中日关系与亚太新局

中日同为东亚核心国家，亦为亚太地区之关键角色。在不同的历史阶段，两国对东亚，乃至亚太经济发展和地区经合发挥着各自不同的关键作用，在亚太不同领域的经合机制中也拥有不同的影响力。然而，中日关系不和是亚太，尤其东亚经合的主要障碍之一。中日关系是非常复杂的国家间关系，历史记忆、现实利益与未来预期交织在一起，影响着双方的正常互动。

第一，中日关系的实质是日本如何认识和对待中国崛起。中日之间存在许多影响双边关系稳定发展的因素，诸如历史认识问题、岛屿争端问题、相互认知问题等等，不一而足。但从本质上看，对中国崛起油然而生的自卑感、焦虑感、恐惧感、排斥感才是日本敌视中国的内在心理根源。在国际比较之中，中日间强大的历史情结使得两国互为首要比较对象。2010 年，中国的国内生产总值（GDP）超越日本，并保持着强劲的发展态势，日本近代以来长期保持的对华优越感和自信心开始摇摇欲坠。该国似乎难以接受两国间实力对比的历史性趋势，心理上排斥、行为上抗拒的对华政策转向也就顺理成章了。因此，即便没有历史问题、教科书问题、岛屿争端，日本同样也会制造其他事端，敌视并挑战中国。在两国实力对比发生倾斜的历史阶段，迟滞或终结中国的发展进程是日本对华战略的深刻内因。

这些年来，日本对中国崛起的战略忧虑及其竭尽所能的“干扰”动作，“视中国的强大为一种结构性的长期困扰（如果不是威胁的话），并寻求办法来制衡中国的影响力”，此外，它还与美国一道“就中国问题采取了步伐一致的外交和军事行动”。[①] 日本从心理和战略上不接受一个日趋强大的中国，反过来必然激起中方的反感和反制。历史记忆则强化了两国在现实中的各种矛盾。

当今世界，日本是颇为突出的殚精竭虑、旗帜鲜明公开反华的国家。即便公称全球霸主的美国，也没有像日本那样大张旗鼓地叫嚣和散布中国威胁论，肆无忌惮地编织围困中国的国际包围圈，且不计后果地发动一轮轮挑衅。其遏华和正常国家的双重战略用心不可不察，即以中国威胁为借口，以美国遏华战略为契机，依靠并利用美国，在制衡中国的同时，最终脱离美国控制、实现世界大国目标。然而，它对中国的挑战性和危害性显而易见。在中国看来，日本敌视中国的根本动因是力图迟滞中国的崛起进程。国富民强难道不是任何国家孜孜以求、合情合理的梦想吗？质疑并阻碍中国和平崛起，实质上站在了整个中华民族的对立面，是与 13 亿多中国人为敌。这是中国普遍反

① 王缉思：“中美关系：试探、不确定性和希望”，《财经年刊——2008：预测与战略》，2008 年。

感日本的深层原因。中国崛起的基本动力乃是中国的国家战略选择，是国家意志和民众意愿的体现，不是区区一个日本就可以阻挡和遏制得了的。中国崛起仍将是一个长期过程。日本也不会轻易放弃制衡与敌视的对华政策。如此看来，在中日实力对比彻底倾斜之前，两国关系将充满各种变数。中日关系的长期博弈态势可能很难扭转。

第二，中日关系变化的重要表现是两国缺乏战略互信。中日关系复杂互动表现在许多侧面，其根本症结是两国缺乏战略互信。战略互信缺失表现在两个层面。其一，战略层面的对立。猜忌、反感、防范是日本对华政策行为的基本表现。在中国崛起的进程中，我们不能期待能够顺利建立并维持符合两国利益的“战略互惠”或“友好”关系。其二，民间层面的对立。建交之后，中日在政府间层面通过官方文本缓解和解决了大多数影响两国关系发展的难题，其中许多涉及痛苦的历史问题。然而，日本侵略给中国民众带来的巨大苦难与强烈记忆并未消解，日本政府也没有采取任何措施，比如经济赔偿等方式，来彻底清算日本侵略的罪责，化解中方民众对日的愤怒感。民间的相互敌意大大损害了中日关系的社会基础，也是两国互不信任的深层成因。互信缺失的结果便是敌视性政策的推行。日本将一如既往地视中国为战略威胁，并采取各种可能的具体行为举措。

在亚太格局变动与调整的历史阶段，中日之间会在经济相互依赖关系的作用下维持和平共处的态势，但在战略安全领域的认知差异、矛盾、竞争乃至可能的冲突也是不能排除的关系样式。在权力与利益竞争为主要内容的国际舞台上，这种充满不确定性的双边关系必然使中日两国付出相应的代价，其他国际行为体将有可能借机从中获益。与此同时，那些与中日存在利害关系的第三方，为了寻求自身利益的最大化，也有利用国际机制协调、平衡中日关系的动力。

第三，中日两国外交竞争日趋明显，且有战略对抗的趋向。这样的紧张关系是两国关系持续下滑的辐射和延伸。随着政治外交关系的对抗性色彩不断增强，军事上的竞争和摩擦渐渐凸现，两国经贸关系将不可避免地受到冲击。与此同时，作为全球经济体系中的两个主要大国，中日关系的变化当然具有无法避免的地区性，甚至全球性影响。中日竞争和对抗不仅表现在东亚、亚太，而且呈现在其他地区和各种国际机制之上。

其一，中日对东亚地区领导权的相互防范和争夺。“中日关系的关键问题是哪一方占有亚洲第一的地位。"① 许多人可能不承认存在这样的竞争，但它是我们主观意志所不能决定的客观事实。这不仅是个战略性问题，更是一个两国相互认知的心理问题。其根源是战略互信的缺失，其实质是日本不能接受一个迅速崛起的邻国。从长远看，日本担心一个崛起的中国将再次使日本黯然失色。②

其二，强化美日同盟关系，加剧地区紧张局势。作为美国战略盟友与亚洲大国角色之间存在一定的竞争，如何平衡这两者间的关系一直都是日本的外交难题。日本在东西方之间的摇摆不仅令亚洲国家感到迷惑，而且对其作为美国的战略工具感到忧虑。事实上，美国因素在中日关系中扮演了重要角色：当中美关系紧张的时候，中国可能将日本视为美国的"小伙伴"，或者干脆就是一个居心不良的"爪牙"；相反，当中美关系改善时，日本就有"其特殊地位受到威胁的忧虑"。③ 随着美国在世界战略中对中国倚重的进一步加剧，日本的地位将"日益孤立和边缘化"，日本必须"正视并逐步适应中美共同主导东亚的国际关系新格局"。④ 在中日关系大幅变化的背景下，日本外交的美国因素必将更加突出，日本对华政策的攻击性和挑战性会因此加大，两国关系的不确定性会急剧增大。

其三，两国战略认知分歧与结构性冲突不可能在短期内化解。这反映在国际关系上必然是保持相互提防的警惕心理。中日两国不会接受对方为地区主导者，双方也很难紧密合作，形成东亚国际体系的所谓"中日轴心"。因此，在东亚地区格局变迁的过程中，中日关系的现实形成了战略安全相互竞争、经济关系相互竞合的现状。美国在安全方面继续维持其主导地位，而东盟则在地区一体化进程中被东亚赋予"领导人"的重要角色。

其四，中日关系变化的结果之一是两国在世界范围内的竞争和对抗。在政治外交的各个层面上，两国会积极争取国际舆论和外部支持。在历史问题、岛屿争端等诸多话题上，加强自身的合理性与合法性。

---

① 马凯硕：《亚洲人会思考吗?》，韦民译，海南出版社、三环出版社，2005 年版，第 207 页。

② 马凯硕：《亚洲人会思考吗?》，韦民译，海南出版社、三环出版社，2005 年版，第 165 页。

③ Simon SC Tay, "ASEAN and East Asia: A New Regionalism?" in Simon SC Tay, Jesus Estanislao, Hadi Soesastro, eds., *A New ASEAN in a New Millennium*, Jakarta: Centre for Strategic and International Studies, 2000, p. 233.

④ 季卫东："日本重归"，《财经年刊——2008：预测与战略》，2008 年。

在经济领域，由于两国具有依赖外部市场和资源的类似特性，在非洲、拉美、中东、东南亚等新兴市场，两国经贸和投资必然出现更大的竞争性。

在国际政治经济机制上，两国基于相对收益的现实主义考虑，必定相互掣肘，相互制衡，在努力维持和提高自己国际影响力的同时，竭力预防和制止对方势力上升。不难理解，两国经济的全方位竞争既是国家间正常的市场行为，是两国关系走低的结果，也是两国长期对抗的关键一环。

着眼未来，中日关系越是恶化，其全球性竞争和对抗就越发激烈。中国正在接受来自日本的诸多挑战。

第四，中日关系变化是亚太经合进程的新背景和新变量。中日关系性质（合作、竞合、竞争、对抗）决定了两国在亚太经合机制发展中的政策动因和行为选择。经合机制的发展和完善攸关地区稳定和各国经济发展，符合中日两国利益。因此，两国在该领域存在合作的动力。与此同时，亚太经合机制亦是中日竞争地区影响力的互动平台，因而两国也有相互防范、相互掣肘的动因。未来两国在亚太，乃至全球诸多层面和领域的战略博弈可能构成中日关系的基本旋律。复杂的中日关系构成亚太经济治理机制发展的新背景和新变量。

总之，中日关系在相当程度上直接影响着亚太经合的性质和内涵，也与地区治理机制的发展紧密相关。随着中国崛起和两国关系的变化，中日在亚太区域合作上的分歧会不断增加。建立地区合作与战略协调关系是建立持久稳定的中日关系的必要保障。在两国关系出现变局的形势下，如何厘清其必将产生的深刻影响、继续推动地区经合机制的发展，无疑是个极具现实意义和政策价值的重大问题。

五、亚太新局与中国应对

亚太政经版图已经发生巨大变动，且正酝酿新的调整和竞合。在这个过程中，大国博弈使得区域国际关系充满了各种可能性。与此同时，经合乃是各国高度重视的环节。中国似乎是此轮区域经合版图整合的政策目标。挑战巨大，但中国必须直面亚太现实，自立自信，理性因应外部环境的可能演进。

第一，中国和平发展进入关键阶段，经略亚太乃是不可或缺的环节。国际环境与国家行为之间相互影响。作为其中的主要成员，亚太是中国和平发展、国富民强的关键环节，也是中国立足世界、走向世界的关键场域。亚太是全球政治经济的核心，攸关各国内政外交。这是近年来世界主要国家纷纷将政策重心转向亚太的根本原因。中国没有任何理由无视亚太的重要性，无视亚太局势正在酝酿的巨大变化。

改革开放的经验表明，亚太是我国对外开放的首选区域，日趋繁荣的亚太是中国经济可持续发展的重要保障和舞台。亚太经合机制的不断发展和完善是营造良好周边国际环境、延展中国不断增强的经济影响力的基本途径。

然而，在崛起的总体背景下，中国所面临的外部环境正在发生重大变化。美国及其东亚盟友实施新的地区战略，力图在政治、军事和经济层面防范并遏制中国。中国总体发展战略进程面临前所未有的挑战，对外政经政策必须做出新的调整，以适应亚太环境新形势。立足亚太，稳定亚太，深耕亚太，繁荣亚太，是中国对外战略之所需，也是中国和平发展之必选。

第二，推进亚太经合进程，冷静因应中国崛起衍生的外部负面反应。大国博弈是亚太新背景下国际关系的常态。实力对比的变化必将带来国际格局的变迁。出于现实主义思维，美国对中国崛起的战略猜疑和防范不可避免，中国维护自身合理权益的反应亦理所当然。中美博弈及其框架下的中日博弈将是中国崛起过程中不可否认的现实。美日等国防范和削弱中国、影响中国和平发展环境的战略规划是全方位、多层面、多领域的。大国博弈对地区国际环境将产生重大影响。

推进亚太经合进程是缓解大国博弈负面影响的重要途径。在和平发展仍是国际关系主题的时代背景下，重视亚太经合这一普遍认可的基本途径、加强中国与亚太各国经济网络关系、扩展与地区各国合作空间，是反制各种防华举措的可靠对策，同时也是防止亚太形成反华阵营的有力手段。

以此观之，处理好中日关系变局之后的亚太经合工作，对中国和平发展的国家战略具有重大意义。

第三，理性处理中日关系变化，稳定中国周边局势。不言而喻，稳定的两国关系符合中日根本利益。中日是东亚，乃至全球不折不扣的、不容忽视、也无法绕开的经济大国。中日和，则东亚稳；中日斗，则两国损；中日战，则两国败。从长远战略利益看，中国重视并尽可能阻止中日关系继续恶化是必须坚持的原则和努力的方向。无论中方处理中日关系的方式如何，着眼点应该是促进两国关系的稳定性、合作性和互惠性。中日关系高度复杂，情感色彩大大掩盖了理性思维的空间，由此导致的恶性循环必将使两国品尝两败俱伤的恶果。对于两国的大多数人来说，这样的常识性判断并非难以理解和不可接受。

然而，残酷的现实是，中日存在的结构性矛盾日趋明显，衡量两国关系的各项指标均急剧恶化。在域外大国的战略策划下，在两国民意的牵制下，在政客们基于自身政治目的的操纵下，中日关系的基础受到大幅损害。“辛辛苦苦三十年，一夜回到建交前”，这是中国的日本问题研究者对两国关系现状的感慨。中期来看，两国彼此互疑、相互较劲的对抗性态势恐怕将持续下去。

中日关系变化具有历史和现实的必然性、敏感性和复杂性，以及反复折冲磨合的长期性特征。在中国和平发展进程中，中日在东亚、亚太，甚至全球经济舞台上的竞争或对抗不可避免，也无法回避。两国关系与亚太经合之间相互交织，相互影响。亚太经合机制的稳定发展既有利于对日斗争，预防日本利用地区经合机制削弱中国对外经济空间的潜在动因，也有益于地区经济和地区环境的稳定发展。

第四，亚太新局需要相应的亚太新策。外部环境的剧烈变化对决策者提出了新的要求。毋庸置疑，中国周边环境大有走坏的趋势。在东海、南海争端上，中国与相关国家间的竞争态势日趋激烈。美国防遏中国的战略动作趋于公开化，日本亦步亦趋，不断强化对华对抗。东亚战略环境似有恶化之势。

究其本质，亚太新局是中国崛起与遏制中国两大战略思维博弈的反映。无论中国如何宣示自己和平发展的真实意图，如何摆出战略克制和忍让的低姿态，都不可能改变这些国家根深蒂固的对华偏见，也不可能换来这些国家的善意与合作。实力对比是美日等国思考地缘政治经济的主要依据。深究亚太局势紧张之成因，中国大体上是无辜的被动承受者。

然而，亚太是中国和平发展的重要舞台，直面亚太新局是中国对外政策制定过程无法回避的现实。有鉴于此，加强新形势下亚太局势及其经合发展态势的研究，有助于我们在国家总体战略框架下，制定富有针对性的对外政策，落实周边外交战略意图，创造有利的外部经济环境。

综合来看，中日关系正在面临诸多难题和挑战，两国间存在的结构性矛盾很难在短期内化解。中长期来看，相互制衡，甚至相互对抗将是中日关系的基本样式。我们对此既感到痛心和无奈，又不得不勇敢面对，并要冷静应对。中日是亚太主要大国，它们间关系的变化必定具有重大的地区性和全球性影响。这是亚太经合面临的新背景。在亚太新局之下，加强对相关问题的研究无疑具有不可低估的现实意义和政策价值。

六、课题总体架构

中日关系与亚太经合是一个既具理论性，更具现实性的复杂主题，研究难度甚大，挑战不少。

其一，中日关系的演进是一个充满诸多可能性的动态过程，影响两国关系的行为主体、活动领域、内外背景高度多样且纷繁复杂，点面之间相互作用，彼此缠绕。因此，对两国现实关系的性质评估难以准确把握，对两国关系的中长期走势也难以精准评估和判断。

其二，中日是世界经济中的两个位居前列的经济大国，两国关系势必产生重要国际影响，这些影响反映在诸多领域、众多对象之上，准确揭示这些影响及其内在规律是个巨大挑战。

其三，中日博弈是两国关系变化的必然反应，鉴于亚太日趋重要的国际地位以及两国东亚国家之身份，亚太，尤其东亚是两国博弈的主要场合。然而，两国博弈既是经济全球化时代国家间在众多领域普遍存在的正常竞争，同时又与两国关系变化高度关联。这是一个很难区分，但基于分析需要又必须厘清的问题。

其四，从不同的视角或立场出发，应对中日关系变化及其影响的对策显著不同，政策建议显然是难以周全的策略思考。

以此来看，本研究无疑具有较大挑战性。然而，本选题是一个亟待认真探讨的紧迫性课题，具有不言而喻的强烈现实意义，需要努力推动。课题写作框架安排如下：

第 1 章介绍了研究背景、基本概念、研究意义等。亚太概念是一个社会建构物，是亚太政治经济环境不断变迁的结果，其内涵与外延也将随着现实的演进而不断调整，东亚是亚太概念中日趋重要的核心组成部分。亚太崛起是当代国际关系中的突出特征，各国正在调整亚太战略以适应新的国际背景。中国崛起、美国亚太“再平衡”战略、中日关系变化是当今亚太政经演进的新背景和新变量。在大国博弈的新形势下，亚太经合呈现出既具活力、又存在不确定性的特点。在中国崛起的关键期，亚太环境与亚太经合的可能前景均极大影响中国的外部经济环境。中国必须直面现实，冷静应对。

第 2 章论述了战后中日关系演进的几个重要阶段。2012 年日本政府国有化钓鱼岛点燃了中日关系大幅变化的导火索，这反映在国际和双边的政治、外交、经贸、舆论、文化、认知的众多层面及诸多领域之上。两国关系进入相互制衡的历史阶段，且有继续下滑的可能。中日是世界政治经济中的两个重要国家，其关系式样和性质的变化必将产生重大国际影响。

第 3 章详细论述了影响战后中日关系发展的几大主要因素。中日关系是国际关系中最复杂、最难处理的双边关系之一，历史、现实、未来等不同时空的问题、内外因素相互交织，共同影响着两国关系的发展。从战后中日关系史看，国际体系的变迁是影响两国关系发展的关键背景；从两国关系现状考察，中国崛起导致的中日实力对比的变化是重大现实动因；从外部因素看，美国对华政策及美日同盟关系是日本对华政策变迁的主要诱因。

第 4 章论证了中日关系变化导致两国亚太政策的针对性调整。从长远的历史视角看，中日的亚太战略和政策都过有重大变化。现实而言，作为两个亚太大国，亚太对于两国经济发展和提高全球地位至关重要。在亚太经合进程之中，两国的参与性、积极性不断提高，均力图在亚太格局中塑造有利于自己的发展环境，并力争占据亚太经合调整的先机。显而易见，在中日关系大幅下滑的背景下，两国亚太政策相互防范、相互竞争、相互制衡的色彩日趋凸现。

第 5 章指出，在经济全球化的时代，中日在国际经济体系中的地位和作用均非常突出，两国经济禀赋各异，竞争优势和劣势较为明显。与此同时，两国也有许多相似的经济特性。两国均为出口导向型经济体，外部经贸环境意义非凡，两国不同程度地依赖外部资源和市场，均创造过或正在创造举世瞩目的经济奇迹。经济全球化某种程度上是影响双边关系的重要背景，并在国家间关系中极大制约着经济制裁政策手段的使用。“政冷经热”现象可能就是经济全球化的产物。政经分离和经济对抗是中日关系变化下两国相互抗衡的潜在政策选项。两者利弊兼具，不可不察也。现实而言，中国经济正处于转型升级关键期，在若干高端技术和制造领域似乎难以轻易与日本脱钩。从政治视角审视，在中日关系破裂或急剧恶化的情况下，不能排除触动某种范围和程度经济战的可能性。经济制裁显然是反制日本右倾化、打击其反华气焰的有力武器。但从经济角度看，实施对日经济制裁尚需相当长的准备期，不宜贸然行事。

第6章认为，在中日关系趋势难转的背景下，两国相互牵制、彼此制衡的博弈态势在所难免。中日博弈是全方位、多层面、多领域的较量，博弈场合不会仅仅局限在双边层面，在国际机制和新兴市场上，两国必定互为竞争对手，在促进自身利益的同时，制约和削弱对方的影响力。当前，在联合国、布雷顿森林体系、亚太机制、东亚机制中，两国正在展开竞争性远大于合作性的复杂互动。作为两大外向型经济体，新兴市场对两国经济发展的意义毋庸置疑。为此，两国在亚洲、非洲、拉美等区域的经济布局和竞争不断加强。在不同区域和领域，两国各具政经优势，政策手段各有特点。市场竞争本是正常行为，但在中日关系变化背景下，相互博弈和较量的政策动因也就很难避免了。

第7章强调，中日博弈的主战场是亚太区域，其中，东南亚是两国对外战略的必争之地。亚太经合发展是经济全球化、区域经济一体化的逻辑结果，是改善国际经贸环境、促进成员经济发展的必由之路。亚太经合进程表现在亚太层面、东亚层面以及次级区域的东北亚、东南亚层面。自由贸易协定（FTA）是亚太经合的主要领域。在大国博弈背景下，地区经合往往被过度注入战略层面的谋划。美国及其主导的跨太平洋伙伴关系协定（TPP）是亚太经合进程最具影响力的构想，由此引发了亚太经合的连锁反应，对区域全面经济伙伴关系（RCEP）、中日韩自贸区谈判、相关国家的经合政策冲击甚大。美日近年地区经合政策的调整不单单是基于纯粹的经济目的，其中，应对中国崛起的政经意图隐约可见。这不能不引起中国的足够警惕。中国必须冷静因应。

第8章在此前论证的基础上，简要评估了中日关系、亚太经合的中长期走势。中日关系的政治、社会基础已遭削弱，回到钓鱼岛争端爆发前的状态几无可能。钓鱼岛主权已演化为执政合法性和民族尊严的符号。两国政府都没有让步的余地，两国民意也不允许政府后退半步。在中日实力对比彻底倾斜之前，或曰中国真正崛起之前，这种状态必将继续延续下去，两国关系甚至还有进一步下探的空间。中国需要做好打持久战的各种准备。在策略上，对日强硬是必然之举，是促使日方回归理性、进而稳定两国关系的不二选项。力求稳定中日关系、阻遏日本铤而走险是中方中短期内对日斗争的上策。这有益于中国的长远发展利益，符合中国整体战略要求。

第2章 战后中日关系演进：阶段、现状与影响

亚太已经进入格局调整、体系变迁的历史阶段。复杂多变的转型期往往充满不稳定性和不确定性，国家间关系会经历一个相互认知和行为的反复磨合过程。其中，对地区政经具有决定性意义的大国关系也将步入重新定位的相互博弈阶段。中国崛起和美国亚太"再平衡"战略是亚太政经发展的关键背景，中美关系是主导地区国际环境演进的基本变量。在此架构之下，作为亚太核心国家的中日两国，其双边关系正在出现相互厌恶超越相互理解、感性超越理性、对抗性超越合作性趋向。睦邻友好的双边关系符合中日两国的根本利益，然而，中日关系却迅速下滑到建交以来的历史低谷，处在令人担忧的困难期和危险期。无论成因如何，中日关系变局必将产生一系列区域性乃至全球性的政经影响。

一、战后中日关系的发展阶段

第二次世界大战结束以来，中日关系经历了冷战初期的相互对立、建交后的亲密友好、20世纪80年代的相对稳定发展、90年代之后的竞合相交、2010年后竞争与对抗逐渐加剧的发展阶段。中日关系是一对极为复杂的双边关系，双边互动所涉及的因素众多、动因复杂。其中，它既包括国际秩序的变动和域外大国的影响，又包括两国的地缘位置、历史纠葛、民族特性、实力变迁等因素带来的影响。审视战后中日关系的发展进程，我们不难发现，中日关系是复杂多变的双边关系。不同时期中日关系的特点不同，即使在同

一时期，不同层面的中日关系的特点也是不同的，甚至是矛盾对立的，如 20 世纪 50—60 年代的“官冷民热”，以及 21 世纪初的“政冷经热”都是中日关系复杂性的生动体现。

对战后中日关系进行阶段性划分有助于从纵向角度更加清楚地认识中日关系的发展历程，也有助于从横向角度分析不同时期中日关系的主导因素。对于战后中日关系发展阶段的划分，不同学者采取的标准各有差异，最终划分的结果不尽相同，但都基本上反映了人们对战后中日关系演变的主观判断。结合清华大学当代国际关系研究院中国与大国关系数据库对战后中日关系赋值评价的变化（参见图 2－1），以及学界的主流划分标准，本书将战后中日关系划分为三个时期。

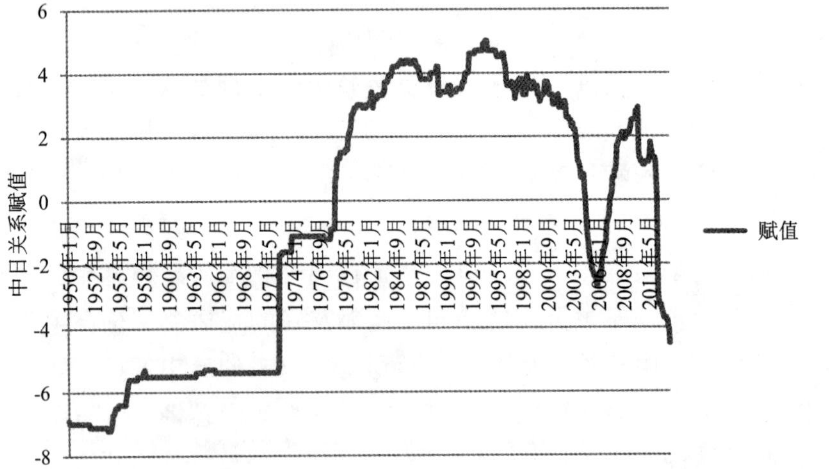

图 2－1　战后中日关系赋值变化图（1950 年 1 月—2013 年 12 月）

数据来源：根据清华大学当代国际关系研究院“中国与大国关系”数据库数据制作。

（一）1949—1971 年：相互对立期

新中国成立之后，基于当时国际大势，中国明确站在以苏联为首的社会主义阵营一方，并与苏联缔结《中苏友好同盟互助条约》。“另起炉灶”、“一边倒”、“打扫干净屋子再请客”成为这一时期中国发展对外关系的主要策略。日本在“二战”结束后即接受了美国的单独占领，通过《旧金山和约》、《日美安全保障条约》等架构与美国建立了同盟关系，成为美国在亚洲遏制共产主义的“桥头堡”。在美国的压力下，日本与台湾国民党政权签订了“日台条约”，宣布结束日本与中华民国之间战争的状态。这一时期，受冷战格局和意识形态的深刻影响，中日均选择了非东即西的“选边站”策略，即依附美国或倒向苏联。这也是这一时期中日两国未能建立正常外交关系的根源所在。

出于现实利益考虑，两国并未彻底阻断相互交往的途径。1955 年，中国总理周恩来在会见日本国际贸易促进协会会长村田省藏时曾表示，要“把军国主义者和日本人民区分开来”。亲美派的日本首相吉田茂亦曾表示：“红也好，白也好，中国毕竟是日本的邻国。从长远来看，地理及经济法则将一定会超越意识形态的差异及人为的贸易障碍。”① 这一时期，虽然中日没有建立正式外交关系，但民间贸易往来和文化交流却从未间断。日本国内先后成立了“日中贸易促进会”（1949）、“日本国际贸易促进委员会”（1952）、“日中进出口行会”（1955）、“日中贸易促进议员联盟”（1949）等组织，积极推动中日民间贸易发展。20 世纪 60 年代，中日之间签订了 LT 贸易协定（亦称“廖高贸易协定”）与中日贸易备忘录（MT），同时还有通过友好商社进行的“友好贸易”。

因此，这一时期中日两国在没有官方正式外交关系的情况下，通过民间外交的特殊方式保持了“一条比较畅通的交流渠道，使两国有了一定程度的了解”。② 也可看出，冷战格局是决定这段历史时期中日关系的根本因素。美日同盟、台湾问题、地缘位置、经济利益等因素也对两国关系产生了影响。中日关系在各种因素的作用下不断平衡，从而形成了这一时期“官冷民热”的特点。

（二）建交后至 20 世纪 90 年代初：稳定发展期

20 世纪 70 年代，国际形势发生了巨大变化。在美苏对峙的态势中，苏联实力上升，转向战略攻势阶段。美国由于深陷越南战争泥潭不得不实行战略收缩，处于战略守势。西方阵营内部，美国相对衰落，美日实力差距缩小，日本地位上升。与此同时，中苏关系破裂，最终走向相互敌视与对抗，以苏联为

① 【日】毛里和子：《中日关系：从战后走向新时代》，徐显芬译，社会科学文献出版社 2009 年版，第 4 页。

② 梁云祥：《日本外交与中日关系》，世界知识出版社，2012 年，第 1 版，第 149 页。

首的社会主义阵营随之崩塌。在此背景下，中美两国开始进行试探与接触。1972年初美国总统尼克松访华，中美关系的坚冰得以打破，中日正式外交关系的建立也顺理成章地提上了日程。

1972年9月，日本首相田中角荣访问中国。9月29日，两国发布联合声明，宣布正式建立外交关系。联合声明发布的同时，日本自动解除了与台湾的外交关系。中日关系迈入了稳定发展的新时期。1978年2月，中日签署长期贸易协议，两国经济关系真正实现正常化。1978年8月，中日两国缔结《中日和平友好条约》。同年10月，邓小平访问日本，并会见裕仁天皇。在外交关系稳步发展的背景下，两国经济关系发展迅速，日本开始向中国提供大量官方发展援助（ODA），为中国经济发展和现代化建设提供了不可或缺的资金支持。

这一时期，美苏中三角关系的互动与平衡成为影响中日关系的关键因素。其中，美国因素的作用尤为显著。在共同威胁下，中美日三国甚至一度结为“准同盟”的合作关系。虽然中日关系在这一时期也屡有摩擦，如1981年的“宝钢合同变更问题”、1982年的“教科书问题”、1985年的“参拜靖国神社问题”、1987年的“光华寮问题”等，但在共同安全威胁之下都得到了有效控制和缓解。与此同时，日本对华ODA也发挥了抑制政治摩擦的重要作用，成为中日关系的“安全阀”和“润滑剂”。[①] 因此，20世纪80年代到90年代中期，中日之间“成功地建立了近代以来的第一次良好关系”。[②] 但这一时期的中日矛盾只是被暂时掩盖，并未得到真正解决，为后来中日之间的分歧和冲突埋下了伏笔。

（三）20世纪90年代中期后：结构性变动期[③]

结构性变动是指中日实力对比的变化以及认知的错位。在两国关系中具体表现为：一方面，“中日间经济‘相互依赖’的状况不断深化；另一方面，

① 金熙德：“日本对华ODA的演变与中日关系”，《现代国际关系》，2006年第11期，第32页。

② 【日】毛里和子：《中日关系：从战后走向新时代》，徐显芬译，社会科学文献出版社2009年版，第112页。

③ “结构性变动”借用自日本著名学者毛里和子所著《中日关系：从战后走向新时代》中的概念。毛里教授认为，20世纪90年代后半期到2004年是中日之间结构性变动时期，毛里教授对这一时期中日关系特点和成因的判断比较合理，但在中日关系分期上本书与毛里教授的划分有所不同。

在政治、经济以及战略上的竞争关系又不断显化，国民层次上又形成了极易情感化的关系。”①

甲午战争以后，中日实力对比的“强—弱”结构基本形成。日本通过明治维新一跃成为发达的工业国家，而中国则逐步沦为积贫积弱的半殖民地、半封建社会。这样的“强—弱”结构成为近百年来东亚秩序的背景。中日关系样式是在日强中弱格局下构建的，日本也养成了长期占据实力优势的对华优越感和安全感。然而，随着改革开放政策的实施，中国迅速崛起为地区乃至全球的一支重要经济力量。2006 年 2 月，中国外汇储备超过日本成为世界第一。2010 年，中国 GDP 总量超过日本，跃升为全球第二大经济体（见图 2－2）。从发展趋势看，中日实力的倾斜将会长期持续下去。

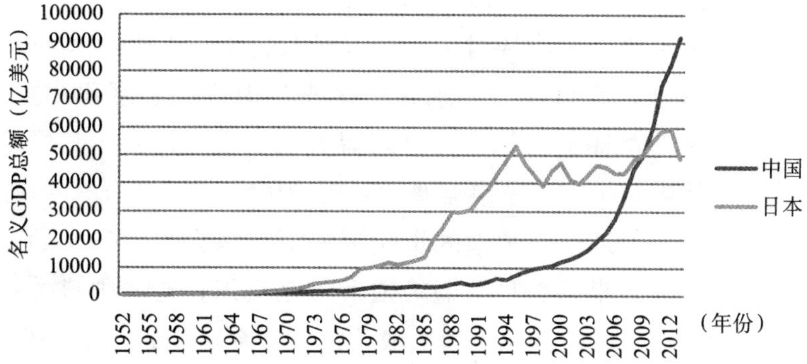

图 2－2　中日名义 GDP 对比变化图

数据来源：根据中国国家统计局、日本总务省统计局统计数据制成。

中国崛起推动中日实力对比由“强—弱”结构逐渐向“强—强”结构演变，随之而来的是双方进入新的心理调适期，相互认知和定位处于重新磨合阶段，并由此导致外交政策的相应调整，从而产生了诸多矛盾和摩擦。这集中表现为两国围绕历史问题和主权领土问题而引发的激烈争端。

与此同时，国内因素也是造成这一时期中日关系波动的重要原因。1993 年，日本政坛延续近 40 年的“五五体制”瓦解，自民党失去经营已久的执政地位。20 世纪 90 年代中期以后，在经济长期低迷的背景下，日本国内新民族

① 【日】毛里和子：《中日关系：从战后走向新时代》，徐显芬译，社会科学文献出版社 2009 年版，第 114 页。

主义兴起，并逐渐成为一种不可忽视的社会主流思潮。新民族主义思潮具有明显的“国民主义”性质和内向性、依附性等特点，并且超越了传统左翼和右翼的分野，成为日本政治右倾化和保守化的重要推力。同样，20世纪90年代以来，中国民族主义思潮泛起，其中也不乏极端民族主义的声音。这一点尤其体现在充斥网络空间的极端反日言论。网络情绪容易传染，为极端民族主义的繁殖提供了土壤。中日两国民族主义高涨，两国关系也在一定程度上为民众情绪所影响，特别是在冲突事件发生时，两国民族主义情绪相互作用与影响，成为中日关系发展中一个难以解开的死结。

美国与美日同盟关系一直都是影响中日关系的重要诱因。“二战”以来，美日两国在政治、经济方面屡有摩擦，但日本追随美国的外交政策并未受到根本性影响。虽然不时有些日本政治家提出日本外交独立的口号，但最终都是胎死腹中，不了了之。后冷战时期，美国日益将中国视为其霸权地位的潜在威胁。在此基础上，美日同盟关系的强化成为中日关系恶化的重要动因。美国亚太“再平衡”战略的实施、美日同盟关系的强化以及中日围绕钓鱼岛的领土争端更是将中日推向了军事竞赛和对抗的边缘。

总体来看，这一时期中日关系的影响因素更加复杂，中日实力对比的结构性变动、民族主义思潮、美日同盟等因素相互交织，造成中日关系的波动起伏。这一时期，历史问题和领土争端成为中日关系恶化的重要诱因。

二、中日关系现状：矛盾与对抗

遍观战后中日关系，可谓一波三折、跌宕起伏。自1972年正式建立外交关系以来，中日两国之间经历了20世纪80年代初到90年代的“蜜月期”，小泉纯一郎在位时的“政冷经热”期，而后温家宝总理访日的破冰之旅及第一次安倍内阁期的回访，使因小泉参拜靖国神社大幅震荡的中日关系进入短暂的缓和期；其后，因野田内阁宣布钓鱼岛国有化及安倍重任首相后参拜靖国神社，中日关系迅速滑至近年的底谷，双边关系步入“政冷经冷”的相互制衡和对抗的新阶段。2014年11月7日，在亚太经合组织第二十二次领导人非正式会议（北京）即将召开的特殊背景下，中日达成了处理和改善两国关系的四点原则共识。[①] 11 月 10 日，国家主席习近平应约会见了日本首相安倍晋三。表面上看，中日关系似乎迎来了改善的契机，但实际上，两国关系的难题和性质依然如故。中日关系仍然危机四伏，已步入建交以来的低谷，双方的矛盾以中国崛起和美国亚太新战略为主要背景，以钓鱼岛争端、历史认识问题为基本表征，相互制衡和对抗体现在包括经济、军事、外交、国际舆论等多个层面之上。

（一）经贸关系停滞不前

政治经济一体两面，不可分离。双边经贸关系稳定发展的基础是维持一定的政治外交关系。中日政治关系持续下滑，甚至到了相互敌视和对抗的破裂边缘。足够糟糕的政治外交关系必将直接制约中日经贸关系的维持和发展。

长期以来，中日之间维持着一种“政冷经热”的双边关系，即，政治关系循环波动并未对双边经贸关系带来显著的负面影响。这种现象的根源在于，在经济全球化背景下，中日经济存在较强的互补关系，两国互为经济发展的主要市场之一，经贸关系因而不断发展，最终形成了互为重要经贸伙伴的相互依赖关系。“经热”是中日共同利益使然，是以互惠互利为基础、由政府推动和民间主导的结果，而“政冷”则是中日利益冲突的必然结果，特别是因为“日本新生代政治家在历史认识、台湾、安全、领土、经援等关键问题上不时偏离其前任铺下的轨道，不断触犯两国共识和中国利益。”[②] 钓鱼岛争端爆发之后，中日关系出现新的变化，两国经贸往来不可避免地受到政治外交关系恶化带来的严重冲击。自 2012 年以来，中日进出口贸易额已连续两年呈

① 2014 年 11 月 7 日，国务委员杨洁篪与来访的日本国家安全保障局长谷内正太郎举行会谈。双方就处理和改善中日关系达成以下四点原则共识：（1）双方确认将遵守中日四个政治文件的各项原则和精神，继续发展中日战略互惠关系。（2）双方本着“正视历史、面向未来”的精神，就克服影响两国关系政治障碍达成一些共识。（3）双方认识到围绕钓鱼岛等东海海域近年来出现的紧张局势存在不同主张，同意通过对话磋商防止局势恶化，建立危机管控机制，避免发生不测事态。（4）双方同意利用各种多双边渠道逐步重启政治、外交和安全对话，努力构建政治互信。参见：http：//www. fmprc. gov. cn/mfa_ chn/zyxw_ 602251/t1208349. shtml。

② 金熙德：“中日‘政冷经热’现象探析”，《日本学刊》，2004 年第 5 期，第 20 页。该文对中日之间“政冷经热”现象出现的原因结合历史背景进行了深入的分析，认为冷战以来中日之间“政冷经热”现象的原因包括内外环境的变化，日本决策层挑战中日关系底线，以及日本政、官、财、学界缺乏抵制作用。

现负增长（详见表2－1、图2－3、图2－4、表2－2、图2－5）。中日关系也由“政冷经热”逐渐演化为“政冷经冷”。

表2－1　中国对日本进出口贸易额变化情况（2011年1月—2014年4月）

金额单位：亿美元

时间	进口		出口	
	金额	同比（%）	金额	同比（%）
2011.1	115.7	34.7	162.8	47.6
2011.2	81.9	8.7	128.1	19.0
2011.3	131.4	37.6	187.7	16.6
2011.4	121.2	24.1	159.9	4.7
2011.5	110.0	15.8	144.6	7.9
2011.6	122.0	20.1	158.7	7.3
2011.7	127.8	27.3	161.8	6.7
2011.8	132.2	29.9	175.0	16.5
2011.9	136.1	21.8	178.9	9.3
2011.10	126.5	19.6	155.1	8.8
2011.11	141.7	17.8	162.5	－1.5
2011.12	137.9	15.3	171.9	－4.8
2012.1	122.7	6.1	104.6	－35.7
2012.2	104.3	28.1	159.1	24.2
2012.3	135.8	3.4	167.8	－10.4
2012.4	127.8	5.7	150.1	－6.2
2012.5	124.3	13.3	151.1	4.3
2012.6	122.1	0.3	151.1	－4.7
2012.7	126.6	－1.0	162.4	0.6
2012.8	123.4	－6.6	155.0	－11.3
2012.9	139.1	2.3	161.8	－9.4
2012.10	127.8	1.4	139.4	－10.0
2012.11	136.3	－3.8	138.0	－15.0
2012.12	127.8	－7.3	138.4	－19.5
2013.1	129.7	5.9	120.8	15.4
2013.2	97.5	－6.4	101.9	－35.9

续表

时间	进口		出口	
	金额	同比（%）	金额	同比（%）
2013.3	122.2	-9.9	136.8	-18.4
2013.4	126.2	-1.1	145.1	-3.2
2013.5	117.2	-5.6	130.3	-13.6
2013.6	116.0	-5.0	126.5	-16.3
2013.7	124.0	-1.8	146.8	-9.6
2013.8	120.7	-2.1	141.0	-8.9
2013.9	140.9	1.4	149.4	-7.6
2013.10	135.0	5.7	134.4	-3.6
2013.11	140.2	2.9	141.1	2.3
2013.12	134.8	5.6	149.8	7.9
2014.1	150.4	16.1	127.0	4.8
2014.2	86.8	-10.8	111.3	9.3
2014.3	135.6	11.1	135.9	-0.5
2014.4	129.5	2.9	143.3	-1.1

数据来源：中国海关总署统计数据。

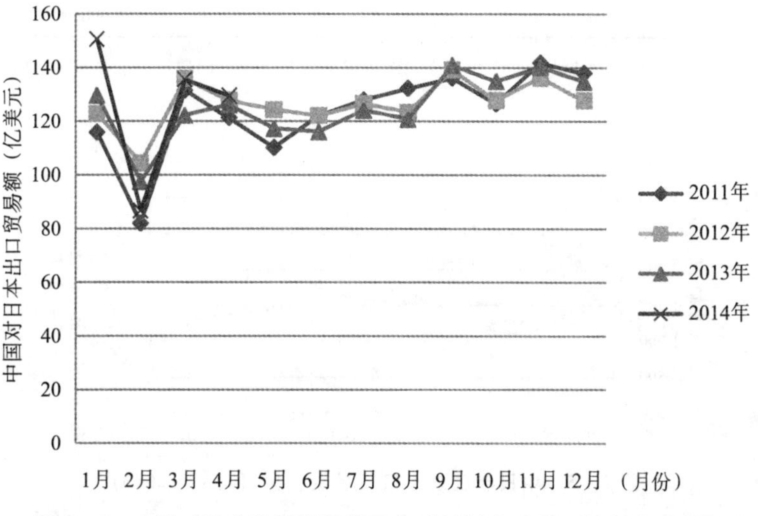

图2-3 中国对日本出口贸易额变化（2011年1月-2014年4月）

数据来源：根据中国海关总署统计数据制作。

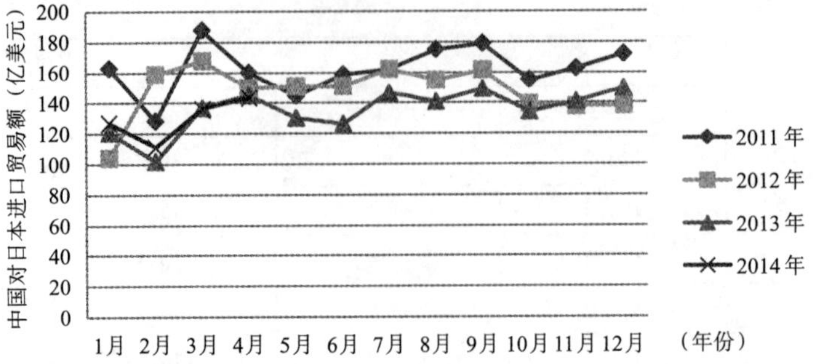

图2-4　中国对日本进口贸易额变化（2011年1月—2014年4月）

数据来源：根据中国海关总署统计数据制作。

表2-2　中日年度进出口贸易总额变化　金额单位：亿美元

年份	进口		出口		合计	
	金额	同比（%）	金额	同比（%）	金额	同比（%）
2008	1 250.2	14.4	1 436.1	12.3	2 686.3	13.3
2009	1 096.1	-12.3	1 224.8	-14.7	2 320.9	-13.6
2010	1 496.9	36.6	1 533.7	25.2	3 030.6	30.6
2011	1 620.4	8.3	1 840.6	2.0	3 461.1	14.2
2012	1 442.0	-11.0	1 883.9	2.3	3 325.8	-3.9
2013	1 291.2	-10.4	1 807.6	-4.1	3 098.9	-6.8

数据来源：根据日本海关统计数据制作，进口指中国从日本进口，出口指中国对日本出口。

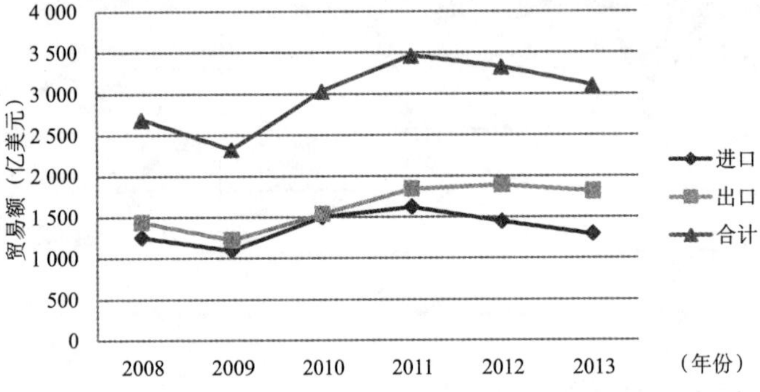

图2-5　中日年度进出口贸易额变化（2008-2013）

数据来源：根据日本海关统计数据制作，进口指中国从日本进口，出口指中国对日本出口。

根据中国海关近4年的统计数据，中国对日出口贸易总额自2011年11月首次出现同比下降，2012、2013年度中国对日出口贸易额大幅下降，月度出口贸易额最大降幅高达 35%。进入 2012 年，中国对日进口贸易额增速放缓。2012 年 6 月，首次出现同比下降。2012 年第四季度及 2013 年第一、二、三季度，中国对日出口贸易额明显下降，直到 2013 年 9 月才逐渐出现回暖趋势，但仍然存在波动。进入 2014 年，中国对日出口逐渐恢复平稳，但仍然出现小幅下降，出口额绝对值来也难达到 2011 年巅峰时期的水平。

以年度为单位观察中日进出口贸易额变化，亦可发现自 2011 年以来，中日贸易总额受两国关系影响，出现大幅回落，2012 年与 2013 年中日进出口贸易总额同比下降 3.9% 与 6.8%。其中，中国从日本进口贸易额的降幅尤为明显，2012 年至 2013 年连续两年同比降幅达 10% 以上。与此同时，中国外贸持续高速发展，与主要贸易伙伴的贸易量不断上升。两相对照可见，中日政治关系的恶化对经贸关系开始产生负面影响，双边经贸关系也逐步由“热”转“凉”，由“凉”变“冷”。

中日之间的直接投资同样受两国关系恶化的影响而出现大幅下降。中国商务部公布的数据显示，2014 年 1 至 5 月，日本对华实际直接投资额约为 20 亿美元，较 2013 年同期锐减 42.2%。除了受中国租金和劳动力成本上涨、日元贬值等因素影响外，中日直接投资额锐减的主要原因无疑是政治关系恶化导致两国经济合作环境的恶化。日本企业对华投资的意愿持续下降。日本贸易振兴机构称，日本企业 2013 年在新加坡、泰国、印度尼西亚、马来西亚、菲律宾和越南的投资已高达 2.33 万亿日元。相比之下，对于日本最大贸易伙伴的中国，日本的投资仅为 8 870 亿日元，只有对东南亚国家投资的 1/3 略多。

总体来看，政治关系与经济关系紧密相连。中日关系中的“政冷经热”现象的出现是建立在双边关系的政治基础尚未根本动摇和破坏，经济上仍高度互补的前提之下的。在两国关系转入相互对抗、曾经的政治共识被弃如敝履的情况下，政治关系对经济关系的负面效应便会逐渐显现出来。

（二）政治现实矛盾表面化

中日在政治上的矛盾主要体现在日本的历史修正主义、钓鱼岛的领土争端和东海海洋划界问题上。究其实质，中日关系的政治基础，即建交后的四个政治文件（即 1972 年恢复邦交时发表的《中日两国关于恢复邦交正常化的联合声明》、1978 年签署的《中日和平友好条约》、1998 年发表的《中日联合宣言》及 2008 年发表的《关于推进战略互惠关系的联合声明》）的精神遭到歪曲和破坏，是两国政治矛盾产生的根源。

日本侵略中国并给中国带来难以估量的巨大损失是无可辩驳的历史事实。作为加害者，日方有客观看待和对待这段历史的政治责任。这也是中日关系稳定发展的政治基础。然而，日本社会在这一问题上并未达成尊重历史事实的共识，日本政府的历史观呈现出了明显的反复性，给中日关系制造了巨大困难和现实矛盾。

钓鱼岛问题已经远远超出了领土争端的领域，涉及两国之间诸多复杂的因素，如历史积怨、民族情感、地缘安全、海洋利益、台湾问题等。钓鱼岛争端始于甲午战争。日本通过骇人听闻的《马关条约》将台湾岛及其附属岛屿纳入其殖民统治范围。第二次世界大战后，日本战败并无条件接受《波茨坦公告》与《开罗宣言》，钓鱼岛理应归还中国。然而，美国通过 1951 年的《旧金山和约》，开始对琉球地区进行单独托管，随后又私相授受，通过《归还冲绳协定》将钓鱼岛的行政管辖权擅自移交日本，完全无视中国的主权和抗议。在 1972 年中日邦交正常化谈判中，两国领导人从大局出发，选择了搁置争议，从而达成了两国关系稳定发展的政治共识。这一共识是中日关系稳定发展的政治基础。

2012 年，野田内阁宣布将钓鱼岛国有化，否认中日在钓鱼岛问题上存在领土争议，并企图借钓鱼岛问题煽动国内民族情绪，为自身谋求政治利益。中国政府对日方的举动提出强烈抗议，并采取了强有力的反制措施，如公布钓鱼岛及其附属岛屿的标准名称、向联合国提交钓鱼岛及其附属岛屿的领海基线与海图、实现对钓鱼岛领海执法的常态化巡航等。

钓鱼岛领土争端和东海海洋划界问题是中日东海海洋争端的两个方面，钓鱼岛问题是中日东海问题谈判的一个关键因素。双方在东海海域专属经济区和大陆架划界问题上的分歧主要体现在中日关于海洋边界的不同主张。日本在东海海域问题上采取“中间线”原则，即，“日本政府坚持其单方面划定的中间线应当成为划分中日双方东海专属经济区和大陆架的分界线。中间线西侧海域因此在国际上被广泛视为无争议地区。”[①] 同时，日方主张使用钓鱼岛等争议岛屿作为划分专属经济区和大陆架的基点。中国则坚持以大陆架的自然延伸原则来处理东海划界问题。2009 年 5 月 11 日，在中国政府向联合国

① 龚迎春：“中日东海海洋争端的进展和现状”，《中国海洋法学评论》，2010 年第 2 期，第 227 页。

大陆架界限委员会提交的关于中国大陆架外部界限的初步调查报告中，中方主张 200 海里以外的大陆架延伸至冲绳海槽西侧大陆坡。中国对大陆架界宽问题的主张并非不容妥协，主张大陆架的划定要经过国家之间的协商解决，而不一味坚持死板的原则和规定。与此同时，中国还反对日本将钓鱼岛等争议岛屿作为其划分专属经济区和大陆架边界的基点。

2008 年 6 月 18 日，中日两国领导人签署了《关于中日东海问题的原则共识》(以下简称《共识》)。双方一致同意在东海划界前的过渡期，在不损害各自法律立场的情况下进行合作。《共识》还就春晓油气田的开发做出规定，中方欢迎日方参与春晓现有油气田的开发。《共识》的签署为双方在东海海域进行共同开发合作奠定了法律基础，为和平解决中日之间东海海域划分问题指明了方向。然而，这仍是一份原则性声明，并不具实质性操作意义。此后，双方进一步条约签署的谈判进程停滞不前。随着因钓鱼岛主权问题而导致的双边关系的恶化，中日两国在东海划界问题上再起争端。

在 2010 年的中日外长会议上，日本外相冈田克曾向中国提出抗议，认为中国违反《共识》，在中间线中方一侧单方面开发春晓油气田。中方则坚持将共同开发限定在双方的争议海域，认为春晓油气田完全处于中国的主权权利范围内，与共同开发无关。2010 年 5 月初，在中日双方的争议海域，一艘中国船舶靠近一艘隶属于日本海上保安厅的船舶，要求船上人员停止其在该海域的地质调查。这一系列事件都使得东海海域的局势变得更加紧张。

钓鱼岛领土争端和东海海洋划界问题是当前中日政治矛盾表面化最突出的表现，其本质是中日实力对比变化的背景下产生的结构性矛盾。中国的迅速崛起改变了近百年以来日中实力的“强—弱”结构，这一改变极大冲击了日本国民，尤其上层精英长久以来形成的对中国的优越感。日本对中国的崛起感到焦虑、不安乃至恐惧。钓鱼岛和东海划界问题则成为日本国内情绪的“宣泄口”。通过在钓鱼岛和东海划界问题上纠缠不休，日本冀图借此遏制中国，拖延中国崛起的进程，同时谋求自身“正常国家”和“政治大国”的地位。心态的转圜是一个过程。在此阶段，中日围绕钓鱼岛和东海划界的争夺还将继续。此外，两国矛盾还体现在外交对抗、舆论争夺、军备角力等方方面面。

（三）外交对抗公开化

中日外交对抗体现在诸多层面，既有在国际多边场合中的对抗，也体现在对周边国家的争夺，特别是两国在东南亚地区的竞争之上。

在国际多边场合的对抗首先体现在两国在联合国的多次交锋。2012 年日本首相野田佳彦与中国外长杨洁篪及两国驻联合国代表先后在联合国大会上就中日主权领土争端问题进行发言与辩论，以表明自身立场，争取国际社会的理解和支持。2014 年 6 月，中国政府将南京大屠杀和日军强征“慰安妇”的文献资料申报联合国教科文组织的“世界记忆名录”，居然引起日本的反对。日本内阁官房长官菅义伟向中国提出抗议，并要求中国撤销申请。此外，中日在联合国的针锋相对还体现在联合国安理会改革的议题上，日本一直将中国视作自身成为联合国安理会常任理事国的最大障碍。

中日在国际多边场合的对抗还体现在两国在地区合作机制中的竞争。学者们普遍认为，东亚合作进程进展缓慢的一个主要原因就是中日地区领导权之争。在中国经济迅速崛起的背景下，日本担心东亚合作主导权旁落中国，因此极力主张将“10 +3”合作框架扩大为“10 +6”，将澳大利亚、新西兰与印度拉入东亚合作进程之中，以平衡中国的力量。“10 +6”框架体现了“日本在与中国争夺区域合作主导权问题上的信心不足”，[①] 而“10 +3”与“10 +6”两种合作路径事实上反映的是中日对东亚合作主导权的争夺。2013 年 3 月 15 日，日本首相安倍晋三宣布日本正式加入“跨太平洋伙伴关系协定（TPP）”谈判。日本加入 TPP 谈判一方面是为巩固美日同盟，深化与美国的合作关系，另一方面则是为了在亚太经合中占据有利地位，通过地区合作开拓市场、谋求利益。无论日本加入 TPP 谈判的目的是什么，其行为本身对东亚地区合作产生了巨大影响。日本加入 TPP 在一定程度上阻碍了中日韩自由贸易区的谈判进程。面对美国主导的 TPP，中国将注意力转向了东盟发起的“区域全面经济伙伴关系（RCEP）”，力求在 RCEP 当中发挥建设性引领作用。这极有可能导致 RCEP 和 TPP 两个超大型自由贸易区的相互竞争，并将重塑亚太经合格局。

① 王玉主：“中日之争与东亚合作：以‘10 +3’、‘10 +6’为主的分析”，《创新》，2010 年第 3 期，第 9 页。

在对周边国家的争夺中，日本极力发展与东南亚国家的传统友好关系，同时在东盟峰会、东亚峰会、APEC 峰会等多个场合公开拉拢越南、菲律宾等与中国存在主权和利益争端的国家，意图构建反华同盟。

为发展自身与东南亚国家之间的经济合作关系，日本分别与印度尼西亚、马来西亚、菲律宾、新加坡、泰国协商建立了五个“金融合作发展联合工作组（Joint Working Group for Development of Financial Cooperation，JWG）”。2013 年 4 月，联合工作组第一次会议召开，日本财务省、金融厅、日本银行、日本国际协力机构、日本国际协力银行等与东南亚五国的财政部门、中央银行等机构就彼此间财金合作的内容和形式等进行了探讨，并初步达成共识（详见表 2－3）。2013 年 12 月，日本与东盟特别首脑会议在东京召开，日本与东盟各国就加强经济、安保领域合作达成共识。日本首相安倍晋三宣布向老挝、缅甸、越南分别提供 103 亿、630 亿、960 亿日元的资金援助，以帮助其减少贫困、加强基础设施建设。①

表 2－3　日本与东南亚五国金融合作发展联合工作组首次会议成果统计

国家	时间	进一步探讨的议题
日本—印度尼西亚	2013 年 4 月 12 日	1. 增强货币和金融市场的调节能力 2. 支持印度尼西亚基础设施的发展 3. 促进印度尼西亚卢比为印度尼西亚国内基础设施和各项事业发展提供资金支持
日本—马来西亚	2013 年 4 月 10 日	1. 通过续订双边互换安排来增强金融流动性 2. 推进马来西亚林吉特对在马日企的资金支持 3. 通过规范马来西亚和日本投资市场的债券发行程序促进债券的跨境发行 4. 支持伊斯兰金融的发展，鼓励日本企业与银行使用伊斯兰金融资本 5. 通过公私伙伴关系安排促进马来西亚基础设施发展 6. 通过与旨在培养央行行长的东南亚中央银行培训中心和旨在培养保险监管人员的东盟保险培训研究中心的合作来支持柬埔寨、老挝、缅甸和越南的金融能力建设

① 新华网：“日本与东盟特别首脑会议闭幕”。http：//news. xinhuanet. com/world/2013－12/15/c_118564101. htm。

续表

国家	时间	进一步探讨的议题
日本—菲律宾	2013 年 4 月 8 日	1. 增强对突发事件的应对能力 2. 增强对在菲日企的资金支持 3. 鼓励债券市场的健康发展 4. 支持菲律宾基础设施发展
日本—新加坡	2013 年 4 月	1. 重启两国财长间的“新加坡—日本财政对话”，对话曾经于 2008 年、2012 年由副部长级财政官员主持召开 2. 建立由两国财政部副部长助理级官员领导的“新加坡—日本金融合作发展联合工作组”，同时两国中央银行和相关部门/单位也参与其中 另外，两国就如下议题继续展开讨论： 1. 增强货币和金融市场的调节能力 * 续订双边互换安排 * 提高抵制日本政府债券发行银行的新币准备金率 2. 推动日本在新企业使用新加坡元，推动新加坡在日企业使用日元 * 研究提高新加坡元与日元在跨境贸易中使用的方法，包括新加坡元与日元之间的直接汇兑，两国货币作为中介和长期发行 3. 鼓励债券市场的健康发展 * 推进在已提出的“10 +3” 多种货币债券发行框架下针对新加坡和日本职业投资人的跨境债券发行
日本—泰国	2013 年 4 月 18 日	1. 增强货币和金融市场的调节能力 * 续订双边互换安排 2. 推进泰铢对在泰日企的资金支持 * 进行有关提高泰铢与日元在跨境贸易中使用（包括长远范围内泰铢与日元的直接汇兑）的方法的研究 * 对泰国与日本相关的各项事业提供永久性资金支持 * 通过在泰国银行实行国际协力银行的“两步贷款”为与日本相关的事业（包括在泰日企以及与日本企业有着紧密商业联系的泰国企业）提供资金支持 * 为泰国银行借助日本银行推行借贷制定一个可行计划 * 鼓励长期的、使用互惠外汇信贷进行的泰铢融资 * 进行有关于国际协力银行对银行间货币互换的规定的研究 3. 支持泰国中小企业发展 * 与日本的信用风险数据库系统进行知识分享 * 鼓励泰国中小企业对外投资，并与日本中小企业进行经验分享 4. 鼓励债券市场的健康发展

续表

国家	时间	进一步探讨的议题
日本—泰国	2013 年 4 月 18 日	* 在 2013 年 7 月底之前在东京组织召开泰国证券市场监管机构和参与者之间的“政府—民间圆桌会谈”，日本的财政机构也将参与其中并将就泰国证券市场交换意见 5. 支持泰国基础设施发展 * 推动“东盟连接计划”并支持泰国作为区域运转中心

资料来源：根据日本财务省公告制作。

日本重点利用海洋安保和经援外交来牵制和孤立中国，中国则强调扩大与东南亚国家的经济合作，同时利用东盟的特点实行分化外交。中国一方面巩固与发展和柬埔寨、泰国等国的友好关系，另一方面安抚马来西亚、文莱等国。2013 年 10 月，中国国家主席习近平参加在巴厘岛举行的 APEC 首脑峰会，并访问印度尼西亚和马来西亚两国。同月，李克强总理出席在文莱举行的第 16 次中国—东盟领导人会议、第 16 次东盟与中日韩领导人会议和第 8 届东亚峰会，并对文莱、泰国、越南进行正式访问。中国领导人密集出访东南亚国家，被国内外媒体称为中国在东南亚国家开展“魅力外交”。习近平访问印度尼西亚期间，中方企业承诺向印度尼西亚提供 282 亿美元的投资，同时双方签署 150 亿美元的货币互换协议。这对并不景气的印度尼西亚经济来说无疑是雪中送炭。李克强出访泰国期间，与泰国总理英拉共同商讨有关“大米换高铁”计划，推动中泰两国互利共赢。同时，习近平、李克强在不同场合都提出建设“中国—东盟命运共同体”与 21 世纪“海上丝绸之路”经济带的倡议，体现了中国对东南亚国家的重视以及中国与东南亚国家之间传统的友好关系。李克强总理在文莱参加中国—东盟领导人会议时与东盟国家就签署睦邻友好合作条约进行了探讨，中国也希望通过条约的签订缓和与越南、菲律宾等国家在南海问题上的紧张关系。

（四）国际舆论的激烈抗衡

话语塑造着人们的认知，话语权意味着影响力。因此，随着大众传媒的发展和全球化的深化，舆论对国际政治的影响也越来越显著。良好的国际舆论有利于提高一个国家的国际形象，增加一个国家的国际话语权。中日之间的对抗也体现在中日对国际舆论的争夺方面。

长期以来，日本在中日舆论战中占据着上风。在西方长期垄断国际主流媒体、把控国际话语权的背景下，作为美国盟友且自视为西方一员的日本，在国际舆论中显然会得到西方世界的庇护和扶持。

在传播方式上，日本也有自己的特点。日本在国际舆论中往往能够先声夺人，设置议题，宣传自身的态度和立场。如在中日东海问题上，日本的舆论战主动且有力，它不断通过夸张甚至伪造细节的手段向世界宣扬中国的“野蛮霸道”，烘托日本面对的安全挑战。与此同时，自卫队同媒体相互配合，塑造了日本“受害者”的形象。东京既追求一旦东海开战时确保将中国推上“被告”位置，也试图通过增加日本社会的危机感，来获得对解禁集体自卫权的支持。在舆论宣传选题上，日本同西方媒体一道指责中国意图凭借武力“改变现状”，挑战当前的东亚地区秩序。日本首相安倍晋三在接受日本媒体采访时曾就钓鱼岛问题以及中国与周边国家在南海问题的领土纠纷时表示“中国凭借实力改变领土现状，这是错误的。”“在这个时代诉诸武力来改变现状的做法不能为任何诉求提供合法性。”[①] 在中国设立东海防空识别区问题上，日本官方和媒体则与美国保持同一论调，认为中国所作所为无不在试图改变现状，是基于实力的“修正主义”行为，可能导致亚太地区紧张局势升级。然而，所谓“现状”是它们维护强权地位、侵占非法权益的片面界定，所谓中国“改变现状”与客观事实相差甚远，实为诋毁和对抗中国的外交托词而已。

此外，意识形态和价值观也是日本在舆论战中频繁使用的“战略牌”。利用中国与西方国家之间存在的意识形态和价值观差异，日本千方百计将中国塑造成一个威胁世界的集权专制国家形象，以换取西方主流舆论的同情和支持，使意识形态因素主导西方媒体对中日冲突的态度。对中国的东西冷战意识，也越来越成为日本政客和意见领袖的基本姿态。[②] 日本《外交学者》杂志曾刊文将中日关系比作“新冷战”。

---

① 联合早报网：“安倍指责中国试图凭借实力改变领土现状”。http：//www. zaobao. com/realtime/world/story20130707 - 225153。

② 日本早稻田大学亚太研究所的天儿慧教授曾经提出日中建交之后日本国民对中国存在四种意识：一种是对中国文化的崇敬，包括敬畏意识。第二种是战争负罪心理，即因侵略中国而产生的负罪意识。第三种是东西意识，也就是冷战意识。第四种是南北意识，也就是经济发达的日本和经济落后的中国的意识。

在过去相当长的一段时间里，中国在国际舆论战中往往采取“被动反应”方式。其根源在于中国政府长久以来奉行的低姿态外交策略，在这个大背景下，有关部门在披露冲突性信息方面养成了根深蒂固的“低调”习惯。“低调处理”、“只做不说”已成为相关政府部门处理争端的基本心态和原则。“主动出击”通常不在日常选项之列，它只在有特殊要求和授权时才会被考虑。因此，中国在中日国际舆论战中往往处于被动防守的一方。

然而，随着自身实力的不断强大，中国的决策部门也开始对传统的外交模式进行反思，逐渐意识到提高国际媒体传播能力的重要性。在中日舆论战中也开始尝试掌握先机，在国际话语权的争夺中逐渐改变传统的行为模式。2013年12月26日，日本首相安倍晋三参拜靖国神社，此举招致中国的严正抗议。随后，中国驻外大使在外国主流媒体密集发文，批判安倍行径，所在地区遍布亚欧大陆、美洲大陆、太平洋诸岛和非洲大陆，其中包括中国驻美国大使崔天凯、驻英大使刘晓明、驻欧盟使团团长吴海龙、驻法国大使翟隽等。2014年1月8日，中国驻英大使刘晓明与日本驻英大使林景一在英国国家广播公司电视节目中的交锋，更是引起了国际社会的广泛关注。[①] 驻外大使的集体发声反映了中国外交观念和外交方式的转变，中国外交官员们开始利用所驻国的各类主流媒体，公开署名向其他国家的民众表达中国观点。中国外交官的话语体系也在逐步与世界接轨。

在中日舆论战当中，中国将舆论宣传内容的重点放在历史问题上。通过深刻揭露历史上日本对东亚国家的侵略行为，指责日本缺乏对“二战”战争责任的反思，美化对外侵略和殖民历史，企图颠覆“二战”后的国际秩序。中国在国家立法上的新举措令人影响深刻。2014年2月27日，十二届全国人大常委会第七次会议表决通过了关于设立南京大屠杀死难者国家公祭日的决定，中国以立法形式设立南京大屠杀死难者国家公祭日，悼念南京大屠杀死难者和所有在日本帝国主义侵华战争期间惨遭日本侵略者杀戮的死难者同胞，揭露日本侵略者的战争罪行。公布真实史料也是反制日本历史倒退的重要途径。2014年7月3日起，中央档案馆从馆藏档案中选出了经最高人民法院审

① 详见新华网：“借力外媒‘齐呛’安倍，驻外大使集体‘亮剑’”。http：//news. xinhuanet. com/world/2014 -01/17/c_ 126018367. htm。中新网：“中国大使密集发声批安倍，‘大使舌战’引关注”。http：//www. chinanews. com/gj/2014/01 -11/5725064. shtml。

判的45名日本战犯的亲笔供词，包括笔供原文、补充、更正、附言等，以及当时的中文译文，并附有中英文提要，一并在国家档案局网站上向社会公布，以此回击日本右翼分子歪曲、美化、否认侵略战争的种种谎言。

“舆论战”是中日关系恶化的重要外部表现。两国都试图在国际话语中占得先机，争取国际舆论的理解和支持，同时将两国关系恶化的原因归结于对方的挑衅和霸权行为，极力将对方塑造为“现状”的破坏者。然而，我们要清楚地认识到中日两国所指称的“现状”并非一码事。日本的“现状”指的是基于日中实力“强—弱”结构上形成的以美日为主导的亚太地区格局，而中国的“现状”指的是基于《波茨坦公报》和《开罗宣言》形成的战后国际秩序安排。随着中国的崛起和实力对比向中国一方倾斜，日本所谓的“现状”必将被打破。这并非出于中国有意的挑衅，而是自身实力崛起使然。作为主权国家，日本追求独立和“正常国家”地位的诉求本无可厚非，但在日本国内美化、否定侵略历史的声音不断涌现，与周边国家的历史问题尚未解决的前提下，其否认主权领土争端、解禁集体自卫权、加强自身军备建设、筹划反华同盟等举动势必引起周边国家的怀疑和担忧。

（五）军事竞争日趋激烈

中日关系下滑的一个更具对抗性和危险性的表现是两国军事关系的变化。以钓鱼岛问题为核心，中日军事竞争日趋激烈。日本为此采取的主要措施包括：

第一，增加国防预算与军费开支，特别是加强海军装备与力量。受国内经济低迷等多因素的影响，日本自2002年以来逐年削减国防开支预算。2012年年底，安倍晋三再度出任内阁首相后，这种情况发生了改变。在安倍的政策议程中，扩军备战是优先选项。2013年，日本军费预算较2012年上涨362亿日元（详见表2-4），2014年日本国防预算再度上调2.9%，达到48 928亿日元。[①] 2014年8月，日本防卫省要求将2015财年预算提高2.4%，共计49 000亿日元。[②] 与此同时，日本将军事重心调向西南方向，其《新防卫计划大

① 详见环球网：“日本2014年度国防预算将增加2.9%”。http://world.huanqiu.com/regions/2013-11/4549053.html。

② 凤凰网：“日本防务省要求将2015财年国防预算提高2.4%”。http://news.ifeng.com/a/20140829/41787037_0.shtml。

纲》提出了打造“统合机动防卫力”的构想，以应对钓鱼岛及西南方面可能出现的紧急情况。这样的调整无疑是将矛头直接指向中国。

表 2－4　　日本国防开支预算统计（2000—2013 年）

年份	国防开支预算（亿日元）	国防开支预算（亿美元）
2000	49 355	457. 99
2001	49 550	407. 72
2002	49 557	395. 23
2003	49 527	427. 20
2004	49 026	453. 14
2005	48 560	440. 58
2006	48 136	413. 90
2007	48 013	407. 74
2008	47 796	462. 20
2009	47 741	509. 94
2010	47 903	545. 90
2011	47 752	598. 70
2012	47 138	590. 90
2013	47 500	486. 28

资料来源：根据日本财务省数据制作，以美元计算的国防开支预算是根据当年日元对美元的平均汇率换算而来。

此外，日本政府计划自 2014 年起用 5 年时间从质和量上大幅提高陆海空自卫队装备水平。陆上自卫队方面将装备水陆两用军车 52 辆、“鱼鹰”军机 17 架、机动战车 99 辆；海上自卫队方面将装备“宙斯盾”战舰两艘、预警机（P1）23 架；航空自卫队方面将装备空中预警管制机（E767AWACS）4 架、空中加油机 3 架。不单如此，安倍还握着大批美式先进战略军备的订单：“全球鹰”无人机 3 架，重点用于提高情报搜集能力，强化对钓鱼岛海空域的监控；F35 战机 28 架；C2 运输机 10 架。日本增加军费开支、提升军事装备水平、大批购进先进武器的举动无疑是其实现自身战略意图的重要一环。

第二，制造并宣扬“中国威胁论”。日本是“中国威胁论”的始作俑者，也是当今世界上鼓吹并散布该论最积极、最猖獗的国家。司马昭之心，路人皆知。通过散播该言论，影响美国的对华战略，拉拢周边国家共同遏制中国，从而为实现自身战略目标创造条件。日本制造并宣传“中国威胁论”的主要方式有：

首先，在官方文件和声明中渲染中国威胁。从2000年《防卫白皮书》妄言“中国的导弹瞄准日本”起，日本每年的《防卫白皮书》都会宣扬“中国威胁论”。白皮书称，中国致力于军事的进一步现代化，“将对本地区，特别是日本的安全造成何种影响，非常令人担心”。2013年，日本的《防务白皮书》更是使用大量篇幅描述中国海军近年来在近海的活动以及中日就钓鱼岛问题引发的争端，渲染和夸大中国军事力量的增长对日本和地区的威胁程度。2014年，日本的《防务白皮书》的基调是将中国视为作战对象。抗华之心已经昭然若揭了。

其次，利用媒体广泛散布中国威胁。2009年2月，《日本时报》刊文指责中国在南沙群岛问题上采取的姿态，鼓动越南、菲律宾、马来西亚和文莱四国在南沙群岛问题上抛开争议，采取“连横”策略共同对抗中国；3月，《读卖新闻》声称，中国加快增强海军实力，想通过在南海和东海地区采取强硬措施来扩大“主权防卫行动”。2010年7月，《朝日新闻》称，“中国开始将南海称为核心利益”，“日本不能简单地忽视中国的这些举动，将其视为别国的问题”。[①] 这样的言论反复充斥着日本的主流媒体。

此外，日本政府高官在国际场合公开散播中国威胁言论。在2014年5月30日于新加坡召开的亚洲安全峰会（亦称“香格里拉对话”）上，日本首相安倍晋三含沙射影，指责中国“强权”，并就中国在南海的活动宣称，“企图不断使用既成事实、使现状变化固定化的行为”理应遭到“谴责”。他提出了以遵守国际法为核心的“法治三原则”，欲要中国“保持克制”。同时安倍还在发言中极力拉拢东南亚国家，试图构建起针对中国的国际“包围圈”。

最后，强化与美国的军事同盟关系，拉拢区内其他国家，共同对抗中国。中国地处欧亚大陆地缘战略区域与太平洋地缘战略区域交汇的边缘地带。日本企图借助美日同盟在西太平洋地区以强大的海权压制中国陆权，特别是依托强大的军用卫星体系、东亚驻军和航母编队夺取制太空权、制空权、制海权：由潜艇与水面战舰配合陆基、海基战机以及警戒雷达与“爱国者”防空系统，辅以“宙斯盾”防空型驱逐舰为核心的海上反导系统，抵消中国的战

① 张瑶华：“日本在中国南海问题上扮演的角色”，《国际问题研究》，2011年第3期，第54页。

略进攻与防御能力。

对日本来说，美日同盟不仅仅是自身安全的保护伞，也是对抗中国的有力屏障。美日同盟是冷战的产物，是美国遏制和对抗共产主义阵营的战略手段。然而，冷战结束以后，美日同盟不仅没有随之解体，反而得到进一步强化。究其原因，一方面是因为日本谋求成为“政治大国”的目标离不开美国的支持；另一方面，美国需要借助美日同盟影响日本国策，同时借此介入东亚事务，从而发挥其超级大国的全球影响力。随着中国的崛起与东亚格局的转型，美日两国也逐步加强同盟框架下的合作关系。美国在日本部署了大量军力和先进军备。当前，日本是美国最大的海外军事基地、最大的弹药库、最大的监听站。日本自卫队是美军在国外最重要的训练伙伴、美国尖端武器最重要的出口对象之一。日本也是美国设在海外军事基地的27个东道国中为美国承担费用最多的国家，每年承担44亿美元的军费开支。

针对中日在钓鱼岛问题上摩擦不断的情况，美国加大了对日本的军备支援，如将两架美军“全球鹰”无人机部署到三泽空军基地，将“鱼鹰”运输机部署到美军驻冲绳普天间军事基地。此外，美国总统奥巴马还公开宣称钓鱼岛适用于《日美安保条约》，力图恐吓中国。与此同时，安倍政府也奋力修改宪法中有关集体自卫权的规定，推动修订《日美防务合作指针》和《日美地位协定》，力图通过增加日本的军费支出，与美国结为同盟军，派遣自卫队执行海外任务。

为了对抗中国，安倍政府制定了所谓“自由海洋之弧”的外交方针，即以美军为后盾，联合韩国、菲律宾、越南、澳大利亚、泰国、缅甸、印度（可能还包括俄罗斯），构建一个针对中国的战略“包围圈”。安倍政府极力推动日本与印度、东盟、澳大利亚、韩国等国家的关系，其中印度和东南亚国家是安倍拉拢的重点。

军事现代化是中国崛起的关键构成。在国际局势并不太平、不确定性因素不断增多、外部安全环境走糟的形势下，强大军力是保障国家安全不可或缺的前提。改革开放之后，经济发展一直是中国国家战略的重中之重，军事建设长期遭受忽视。由此带来的后果是，在直面国际政治的残酷现实时，无力有效捍卫国家主权与民族尊严。20 世纪 90 年代以后，“银河号”事件①、台海危机②、中国驻外使馆遭受轰炸③、南海撞机事件④、美国屡次三番以国内法为由售台武器、不时挑动藏独疆独、美国军方频繁抵近侦查等侵犯中国主权的事情反复发生，中国国家安全因此受到严峻挑战，民族尊严屡遭践踏。忘战必危，军弱遭欺，强权政治阴魂不散。没有一支强悍的武装力量，中国的和平发展就没有保障。这是中国官方从外部压力中获得的深刻教训与启示。中国军事现代化进程不得不提上议事日程，在综合国力不断上升的背景下，中国的安全战略、军队建设、军备研发正逐步进入快速发展轨道。

针对日本在军事方面的一系列动作，特别是钓鱼岛问题上日本的军事布局和挑衅行为（更重要的是竭力阻遏中国的美国），中国不得不在军事上未雨绸缪，予以反制。采取的主要措施有：

第一，加强军备建设，重点发展海空突击力量。没有一支强大的海空威慑力量，中国海洋强国的战略目标就无从谈起，也无法维护应有的海洋权益。随着 2012 年中国海军“辽宁”舰入列，国产航母可能也在建设中，052C/D 型新型导弹驱逐舰、054A 型导弹护卫舰、071 型船坞登陆舰批量列装。歼 - 10（A、B）、歼 - 11、歼 - 15、歼 - 16、轰 - 6H 批量交付空军，空中预警机“空警 - 500”、“空警 - 2000”业已列装，新型的“空警 - 3000”也在推出，新一代隐形战斗机歼 - 20、歼 - 31 与国产大型运输机运 - 20 正在有条不紊地研发之中。99G 型主战坦克与 09 式 8 × 8 轮式战车家族的换装，以及武直 -

① 1993 年 7 月 23 日，美国以所获情报为由，指控中国籍货轮“银河号”向伊朗运送化学武器制造原料，威胁对华制裁，同时向“银河号”所在国际公海海域派遣 2 艘军舰、5 架直升机，强行扣留“银河号”达三周之久。在美国的强硬要求之下，中国不得不接受其登船检查。9 月 4 日，检查完毕，船上未发现任何相关原料。此事件表明：美国恃强凌弱，蛮横粗暴，狂妄霸道，为所欲为。中方则基于国家发展大计和实力所限，不得不忍辱负重，忍气吞声，息事宁人。

② 1995—1996 年间，台湾地方领导人李登辉在美国康奈尔大学公开鼓吹分裂中国，后又直选省长，宣扬“两国论”。此举激起大陆的强烈反应。大陆先后两次进行导弹发射和军事演习，警告台湾当局。其间，美国派遣“独立号”、“尼米兹号”两大航母战斗群驶入台湾海峡，干扰中方的 GPS 制导系统，对中国进行赤裸裸的军事示威和威胁。美国的炮舰外交和霸道行为促使中方不得不反思国防建设让位于经济发展的既有战略思维，富国强军遂成中国新时期的国家战略定位。

③ 1998 年 5 月 8 日，中国驻前南斯拉夫大使馆突遭美国 3 枚激光制导导弹精确轰炸，大使馆遭严重损毁，邵云环、许杏虎、朱颖三位中方工作人员遇难。美方辩称此乃“误炸”。

④ 2001 年 4 月 1 日，中国空军飞行员王伟驾驶歼 - 8 - II 战斗机，查证闯入海南岛附近抵近侦查的美国海军 EP - 3 型侦察机。两机发生碰撞。美机未经许可，迫降海南岛陵水机场。中方战机坠落，王伟牺牲。该事件在中美关系中引发轩然大波。欺负上门，家门生事。

10、武直－19 的服役都使中国军队的机动性与突击能力短期内大幅提升。各个类型的防空导弹（红旗系列）、反舰导弹（如 DF－21D）、巡航导弹（鹰击、长剑、东海系列）不断涌出，多款多型无人机（如 CH－4）亦在快速发展。与此同时，中国也在大力研发并装备具有战略威慑力的武器系统，如北斗导航系统、战略洲际导弹（DF－5、DF－21、DF－26、DF－31A、DF－41、JL－2 等）、超高速导弹、新型战略核潜艇（095、096 系列）、中程反导系统等。简言之，中国军事现代化的步伐正不断加速，是列国不敢轻视的新兴力量。中国人民解放军（PLA）正从数量优势向质量优势高速转型，在不远的未来，这必将是一支攻防兼备、战力彪悍、傲视群雄的新型军队。

第二，重新整合海洋执法机构，改变“九龙治海”的混乱局面。钓鱼岛问题（以及南海争端）升温后，中国采取相关措施维护国家海洋权益，加强海洋资源保护与合理利用。2013 年 3 月，国家海洋委员会成立，其目的是为加强海洋事务的统筹规划和综合协调。国家海洋委员会是对原国家海洋局、海监、公安部边防海警、海关总署海上缉私警、农业部渔业局等机构职责的整合。与此同时，重新组建国家海洋局，以中国海警局名义统一开展海上维权执法活动。作为一支准军事化的民用机构，中国海警的重新整合极大提高了自身海洋执法、海洋维权与应对紧急事件的能力。值得一提的是，在南沙海域实施的“变礁为岛”新策的确是一个破解南海难题的神妙之策和高明之举。

第三，争取主动，强硬反制日方的挑衅行为。中日关系恶化的主因在于日方单方面抛弃两国政治共识，企图挟美自重，遏制中国。对此，中方唯有有效破除日本的战略迷思，制止其战略冒险冲动。从战略高度看，强力反制是迫使日本回归理性、进而稳定两国关系的重要选项。中方宣布划设东海防空识别区、强化海空力量布局、展开外交反击，都是反制日本、维护国家权益的有力举措。

第四，参与构建地区安全机制，加强多边框架下的安全合作。在增加自身军力的同时，中国也重视与周边国家的合作，特别是在多边框架下的安全与军事合作，以此应对和缓解美日联盟带来的安全压力。在上海合作组织框架下，中国加强与俄罗斯的军事合作，推动中俄海上军事演习的常态化、机制化。此外，中国还参与并推动亚洲相互协作与信任措施会议的发展。中国承办了亚信第四次峰会并接任 2014 年至 2016 年主席国职位。对于中国来说，亚信机制的发展有助于抑制美日同盟的效力，扩大中国在地区安全事务中的影响力，改善地区安全环境，减少不稳定因素。

日本学者毛里和子认为，现阶段中日关系存在着三个层次的结构。第一层次是不能讨价还价且与“价值”相关的问题，如历史问题以及由此产生的靖国神社、教科书等问题；第二层次是与中日两国在亚洲及国际社会的“权力”相关的问题，如中日在亚洲的地位之争以及联合国安理会改革问题等；第三个层次是与钓鱼岛、东海海底资源等能看得见的“利益”相关的问题。[①]可以看出，当前中日的矛盾与对抗并不是单方面的对立，而是存在于价值、权力、利益等多个层面之上的对峙。

诚然，我们不能将日本的举动一概视为遏制中国。外交是为一国的战略目标服务的，日本的所作所为从根本上来说是为了谋求自身“政治大国”的地位。但从日本国内日益膨胀的敌视中国的民族情绪以及针锋相对的政策措施来看，日本遏制中国的企图又是非常明确、毋须讳言的事实。日本将中国看做其谋求“政治大国”进程中的最大障碍及在东亚政治经济利益主要挑战。更具挑战性的是，日本将中国崛起视为对自身安全的直接威胁，中国将日本作为自身崛起的直接挑战。从根本上来说，中国在处理中日关系的时候考虑更多的是美国与美日同盟的因素。如果无法从价值、权力、利益三个层面缓解中日矛盾，那么两国之间的对抗冲突将会持续下去。

三、中日关系恶化的国际影响

中日关系不和与中日竞争的影响并不仅仅限于双边之间，其衍生的影响是国际性的。这些影响主要体现在以下四个方面：

（一）中日关系变化是东亚新的不稳定因素

作为东亚最大的两大经济体，以及拥有区内最强大军力的两个国家，中日关系是东亚地区国际秩序的轴心，中日关系恶化无疑会对地区和平发展带来消极影响。

① 【日】毛里和子：《中日关系：从战后走向新时代》，徐显芬译，社会科学文献出版社，2009 年版，第 181 页。

安倍晋三执政以来，一直强调“积极和平主义”。一方面，他以内阁决议的形式部分解禁集体自卫权，从而迈出了日本成为正常国家的关键一步。另一方面，安倍频繁出访，实施尾随和紧跟中国的外交策略，[①] 力图制约中国的外部影响力，拉拢并组织国际反华力量。2014 年香格里拉安全对话会之后，日本对中国的指责，对菲、越的支持逐渐由幕后走向台前。日本染指南海，拉拢菲、越，其主要目的是利用南海问题牵制中国，延缓乃至遏制中国崛起。日本的所作所为标志着安倍的“积极和平主义”更侧重“积极”而非“和平”。安倍内阁不顾国内民众的反对，执意解禁集体自卫权的行为，引起东亚国家对日本军国主义死灰复燃的担忧和反对。日本涉足南海问题、拉拢扶持菲越的举动也使得南海问题更加复杂化，南海问题愈发成为东亚地区安全局势中一颗随时可能被引爆的炸弹。

东亚国家对中国崛起的反应具有两面性。一方面，它们希望从中国的快速发展中获取经济红利；另一方面，则对中国实力的强大保持高度警惕，特别是担忧中日关系的恶化和冲突使东亚地区重新陷入冷战时期两极对抗、军备竞赛的状态。随着自身硬实力的增长，中国在与国际社会，尤其是与美国交往的过程中需要寻求一种新的身份、地位和姿态。当前，中国外交还在经历一些战略调整，以使自身适应如何在世界政治上以大国身份行事。中国目前的强盛国力，近代以来前所未有，因此，中国决策者必须经历一个适应、学习的过程。在这一过程中，外界的某些揣测也是难免的。

东南亚国家是中日争夺的重要对象也是中日东亚竞争的主要舞台。当前，中国—日本—东南亚三角互动关系具有以下特点：中日都同东南亚国家有着密切的政治、经济联系，这在东南亚的历史上是前所未有的；[②] 中国与日本“强强对话”，两国都拥有强大的经济、军事力量和国际影响力；东南亚国家“小马拉大车”，在东亚经济合作中扮演主导角色。中日关系恶化对“中—日—东南亚”三角关系的一个直接影响是，中日在东南亚地区的竞争和争夺日趋激烈，部分东南亚国家从中日日趋激烈的竞争关系中获得了大量好处，包括经济援助、投资、债务减免等等。但中日关系恶化也引起了东南亚国家的

① 截至 2014 年 8 月初，安倍再度执政以来，已出访 47 个国家。

② Lam Peng Er & Victor Teo, eds., *Southeast Asia between China and Japan*, London: Cambridge Scholars Publishing, 2012, p. 33.

担忧：

其一，东南亚国家的异质性特点决定了各国国家利益的差异乃至相互矛盾，中日竞争等外部因素可能加剧这种差异，进而影响东盟的团结和发展。

其二，中日两个经济巨头关系的恶化可能导致东亚经济合作的倒退，乃至消解近二十年来东亚一体化所取得的进展与成就。

其三，中日竞争的一个重要内容体现在对东亚合作主导权的竞争。因此，中日竞争的加剧可能打破当前东亚地区脆弱的平衡现状，东盟在地区合作中的主导地位也将受到冲击。

（二）中日关系变化延滞了东亚合作进程

东亚合作进程离不开中日两国。中日关系的持续下滑对东亚合作自然会产生重大影响。这主要体现在四个方面：

首先，中日关系恶化影响东亚合作新机制的构建，中日韩自贸区谈判进程推进乏力，RCEP 对地区一体化机制的整合能力也将受到冲击。此外，中国主导建立的亚洲基础设施投资银行（亚投行）因日本的缺席似乎也显得美中不足。

其次，中日关系恶化影响了已有机制的运转和协调，如日本试图拉拢东南亚国家遏制中国的举动使得“10+1”“10+3”以及东亚峰会等现存地区合作机制的作用大打折扣。

此外，中日冲突成为美国重返亚太的契机，美国力量的介入为东亚合作带来了更多的不确定性因素，引发了地区局势的动荡，从而对地区合作进程带来负面影响。

最后，虽然中日为争夺东南亚国家的支持都宣称支持东盟在地区合作中的主导地位，然而，中日两国在东南亚竞争的加剧以及对地区合作模式的不同主张都可能增加东南亚国家间的矛盾和分歧，甚至从内部撕裂东盟，影响其在地区合作中的地位和作用。

作为东亚地区第一和第二大经济体，东亚合作进程离不开中国，也离不开日本。中日总体和解或相互关系稳定，东亚合作才有可能取得实质性进展。

（三）中日关系变化为美国深度介入亚太事务提供了契机

奥巴马政府上台之后便提出“重返亚太”新战略，中日关系恶化为美国全球战略的调整提供了契机。美国以保护盟友利益为借口，加强在亚太地区的军事部署。美国在澳大利亚、新加坡、日本等盟国增派驻军，增强军备，强化同盟国之间的军事合作关系。同时，美国不断加强在菲律宾等国家的军事存在。

在经济方面，美国通过经济援助等手段拉近同亚太国家，特别是东南亚国家，如缅甸、越南等的政经关系，力图拓展既有的同盟网络。同时，美国以TPP为支点，努力增强其在亚太经合进程中的影响力。2011年夏威夷APEC峰会期间，美国在会议框架外另起炉灶，拉住澳大利亚、秘鲁、越南、马来西亚，组成“九国框架”，并陆续将日本、加拿大等国纳入TPP的谈判进程当中，以期构建一个将中国排除在外的高水平自贸机制。

与此同时，在钓鱼岛问题、南海争端等地区争端中，美国表面上宣布中立，不“选边站”，实则站在日本、菲律宾、越南等同中国存在主权领土争端的一方，公开支持它们与中国进行对抗。

美国在亚太的“再平衡”受到了其盟友的欢迎，但也带来了更多的不确定性因素，引发了亚太局势的动荡。中国社会普遍认为，美国“亚太再平衡”战略实施的重要目的是针对中国，实质是阻止中国崛起，在中国周围构建一个遏制中国的联盟。因此，美国战略调整在一定程度上增加了中美关系的波动和摩擦。然而，中美战略互疑所带来的影响是全球性的。

（四）中日关系变化影响两国的亚太政策及亚太经合进程

受美国和国内政治因素的影响，长期以来，日本的亚太政策一直在东亚一体化和泛太平洋合作之间摇摆。中日关系恶化促使日本亚太政策转向太平洋地区。它通过加强与美国的军事同盟关系保障自身安全，通过拉近与东南亚、澳新、拉美、太平洋岛国的关系来孤立和遏制中国，通过加入TPP谈判来抗衡中国在亚太合作中越来越大的影响力。与此同时，中日关系恶化使得两国的亚太政策中相互对抗的成分显著增加。日本宣布加入TPP谈判，进一步密切同美国在贸易、能源、投资、环境等方面的合作关系。中国则青睐于RCEP框架下的地区整合，重视与韩国等国家的FTA建设，以此部分抵消美日联合带来的压力。中日关系恶化带来的另一个后果是，周边国家“左右下注”，通过实施“大国平衡”策略，两边获利，增加了双方亚太政策实施的政经成本。

中日关系的变动影响着两国亚太政策的调整和走向，进而对亚太地区的经济合作进程也产生影响。

其一，中日关系的恶化导致中日在全球竞争的加剧。全球化的发展使得中日之间的竞争不再局限于双边关系或东亚层面，竞争的方式也超越了传统的政治、外交等领域，跨国公司和国际组织成为中日竞争的新载体。在拉美、非洲和南太平洋，都可以看到中日两国对市场、资源、贸易机会的争夺和竞争。

其二，中日关系的波动影响着亚太经合模式的选择。TPP 与 RCEP 是当前亚太地区最具发展前景的区域经济合作协定。在 WTO 谈判陷入僵局的形势之下，TPP 与 RCEP 代表了新一代区域贸易安排的发展趋势：大规模和高标准。相较于 TPP 严格的开放标准和高水平的贸易自由化要求，RCEP 更多地考虑到成员国的差异性与多样性，谈判标准的设定也更加灵活，开放程度和自由化水平也较低。大国关系是亚太地区合作的重要影响因素之一，中日关系的变动及其亚太政策的调整一定程度上决定了 TPP 抑或 RCEP 成为亚太一体化进程的主导力量。在可预见的未来，亚太地区可能形成两个超大型自由贸易区——TPP 与 RCEP，彼此之间既有利益的分歧和对立，又在贸易、投资、技术、市场准入等诸多方面存在千丝万缕的联系。

四、小结

第一，战后中日关系的发展具有明显的阶段性特征。在不同阶段里，影响中日关系的主要因素也有所不同。1971 年之前，中日之间并未建立正式邦交关系。在美国的压力下，日本选择了与台湾的国民党政府建立所谓“外交关系”。冷战时期的两极格局决定了中日之间的相互隔绝和对立。1972 年，受中美关系缓和与尼克松“越顶外交”的冲击，中日邦交实现正常化。建交以后至 20 世纪 90 年代初，中日关系相对稳定，主要原因是两国都面临来自苏联的共同威胁，这一时期可谓两国关系发展的“蜜月期”。

第二，结构性变动是中日关系演进的根源。20 世纪 90 年代中期以后，随着中国实力的不断增强，中日关系处于结构性变动之中。中日之间在历史、领土、经贸等方面的矛盾和问题逐渐涌现出来。中日实力对比的结构性变动、民族主义思潮、美日同盟等因素相互交织，共同影响着中日关系的走向。

第三，中日关系正处建交以来的低谷。以钓鱼岛争端、历史认识问题为轴心，中日之间竞争的加剧和关系的恶化体现在经贸、政治、外交、军事、国际舆论等多个方面。中日关系不和的长期性和对抗性是两国不得不面对的前景。

第四，中日关系恶化的影响不仅仅局限于两国之间，由此产生的诸多影响是国际性的。在东亚层面，中日关系恶化大大增加了地区和平稳定的不稳定因素，阻碍了地区经济一体化的发展。在亚太层面，中日关系恶化为美国介入亚太，尤其是东亚事务，实施“亚太再平衡”战略提供了契机。同时，中日关系恶化增加了两国亚太政策的相互对立成分，加剧了两国在全球范围内的竞争和对抗，相当程度上影响着亚太经合的方向与进程。

第3章
国际格局变动与中日关系

中日关系是亚太国际关系的重要一环。战后以来，中日关系经历了从无邦交到有邦交、从民间外交到官方外交、从局部互动到全方位关系的复杂曲折过程。其中，两国关系不乏基于共同战略利益、经济利益而带来的多方密切合作，也存在基于战略分歧、相互认知差异而产生的动荡和反复。在不同的历史阶段，两国的各自需求、双边关系的动因或主要影响性因素不尽相同。具体来说，国际体系、美国因素、中日实力对比的变化、两国内部政治和社会思潮、历史问题、现实争端、战略预期等均是影响中日关系发展的基本因素。就中日关系现状而言，不愿意看到中国崛起的前景并刻意遏制中国是影响中日关系发展的深层动因。

一、国际体系及东亚格局变迁与中日关系演进

国际体系是影响中日关系发展的重要外部背景。国际体系，特别是大国关系的变动是中日国内政局和政治思潮变化以及中日关系演进的重要外因。冷战时期，美苏中日四国关系的动态格局决定着中日的远近亲疏。20世纪80年代，中日之间同样存在历史认识、领土主权、意识形态等方面的诸多分歧，但面对苏联这一共同战略威胁，以及中国决心大力发展经济的新国策，中美日之间仍然结成了“准同盟”关系，中日之间也实现了近代以来难得的和平与友好局面。

20世纪90年代以来，随着冷战结束、美国全球战略的调整和中国的崛起，国际体系和东亚秩序也逐渐发生变化。国际体系中“一超多强”结构无根本变化，美国综合国力最强，在军事、金融等领域占据着其他国家难以比

拟的优势地位。与此同时，以中国为代表的新兴国家迅速崛起，美国为首的西方发达国家相对衰落，国际权力重心正逐渐由西方转向东方、由大西洋过渡到太平洋。此外，国际行为体呈现出多元化的发展趋势，国际组织和其他非国家行为体分享了原本专属于主权国家的地位和权力。从东亚地区秩序看，一方面，“经济一体化与区域合作不断加强，形成多元并存、协调发展局面”；[①] 另一方面，“二战”以来所遗留的地缘战略矛盾仍然存在。国际体系与东亚地区秩序的变动对中日关系的影响体现在以下几个方面：

（一）中日实力倾斜衍生的地缘影响

20 世纪 90 年代以来，中国经济持续发展与日本经济持续低迷之间形成鲜明反差，日本对中国的迅速发展逐渐产生了心理上的冲击和不适。这种冲击并不仅限于经济领域，而是全方位的。日本统治精英对中日实力对比的变化感到不安和不平衡。这种心理正是“中国威胁论”在日本盛行的社会基础。日本对中国崛起的心态既有现实利益受到更大冲击的考虑，又与日本独特的民族性相关。其一，日本人的危机感特别强，对中国的发展产生了过度担心；其二，日本社会固有的森严等级观念使日本缺乏与他国相处的心理准备；其三，日本的“周边心态”或曰优越感。在历史上，中国曾是东方文明的中心，日本担心由于中国崛起，日本将在东亚地区再次被“边缘化”。[②]

（二）美国因素是中日关系的巨大外部变量

苏联解体使得美国成为世界上唯一的超级大国。作为世界霸权国家，美国一方面通过联盟方式维持自身在全球的影响力，另一方面，则想方设法打压和遏制任何可能挑战其霸权地位的国家。在东亚地区，美国应对中国和日本两个地区性大国的策略“就是选择和利用其中对美国霸权地位‘威胁’较小的一国作为盟友，以便对付和牵制另一个对其霸权地位‘威胁’较大的一国。”[③] 20 世纪 80 年代，日本经济崛起和美日经济摩擦加剧使得美国一度将日本视作威胁。通过签订“广场协议”，美国迫使日元升值，从而使国际资本大

---

① 刘江永：“世界格局演变与中日关系”，《日本研究》，2009 年第 4 期，第 8 页。

② 冯昭奎：“国际政治环境变化与中日关系”，《世界经济与政治》，2006 年第 6 期，第 27 页。

③ 冯昭奎：“国际政治环境变化与中日关系”，《世界经济与政治》，2006 年第 6 期，第 25 页。

量流入日本股市和地产市场，最终造成了 90 年代日本的泡沫经济。随着泡沫经济的破灭，日本经济陷入持续萧条，美国经济则保持了长期繁荣。经济实力的此消彼长，使美国不再将日本定位为“威胁”，而是对付其他“威胁”的得力盟友。日本也暂时打消了同美国一争雌雄的设想，转而寻求通过依附美国来实现自身“正常国家”和“政治大国”的战略目标。

2008 年爆发的世界金融危机使得美国的实力相对削弱。在金融危机的冲击之下，中国经济则仍然保持着 8% 以上的年均增长率，在世界经济中“一枝独秀”。为了维护美国的全球霸主地位，奥巴马政府上台后，高调宣布美国将“重返亚太”，力图实现旨在确保美国霸权地位的“亚太再平衡”。关于美国战略调整的意图众说纷纭，然而，从美国的具体行动来看，其遏制中国的意图不言而喻。

一方面，美国加强在亚太地区的军事部署，如在澳大利亚、新加坡、日本、菲律宾等盟国增加驻军和提升军备力量，同时强化与菲律宾等同中国存在岛礁争端的中国周边国家的军事合作关系。

另一方面，通过经济援助等手段分化中国同周边国家的关系，在钓鱼岛争端和南海问题上“选边站”。美国“亚太再平衡”战略的重要一环就是强化美日同盟关系。美国通过美日同盟对日本国内政局施加影响，同时，日本也希望借助美国防范和遏制中国。因此，美国全球战略的调整和美日同盟的相应强化是中日关系迅速恶化的重要原因。

（三）地区合作趋势导致的中日竞争

随着全球化的不断深入与国际体系的演变，地区合作的重要性不断增强。相比欧洲、北美等地区，东亚经济合作起步时间晚，仍处初级合作阶段，且区内国家的差异性和多样性极大阻碍了经合发展。作为战后东亚地区经济崛起最早、最发达的国家，日本早在 20 世纪 60 年代便提出了许多地区合作构想，但并未能成为东亚构建的“领头羊”。囿于国际、国内种种因素的限制，日本地区合作的意愿颇为低调，基本取向为“泛太平洋合作”。1979 年之前，受冷战格局和国内政治因素的影响，中国对地区合作的态度并不积极。改革开放初期，中国开始对多边国际制度表现出浓厚的兴趣，但其行动仍然较为谨慎。直至 20 世纪 90 年代以后，中国才开始积极参与到国际组织和地区多边合作进程之中。

1997年亚洲金融危机的爆发使得东亚各国意识到加强地区合作的重要性，以东盟为主导建立的若干个“10+1”和“10+3”机制成为东亚合作的主要形式。中国的地区合作政策也经历了由不介入到积极推动的显著变化，中国逐渐将地区贸易合作视为推动经合的主要途径，同时也意识到多边合作在政治安全领域的重要作用。中国地区合作政策的转变促进了中日贸易的发展，也为东亚合作的机制化发展创造了条件。与此同时，日本将中国视作地区合作中的主要竞争对手，两国在经济利益、能源、地区主导权等方面存在竞争关系。基于对中国崛起的预期，日本还试图通过引入外部力量弱化和牵制中国的地区影响力。中日在地区合作进程中的竞争一方面影响了东亚地区合作机制的构建，另一方面也造成了中日关系的波动和两国在国际多边机制中的争夺和对抗。

二、中日实力对比的变化及其冲击

甲午战争以后，日中“强—弱”关系结构基本确定下来，并成为东亚地区秩序构建的重要基础。这种力量对比关系正在出现历史性转折。随着改革开放政策的实施，中国进入高速发展的新时期。在提升经济和军力等硬实力的同时，中国也注重提升自身的软实力和国际影响力。20世纪80年代的泡沫经济破灭后，日本经历了长达20余年的经济停滞和缓慢增长。但完善的基础设施、雄厚的外汇储备和技术力量仍是日本经济的优势所在。与此同时，日本也在积极谋求政治大国的国际地位。总体而言，日本与中国的实力对比经历了一个由“强—弱”到“强—强”的变化过程。有学者通过分析2001年以来中日经济实力对比的变化趋势和两国关系定量衡量曲线，发现中日实力对比导致的结构性矛盾影响着两国关系的走势，中日差距缩小的速度越快，日本政府挑起冲突的对抗程度越大、频率越高。①

（一）中日经济实力对比变化

中国经济崛起是世界经济的重大事件。2006年2月，中国外汇储备超过

① 谢超：“实力变化对中日关系的影响：基于大国关系定量衡量的分析”，《国际政治科学》，2013年第3期，第62页。

日本成为世界第一（见表3-1）。2010年，中国GDP总量超过日本，跃升为全球第二大经济体（这是中日关系史中的标志性事件），许多主要经济指标也都排在世界前列（见表3-2），人民币国际化进程步入快车道，人民币离岸市场不断发展壮大。总体而言，中国已崛起为地区乃至全球一支主要经济力量，且发展势头仍然强劲。相对来说，日本经济在20世纪90年代初之后一直停滞不前，可谓乏善可陈。泡沫经济破灭之后，日本经济发展整体陷入停滞状态。1991至2009年，日本国内生产总值年增长率约为0.8%。[①] 日本经济停滞引发了一系列社会问题，长期的严峻经济形势消磨着人们对未来的信心和努力进取的精神。日本政府为促进经济发展采取了一系列刺激政策，但收效甚微，还带来许多负面影响。如1986年通过的《劳动派遣法》客观上加剧了两极分化，使日本社会形成了"劳动贫困"一族。[②]

表3-1　中日外汇储备对比统计表　单位：亿美元

国家	2000	2005	2009	2010	2011	2012
中国	1 656	8 189	23 992	28 473	31 811	33 116
日本	3 472	8 288	9 970	10 363	12 212	11 936

数据来源：国际货币基金数据库。

表3-2　中国主要经济指标的世界排名

指标	1978	1990	2000	2005	2010	2011	2012
国内生产总值	10	11	6	5	2	2	2
人均国民总收入 *	175(188)	178(200)	141(207)	128(208)	121(215)	114(214)	112(214)
进出口贸易额	29	15	8	3	2	2	2
货物出口总额	31	14	7	3	1	1	1
货物进口总额	29	17	8	3	2	2	2
主要工业产品产量							
钢	5	4	1	1	1	1	1
煤	3	1	1	1	1	1	1
原油	8	5	5	5	4	4	4
发电量	7	4	2	2	1	1	1

① 王新生："冲突与合作：未来十年的中日关系"，《国际政治研究》2014年第2期，第19-20页。
② 王新生："冲突与合作：未来十年的中日关系"，《国际政治研究》2014年第2期，第19-20页。

续表

指标	1978	1990	2000	2005	2010	2011	2012
水泥	4	1	1	1	1	1	1
化肥	3	3	1	1	1	1	
棉布	1	1	2	1	1	1	1
主要农业产品产量							
谷物	2	1	1	1	1	1	
肉类	3	1	1	1	1	1	
籽棉	2	1	1	1	1	1	
大豆	3	3	4	4	4	4	
花生	2	2	1	1	1	1	
油菜籽	2	1	1	1	1	1	
甘蔗	7	4	3	3	3	3	
茶叶	2	2	2	1	1	1	
水果 **	9	4	1	1	1	1	

* 括号中所列为参与排序的国家和地区数；** 不包括瓜类。

数据来源：联合国数据库，联合国粮农组织数据库。

日本的 GDP 总值虽被中国超过，但人均水平仍远超中国。据国际货币基金组织统计，2013 年日本人均 GDP 为 40 442 美元，世界排名第 23 位，而中国人均 GDP 仅为 6 629 美元，世界排名第 86 位。虽然人均 GDP 无法反映中日两国综合国力的水平，但比较客观地反映了日本高于中国的整体发展水平和发展程度。在社会保障、医疗卫生、生态建设、环境保护等许多方面，日本都要优于中国，日本的城乡发展均衡程度和新农村建设水平更是中国望尘莫及。

20 世纪 90 年代泡沫经济的破灭一方面导致了日本长达 20 年的经济停滞，另一方面也为日本经济结构的调整和产业升级提供了契机。21 世纪以来，日本的经济改革措施取得了积极成果，邮政行业的私有化和重组是小泉政府改革计划的核心，税收结构也逐渐得到调整，地方政府享有更多的财政自治权，这些改革措施都为长远的结构性调整奠定了基础。① 同时，日本在高新技术产业、汽车工业、创意文化产业等传统优势产业方面仍具很强的竞争力（见

① John Riew, "Japan's Competitive Advantages in the Global Market," 2009, pp. 28 – 29, available at: http://econ.la.psu.edu/people/biographies/papers/JapansCompetitiveAdv2009.pdf.

表 3 -3）。在安倍经济学“三支箭”的刺激下，日本经济小有回温之势。长远来看，中国经济总量超过日本已成定势，并将继续拉开与日本差距。但就经济发展的“质”来说，日本仍然更胜一筹。

表 3 -3　中日两国三大产业就业人员构成　单位:%

国家	第一产业		第二产业		第三产业	
	2005	2010	2005	2010	2005	2010
中国	44.8	36.7	23.8	28.7	31.4	34.6
日本	4.4	3.7	27.9	25.3	66.4	69.7

数据来源：世界银行数据库。

当前中日经济的发展都面临诸多问题。地区发展不均衡、产业结构不合理、产品附加值水平低、经济发展的环境成本上升等问题一直困扰着中国。日本经济也面临着产业空心化、人口老龄化、依赖进口能源（见表 3 -4）、缺乏新的经济增长点等问题。因此，对于未来中日经济实力如何变化仍然有待观察。但中日之间经济实力对比的“强—强”结构已基本确定，并且影响到中日关系的发展和演变。

表 3 -4　中日能源平衡对比表　单位：万吨标准油

国家	能源产量				进口				
	总计	煤和煤制品	原油，凝析油和给料	天然气	总计	煤和煤制品	原油，凝析油和给料	天然气	电
世界		394 296	410 635	281 324		67 144		85 607	
中国		190 249	20 320	8 626		10 057		2 585	
日本	4 754		67	320	43 668	10 899	18 032	9 760	

国家	出口					国际运输燃料		库存能源	一次能源供应量
	总计	煤和煤制品	原油，凝析油和给料	天然气	电	海运	空运		
世界		-71 206		-85 942					
中国		-873		-255					
日本	-1 483	-69				-411	-542	-171	45 815

数据来源：国际能源机构数据库。

（二）中日军事实力对比的变化

军力是中日实力对比的一个重要方面。受限于官方数据资料的缺乏，难以对中日当前的军备水平和作战能力进行深入、明确的分析比较。然而，从历史经验和当前中日两国军力建设的总体状况来看，中国军队在数量和规模方面占有绝对优势，随着国防开支的增加、军备研发速度的加快、军队内部的改革整顿，中国整体军事实力呈现快速上升趋势。相较于中国，日本强调“质重于量”的建军方针，自卫队是亚洲军备最先进、训练有素的一支武装力量。同时，为了应对中国的军力发展，日本也在不断增强军备建设力度。

随着中国国力的提高，“建设与中国国际地位相称、与国家安全和发展利益相适应的巩固国防和强大军队”自然提上议程。中国积极推动武装力量的现代化建设。当前，中国的武装军事力量包括陆军、海军、空军、第二炮兵部队、武警部队和民兵等六个组成部分，其中，陆海空军和第二炮兵部队是中国军事力量体系的核心。中国陆军机动作战部队包括18个集团军和部分独立合成作战师（旅），现有85万人。集团军由师、旅编成，分别隶属于沈阳、北京、兰州、济南、南京、广州、成都七大军区。中国海军现有23.5万人，下辖北海、东海和南海三大舰队，舰队下辖舰队航空兵、基地、支队、水警区、航空兵师和陆战旅等部队。空军现有39.8万人，下辖沈阳、北京、兰州、济南、南京、广州、成都7个军区空军和1个空降兵军。军区空军下辖基地、航空兵师（旅）、地空导弹师（旅）、雷达旅等。第二炮兵是中国战略威慑的核心力量，主要担负遏制他国对中国使用核武器、遂行核反击和常规导弹精确打击任务，由核导弹部队、常规导弹部队、作战保障部队等组成。第二炮兵下辖导弹基地、训练基地、专业保障部队、院校和科研机构等，目前，装备东风系列弹道导弹和长剑巡航导弹。[①] 2012年9月，中国首艘航空母舰“辽宁舰”交接入列，这对于中国建设强大海军和维护海上安全具有重要意义。中国还积极发展新一代作战飞机、新型地空导弹和新型雷达等先进武器装备，以期与航母形成整体作战能力。

中国经济和科技发展为军事装备的研发和升级提供了的基础。随着神舟系列飞船升空、天宫一号目标飞行器的成功发射以及“嫦娥探月工程”的顺利进行，航空航天技术已经跻身世界前列。自主研发的北斗卫星导航系统也

① 参见2013年中国国防白皮书：《中国武装力量的多样化运用》。

已经实现了对亚太地区的覆盖，定位精度达到 10 米。[①] 航天动力和空间定位技术是发展战略导弹、反导系统乃至太空武器的重要前提。与此同时，中国的军工产业从研发设计到生产制造都取得长足发展，中国是世界主要的武器进出口国之一（见表 3 – 5），军工企业的市场化改革逐步推进，中国军工行业正逐渐朝着“专业化整合，资本化运作，产业化发展”的方向迈进。[②]

表 3 – 5　　2008 – 2012 年全球主要武器进出口国

出口国	全球所占份额（%）	进口国	全球所占份额（%）
1. 美国	30	1. 印度	12
2. 俄罗斯	26	2. 中国	6
3. 德国	7	3. 巴基斯坦	5
4. 法国	6	4. 韩国	5
5. 中国	5	5. 新加坡	4

数据来源：斯德哥尔摩国际和平研究所。

中国推进国防力量的现代化的举措主要体现在四个方面：一是不断增加军费开支（见图 3 – 1）；二是加强军队的信息化建设，提高军队作战能力；三是推动军事装备的研发和更新；四是积极稳妥推进军队改革，打击腐败，严肃军纪。

2013 年十八届三中全会通过的《中共中央关于全面深化改革若干重大问题的决定》首次对军队改革进行部署。其中提出，深化军队体制编制调整改革，优化军委总部领导机关职能配置和机构设置，完善各军兵种领导管理体制。调整改善军兵种比例、官兵比例、部队与机关比例，减少非战斗机构和人员。这意味着中国军队将开启继 1985 年、1997 年、2003 年以来的第 4 次体制编制调整。反腐败也是当前军队工作的重点。2007 年，海军副司令员王守业因贪污被捕，揭开了打击军内高官腐败的序幕，2014 年，包括前中央政治局委员、中央军事委员会副主席徐才厚在内的多名军队高级将领因贪污腐败被查处。这些事例说明中国政府加强国防现代化建设、大幅提高军事能力的决心。可以预见的是，中国军力业已进入快速发展的历史阶段。

① 北斗网：《北斗系统正式提供区域服务一周年新闻发布会今日召开》。http：//www. beidou. gov. cn/2013/12/27/20131227dc05f3d69db943be97f6ac044ff12847. html。

② 中国证券网：《“反导试验”大突破军工产业再惹关注》。http：//news. cnstock. com/industry/sid_ tt/201407/3113481. htm。

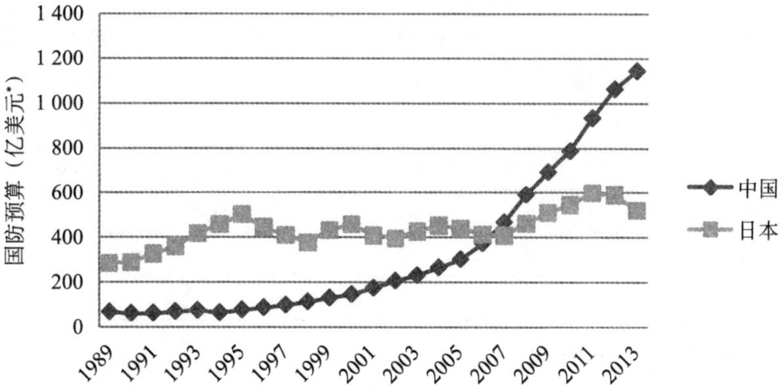

图 3－1　中日国防开支对比变化图

* 按当年人民币对美元、日元对美元的平均汇率折合计算。

数据来源：根据中国财政部、中国国家统计局、日本财务省统计数据制作。

日本拥有亚洲装备最先进、训练有素的武装部队。日本自卫队现有总兵力已经突破《和平宪法》规定的两倍，约 25 万人。2013 年年末，日本自卫队编制员额为 255 347 人（包含应急预备役编制员额 8 175 人）。其中，陆上自卫队编制 151 063 人，海上自卫队编制 45 517 人，航空自卫队编制 47 097 人，共同部队编制 1 227 人，联合参谋部编制 361 人，情报本部编制 1 907 人。预备役编制 47 900 人。① 日本自卫队军费相当庞大，2014 年，日本国防支出为 510 亿美元，居世界第七位（见表 3－6）。此外，日本拥有强大的军事科研力量和完善的军事工业，除了核武器、战略轰炸机、核潜艇等受限领域外，日本军力在全球居于领先地位。

表 3－6　　主要国家国防预算开支及其占 GDP 比重

国家	国防预算（亿美元）	占 GDP 比重（%）
美国	6 004	3.7
中国	1 122	1.2
俄罗斯	682	3.1
沙特阿拉伯	596	8

① Ministry of Defense, "Defense Programs and Budget of Japan: Overview of FY2014 Budget," p. 39. Available at: http://www.mod.go.jp/e/d_budget/pdf/260130.pdf.

续表

国家	国防预算（亿美元）	占 GDP 比重（%）
英国	570	2.4
法国	524	1.9
日本	510	1.0
德国	442	1.2
印度	363	1.8
巴西	347	1.4

数据来源：The Military Balance 2014。

安倍执政任期内的主要目标是摆脱战后体制，实现日本的“正常国家化”。为此，日本将“修宪”“强军”作为推动日本全面正常化的重要途径。2013 年 12 月，安倍政府通过了战后首份《国家安全战略》、新版《防卫计划大纲》以及《中期防卫力量整备计划（2014 –2019）》，这三份文件的出台标志着日本安全防务政策的转变。总体上看，日本将防务“正常化”和军事大国化作为其军事发展的主要目标。具体路径包括：加强自身自主军事能力建设，借助美日同盟解禁集体自卫权、提高防务自主性，以“积极和平主义”参与地区与国际安全事务。具体来看，日本的新安全防务政策具有防范中国的明显意图。不论是《防卫计划大纲》中强调提高以离岛防卫为重点的联合作战能力，还是《中期防卫力量整备计划》中规定提升防务预算上限、引进先进战机、增加驱逐舰数量、设立“夺岛部队”“机动师（旅）团”等，无不意在打造抵御中国的全方位军事系统。

中国正常的军备力量增长和军队现代化建设被日本解读为对本国和东亚地区的军事威胁，由此提出了具有明显对抗意味的安全防务新政策，其醉翁之意更多的是为了实现防务的“正常化”和军事大国化。“中国威胁”和美日同盟则成为实现这一目标的重要借口和途径。在中日交恶的背景之下，中日军事力量的增长引起了周边国家的疑虑和担忧。学界也就中日之间是否必有一战、中日矛盾是否可能引发第三次世界大战等问题展开讨论和预测。中日军事力量对比也成为学界关注的重点，伦敦国际战略研究所发布的《The Military Balance 2014》报告中对两国的军事力量进行了粗略统计（见表 3 –7）。

表3-7　　中日军事实力对比

类型	日本	中国
军费支出（亿美元）	510	1 122
装甲车（APC）（辆）	803	4 350
火炮与防空炮（门）	1 773	13 014
机动部队（人）	247 150	2 333 000
主战坦克（辆）	777	6 840
战斗机（架）	630	2 525
直升机（架）	626	612
主要战斗舰（艘）	45	69
海岸巡逻舰（艘）	395	586
战术潜艇（艘）	18	66
航母（艘）	2 *	1
美军驻派部队（人）	47 000	—

* 日本的两艘航母为直升机航母。

数据来源：The Military Balance 2014。

随着中国经济的不断发展、综合国力的迅速提高，中国国防建设的步伐将不断加快。这不仅是一国经济发展、科技水平提升所提供的物质基础使然，也是一个日趋全球化的国家正常的国防需求。从地缘政治角度看，这将导致相关国家的担忧和过度解读，并可能视之为一个潜在的安全威胁，进而产生战略误读、影响国家间关系。日本就是这样一个国家。

（三）中日软实力比较

20世纪80年代，国际关系学者约瑟夫·奈提出了著名的“软实力”概念，奈认为软实力是“一种让他人做你想做的事情而获得预期结果的能力，一种通过吸引而非强迫获得预期目标的能力。”一时间，软实力成为国际关系学界研究的重要对象，并为研究中日关系提供了新的视角。当前关于中日软实力的研究大致可以分为三类：

1. 总体层面上的中日软实力

有学者通过社会调查的方法研究中国对日本的文化软实力影响及其对中日关系的影响。研究发现，中国对日本文化软实力的影响仍然薄弱，尽管有关传统文化和大众文化的某些内容能够被日本社会所接受，甚至某些内容还受到推崇，但在政治文化方面却遭遇抵抗。总体来说，日本社会对中国的文化价值缺乏认同，中日关系中出现的问题以及日本民众对中国的亲近感降低也与此有关。中国要提高自身文化软实力，就要改善媒体的传播质量，以民间形式为主进行文化传播，这不仅仅是改善中日关系的需要，同时也是中国和平崛起的需要。[①]

此外，有的研究则从软实力构建的视角比较中日两国的软实力。这类研究主要是从软实力的来源和实施两个方面对比中日软实力的影响。奈认为，软实力主要源于三个方面：文化、价值观、对外政策。在这三个方面，中国注重传统优秀文化，日本主打现代新型文化；中国的政治文明有待建设，日本的政治建设比较完善；中国外交政策的优势主要在亚非拉地区，日本在欧美发达地区颇具影响力。就软实力的实施层面而言，中国严重依赖政府力量，日本同时还依靠其他非政府性组织；中国重视通过硬实力来提升软实力，日本则两者并举；中国更多将软实力培育置于外交层面，而日本则兼顾内政与外交来增强自身吸引力；对于软实力的影响，中国更注重即时性成效，而日本则兼重长久性成效。因此，中国提升软实力必须做到意识力和物质力的均衡发展，壮大公民社会力量，注重软实力独立体系建设，为世界提供能长久共享的意识性和物质性资源。[②]

2. 具体层面上的中日软实力

日本大阪产业大学教授王京滨在《中日软实力实证分析：对大阪产业大学大学生问卷调查结果的考证》一文中，对软实力的理论特性进行了抽象概括，提出了“非契约性交换”的特征以及国家间软实力的相对论关系，并通过对大阪产业大学学生的问卷调查结果分析，指出提升对“人”的认知程度在构筑国际形象中的重要作用。通过论证日本软实力主要来源于日本战后经济复兴，该学者建议中国仍然需要积极推进企业“走出去”战略，同时强调了坚持改革开放、积极参与地区和国际制度化建设的战略在中国提升软实力

① 梁云祥、王秀丽：“从日本社会调查看中国的软实力及其对中日关系的影响”，《国外社会科学》，2012年第5期，第98－104页。

② 袁神、吴庆悦：“中国与日本软实力比较：基于软实力系统构建的视角”，《亚太经济》，2010年第6期，第103－106页。

中所发挥的作用。①

3. 中日在具体国家或地区软实力的对比

这方面的研究多集中在中日在东南亚软实力影响的对比上。有学者通过研究受力国的认识和回应发现：中日两国在东南亚地区的软实力水平是不均衡的。在东南亚地区，中国的文化软实力强于日本，然而，中国对外政策和国家治理的软实力则不如日本。具体而言，东南亚国家认为，中国对外政策的有效性和地区发展合作上的领导能力不如日本；在国家治理上，中国的发展模式并没有引起东南亚国家多大的兴趣，相反，国家治理中的弱势环节，如国家整体制度设计和环境保护及发展可持续性等往往成为决定中国国家治理软实力的短板；在文化软实力上，中国丰富的文化资源是中国文化软实力的独特优势，然而，中国将文化转化为软实力上的能力还存在不足，日本在这方面的一些成功经验值得中国借鉴。②

此外，有的研究则将对象定位于特定国家。有学者通过在菲律宾进行的问卷调查，对中日在菲律宾的软实力进行了实证比较。研究发现，无论在经济软实力、人力资源、文化软实力、政治软实力还是外交软实力等方面，中国都要落后于日本。要拓展中国的国家软实力，中国需要学习日本推进文化外交和软实力的经验。中国不仅要思考如何在全球化时代挖掘中华文化的内涵和优势，还要以更具效率的方式向世界传播中华文化；重视国内问题的外部示范性，以国内社会的“善治”构建国家软实力的基础；高度重视民间外交，拓展对外交往的渠道；改变以经济为主轴的急功近利的对外交往模式，真正把文化外交置于战略位置。③

总体来看，中国的软实力仍落后于日本。芝加哥全球事务委员会在2009年发布的研究报告《金融危机对东亚国家软实力的影响》④ 中指出，“中国对东亚地区其他国家的吸引力仍然是基于理性的经济和政治考量，而非纯粹地

---

① 王京滨：“中日软实力实证分析：对大阪产业大学大学生问卷调查结果的考证”，《世界经济与政治》，2007年第7期，第28－36页。

② 周玉渊：“认识大国：中国与日本在东南亚的软实力比较研究”，《东南亚研究》，2012年第6期，第29－37页。

③ 代帆：“中日在菲律宾的软实力比较研究”，《世界经济与政治论坛》，2014年第2期，第92－112页。

④ The Chicago Council on Global Affairs, “Implication of the Financial Crisis for Soft Power in East Asia,” http://www.thechicagocouncil.org/UserFiles/File/Conferences/Soft%20Power/Implications%20of%20the%20Financial%20Crisis%20for%20Soft%20Power%20in%20Asia%20-%20Nov%202009%20Report.pdf.

希望看到中国达成其战略目标”。然而，日本的软实力也存在一定的局限性，即“国家认同问题使其软实力大打折扣。在西方，日本被看作是亚洲国家。而在东方，日本又被认为太靠近西方，不像是真正的亚洲国家。日本有限的政治影响力也削弱了其软实力。”此外，日本曾经发动侵略战争的历史及其在战争责任问题上反复无常的表现，都让东亚其他国家在接近日本时充满顾虑。中国在努力赶超日本，通过利用传统文化资源，中国努力在全世界塑造良好的中国形象：孔子学院、中国形象宣传片、诺贝尔文学奖获奖都是中国文化影响力的生动体现。与此同时，中国积极承担起自身的国际责任，索马里护航、国际联合救援、参与联合国维和等彰显了中国作为一个负责任大国的国际担当。通过中日之间实力水平的对比可以发现，中国总体实力水平已经超越日本。日本作为东亚经济霸主的一页已翻过去，并将一去不复返。当前，日本国内人口结构严重老龄化，人口总数亦呈逐步递减趋势，日本难以扭转中日之间的实力差距，并且这一差距还有进一步拉大的趋势。中日实力对比的变动态势可谓已成定局。

中日实力对比变化成为这一时期中日关系恶化的重要影响因素。安倍政府在经济、军事、外交等方面采取针锋相对、咄咄逼人的政策一方面是意在延缓这一进程，另一方面，其以“中国实力扩张，试图改变现存国际秩序”为借口加强同美国的同盟关系，希望借助美国实现日本的“国家正常化”。

三、美国因素与美日同盟关系的巨大影响

“二战”结束以后，日本接受了美国的单独占领，并通过《旧金山和约》《美日安全保障条约》《美日相互合作及安全保障条约》《美日防务合作指导方针》等与美国建立起同盟关系。通过美日同盟这一安全纽带，美国对日本对外政策具有决定性影响。因此，美国及美日同盟是决定中日关系走向的重要因素。冷战时期，除了阻遏中国之外，美国是预防日本军国主义复活、维持东亚稳定的额外积极因素。冷战结束以后，随着美日同盟的不断强化，中日关系因此受到的消极影响显著增多。

（一）美日同盟的发展与日本的对华政策

“二战”结束以后，日本政府即确立了“追随美国”的对外政策。通过签

署《旧金山和约》《日美安全保障条约》，日本形成了以日美关系为基轴的战后外交路线。冷战时期，由于实行“日美基轴”外交路线，日本外交受到美国对外政策的严重制约，这尤其表现在日本政府的对华政策上。如：日本政府在美国授意之下，与台湾国民党政权签订“日台条约”，构成中日邦交正常化的巨大障碍。1972年2月尼克松总统访问中国，意味着美国长期以来的对华敌视政策正在发生转变。在此背景下，日本田中内阁经过与美国磋商和协调，在坚持日美安保体制的前提下，于1972年9月实现了中日邦交正常化。20世纪80年代，由于“苏联”因素的存在，中美、中日关系在整体上都保持了良好的发展状态。

冷战格局的终结，导致20世纪90年代初期日美同盟陷入短暂的“漂流期”，并面临何去何从的抉择。受此影响，这一时期的中日关系与中美关系暂时呈现出逆向发展的迹象。在中美关系自1989年6月以来相互僵持的局面下，1991年8月，日本首相海部俊树访问中国，打破了西方国家的对华制裁，并率先恢复对中国的经济援助。20世纪90年代前半期，中日之间的高层交往频繁，日本方面曾先后有三位首相：海部俊树、细川护熙和村山富市正式访华，而美国总统克林顿在他的首个任期内则未能实现访华。中美在政治和意识形态领域分歧严重，对双方关系产生较强冲击。中日两国在这方面的矛盾和摩擦相对较弱。同时，日美两国在经济贸易领域的摩擦日趋激烈，但中日经济贸易合作不断深化。这些表明“日本政府试图通过发展中日‘特殊关系’来平衡美国在经济贸易问题上对日本的压力”。[①]

美日同盟在经历了短暂的“漂流”后进入重新定位期，并且实现了进一步巩固与强化。1995年2月，美国国防部发布的《东亚安全战略报告》明确指出，美日关系是美国太平洋安全政策及全球战略的基石；1996年4月，美国总统克林顿访问日本，双方发表了“日美安全保障联合宣言”。与日美同盟的强化趋势相反，中日关系在20世纪90年代中期却逐渐步入低谷。双方关于历史认识、台湾问题等问题的纷争不断，在1996年3月的台海危机中，日本是亚洲国家中惟一追随美国的对华政策并对事态表示“担心”的国家。

20世纪90年代中后期，中美关系有了一定程度的改善，促使日本政府努力推动中日关系。1997年9月，桥本龙太郎首相访华正是日本这一时期努力

① 徐万胜：“论日美同盟与中日关系”，《国际问题研究》，2006年第4期，第51页。

的集中体现。然而，日本对华政策的调整始终滞后于中美关系的变化。2001年初上台的布什政府对华采取强硬政策，中日关系短暂的友好期也随之中断。2001 年 4 月上台的小泉纯一郎内阁在对华政策和整体外交上与布什政府相协调，积极配合美国的“反恐”战略，进一步强化美日同盟，致使日本的“对美外交”与“亚洲外交”严重失衡。在对华关系上，日本首相小泉纯一郎表现出强烈的两面性，导致中日政治关系持续冷淡。可以看出，在政治、安全领域，日本政府的对华政策始终坚持“追随美国”的立场。

奥巴马政府上台以来，美国逐步调整全球军事部署，战略重心移向亚太地区，意图实现“亚太再平衡”。此举再度凸显了日美同盟的重要性，使得冷战以后一度消沉的日美关系在中国崛起的大背景下得以重振。[①] 与此同时，日本渲染朝鲜核问题、台海危机以及中国的军事威胁，为美日防务合作营造气氛，并积极构建美日对外干预型军事体系，试图借助美日同盟，不断扩大日本在东亚地区安全秩序建构中的作用。美日同盟的强化越来越多地带有针对和遏制中国的色彩。这也成为中日关系变动的重要背景。

整体而言，在“日美基轴”的框架下，冷战期间以及冷战结束之后日本政府的对华政策始终未能超越美国政府的对华政策底线。中日关系始终随着中美关系的基调上下波动，美国以及美日同盟的因素在极大程度上左右着日本的对华政策以及中日关系的发展。

（二）美日同盟的潜在矛盾

美日同盟关系绝非铁板一块。它们间的关系虽然密切，但也存在潜在矛盾。这主要有财政约束、日本国内民意反对、普天间海军基地等问题。2014年 7 月 1 日，安倍政府召开临时内阁会议，通过了修改宪法解释、解禁集体自卫权的内阁决议案，在一定程度上解除了日本国内法律对美日同盟深化的约束，但美日同盟的深层矛盾仍难消除。

1. 美日同盟发展的财政限制

美日两国国防预算均面临着严重的财政限制。[②] 日本已经连续 10 年削减

① Chanlett - Avery Emma & Rinehart, Ian E. , *The U. S. - Japan Alliance*, Congressional Research Service, December 12, 2013, Summary.

② Chanlett - Avery Emma & Rinehart, “The U. S. - Japan Alliance,” *Congressional Research Service*, 2013, p. 4.

本国国防预算，只是到2013财年才增加了0.8%的国防预算。在过去十年内，日本削减了5%的国防预算。安倍政府第二次上台以来，在军事及安全领域动作频繁。但实际上，鉴于日本严峻的经济增长形势和总体财政状况，日本几乎不可能在近期内大幅提升国防开支。从2013年年底通过的《防卫计划大纲》和《中期防卫力整备计划》等文件看，安倍政府主要通过“盘活存量”而非“扩大增量”的方式加强军力，重点在于调配有限资源向其关注的领域倾斜。安倍政府这种做法的根源在于日本财政的疲态。虽然近期军事与安全议题在中日关系中的地位有上升之势，但日本并无与中国进行大规模军备竞赛的财政基础。①

无独有偶，美国的国防开支也正逐年削减。面对联邦政府巨大的财政赤字和不断增长的政府债务率，自2013财年开始，美国开始大幅削减国防预算。在2014财年预算案中，国防开支约为6 180亿美元，占政府预算支出的16.35%，与2013财年相比，国防支出预算有所减少，医保支出略有增加。②财政困难显然制约着两国的军事合作和行动。

2. 美日同盟的日本国内民意制约

因民主党执政后一系列失策及东北地区震后赈灾工作的失误，自民党得以重新执掌政权。安倍赢得内阁总理大臣选举是因为其喊出了重振了日本持续低迷经济的漂亮口号，而非其强势的安全举措。③ 日本民众似乎越来越倾向于更强势的国防姿态，但这种转变也只是一种量的增加，而非根本意义上的质的变化。许多日本民众其实仍然不愿意抛弃和平宪法的核心原则。战后，日本的和平力量虽然不断缩小，但依然不可忽视。

安倍内阁强行推进解禁集体自卫权后，日本《朝日新闻》2014年4月7日公布的民意调查结果显示，60%的日本受访者认为安倍政权的执政姿态有损东亚地区和平与稳定，63%的受访者明确反对安倍解禁集体自卫权，分别比2013年上升9%和7%。即使在安倍与自民党的支持者中，也有超过半数的受访者反对行使集体自卫权。民调显示，日本民众对安倍政权的担心和不安

① 刘华：“调门虽高，投入有限：财政困境下的‘安倍军事学’”，《国际战略研究简报》，2014年第7期，第1页。

② 周强武主编：《2013年世界与中国经济研究（上）》，中国财政经济出版社，2014年第1版，第119页。

③ Chanlett - Avery Emma & Rinehart, “The U. S. - Japan Alliance,” *Congressional Research Service*, 2013, p. 5.

在增加（“不安倍增”）。日本前行政改革担当相、民主党议员莲舫等 15 名议员借奥巴马访日之际，向美国驻日本大使馆投递文书，表达了其不支持安倍政权企图修改宪法解释来解禁行使集体自卫权行为的意愿。[①] 目前来看，美日军事同盟的危险走向受到了日本国内民意一定程度的制约。

3. 普天间军事基地问题

位于冲绳的普天间美军基地问题是困扰美日关系的一个重要障碍。普天间机场建于 1945 年，1957 年 6 月 30 日移交美国海军，并发展为美国海军陆战队的重要空军基地。由于普天间基地位处市中心，军机在住宅区中进行飞行训练造成的噪音、空气污染和公共安全隐患已成为宜野湾市的争议性议题。日美两国曾就普天间机场迁址问题进行过多次协商，但都没有实质性结果。驻日美军基地不仅事关普天间机场搬迁以及相关的安全、噪音等问题，还有美军在日本国内犯罪而日本无权管辖的日美地位协定问题。这些问题一直困扰着日本，也成为美日同盟发展道路上的一颗潜在“炸弹”。

民主党上台前一直表示要将普天间基地搬迁至冲绳县外或国外，但上台后却在这一问题上摇摆不定。美方要求日方执行将普天间基地迁移至名护市的搬迁计划，称普天间基地不解决，驻日美军就不会进行整编。迫于美方及日本国内压力，时任日本首相鸠山由纪夫因处理不力而于 2010 年 6 月 2 日辞职。2014 年 1 月 19 日，反对将驻日美军普天间基地迁移至名护市边野古地区的现任名护市市长稻岭进获得连任。日本媒体认为，稻岭进的当选将会延迟普天间基地迁移进程，给安倍政权和美日关系造成阻碍。新任驻日大使卡罗琳·肯尼迪在冲绳访问的时候便遭遇冲绳民众的游行示威。[②]

4. 美日同盟矛盾的根源

美日同盟的根本性矛盾在于“美主日从”的现状与日本的国家“正常化”之间的潜在冲突。在日美同盟框架下，美国对日本“正常化”的支持是有限度的，日美同盟也是美国规范日本军事大国走向的有效框架。日美在密切合作的同时，必然存在着控制与反控制的斗争。例如，在东亚一体化进程中，日本政府往往怀有一种“欲行又止”的矛盾心态：参与推动，可能危及美国

---

① 新华网：《日本议员向美大使馆递文书，反对解禁集体自卫权》。http：//news. xinhuanet. com/world/2014 - 04/23/c_126425422. htm。

② 环球网：《普天间基地搬迁，日美间难解的疙瘩》。http：//world. huanqiu. com/exclusive/2014 - 03/4922422. html。

在亚太地区的领导地位；自安于外，又将损害其与东亚各国的经济联系，且不甘心将东亚区域一体化进程的“主导权”拱手让与中国。虽然面对中国崛起，美国逐渐放松了对日本的军事限制，在一定程度上鼓励日本修改宪法、发展军力、行使集体自卫权，以保持东亚地区的均衡状态。但美国“不会允许日本走得太远而失去控制，同时又对日本在历史问题、领土问题上的过度行为加以些许制约”。① 美国是现有战后秩序的最大受益者，日本推翻该秩序本质上意味着美国霸主地位合法性基础的丧失。因此，美国不仅对安倍首相参拜靖国神社罕见地表示“失望”，而且严厉指责发出否认南京大屠杀等言论的日本广播公司高官，指控美国“臆造”日本领导人第二次世界大战罪行的行径十分荒谬，希望日本能够避免发表加剧地区紧张局势的言论。

此外，中日关系的发展对日美同盟也具有“反作用”。从日美同盟与中日关系互动的角度看，发展中日关系有利于改善“美主日从”的不对称同盟关系结构。中日矛盾主要集中在政治安全领域，在经济领域，中日则拥有大量共同利益。要推进东亚一体化进程，更离不开中日和解与合作。毫无疑问，中日关系的良性发展有利于日本改善其在日美同盟框架中的附属地位。

在美国的军事保护下，日本取得了长久的“和平”发展环境，日本还希望借助美国的力量遏制中国，谋求自身在东亚合作中的领导地位，进而实现“正常国家”和“政治大国”的战略目标。然而，美日同盟关系对日本实现国家战略也产生了一定的负面效应：日本被迫接受美国长期驻军，被迫追随美国，因此失去外交自主性；美日同盟关系的强化激起邻国的安全忧虑和不信任，影响日本“正常国家”战略目标的实现；日本对美国和美日同盟并不信任，这种不信任根源于两国战略利益的冲突和日本的民族性。日本实现“正常国家”和“政治大国”的战略目标都必须立足东亚。在这个过程中，日本既要与美国争夺东亚政治、经济主导权，又要谨慎行事，防止过分得罪美国，导致美日关系破裂。这就使得日本在外交战略上陷入一种“两难困境”：② 一方面希望走出“美主日从”的阴影，增强自主性和独立性；另一方面又难以拒绝美国的领导，抛弃美日同盟，独自承担安全防务。

---

① 王新生：“冲突与合作：未来十年中日关系”，《国际政治研究》，2014年第2期，第23页。

② 日本外交战略的“两难困境”是一个由来已久的问题，从根本上体现了日本统治精英内部主张“脱亚入欧”的海洋派与主张大东亚主义的大陆派之间的分歧。

对于当前中日关系恶化的现状，国内学者的一个基本共识是，缓和中日关系的关键在于美国，在于中美关系的发展和协调。美国“亚太再平衡”战略成为中日交恶的催化剂，日本强硬、激进的对华政策也离不开美国的支持和授意。解决中日问题，必须重视美国和美日同盟因素的影响。与此同时，也应该认识到美日同盟并非铁板一块，美国希望通过美日同盟关系控制日本，因此对其“国家正常化”战略的支持是有限度的。日本的“大国志向”则要求其必须摆脱美国和美日同盟的严密控制。因此，在应对美日同盟时，中国应该具有战略定力，美国不会放任日本在“正常化”道路上走得过远。同时，中国可以利用美日同盟的根本矛盾来分化两国关系，从而削弱美日联合给自身带来的战略压力。

总体来看，传统的非对称性的美日同盟关系逐渐向更加平等和均衡的安全合作关系转变。① 与过去不同的是，目前的日本自卫队目前已经活跃在各种海外行动中（包括参与2000 年支持美国进攻阿富汗、伊拉克战后重建和打击海盗等行动）。两国在弹道导弹防御、网络安全以及外太空的军事使用等军事领域的合作得到稳步提升。此外，日本政府每年为驻日美军提供20 亿美金军费。与此对应的是，美国也更积极地支持日本的军事现代化、推动美日两国空海军力的协调配合（interoperability）、支持日本安全利益的海外扩展以及扶助日本在区域安全多边机制和论坛中发挥更重要的角色。按照阿米蒂奇的说法，美国此举乃是为了最终将日美同盟关系从有限的“责任分担”（Burden Sharing）转变成为有限的“权力共享”（Power Sharing）。② 一个日趋均衡的美日同盟关系无疑将产生重要地区影响。随着美国对日本控制力的下降和后者独立性的上升，坚持错误历史观的日本对地区安全秩序的潜在冲击和威胁亦将越发清晰。这必将增加日本与邻国关系的不确定性。

---

① Chanlett - Avery Emma and Rinehart, Ian E. , *The U. S. - Japan Alliance*, Congressional Research Service, December 12, 2013. p. 2. 目前，仍然有大约53 000 名美军驻扎在日本，并拥有89 个专用设施（其中冲绳岛拥有37 个专用设施，是美国在亚太地区前沿部署的重要后勤基地）。美国在日本冲绳岛的军事存在也成为了日美同盟的一个关键挑战。

② Schoff, James L. , “Transformation of the U. S. - Japan Alliance”, *the Fletcher Forum of World Affairs*, winter 2007, vol. 31. 以及 Swaine, Michael, et al. , *China's Military & the U. S. - Japan Alliance in 2030*, Washington, DC: Carnegie Endowment for International Peace, 2013, p. 178.

四、日本国内因素的影响

研究国际关系的演变要求我们既要有国际和地区视野，也要深入国家内部探寻影响国家对外政策制定的动因。研究中日关系演化亦如此。冷战时期，中日关系更多地受国际秩序和大国力量的影响。冷战结束以后，随着中国的崛起和日本追求“政治大国”地位的推进，在中日关系发展中，国内因素的影响日益显著。就日本而言，政党体制转型与政治右倾化（亦有学者称之为“总保守化”，对这一概念的界定仍存较多歧义）、社会思潮的演变是影响中日关系的两个最为重要的国内因素。

（一）政党体制转型与政治右倾化

1955年11月，日本原有的两大保守政党——自由党和民主党发表“合并宣言”，成立“自由民主党”（即“自民党”），由此开始了自民党一党独大的“五五体制”，即1955－1993年在保守势力主导下的以自民、社会两党对立为基本特征的日本政治体制。在此期间，“以自民党为核心的保守势力与以最大在野党社会党为核心的革新势力，围绕着日本搞资本主义还是社会主义，修改宪法还是维护宪法，坚持日美同盟还是和平中立，加强军备还是‘非武装中立’等一系列重大问题展开激烈斗争”。[①] 这实际是美苏两极对峙的冷战格局在日本国内的体现。

日本政界自20世纪90年代初开始战后第二次大的分化改组以来，各政党不断分化改组及政权多次更迭，政局动荡不安。1993年，号称“万年执政党”的自民党丢失了控制长达38年之久的政权，被以日本新党党首细川护熙为首相的七党一派联合政权所取代，由此拉开了“平成战国时代”旷日持久的政治争斗的第一幕，“五五体制”解体。究其原因，与国内外政局的变化紧密相关。

首先，随着美苏关系缓和，日美关系亦出现了微妙的变化。美国将经济利益置于国家利益的首位，要求日本开放市场，纠正贸易不平衡。日本宫泽内阁抗拒不从，使美国对自民党政权大失所望，不再担心日本出现社会党政

① 徐万胜：“政党体制转型与日本对外政策”，《外交评论》，2012年第6期，第70－71页。

权，于是把希望寄托在“日本的政治体制必须改变上”。因此，美国要求新保守势力取代自民党。

其次，就日本国内背景看，财界为维持保守政权，下决心实现政党换马。1993 年 1 月，日本四大经济团体便达成共识，要求重组政界，实现轮流执政。

此外，日本政坛丑闻不断。从 20 世纪 70 年代的“洛克希德案”，到 80 年代的“里库路特案”，直至 1992 年被揭露的“共和案”和“佐川案”。涉嫌首相、大臣、国会议员的丑闻此起彼伏，“震荡着整个日本政坛，激起国民的强烈不满”。国民对自民党长期执政形成的“政、官、财铁三角”政治早已厌倦，希望刷新政治。“社会党、公明党、民社党等在野党高唱苏联解体表明一党单独执政不合时宜、应在日本建立多党执政以贯彻议会民主的调子，乘宫泽无力左右政局、自民党内少壮派议员心怀异志之机，联名向国会提出对宫泽内阁的不信任案，发起倒阁行动”。①

1993 年 8 月，以日本新党代表细川护熙为首相的“非自民党”联合政权成立。它不仅表明“五五体制”崩溃，更标志着日本政党体制开始由“冷战”向“冷战后”转型。在冷战后政党体制转型进程中，从 1996 年 1 月至 2009 年 9 月，自民党总裁相继出任日本首相，以自民党为核心的联合政权延续约 14 年。2009 年自民党溃败、民主党大胜的众议院选举结果，促成民主党总裁出任首相，从而实现了真正意义上的政权交替。② 然而，在经过鸠山由纪夫、菅直人、野田佳彦三届内阁短短三年的执政后，2012 年 12 月，自民党总裁安倍晋三再度上台执政，这反映了当前日本政治虽然带有由“一党优位制”转向“两党制”的过渡性，但民主党仍然未能集合起足以与自民党相抗衡的政治力量。从野田佳彦执政时期的内外政策来看，民主党的执政理念也倾向保守化，日本政坛长久以来存在的保守派与社会革新势力的对峙逐渐消失，日本政坛总体“向右转”。

由此可见，1993 年之后的日本政党政治具有如下特征：一是形成以自民党为核心的联合政权，对于日本政党制度是否会向“两党制”演化仍然有待观察；二是各政党之间意识形态对立消失，日趋保守化，自民党和民主党这两个主要政党的对外政策亦日渐趋同。加之冷战后政党在外交决策中的作用

---

① 游博：“冷战后日本政党格局变化及对中日关系的影响”，《日本学论坛》，2006 年第 2 期，第 49 页。

② 徐万胜：“政党体制转型与日本对外政策”，《外交评论》，2012 年第 6 期，第 70 – 71 页。

不断加强，对中日关系造成了消极影响。

冷战后日本政党格局的特征对其对外政策构成了巨大影响：

其一，自民党推行保守化政策较少遇到阻力。冷战时期，社会党在国会内经常采用拖延战术，拖延对一些议案的表决。同时，社会党在众议院占有1/3以上的议席，这样，可以在众议院阻挠自民党的宪法修正案获得通过。有时，甚至在国会外发动日本民众反对违宪议案的通过，如在1960年，社会党领导日本民众在国会内外展开声势浩大的反对修改《日美安全条约》的斗争。这在一定程度上保证了战后日本沿着和平建设的方向发展。如今此种情形不复存在，冷战结束后，各政党之间意识形态对抗的消失，或者说公明党、社会党等推行的政策的自民党化，使自民党在国会内提出保守化议案比较顺利获得通过。

其二，外交政策内向化倾向加深。冷战后日本政坛出现以自民党为核心的联合政权，一项外交政策的最终决定必须与其他执政党进行协调，否则就有可能导致联合政权的结束。自民党与联合执政的其他政党的政见存在着很大分歧，只是为了共同执政的需要才走到一起。在这种情况下，要进行政策协调必然要花费更多时间，还得面对国内政治的影响。按常理讲，自民党在联合政权内推行政策的难度较之于“五五体制”时期要大得多，毕竟要受制于联盟内部其他政党的制约。

然而，实际情形是，多数情况下，当自民党在对外政策上推行保守化政策时，由于能够获得国内民众的强大支持（这与冷战后日本国内新民族主义思潮泛起、日本民众对华印象恶化密切相关），执政联盟内其他政党就难于反对自民党的政策，这与冷战时期自民党在单独执政时推行对外政策的情形类似。但在少数情况下，当自民党在对外政策上推行比较积极的政策时，执政联盟内其他政党在国内民众的强力支持下，反对自民党的政策。考虑到维持联合政权稳定的需要，自民党不得不做出让步，接受其他政党的政策主张。如1995年，村山联合政权内，自民党主流派坚持不将对华日元贷款与中国核实验挂钩，但面对其他两个执政党社会党和先驱新党的抵制，自民党不得不做出让步，在执政党外务调查会上通过了包括要求政府慎重对待日元贷款在内的妥协方案。这就导致冷战后自民党更多时候推行保守化的对外政策。

此外，冷战后出现的一个新情况是，日本政党在外交决策中的作用得到加强。随着冷战的结束，日本走向政治大国的步伐大大加快了。这都要求日本外交能够适应新的形势，迎接新的挑战，不断进行政策调整和创新。

其三，推动中日关系的走低与恶化。外交是内政的延伸。这些因素共同发挥作用，都直接或间接地影响了中日关系。这表现在挑起中日关系中敏感的历史认识问题，如参拜靖国神社、篡改历史教科书、在国会内通过一系列战争法案、派兵海外、放弃专守防卫原则、架空和平宪法等；加强日美军事一体化，干涉台湾问题，由战略模糊走向战略清晰；激化与中国有争端的钓鱼岛和东海大陆架划分及油气资源开发问题等等。态度强硬，一意孤行，追求狭隘的国家利益，较少考虑中国国民的感情和利益，使中日关系陷于僵局。总体而言，“冷战后日本政党格局的变化是导致中日关系停滞不前的一个重要因素，日本理应承担更多的责任。”①

其四，政治右倾化是中日关系恶化的重要根源之一。与日本政党制度变迁密切相关的是日本国内右翼势力的发展（或称政治右倾化）。这已成当前中国学者分析日本对华政策的重要视角。其基本思路是：“日本社会和政界存在右翼势力，这种势力形成直接参与或影响日本政府对华政策决策的右派。右翼又以美化侵略战争、否认侵华历史、试图维系日台社会之间源自殖民地时期的联系等为明显特征。此外，右翼支持参拜靖国神社；要求修改宪法，尤其是其中的第九条；主张向海外派兵。”②

有的学者则对政治右倾化这一视角进行了反思，认为其中存在“盲点”。日本政治右倾化对中日关系造成了负面影响，但“不能简单将中日关系恶化都归咎于日本政治右倾化，因为右倾化并非简单等于军国主义和挑战第二次世界大战后国际秩序，其中有些内容并没有违反现有国际规则和日本法律，或已经被日本国民所接受，因此，这一政治倾向将是一个长期现象”。目前的中日关系之所以恶化，表面看来是由于钓鱼岛争端和历史认识等一些具体事件及日本政治的右倾化，但更深层次的原因在于“两国关系中的一些结构性矛盾，即双方的‘安全困境’、国家发展战略冲突、实力对比相对平衡及情感恶化。所以不能将改善中日关系的前景寄托在日本政治不再右倾化上，而只能在承认日本政治现实和适度影响日本政治的同时，去寻找缓解中日关系结

① 游博：“冷战后日本政党格局变化及对中日关系的影响”，《日本学论坛》，2006 年第 2 期，第 51 – 52 页。
② 查道炯：“冷战后日本对华政策的变化与中国的对策”，《当代亚太》，2004 年第 11 期，第 16 页。

构性矛盾的具体方法。”①

（二）新民族主义思潮的兴起

根据有关学者研究，日本民族国家发展的历史大致可以划分为三个时期：第一时期是明治维新所建立的《大日本帝国宪法》体制下开始的民族国家创建时期，也是日本近代化的时期；第二时期是战后《日本国宪法》体制下重新开始民族国家建设的时期，也是日本现代化的时期；第三时期则是20世纪90年代中期以后，以全球化为背景，日本向民族国家成熟阶段转变的时期，也是国家向后现代社会转变的时期。与之相对，日本的民族主义也先后呈现了三种形态：日本民族国家创建时期民族主义的“原型形态”，即“天皇制民族主义”；“二战”以后日本民族国家建设时期民族主义的“战后形态”，即“企业社会型民族主义”；20世纪90年代以后日本民族国家进入成熟期的“新民族主义”形态。②

20世纪90年代前半期是具有国际主义色彩的新大国主义思潮的全盛期，但并没有为统治阶层和日本民众所普遍接受。新民族主义思潮逐渐兴起为主流社会思潮。新民族主义的主要倡导者有藤冈信胜、西尾干二、小林善纪等。兴起的主要表现有：藤冈信胜的自由主义史观的兴起和带有强烈历史修正主义色彩的“自由主义史观研究会”的成立；“新历史教科书编纂会”成立及其对自由主义史观的倡导和宣扬与“历史修正主义运动”。日本文化思想界的倾向和社会思想的变化，主要体现在这一时期风靡日本的几本著作：加藤典洋的《战败后论》、藤原正彦的《国家的品格》、小林善纪的《战争论》等，使得新民族主义思想进一步渗透到日本社会的各个阶层。

20世纪90年代，日本的新民族主义思潮开始萌芽。20世纪90年代中期，其作为一种政治意识形态开始抬头并达到鼎盛时期。新民族主义抬头和高涨的背景与日本迈向政治大国的新动向息息相关。新民族主义思潮的内容中有着强烈的“危机意识”，即“新民族主义思潮的倡导者们开始大量地宣传日本社会到处充满了危机。这种危机不仅表现为日本的国际地位出现了危机，而且日本社会能否存在的危机也在增强。新民族主义思潮正是通过这种‘危机

① 梁云祥：“日本政治右倾化与中日关系”，《国际政治研究》，2014年第2期，第34-44页。

② 李寒梅：《日本民族主义形态研究》，商务印书馆，2012年第1版，第349页。

意识'的传播来传递自己的理念，并使普通国民广泛接受。"①

新民族主义思潮兴起的主要背景大致可以分为国际背景和国内背景两个方面。就国际背景而言，国际冷战体制崩溃后，随着苏联解体、东欧剧变，马克思主义的影响力随着冷战的结束逐步降低。这一变化给曾经对社会主义持支持态度的人造成了意识形态方面的冲击，他们的思想逐步出现了转变，进而开始接受和传播新民族主义思潮。与此同时，受国际因素的影响，日本国内社会思潮也发生了变化。日本战后以丸山真男为代表的民主主义思想的影响也随着冷战后经济全球化的发展和日本的国际化进程而不断衰退。日本社会结构进入了严重的"疲劳"状态，泡沫经济破灭、行政体系不稳定、金融秩序混乱、老龄化现象严重等都导致日本人的焦虑和不安，"90 年代以后日本民族主义思潮的兴起，也是基于这种不安和焦虑的一种表达"。②

与战后深受民主主义制度与和平主义思想影响的"战后形态"民族主义和倡导"国际贡献"论、"普通国家"论的新大国主义思想相比，新民族主义思潮具有自身的独特性：具有明显的"国民主义"性质；具有内向性（或称"内向防卫性"）和依附性的特点；新民族主义思潮在一定程度上摆脱了以天皇为中心的传统框架，并超越了一贯以来"右翼"与"左翼"的分野。

其中，"内向性"指的是 20 世纪 90 年代日本社会发生巨大变化，原有的连接纽带、价值观、认同乃至社会整合都在分崩离析。经济的持续衰退和共同体的瓦解，使日本人在依靠战后经济"奇迹"般的成功建立起来的自信心和自豪感备受打击的同时，在心理上也被抛入了一种巨大的不安与危机感之中。由此，"国民情绪趋向消沉，民族心理趋向脆弱，日本人确切需要一个新的共同体，以确认自我的归属及自我与共同体之间的一致性，从而确认自我的位置。这种迫切的需要，就行成为一种民族主义的诉求"。③ 因此，90 年代中后期以后的新民族主义思潮是一种以维护民族同一性为中心的、"内向性"的，或者也可以叫"内向防卫性"特征的民族主义。

"依附性"的特点则指日本新民族主义思潮的发展与强化是与进一步依附美国的进程同步推进的。"两个过程虽然蕴含内在的矛盾，却又是一个相辅相

① 王星宇：《冷战后日本政治思潮研究》，世界知识出版社，2012 年第 1 版，第 134 页。

② 李寒梅：《日本民族主义形态研究》，商务印书馆，2012 年第 1 版，第 308 页。

③ 李寒梅：《日本民族主义形态研究》，商务印书馆，2012 年第 1 版，第 270 页。

成的整体。全球化的大势不可逆转，日本越是追求建设强大的国家，就越是不得不顺应世界潮流，朝着（由美国领导的）全球化方向前进；日本越是朝着全球化的方向推进市场自由化，对美国的依附或‘美国化’的进程就越深化；对美国的依附越深化，就越需要一种强大的民族认同和国家认同，来对失衡的民族心理加以弥补。”①

根据日本学者的观点，日本传统的民族主义是天皇制的民族主义。日本传统的民族主义的产生是以近代天皇制国家为载体的，是近代天皇制国家的意识形态。但在 20 世纪 90 年代以后的新民族主义思潮及其运动当中，其代表人物的思想、主张及其对近代历史的重新评价，都在一定程度上摆脱了传统右翼以天皇为中心的框架，甚至不再言及天皇。也就是说，与传统的右翼民族主义相比较，新民族主义思潮已经变成了“没有天皇”的民族主义。李寒梅教授在其著作中将这种现象称之为在新民族主义思潮中天皇的“缺位”。

随着冷战的结束，日本国内左翼势力弱化，因与左翼对抗而出现的右翼，在政治上的影响力和号召力也相应地随之减弱，日本政坛传统的左右翼势力对抗逐步走向没落。从这个意义上来讲，20 世纪 90 年代以后的新民族主义思潮，已经超越了传统的左翼和右翼的区分，对大众民族意识的整合作用也更大。

近年来，随着中国的迅速崛起，东亚地区秩序发生了重大变化，日本的新民族主义迅速做出了反应。“中国威胁论” 等观点在日本非常盛行。此外，中日之间摩擦不断，两国民族主义情绪高涨，更催生了部分极端民族主义分子和极端民族主义言论。

以石原慎太郎为例。关于靖国神社问题，他说国内外对首相去不去参拜说东道西，这“只能说是极其异常的”。他认为，第一，神道的万物有灵论是“决定性地规定了日本人的生活以及情操的根本，是国家民族的遗传基因”；第二，首相参拜“不外乎是作为子孙，对日本现代国家建设的历史性功绩的真挚谢礼”。石原还将中国说成是没有自由的国家、劳动条件过于苛刻、很多中国人都非法入境到日本等，然后说道“我们的邻居中国以军事实力为后盾强行推行扩张主义，对我们造成威胁，而且他们社会的内部也极其扭曲。毫无疑问，这些都直接关系到我们的生活，成为日本国内社会治安上一个极其

---

① 李寒梅：《日本民族主义形态研究》，商务印书馆，2012 年第 1 版，第 272 页。

危险的问题，我们作为日本的国民，对此应有充分的认识”。石原所代表的新民族主义，贯穿了这样一种排外的观点，即，“基于对日本文化的独断，煽动认为邻国中国的所有一切都是威胁的认识。”①

民族主义是一把“双刃剑”。它能在短期内迅速增强民族凝聚力，同时其内部蕴涵的非理性因素也是不能否定的事实。因此，在考虑中日关系时，不得不关注民族主义思潮带来的越来越深刻的影响。以石原慎太郎为代表的极端民族主义者不仅影响到民众对中日关系的认知，更可能导致中日民族情绪的对立，最终引起两国关系的恶化。因此，中日关系的改善与发展，不仅“要靠两国政府的努力，需要两国政治家的极大魄力和智慧，也需要民间各个团体、组织的积极良性的推动”，应将“对日民间外交提升到关系中日关系全局的战略地位上来加以认识与实行，多层次、多侧面地开展对日工作，以最大限度地影响日本政府的对华政策，推动中日关系的良性发展。学界与媒体也应发挥其中坚作用，在政府与百姓之间创造出一条‘缓冲地带’，以此引导社会舆论向理性化方向发展。”②

日本国内政治和社会思潮是日本对华政策的重要背景。政治右倾化是当今日本政治的重要特征。其中，具有深厚保守主义色彩的自民党是右倾化的集中体现。国家正常化、实现政治军事大国的战略目标是日本右倾政党的共同政治诉求。经济长期停滞背景下兴起的新民族主义思潮带有着很强的“依附性”和“内向性”，在面临中日主权领土争端等问题的时候很容易演化为一种极端的民族主义。网络和大众传媒的发展为这种非理性情绪的繁殖和传播提供了土壤，进而影响着日本国民对中国的认知和政府对华政策的制定。

五、中日相互认知的错位与恶化

当前，中日关系恶化的一个重要原因在于中日之间的认知困境，即相互认知的错位与恶化。认知错位指中日两国对一些共同问题的认知差异性，认知恶化则体现在双方国民对对方日趋负面的评价与印象，对两国关系的预期

---

① 【日】毛里和子：《中日关系：从战后走向新时代》，徐显芬译，社会科学文献出版社，2009年第1版，第152－153页。

② 陈忠：“民族主义视点与中日关系”，《上海大学学报（社会科学版）》，2006年第4期，第160页。

较为悲观。认知错位导致中日之间缺乏相互信任，认知恶化则易导致以陈规漏见和感性色彩审视对方，在处理双边关系时缺乏基本理解和善意。

（一）中日认知的错位

中日认知错位体现在多个层面，从战略定位到价值认知再到具体事件，双方的理解存在诸多的不同，甚至是南辕北辙的差异。其中，双方政治精英在地缘政治、国家定位、国际格局等战略层面的认知偏差是中日矛盾摩擦的深层原因。

1. 战略认知偏差

首先，两国对地缘政治的理解不同。“二战”时，日本奉行侵略扩张的大陆政策遭遇失败。战后亲美派在日本政坛中占据主导地位，并奉行追随美国的政策。战败促使日本精英对地缘政治进行反思。1964年，高坂正尧的《海洋国家日本的构想》代表了这一反思过程的结果，即将自身定位为“海洋国家”，作为海洋国家的日本应该与英美等其他海洋国家站在一起，应避免过分向亚洲地域主义倾斜。日本多数精英认为，中国是典型的大陆国家，中国的崛起就是大陆国家的崛起，势必对海洋国家构成威胁。作为海洋国家的日本自然要与欧美等其他海洋国家站在一起，遏制大陆中国的崛起。“特别是日本作为大陆边缘的国家，面对强大的中国，缺乏安全感，所以，从战略上必然敌视和防范中国。日本的这种地缘政治思维，即使在冷战结束之后，都没有根本改变。”① 中国是一个大国，长期以来将自己定位为一个聚焦内部的大陆国家。改革开放的推行既促进了中国的总体崛起，也推动了中国不断融入世界的全球化进程。中国是一个传统的大陆国家，也将是一个新兴的海洋国家。这种新的战略取向是中国持续发展的需要，根本不存在地缘战略威胁。

其次，两国对自身国家定位的差异。自福泽谕吉的《脱亚论》起，“脱亚入欧”的思想在日本就一直存在。冷战时期，日本被视作为西方阵营的一员，这进一步巩固了日本作为“西方国家”的自我定位。近百年来，日本作为东亚地区现代化的“火车头”，对东亚其他国家，尤其中国具有特殊的优越感。中国则始终将自己看作东方国家、亚洲国家，重视继承传统，强调“中国特色”，因此对日本人的优越感特别反感。中国一直都强调自身是一个“发展中

---

① 康德瑰：“中日应克服三大认知差异”，《东方早报》，2013年12月12日，第A16版。

国家”，相较美日等发达国家还有较大差距。中国实力的崛起对中日双方的认知都形成了一定的冲击。日本国内很大一部分民众认为，中国已经成为“发达国家”，与此同时，“他们不知道如何与一个成了‘发达国家’的中国打交道，日本人很不适应，也很不服气。”① 中国国内部分民众也认为中国已经跃入“发达大国”行列，看不到中国与美日等在社会发展方面仍存在较大的差距。在看待中日之间的矛盾时，这种盲目、浮躁的心态往往演化成极端的民族主义情绪，缺乏对两国关系的理性认识和判断。

最后，两国对国际格局的预判存在反差。中国崛起对于21世纪初的国际格局产生了巨大影响。许多学者预测，2020到2030年间，中国经济总量将超过美国，成为世界第一大经济体。国际权力中心正逐渐由西方转向东方，由美国转移到中国。面对新兴大国的挑战，作为守成大国的美国为维护自身在全球的主导性地位，千方百计延缓和遏制中国的崛起。就中日而言，两国实力结构正逐渐向中国一方倾斜。虽然这一变动过程尚未最终完成，但中国超越日本已经成为不争的事实，并且未来这一差距将会进一步拉大。中日实力对比的变化决定了东亚秩序的基本走向。面对国际格局和地区秩序的变化，以安倍为代表的日本右翼势力选择了与美国一同遏制中国。当前，日本试图借助美国的力量逆转国际格局和地区秩序变动的基本趋势，对中国所极力倡导的“和平崛起”“互利共赢”等理念视而不见，无疑强化了中日在地区和国际上的冲突与竞争，加剧了中日之间的紧张关系。

2. 无法回避的历史问题

当前，中日之间的一大突出矛盾就是历史问题，主要表现在参拜靖国神社、修改教科书、“慰安妇”等多个方面。根据毛里和子教授的分析，这体现了中日之间在不能讨价还价的“价值”上的认知差异。两国在历史问题上认知的不同归根到底是由于对日本战争责任的认知存在分歧。

就日本国内而言，围绕这些问题形成了进步派和保守派的分野：进步派主张对日本的历史进行彻底清算，积极承担起战争责任和战后责任；保守派则不断美化侵略战争，歪曲历史事实，否认战争责任。由于受害意识的影响，日本国民的战争责任认识与进步派的战争责任论有一定距离，但亦不同于保守派的各种战争责任否认论，且处在一种随环境而不断变化的动态过程中。

---

① 康德瑰：“中日应克服三大认知差异”，《东方早报》，2013年12月12日，第A16版。

总体而言，战后日本人关于战争责任问题的讨论，往往是站在受害立场上检讨战争责任，相对缺乏加害责任的视角和意识。战后上台的车久迩内阁提出“人人有份”的“一亿总忏悔”论和“天皇退位论”，意在将战争责任模糊化与暧昧化。昭和天皇至死不提自身的战争责任，试图随着时间的流逝和战争记忆的淡忘而推卸自己的战争责任。20世纪60年代至70年代，日本处于战后经济恢复发展期，日本人普遍关注的是自身经济地位的提高和生活水平的改善，战争逐渐为人们所淡忘。“二战”后出生的日本人则极力将自身与战争分割开来，部分人极力否认自身应该对日本曾经发动的对外侵略战争负责。

20世纪80年代，随着日本国内保守势力的发展和政治右倾化趋势的出现，日本出现了首相参拜靖国神社、默许保守派篡改历史教科书、大臣“失言”等否认战争责任的做法出现。

冷战结束后，国际关系格局发生重大变化。长期遭受压抑的亚洲邻国民众，要求日本对过去的侵略战争负责、反省、道歉和赔偿的呼声高涨，形成一个国际性运动，给日本政府造成了一定冲击。日本政府根据国际国内形势的变化，相应调整了在战争责任问题上的态度。从海部首相的反省演讲和宫泽内阁发表的关于“慰安妇”问题的河野谈话，到联合政府的侵略行为论、《不战决议》和村山谈话，日本政府在战争责任表态上相比此前有了一定进步。

自民党重新上台后又开始回调，尤其是小泉首相持续参拜靖国神社，导致中日、日韩关系的“降温”和彼此民众感情的恶化，直至福田康夫执政时期才有所改善。最近，随着日本国内外形势的变化，该国又出现了钓鱼岛国有化、否认村山谈话、质疑河野谈话、解禁集体自卫权等一系列试图打破战后国际安排的做法。通过以上分析，我们不难发现，日本在战争责任认识上具有反复性，这种反复性本质上是基于日本国内因素的变化。

政府层面的政策往往是基于国际局势和国际利益的考虑，民众认知的影响因素则更为复杂：经济互动、文化交流、历史记忆等。民众认知一定程度上会受到政策和舆论的引导，但认知也具有一定的稳定性，民众的认知一旦形成，则在一定的时间内维持稳定状态，并且不易改变。日本政府在历史问题上的反复无常在相当程度上强化了中国民众对日本的负面评价，进而削弱了两国关系的社会基础。

3. “ODA 摩擦”：日本对华认识的重要指标

中日两国对于许多具体事件和议题的认知也存在错位，其中，官方发展援助（ODA）问题是一个典型例子。

日本对中国的 ODA 起始于 1979 年 12 月 5 日，日本首相大平正芳在与邓小平会谈时表示，日本政府决定向中国提供日元贷款。日元贷款是一种低息、长期偿还的政府优惠贷款，是日本 ODA 的主要形式。1980 年 4 月，中日有关部门首次签署日本向中国提供日元贷款的协议。自 1980 年到 2000 年，日本政府共向中国提供了四次日元贷款，每次为期五年。日元贷款为中国国民经济五年计划的顺利实施提供了资金援助，是中国现代化建设和发展的重要助推器。

以中国迅速崛起和日本经济低迷为背景，从 2000 年开始，日本出现了调整对华援助的动向，2005 年 3 月，小泉政权的内阁会议决定在北京奥运会召开的 2008 年前后停止对华日元贷款的方针。2006 年 3 月 23 日，日本内阁会议决定暂停 2005 年度对华日元贷款，表明日本已经将对华援助作为一种政治筹码。ODA 在 20 世纪 80 年代曾经是中日两国友好关系的象征，到此却成了中日间新的矛盾，即“ODA 摩擦”。

ODA 摩擦表现为中日两国对日本对华经济援助的不同认知。日本方面认为，其对华 ODA 帮助了中国基础设施建设和经济发展，日本也将 ODA 看作是未曾支付的战争赔偿的替代和对发动侵华战争所做的赔偿，因此日本国内部分人对“中国的感谢不够”表示不满。与此同时，中国则一直强调“贷款对中日双方都有利”。学界认为，日本对华 ODA 也包括了开拓市场、确保自身能源安全等地缘战略方面的考虑。此外，日本对华 ODA 的 90% 是日元贷款（见表 3－8），日本亦从中获得了大笔收益。在中国民间也一直存在这样的声音：“日本没有支付赔偿，所以援助是理所应当的”。

表 3－8　　日本对华官方开发援助（ODA）统计表

援助类型	金额（亿日元）
日元贷款	33 165
无偿资金援助	1 566
技术合作	1 772
总计	36 503

资料来源：根据日本国驻华大使馆网站数据制作，数据统计截止 2011 年。

针对日本对华ODA，中国互联网上掀起了一场激烈讨论。2006年3月24日，网易制作的专辑“感谢日本的对华援助”报道了日本是中国最大的援助国、1990年日本成了世界最大的援助国、日元贷款对中国基础设施建设如铁路电气化等做出了很大贡献等内容。2006年3月24日《新京报》的一则消息《报以平常心》中强调，迄今为止的援助并不全都是日本挣钱，而是大大帮助了中国的现代化建设，在中国经济快速发展的今天，日本援助的停止是“正常的事情”，“应该抱着平常心来对待”。这些报道随后引来了大批中国网民的批驳和反对。其主要理由是，日本对华援助远比不上其应该给予中国的战争赔偿，亦无法抵消其发动侵华战争给中国造成的巨大物质和精神损失，网易网站随后删除了“感谢日本的对华援助”专题的所有内容。

ODA是中日间难得的成功合作的尝试，本应是中日互惠互利、两厢情愿的产物，最终却演变成为政治摩擦的火种。主要原因有三：

第一，20世纪90年代初，日本在欧美各国推动和其自身大国外交志向的驱使下，开始把ODA政策从战后日本独创的“开发援助”型调整为美国式的“战略援助”型，即把增减经援变成赤裸裸的政治施压手段。1992年，日本内阁制定了《ODA大纲》，其中提出要把受援国的政治、军事、环保、人权等动向作为增减援助的标准。随之，其对华ODA政策也开始出现“经援政治化”倾向。

第二，20世纪90年代以来，日本经济萧条和中国经济快速增长，致使日本对华强硬派主张不能再对道路、铁路、港口等有助于中国增强国力的基础设施建设领域提供资金援助。一些新闻媒体也借机渲染“中国威胁论”。

第三，中日关系陷于“政冷”低谷也是日本调整对华ODA政策的深层原因。近年来，日本一些政治势力和右翼媒体把ODA问题当成了“妖魔化”中国的材料。日本政府也时常接过这股势力的话语向中国提出责难：一曰中国政府对日本对华ODA不宣传、不感谢；二曰中国一边接受日本ODA，一边却加强军备和对外援助。①

（二）中日相互认知的恶化

双边关系与彼此认知相互影响、互为因果。中日相互认知是一个复杂的、

① 关于中日ODA摩擦产生的原因部分参照金熙德：《日本对华ODA的演变与中日关系》，《现代国际关系》，2006年第11期，第32页。

多因素相互作用的过程。从总体趋势来看，受近年来中日关系恶化的影响，中日两国的彼此认知也呈现逐步恶化的趋势。认知恶化在一定程度上加剧了中日民间的对立情绪，推动着中日关系的进一步下滑。

根据《中国日报》和日本“言论NPO”共同进行的“中日关系舆论调查”，可以大致了解中日民众的彼此认知状态。《2013年中日关系舆论调查研究报告》指出：日本人和中国人对对方国家的印象都比2012年大幅恶化，日本人对中国“印象不好”的比例达到90.1%，中国人对日本“印象不好”的比例达到92.8%，双方都超过9成，这在过去进行的9次调查中最为糟糕。如何看待现在和今后中日关系的发展？超过8成的日本人和9成的中国人认为当前两国关系“不好”。这是过去9次调查中的最差结果。与此同时，认为中日关系今后会得到改善的日本人和中国人的比例均只有1成水平，认为会进一步恶化的日本人为28.3%，中国人达45.3%。这一比例出现了上升，可见对于日中关系前景悲观的看法在增多。中日两国民众都认为“领土因素”是当前阻碍中日关系发展的主要因素，77.5%的中国民众和近七成的日本民众认为领土问题（钓鱼岛问题）是当前中日关系恶化的主要原因。①

当前，中日两国相互认知的错位与恶化是一个明显的趋势。中日之间的“认知困境”是一个普遍现象，从政治精英到普罗大众，从战略认知到具体事件，双方对中日关系的态度都变得日益消极和悲观。认知的反差与恶化是中日两国关系恶化的直接反映，同时又是中日摩擦产生的深层原因。日本政治精英对中国战略意图的误读以及对国际格局演变趋势的错误预期，导致其对华采取敌对性政策。

六、小结

作为国际体系中的两个主要国家，中日关系的重要性是显而易见的。然而，它又是当今国际关系中最复杂、最不确定、最难处理的一对双边关系。

---

① 资料来源：《2013年中日关系舆论调查研究报告》，见中国日报网站：http://www.chinadaily.com.cn/hqzx/2013-08/05/content_16872036.htm。

第一，影响战后中日发展的因素众多。总体来看，历史认识、现实矛盾、未来预期都是制约中日关系稳定发展的重要难题。这些问题综合在一起，构成两国关系的巨大障碍。其中某个局部问题都有可能演化为两国政治外交、经济甚至安全层面的总体关系危机。

第二，国际体系是中日关系演进的重要外因。美国对华政策在相当程度上界定了日本的对华政策以及中日关系的发展进程。

第三，实力变化是中日关系演进的内在动力。在中日关系史中，中强日弱的关系结构一直都是两国和平的前提条件，而日强中弱格局则是两国对抗和战争的重要诱因。在战后两国关系中，日本的安全外交严重依附且受制于美国。在日强中弱格局下，日本并不认为中国是一个实际威胁，两国因而维持着相对稳定的关系样式。然而，在中国强势崛起、美国相对衰落的背景下，日本开始担心美国安全保护的可靠性，对中国的正常发展产生战略担忧，并试图以安全战略的本质性调整来增加自主防卫能力，防范和遏制中国。不愿意接受中国崛起是中日关系变动的主因。

第四，日本的错误历史观是中日关系的巨大变数。历史是客观存在的、不可否认、也无法回避的事实。如何看待历史关系到一个国家的现行政策和未来走向。在历史问题上，作为侵略者、加害者的日方理应担负更大的历史和道义责任。受害国民众绝非借历史问题揪住日本人的小辫子不放，而是出于公义和公正，要求日本改邪归正、坚持和平发展道路。在历史认识问题上，德国人是日本人的楷模。遗憾的是，日本人以自身的独特性、地区环境、政府间协议为由，自恃美国人的外交扶持，在历史问题上表现出缺乏人类起码良心、违背客观史实的嘴脸。这是周边受害国难以接受的。

第五，日本国内政治和社会思潮是日本对华政策的重要背景。政治右倾化是当今日本政治的重要特征。其中，具有深厚保守主义色彩的自民党是右倾化的集中体现。国家正常化、实现政治军事大国的战略目标是日本右倾政党的共同政治诉求。这同时也是经济长期停滞背景下日本社会思潮的指向。这是日本的内部事务，外国本应不置可否。然而，一个没有彻底清算和反省历史罪责的国家，其正常化是令人怀疑的。尤其值得指出的是，日本的正常化过程是以渲染中国威胁、损害中国利益、恶化地区环境、倡导遏制中国为政策借口。其结果必然是破坏中日关系的政治基础，将两国关系导入困难和危险的道路之上。

第六，不接受中国的强大并试图遏制中国是新近中日关系持续动荡的根源。外借美国力量，利用美国的防华心理和美日同盟关系，打造遏华国际网络；内修和平宪法，扩充军事力量，准备与中国进行对抗。其目的有二：一是破坏中国和平发展的历史进程，扭转两国实力失衡的趋势；二是趁机逐渐摆脱美国的严密控制、实现正常国家的夙愿。这是日本不惜恶化地区环境、公开对抗中国的根本动因。

第4章 中日两国外交战略与亚太政策

亚太是中日两国赖以生存与发展的主要区域，是两国对外战略的核心政策领域。战后以来，在国际格局、地区局势、国家战略的共同作用下，中日亚太政策均经历了较显著的变迁。日本一直在亚洲和太平洋之间寻找战略平衡点，中国则在对外不断开放的政策背景下，改变传统外交模式，由内向型转向外向型，由双边主导型转为双边—多边并重型，由消极被动型逐渐转为积极主动型的新型对外交往方式。总体来看，中日都高度重视亚太区域，努力使其成为走向世界中心舞台、推动国家可持续发展的关键场域。在中日交恶之际，亚太是两国合纵连横的主要场域，两国的亚太政策也必然会有所调整。相互抗衡可能是中日亚太政策的重要思路和取向之一。

一、中国的多边外交战略与亚太政策变迁

（一）战后中国多边外交发展阶段

中国参与地区和全球多边合作的形式主要包括参与国际组织、国际会议、国际谈判以及国际维和与救援行动，努力在现有国际机制中发挥更大作用，同时积极倡导和构建地区合作新机制等。根据中国参与国际组织的情况，中

国多边外交发展历程大致可划分为以下四个阶段：[①]

第一阶段：1949 年新中国成立到 1971 年中国恢复在联合国的合法席位。新中国成立初期，主要任务是巩固新生政权和恢复国内经济。同时，在美苏冷战和美国遏制封锁新中国的背景之下，中国外交最初选择了“一边倒”向社会主义阵营。这一时期，中国多边外交主要表现为参与了一些社会主义阵营的国际组织或国际机制的活动，如“世界民主联盟”等，同时还参与了一系列的多边国际会议，如日内瓦会议、万隆会议等。进入 20 世纪 60 年代以后，随着中苏关系恶化，中国开始“反霸反修”，左右开弓，“两个拳头打人”，因而被排除在社会主义阵营和资本主义阵营之外。总体上讲，这一阶段是中国多边外交的冰冻期，多边外交的活动比较有限。

第二阶段：1971 年中国恢复在联合国的合法席位到中国实施改革开放。中国恢复在联合国的合法席位是中国多边外交的一次重大飞跃。此后，中国与国际组织的接触日益增加，并且逐渐恢复了在一些重要国际组织中的合法席位，如世界粮农组织、联合国教科文组织等。中国还开始同一些区域性国际组织进行交流，1975 年中国与欧共体正式建立了外交关系。该时期可谓中国多边合作的破冰期或萌芽期，但这一时期的中国多边外交活动仍然较少，且受意识形态方面的制约比较严重。

第三阶段：改革开放到 2001 年中国正式加入世界贸易组织。改革开放初期，中国虽然对多边国际制度表现出浓厚的兴趣，但“由于担心加入过度的多边国际制度会使自己行动受到制约，中国对待多边国际制度的态度是较为谨慎的”。[②] 20 世纪 90 年代以后，受冷战结束和国内政治风波的影响，中国亟需融入国际社会，提升中国的国际形象，因此，中国开始积极参与到国际组织和多边国际机制当中，如对国际人权机制持积极赞成和参与的态度，加入

① 对于该问题，不同学者划分的标准不同，阶段划分也有所差异，如阮宗泽在其《中国崛起与东亚国际秩序的转型——共有利益的塑造与拓展》一书中将中国参与国际组织的过程大致划分为三个阶段：第一个阶段从 1949 年新中国成立到 1971 年中国恢复在联合国的合法席位；第二个阶段从 1971 年中国恢复在联合国的合法席位到中国的改革开放；第三个阶段是中国加入世界贸易组织到现在。苏长和在其《发现中国新外交——多边国际制度与中国外交新思维》一文中则将 1979 年以来中国的多边外交分为三个阶段：第一阶段是从改革开放政策的提出到 1992 年邓小平同志的南方谈话；第二阶段是从南方谈话到 2001 年中国加入世界贸易组织；第三阶段则是加入世贸组织至今。

② 苏长和：“发现新中国外交：多边国际制度与中国外交新思维”，《世界经济与政治》，2005 年第 4 期，第 13 页。

国际清算银行、亚洲开发银行、太平洋经济合作理事会等国际组织。对周边地区正在形成中的多边组织，中国也开始积极参与其建设过程，对形成中的规则施加影响，例如亚太经合组织和“10 +1”“10 +3”等机制。这一时期可以算是中国多边外交的发展期。

第四阶段：中国加入世界贸易组织至今。这一时期是中国外交思想的转型期，同时伴随中国的迅速崛起，多边主义已经成为中国外交的重要途径。中国对待多边国际机制的态度由初期的被迫参与转变为当前的积极参与和构建，譬如，中国积极推动上海合作组织、朝核问题六方会谈、亚信峰会等多边安全合作机制的发展；在维护东盟主导地位的前提下，促进东亚经济贸易的整合，参与“区域全面经济伙伴关系”，倡导构建“陆上丝绸之路”“海上丝绸之路”经济带及“中巴经济走廊”“中印缅孟经济走廊”。与此同时，中国也积极参与到国际维和与救援行动当中，展示了一个“负责任大国”的国际担当。这一时期是中国多边外交转型和发展的新时期。

当前，中国的多边外交虽然在很大程度上是出于对美国“亚太再平衡”战略的反应和对冲，但是也体现了中国外交的变化，多边合作越来越受到重视，中国外交逐渐由以双边外交战略为主导发展为当前双边主义和多边主义相结合的外交实践模式，这也是“中国外交新思维”。①

（二）中国崛起及其亚太政策的演进

由传统的双边主义模式转化为重视多边框架，中国在亚太地区合作中的模式选择更加丰富多样。这也为中国外交提供了更广阔的空间。具体而言，中国在亚太地区合作中的双边主义体现在以下几个方面：

1. 积极推动同区内大国的双边关系

新中国成立以来到20世纪90年代，在“独立自主”外交方针指导下，中国政府坚持以双边主义的传统模式处理国家间关系。② 即使在社会主义阵营内部国家间的交往中，中国亦坚持双边外交的理念。虽然中国也参与了日内

① 对于这一问题的论述，国内许多学者都有过相应的论述，参见苏长和：《发现新中国外交：多边国际制度与中国外交新思维》；王逸舟：《中国与多边外交》；门洪华：《中国外交哲学的演变》；赵可金：《硬外交，软着陆：试论中国外交新思维的形成与影响》等。

② 赵可金：“硬外交、软着陆：试论中国外交新思维的形成与影响”，《国际观察》，2005年第5期，第24页。

瓦会议、万隆会议等多边的国际会议，但从指导思想上来看，并非“严格意义上的多边主义，而是借助多边舞台来推行双边主义的理念，是形式上的多边外交，实质上的双边主义。”① 在处理与亚太地区大国关系时，当前的中国仍然坚持双边为主的交往模式。

第一，实施“伙伴战略”，发展不同类型的伙伴关系。伴随20世纪90年代初冷战的结束和中国对外开放程度的加深，中国选择“伙伴关系”方式处理邦交关系。在中国外交“伙伴关系”的光谱中主要有这样几种类型：伙伴关系、全面伙伴关系、合作伙伴关系、全面合作伙伴关系、战略伙伴关系、战略合作伙伴关系、全面战略伙伴关系、全面战略合作伙伴关系、全面战略协作伙伴关系等。但这些关系之间的差异缺乏明确界定，这也“并不意味着中国与不同国际关系行为体间关系的远近亲疏，只是表明不同的伙伴关系在不同层次上发挥着不同的作用，在合作的领域、程度和方式上有差异而已。”②

“伙伴战略”的一个重要目标是发展同其他国家的双边关系。中国“伙伴战略”包含战略、地缘和双边三个层面，③ 主要对象是全球性大国、地区大国和那些对中国周边形势有一定影响的、或与中国存在诸多共同利益的国家。一方面，这些国家对中国的发展和周边国际环境的稳定具有重要意义。另一方面，伙伴关系的建立要求国家实力对比的对称性，实力不对称将动摇国家间的伙伴关系。“如果两国的实力差距较大，一国的行为能轻而易举地为另一国控制，实力强大的一方将不愿意或认为不值得和实力弱小的一方建立伙伴关系。即使建立了伙伴关系，这一关系的维持也需要伙伴国之间保持某种程度的力量平衡。”④ 如1996年中俄建立“战略协作伙伴关系”，1997年中美建立“建设性战略伙伴关系”，2006年中日建立“战略互惠关系”。此外，中国还同巴基斯坦、韩国、泰国等许多亚太地区国家建立了不同类型和内涵的“伙伴关系”。

第二，建立合作机制，发展共同利益，推动与区内大国的双边关系。随着合作程度的深化和合作领域的拓展，双边关系的维系和发展需要加强机制

---

① 赵可金：“硬外交、软着陆：试论中国外交新思维的形成与影响”，《国际观察》，2005年第5期，第25页。

② 王巧荣：“论中国20世纪90年代中国的伙伴关系外交”，《形势与政策》，2006年第2期，第56页。

③ 王巧荣：“论中国20世纪90年代中国的伙伴关系外交”，《形势与政策》，2006年第2期，第55页。

④ 陈志敏：“伙伴战略：世纪之交中国的现实理想主义外交战略”，《太平洋学报》，1999年第3期，第16页。

化建设，通过一定的机制和规范来约束国家的行为，以促进国家间的共同利益。中国越来越重视大国双边关系的机制化建设。以中美关系为例，最初中美关系更多依赖《中美联合公报》来指导和规约双边关系的发展。随着 20 世纪 90 年代以来中美关系的深入，“双边外交的机制化趋势日益明显，高层形成战略对话机制、外交形成合作磋商机制、社会形成互动交流机制。”[①]

中美关系中最具代表性的合作机制中美战略对话机制始于 20 世纪末，它经历了一个由学界到官方的发展历程。2005 年 8 月 1 日，中美首次战略对话在北京举行，中国外交部副部长戴秉国和美国常务副国务卿佐利克等双方代表就外交和经济等共同关心的战略性问题进行磋商。2006 年 9 月 20 日，由美方提出、中方同意的中美战略经济对话（SED）机制启动。2006 年 12 月 14 日，首次中美战略经济对话在北京举行，此后两年多时间里共举行了五轮对话。2009 年美国政府换届后，经双方共同协商，中美于当年 7 月建立了横跨政治、外交、军事、经贸、财金领域的中美战略与经济对话（SAED），迄今已举行了六轮对话。通过这两个高层级、跨领域的对话机制，中美双方就彼此关心的问题进行交流和协商，取得了一系列重要成果。纵观其发展过程可见：其一，战略对话层次递进，并向专业领域衍生；其二，对话形式由相对封闭走向适度开放；其三，高层人物轮番出场，军界介入引人注目；其四，对话议题不断扩展，涉及内容逐步丰富。[②] 与此同时，中美人文交流高层磋商会议机制也已建立并成功运行四轮，取得了中美战略与经济对话机制所难以奢求的众多具体成果。着眼于务实合作与管控分歧的新型大国关系是中美两国正在努力的方向。

由于双边交往的深入而形成的众多交往机制并非仅限于中美关系之间，中国的其他双边关系也形成了大量的类似机制，如中俄、中日等国之间的双边交往。这是中国同亚太地区内大国双边关系发展极为重要的成果。

中俄战略协作伙伴关系已发展为一种成熟的机制化关系。这种机制化主要表现在一系列相关制度的形成，如高层定期会晤制度、双方合作协调和指导制度、国际磋商制度、民间交往制度以及中俄友好、和平与发展委员会等

---

① 赵可金：“硬外交、软着陆：试论中国外交新思维的形成与影响”，《国际观察》，2005 年第 5 期，第 24 页。

② 刘长敏：“中美战略对话机制的发展及其解析——守成大国与新兴大国关系新探索”，《现代国际关系》，2008 年第 7 期。

民间友好机构的建立。同时，中俄之间的军事合作关系也有发展，中俄之间的海上军事演习逐步走向常态化、机制化。①

中日关系的机制化建设，发端于20世纪70年代两国就贸易问题开展的政府间磋商，随后经历了起步、拓展和完善的不同发展阶段。中日关系机制化建设的领域不断拓宽，形式也更加多样，如“中日外交安全磋商”“中日防务安全磋商”“中日财长对话机制”中日韩三国领导人会议等都成为中日高层之间沟通协商的重要渠道和形式。虽然当前中日关系机制化受到中日关系发展失衡、日美同盟战略框架等因素的制约，但对中日两国关系发展仍然具有很重要的意义。②

2. 双边 FTA 战略

自由贸易区（FTA）战略是中国参与国际经贸合作的重要方式。中国政府高度重视自由贸易区战略及其实施，特别是与亚太地区国家的自贸区建设。2014 年的政府工作报告更是明确提出要加快与韩国、澳大利亚、海合会等国家和国际组织的 FTA 谈判进程。

中国与 30 个国家和地区（包括港澳台）正在商谈和完成商谈的自贸区有 18 个，其中已签署 12 个，已实施 10 个，还有 6 个正在谈判之中。其中中国与印度、斯里兰卡已经结束了联合可行性研究，正与哥伦比亚、以色列进行联合可行性研究（详见表 4 – 1）。

由此可见，中国自由贸易区战略实施的主要对象是亚太国家（地区），特别是周边国家（地区）。在中国正在商谈和完成商谈的自由贸易区中，与亚太国家（地区）共同建设的自贸区占一半以上。这些国家（地区）与中国邻近，商贸、人员往来频繁，有着巨大的共同利益与合作空间。双边谈判是中国自贸区建设的主要方式，中国参与的多边自由贸易区数量较少，且多数还处于谈判阶段，尚未真正实施。原因在于双边谈判所涉及的参与方数量少，彼此之间的协商和妥协更容易实现。中国的自由贸易区战略发展仍然处在初级阶段，因此，双边自贸区是中国自由贸易区战略实施的主要形式。

---

① 详见中国国防部网站：《海上联合—2013：中俄联合军演机制化的重要步骤》。http：//www. mod. gov. cn/opinion/2013 – 07/02/content_4457059. htm。人民网：《对话海军军事学术研究所研究员张军社——中俄军事合作迈向机制化常态化》。http：//ru. people. com. cn/n/2013/0715/c360528 – 22198194 – 3. html。

② 徐万胜：“论中日关系机制化建设”，《日本学刊》，2013 年第 1 期。

表4－1　　中国自贸区发展概况

已签署协议的自贸区	谈判中的自贸区	联合可研已结束的自由贸易区	联合可研中的自由贸易区
内地与港澳关于建立更紧密经贸关系安排 海峡两岸经济合作框架协议 中国—东盟自贸区 中国—巴基斯坦自贸区 中国—智利自贸区 中国—新西兰自贸区 中国—新加坡自贸区 中国—秘鲁自贸区 中国—哥斯达黎加自贸区 中国—冰岛自贸区 中国—瑞士自贸协定 **亚太贸易协定**＊	中国—海合会自贸区 中国—澳大利亚自贸区 中国—挪威自贸区 中国—韩国自贸区 **中日韩自由贸易区** **区域全面经济合作伙伴关系**＊	中国—印度自贸区 中国—斯里兰卡自贸区	中国—哥伦比亚自贸区 中国—以色列自贸区

＊其中粗体表示多边自由贸易协定，中国—东盟自由贸易区、中国—海合会自由贸易区等组织虽由三个以上成员参与，但谈判是由中国与单个成员分别进行，东盟、海合会则作为一个整体与中国进行交涉与合作，因此将其归为双边自贸协定。2014年11月，中韩自贸区和中澳自贸区均已完成实质性谈判阶段。

资料来源：中华人民共和国商务部网站，中国自由贸易区服务网。

3. 在处理领土争端时采取侧重双边、兼顾多边的方式

中国逐步参与到亚太地区合作的进程之中，与其他国家的交往越来越频繁，所面临的冲突和问题也越来越多。总体来看，中国在具体合作进程当中所遇到的挑战突出表现在两个方面：贸易摩擦和领土争端。

在贸易方面，中国面临的主要问题是来自其他国家的恶意倾销、反倾销、各种形式的贸易壁垒等等。面对这些问题，中国在加强内部法律建设、调整产业结构、完善自身的同时，也逐渐学会运用国际法和国际贸易的相关规定来维护自己的权益。近年来，中国政府逐步意识到要以协商而非对抗的形式解决贸易摩擦，政府积极参与双边、多边和区域经济谈判，缓解贸易摩擦，

为企业开展全面、深层次的经济技术合作创造条件。[①]

在领土争端方面，中国与印度等国存在陆上领土争端，与日本、菲律宾、越南等国存在海洋和岛屿争端。近年来，中国在东海、南海问题上与周边国家的领土争端问题愈演愈烈。对于领土争端问题，中国坚持通过双边对话方式解决问题，拒绝将问题多边化、国际化。面对菲律宾等国就南海问题提起的国际仲裁和日本首相安倍晋三所宣扬的亚洲外交五项原则，中国坚持通过双边方式解决两国间主权争议的原则毫不动摇。[②] 这些都反映出，中国在应对问题和冲突、特别是领土争端等高度敏感的问题时，倾向于使用双边途径，反对通过多边方式将问题扩大化和复杂化。

然而，基于周边安全环境稳定的考虑，中国也在更加灵活地调整争端处理方式。2014 年，在南海争端上，中国政府开始使用双边与多边兼顾的“双轨途径”。这对于推进中国—东盟整体关系具有一定的意义。

（三）中国对外合作中的多边主义方式

中国与亚洲关系的重要性以及亚太地区的迅速发展都决定了中国的亚洲战略必须坚持“灵活的多边主义”与地区合作，[③] 因此，在坚持双边外交的同时，中国越来越认识到多边主义的意义。多边外交正成为中国参与亚太合作和对外交往的重要方式。中国在亚太地区合作中的多边主义体现在以下几个方面：

1. 由“被动参与”到“主动构建”，推动国际规范和行为规则的制定

中国最初参与国际多边合作机制受到国际环境和大国关系的巨大影响，基本上属于“被动参与型”。随着自身实力的增长以及对外开放程度的加深，中国越来越多地参与到全球和地区合作机制的构建和发展之中，甚至在某些组织和机构中发挥着主导作用。近年来，中国开始主动参与和构建多边合作机制，如参与推动金砖国家合作机制、区域全面经济伙伴关系（RCEP），倡

① 参见赵瑾：“应对贸易摩擦的国际经验和中国选择”，《国际经济评论》，2004 年第 5 期。范黎波、屠新泉：“中国应对贸易摩擦增发的策略”，《宏观经济研究》，2005 年第 8 期。

② 新华网：《外交部：坚持通过双边谈判解决领土和海洋划界争议》。http：//news. xinhuanet. com/world/2013 -04/26/c_ 115557163. htm。网易新闻：《领土争议应双边对话解决》。http：//news. 163. com/13/0120/06/8LL3SPA300014AED. html。

③ 庞中英：“中国的亚洲战略：灵活的多边主义”，《世界经济与政治》，2001 年第 10 期。

导建立亚洲基础设施投资银行、“陆上丝绸之路”（“陆丝”）与“海上丝绸之路”（“海丝”）经济带、APEC框架下的亚太自由贸易区等。

第一，参与推动金砖国家合作机制建设。金砖国家（BRICS）① 是由中国、俄罗斯、印度、巴西、南非五个成长前景看好的新兴市场国家组成的合作机制。由俄罗斯倡议，中、俄、印、巴四国联合发起，后将南非吸纳其中。中国对金砖国家合作机制非常重视。2011年，中国承办了金砖国家领导人第三次会晤。在2014年的第五次会晤上，五国领导人决定设立金砖国家开发银行和应急储备机制，中国不遗余力给予支持和推动。五国当中，中国经济总量要超过其他四国的总和，且中国的资源需求和庞大的制造业人口为南美、

① “金砖国家”概念提出10多年后，五国经济发展悬殊极大，由此引起了学界对该概念合理性的质疑，从经济角度考察，认为该概念已经不合时宜。埃里森认为，当12年前高盛集团分析师吉姆·奥尼尔（Jim O'Neill）发明这一概念的时候，许多人认为印度和巴西两国的经济增长速率很快就会和中国旗鼓相当。时至今日，奥尼尔仍在为这个论断打赌——奥尼尔最近鼓吹说：“印度是金砖国家中最具增长潜力的国家”。但残酷的现实是，中国的增长速度依旧两倍于该俱乐部的成员。实际上，自2001年以后的每一年，中国同其他成员的GDP差距越拉越大。如果再过十年，这种差距极有可能更明显。埃里森认为，如果要认真地考量这种差异，将中国单独同其他四国排除开来进行考虑更合时宜。这样一来，剩下的俄罗斯（Russia）、印度（India）、巴西（Brazil）和南非（South Africa），同样也可以给这四个国家发明一个缩写概念——“排骨四国”（RIBS）。其理由是，2001年，中国的GDP正好和“排骨四国”的GDP总量相当。在金融危机之后的5年里，仅仅中国一国的经济增长就大于俄罗斯和印度的经济总和。金融危机之后的5年内，全球40%的经济增长都尽入中国“囊中”。中国经济总量仅仅2012年就扩张了1万亿美元；俄罗斯和印度则仅仅增长了1 000亿美元；巴西和南非更是大有缩水。2001年，中国位列世界第六大经济体，今天却已高居世界第二。更令人震惊的是，在接下来的十年内，中国还会替代美国执全球经济之牛耳！就贸易而言，中国占全球商品出口的11%（这几乎是“排骨四国”总量的两倍）。并且，中国和“排骨四国”之间的贸易数据还很少登记注册到世界贸易数据里面。就外汇储备而言，中国在2001年的持有量相当于“排骨四国”（RIBS）总量的两倍（2200亿美元）。如今，中国的外汇储备相当于剩下四国总量的3倍之多（3.3万亿美元）。论及温室气体排放量，中国的排放量占世界总量的30%（这同样相对于“排骨四国”总量的两倍）。现在，高盛集团仍在鼓吹“金砖四国”（高盛拒绝将中国于2010年邀请加入的南非包括在内）的崛起。其最近发布的“BRIC Fund”报告预计，到2030年左右金砖国家（BRIC）的经济总量将会超过G7的经济总量。如果这“谶语成真”，那么这个故事里最重要的章节必定是中国为世界经济增加了17万亿美元的经济增量。换句话说，这意味着中国极为高效地在不到20年的时间内将创造出了另外一个美国。因此，埃里森认为，这种将迥异的元素生硬地套在一起的概念给我们带来更多迷惑。这种概念在21世纪之初的时候提出来，对于强调和突出那些新兴经济体有一定的作用。但在10余年后的今天，如果继续将中国置于“金砖五国”（BRICS）概念之下，实则是挂一漏万。鉴于此，埃里森建议在处理与这5个国家相关的事务的时候要将“中国”和“排骨四国”区别对待。参见：Graham Allison，“China Doesn't Belong in the BRICS”, *Belfer Center for Science and International Affairs*, *Kennedy School of Government*, *Harvard University*. [Online] 03 26, 2013. http://belfercenter.ksg.harvard.edu/publication/22906/china_doesnt_belong_in_the_brics.html。

亚洲和非洲的新兴国家提供了发展经济、开展贸易、实现繁荣的良机。规模和力量决定了中国必将在金砖国家合作机制中发挥更加积极的作用和影响，有学者甚至断言：中国强则“金砖”强。①

第二，积极推动区域全面经济伙伴关系。区域全面经济伙伴关系（RCEP）2011 年由东盟提出，目标是在东盟现有的 5 个“10 +1”自贸区的基础上，构建一个涵盖 16 国的全面的、高质量的、互惠的区域自由贸易协定。2012 年 11 月，在东亚峰会上，东盟 10 国与中、日、韩、印、澳、新等 16 国领导人正式宣布启动 RCEP 谈判进程。中国加入 RCEP 谈判一方面是因为 RCEP 可能带来巨大的潜在市场和经济利益，并在很大程度上减少东亚合作中的“意大利面条碗效应”；另一方面，则是为了降低美国主导的 TPP 所蕴含的冲击和风险而采取的一种对冲措施。② 因此，中国政府积极推动 RCEP 的谈判和建设。2013 年东亚峰会上，李克强总理曾表示中国愿与东盟一道，推动 RCEP 谈判，深化本地区的经济融合，并提出，RCEP 已举行两轮谈判，要力争于 2015 年前结束谈判。③

第三，倡导设立亚洲基础设施投资银行。2013 年 10 月访问印尼时，习近平主席首次提出了筹建亚洲基础设施投资银行（AIIB）的倡议，目的是为了促进本地区互联互通建设和经济一体化进程。AIIB 将向包括东盟国家在内的亚洲发展中国家的基础设施建设提供资金支持，旨在促进本地区的互联互通和经济一体化建设。在亚洲主要国家的大力支持和配合下，AIIB 筹建工作进展顺利。2014 年 10 月 24 日，包括中国、印度、新加坡等 21 个首批意向创始成员的财长和授权代表在北京签约，共同决定成立 AIIB。2015 年 6 月 29 日，AIIB 协定在北京签署，意向创始成员国 57 个。AIIB 将是一个政府间的区域多边开发机构，法定资本 1 000 亿美元，预计 2015 年年底将正式投入运行。AIIB 的建立得到世界银行和亚洲开发银行等国际组织的高度称赞，两机构负责人均明确表示将与 AIIB 展开合作。AIIB 也得到不少域外国家的关注和肯定。有观察人士认为，

① FT 中文网：《中国强则“金砖”强》。http：//www. ftchinese. com/story/001049687。

② 贺平、沈陈：“RCEP 与中国的亚太 FTA 战略”，《国际问题研究》，2013 年第 3 期，第 56 页。

③ 中新网：《中国力推 RCEP 谈判东盟盼 2015 年完成》。http：//www. chinanews. com/gn/2013/10 - 12/5372631. shtml。

AIIB 建立标志着中国开始“步入全球金融舞台的中央”。①

第四，倡导并推进“一带一路”构想。2013 年 9 月和 10 月，习近平主席出访时分别提出共建“丝绸之路经济带”和“21 世纪海上丝绸之路”的倡议，合称“一带一路”。中国提出“一带一路”的倡议，既是出于自身发展的需要，也是亚洲区域合作的必然要求。建设“一带一路”有利于促进中国西部内陆地区的开发，缓解地区发展不平衡的问题。同时，“一带一路”倡议将中亚、南亚、东南亚、西亚等次区域联系起来，有利于促进沿线国家的对外合作，改善地区贸易投资环境，促进区域内生产要素的有序流动和优化配置。② 虽然当前“一带一路”倡议只是一个开放的合作发展理念，并不是一个新的多边机制。但随着沿线国家“五通”（即政策沟通、设施联通、贸易畅通、资金融通、民心相通）的逐步实现、“一带一路”倡议的不断丰富和发展，建立一定的合作和协调机制也就成为必然的发展趋势。

第五，倡导 APEC 框架下的亚太自由贸易区建设。2014 年 5 月，在 APEC 贸易部长会议上，作为轮值主席国的中国倡导启动建立更大范围的亚太自由贸易区的可行性研究和进程。会议最终同意，从 2014 年起为加强区域经济一体化和推进亚太自贸区采取切实行动；同意在亚太经合组织贸易投资委员会建立加强区域经济一体化和推进亚太自贸区“主席之友”工作组，启动亚太自贸区进程；同意制订《APEC 推动实现亚太自贸区路线图》，为推进亚太自贸区进程提供支持和指引。③ 中国倡导 APEC 框架下的亚太自贸区概念，一方面是对过去 APEC 会议内容的延续，另一方面则是基于当前亚太地区自贸协定发展的现状。当前亚太地区的自贸区进程主要包括 TPP、RCEP 和其他三边和双边自贸区。这些自贸区的发展为未来亚太自贸区的建立奠定了基础，但其发展又呈现碎片化趋势，各自的水平标准、内容和规则都不一样。因此，中国提出对建立更大范围的亚太自由贸易区的可行性展开研究，为未来亚太自由贸易协定发展指明道路。该倡议在 2014 年 11 月于北京召开的第二十二次亚太经合组织领导人非正式会议上业已达成共识。

---

① 中国金融新闻网：《从金砖国家开发银行到亚投行，国际金融舞台上“中国声音”日渐响亮》。http：//www. financialnews. com. cn/gj/gjyw/201405/t20140508_ 55164. html。

② 刘建超：“‘一带一路’建设是亚洲国家的共同事业”，《光明日报》，2014 年 5 月 28 日第 8 版。

③ 中研网：《中国倡导启动建立亚太自由贸易区研究》。http：//www. chinairn. com/news/20140519/08340371. shtml。

2. 多边合作领域逐渐扩大，地区安全合作越来越受重视

20 世纪 90 年代中期，国际安全环境变化巨大。在政治安全方面，中国对地区多边合作的看法发生重大转变。中国逐渐认识到多边合作在应对非传统安全问题方面的重要作用，也开始积极参与到地区安全对话与合作机制当中。

第一，参与东盟地区论坛（ARF）。冷战结束、两极格局解体后，亚太国家普遍认为有必要开展多边安全对话。1992 年初东盟首脑会议就加强地区政治、安全对话达成共识。1994 年 7 月 25 日，ARF 首次会议在曼谷召开。ARF 是目前亚太地区最主要的官方多边安全对话与合作渠道。作为东盟地区论坛的成员之一，中国重视参与东盟地区论坛的各项会议，加强与其他成员在安全领域的协商和对话。2013 年 9 月，中国与马来西亚在北京举办了“加强网络安全措施研讨会——法律和文化视角”。同年 10 月，中国与柬埔寨在北京举办了第六届维和专家会。2014 年 2 月，中国与缅甸、日本在成都共同举办第十三届救灾会间会。3 月，中国与文莱、新加坡、美国在青岛共同举办海上溢油区域合作研讨会，与文莱、美国、日本在夏威夷共同举办海洋环境安全研讨会，与文莱、美国、新西兰在惠灵顿共同举办预防性外交培训资源圆桌会议。此外，中国派团出席了 2013—2014 年度打击走私核生化和放射性材料研讨会、第十七届国防院校长会、第八届专家名人会、网络建立信任措施研讨会等会议。中国与马来西亚将于 2015 年 2 月在马来西亚北部地区共同举办 ARF 第四次救灾演习。①

第二，推动上海合作组织的建立与发展。2001 年 6 月 15 日，中、俄、哈、吉、塔、乌 6 国元首在上海会晤，发表《上海合作组织成立宣言》，宣布在“上海五国”机制的基础上建立上海合作组织（SCO）。这也是其时唯一在中国境内成立、以中国城市命名、总部设在中国境内的区域性国际组织，其关注的重点在于安全和经济合作问题。中国对上合组织的战略构想主要包括四个层面：打击三股势力，维持国内稳定统一；解决中国与中亚国家之间边界安全问题，维持中亚地区的和平与稳定，发展同中亚国家关系，实行“安邻”“睦邻”的周边外交；充实中俄战略协作伙伴关系内容，推动中俄关系稳步发展；推动与中亚国家的经济合作与能源合作，实现中国能源多元化发展

① 中国外交部网站：《东盟地区论坛介绍》。http：//www. fmprc. gov. cn/mfa_ chn/gjhdq_ 603914/gjhdqzz_ 609676/lhg_ 610254/。

战略。[①] 因此，中国积极推动上合组织经济合作与能源合作机制的建立，推动上合组织成员之间的社会文化交流，参与建立上海合作组织大学。

上合组织对中国的重要性体现在：一方面，它很大程度上改变了中国周边地缘政治环境，使得中国在最近一百多年的时间里首次在“三北（东北、华北和西北）”方向上处于十分有利的态势，并成为中亚地区的主导力量之一。另一方面，“上海合作组织的成立还标志着中国外交进入了一个新的阶段，即从过去被动地加入现存的国际体系，开始转为主动地参与构建新的地区合作框架；由被动地应对国际和地区局势，开始转为有意识地谋划主导周边局势的发展；由主要致力于双边外交，转为开始适应新的多边外交趋势。”[②] 因此，有学者认为：“在中国已参加的众多多边外交活动中，上海合作组织无疑是迄今最成功的一个。”[③]

第三，参与并推动亚洲相互协作与信任措施的发展。亚洲相互协作与信任措施会议（CICA）于1992年10月由哈萨克斯坦总统纳扎尔巴耶夫在第47届联合国大会上倡议成立，1993年3月起作为论坛开始活动。亚信现有24个成员，是一个就亚洲地区安全问题进行对话与磋商的论坛，主要目标和宗旨是通过制定旨在增进亚洲和平、安全与稳定的多边信任措施来加强合作。中国作为亚信的成员国，积极参与亚信峰会，并且承办了亚信第四次峰会，峰会上，中方正式接任2014年至2016年主席国职位，这是中国首次担任亚信主席国。习近平主席在峰会上所做的主旨发言中指出，亚信是亚洲覆盖范围最大、成员数量最多、代表性最广的地区安全论坛，并倡导推动亚信成为覆盖全亚洲的安全对话合作平台，在此基础上探讨建立地区安全合作新架构。在当前六方会谈机制陷于停滞、朝核问题悬而未决，中日两国因领土争端导致关系恶化，东北亚地区潜在安全隐患增多的情况下，亚信峰会的召开有助于推动东北亚乃至整个亚洲安全合作机制的构建与重新整合。亚信机制的发展对中国来说具有积极意义：其一，有助于弱化美国的安全同盟，一旦该机制建立并发挥作用，美韩、美日同盟的

---

① 参见李兴：“论上海合作组织的发展前途——基于中俄战略构想比较分析的视角”，《东北亚论坛》，2009年第1期。冯玉军：《上海合作组织的战略定位与发展方向》，《现代国际关系》，2006年第11期。赵华胜：《中俄关系中的上海合作组织》，《和平与发展》，2010年第2期。

② 国史网：《中国的多边外交与上海合作组织》。http://www.hprc.org.cn/gsyj/wjs/dfbj/200909/t20090916_31479.html。

③ 国史网：《中国的多边外交与上海合作组织》。http://www.hprc.org.cn/gsyj/wjs/dfbj/200909/t20090916_31479.html。

效用就会被抑制；其二，有助于扩大中国在地区安全事务中的影响力；其三，有助于改善地区安全环境，减少不稳定因素。

（四）全球多边中的国际维和与国际贡献

世界和平繁荣与中国利益高度相关。为此，中国积极参与到国际维和与救援行动当中。全球化时代，非传统安全问题日益成为国际社会动荡的重要诱因。面对传统安全和非传统安全问题给国际社会带来一系列的挑战，中国在维持自身和平发展的同时，也与亚太地区其他国家一道，积极参与到地区和国际维和和救援行动当中，为维护世界的和平发展贡献了自己的一份力量。

1993 年，联合国成立了国际搜救与救援协调组织，之后中国政府根据国际和国内的需求，经国务院和中央军委批准，于 2001 年 4 月 27 日成立了由地震专家、工兵部队搜救人员以及医疗技术人员组成的，承担国内外以地震灾害为主的紧急救援任务的中国国际救援队。中国国际救援队先后参加了伊朗、巴基斯坦、印度尼西亚等多次大型地震、海啸等自然灾害紧急医疗救援任务。

2010 年 7 月，巴基斯坦大部分地区连降暴雨，引发 80 年来最为严重的洪涝灾害，造成 1 600 多人死亡，2 000 多万人受灾。我国政府重视并响应巴方呼吁，在第一时间提供紧急人道主义援助。2010 年 9 月 20 日，以军区总医院医护人员为骨干力量组建的中国人民解放军医疗救援队赴巴基斯坦的塞赫万县执行医疗救援任务。同年 10 月 16 日，圆满完成各项救援任务返回祖国。

2013 年 11 月 8 日凌晨 4 点 30 分，超强台风“海燕”以巅峰状态在菲律宾中部萨马省登陆，其强劲的风力及引起的大规模风暴潮在菲律宾中部造成毁灭性的破坏，官方确认至少 5 924 人死亡。为帮助改善受灾地区民众的生命健康和生活境况，中国红十字会决定，以北京市红十字会紧急救援中心为主，由上海华山医院、武警总医院等 3 个单位抽组的中国红十字国际救援队于 2013 年 11 月 20 日至 12 月日赴菲律宾“海燕”台风重灾区，展开国际人道救援工作。这一举动不仅获得了菲律宾和国际社会的一致赞许，也在一定程度上缓和了因黄岩岛争端而日益恶化的中菲关系。

2014 年 1 月 2 日 19 时 30 分，中国南极考察队暨“雪龙”号科考船在澳大利亚“南极光”号极地考察破冰船的配合下，成功营救在南极遇险的俄罗斯籍“绍卡利斯基院士”号客船上的 52 名乘客。随后，“雪龙”号准备撤离并继续执行后续科考任务时因浮冰范围扩大造成“雪龙”号及船上 101 名人员被困，最后，“雪龙”号成功实现突围，冲出浮冰区，圆满完成了国际救援任务。

在2014年初的马航MH370客机失联事件中，中国也于第一时间加入联合搜救行动。这一系列事件都表明，“救援外交”不仅是中国承担国际责任、展示自身负责任大国形象的手段，也是中国参与多边国际合作的重要渠道。此外，作为联合国的创始会员国和安理会常任理事国，中国也积极响应号召，在联合国的框架下参与、执行众多国际维和行动。

自1992年4月，中国首次派遣部队参与联合国在柬埔寨的维和行动以来，中国已先后派出维和官兵2万余人次。当前，中国共有10支维和部队共1 500余人在5个联合国任务区执行维和任务，分别是刚果民主共和国、利比里亚、黎巴嫩、南苏丹和马里。此外，近年来中国参与的维和行动还包括海地维和等。[①] 中国对联合国维和行动做出的贡献也得到了联合国与驻在国政府和民众的普遍认可。联合国秘书长潘基文在参观中国国防部维和中心时，曾三次说道：中国蓝盔，我为你们骄傲！中国参与维和行动与其快速发展是同步的，中国参与联合国维和任务，向世界昭示了中国崛起对于世界来说不是威胁，进一步展现了负责任、敢于担当的大国形象。

除了参与联合国框架下的维和行动以外，中国还在联合国许可的前提下参与多国军事行动，应对日益严峻的非传统安全挑战。典型代表就是自2008年12月起，中国先后派出多批次海军编队远赴亚丁湾、索马里海域执行护航任务，参与打击海盗的多国联合行动。这是我国海上作战力量首次赴海外维护中国的国家利益和海洋权益。

中国参与国际维和与国际救援，有保护海外公民生命财产安全、维护国家利益的考虑，同时也是出于国际人道主义精神。中国参与多边框架下的国际维和、国际救援行动，与其他国家相互协作、相互协调，共同应对自然灾害、非传统安全因素等的挑战。通过这一系列的地区和国际多边行动，缓和了中国与其他国家、特别是周边国家的关系，提高了中国的国际形象，有助于中国更好地融入到地区合作的进程之中。这是近年来中国多边外交发展的一个重要组成部分。

---

① 中国国防部网站国际维和部分：http：//news. mod. gov. cn/action/wh. htm。

二、中国亚太政策的特点与成因

从中国在亚太地区合作中的双边—多边选择及其发展中，我们可以看出这样一些基本特点：

其一，由过去强调双边参与转向强调多边外交，这是中国参与地区合作在政策层面调整发展的大趋势。

其二，虽然多边主义在中国外交中的地位越来越重要，但是双边主义仍是中国对外交往的重要方式。

其三，就参与多边合作来说，中国实现了由“批判者”到“参与者”、再到“建构者”的角色转换。中国对待多边合作的态度，“从过去总是试图改变规则转换到比较灵活对待的姿态，在总体参与中利用其有利面，规避其不利面”，[①] 并且实现了战略上“由利用外部世界到改善外部环境的转换”，[②] 中国开始积极参与国际组织和国际制度的构建。

推动中国外交战略不断演进的主要原因有：

第一，中国实力的增长及其利益的海外辐射。中国综合国力的提升使得中国领导层的心态更加开放，也更有信心参与国际合作。此外，全球化的发展要求中国政府的对外政策必须运作于国际化轨道之上。随着中国企业“走出去”和中国资本的海外扩张，中国国家利益早已超越领土疆界，在全球范围里广泛辐射。只有积极参与多边合作进程，才能维护和促进不断全球化的国家利益，才能更大限度地分享其带来的好处。

第二，经济全球化的发展与自由主义国际规范的逐步建立。第二次世界大战之后，由于殖民体系瓦解，国际政治行为主体不断增多，各国间的联系日益密切，全球性问题凸现，使多边外交已成为一种普遍性、经常性和日益制度化的外交方式。随着全球化的不断深入，多边外交日益受到各国政府的重视，多边外交活动日益活跃。冷战结束以后，全球化的发展使得各国之间的联系更为紧密，同时也带来了许多全球性问题，这要求各国之间必须加强

① 阮宗泽：《中国崛起与东亚国际秩序的转型：共有利益的塑造与拓展》，北京大学出版社，2007 年第 1 版，第 301 页。

② 阮宗泽：《中国崛起与东亚国际秩序的转型：共有利益的塑造与拓展》，北京大学出版社，2007 年第 1 版，第 301 页。

联系与合作。多边主义为跨国公共问题的治理提供了基本思路。因此，多边形式与内容日趋丰富和多样化，并逐渐形成了以联合国为中心、各种区域或次区域组织迅速发展的庞大组织网，依靠国际制度和国际组织开展多边外交已经成为任何国家外交不可拒绝的现实选择。

第三，国内因素影响中国对国际秩序和多边外交的认识。中国多边外交活动的不断扩大，反映出中国对多边外交的认识有一个逐步转变和深入的过程。最初受国内“左”的思潮影响，中国对不少国际组织和国际会议有较为偏激和排斥的看法，这在相当程度上制约了中国多边外交的展开。20 世纪 70 年代末、80 年代初以后，中国解放思想，实行改革开放新国策，大幅调整了自己的对外战略，中国对国际组织和多边国际机制的态度由否定性的批判转为建设性的逐步参与，中国对外政策由以往的仅与特定主要大国建立结盟或准结盟关系，转变为真正的不结盟。这就为中国多边外交的开展奠定了理论基础，并使中国的多边外交有了更广阔的活动空间。

第四，相较单边主义和双边主义，多边主义具有鲜明的特点和独特优势。与单边主义不同，多边主义不是在损害他国利益的前提下对自身国家利益的盲目追求，而是强调维护行为体之间的共同利益以及维护整体利益的责任。与双边主义的针对性和排他性不同，多边主义具有开放性和包容性的显著特征。

首先，多边外交的议程较为确定，讨论和活动具有较大的公开性，参与各方拥有平等的发言权。面对当前全球化趋势的加快、国家对外联系增多、国际规范与机制的强化趋向必然会对国家主权形成巨大冲击的现实，中国应尽可能通过多边外交活动，调整同其他大国间的关系，减弱自身受到的战略压力，利用多边合作机制，缓解由于不可避免的政治、经济和安全等方面某种程度的主权让渡而带来的消极作用。

其次，多边外交是拓展一国外交行动空间的重要手段。参加多边国际制度的一个积极意义是一国在国际关系中的逐渐社会化的过程，学会运用既有规则保护自己，并用规则合法追求更多利益。一个按照国际规范行事的中国，其行为是可信赖的，易被预期的，且是负责任的。这也是大国在国际关系中重要的软实力。中国在实行改革开放、融入国际社会的过程中，虽然一再表明坚持独立自主的和平外交政策，决不搞霸权主义和强权政治。但中国作为一个快速崛起的发展中国家和社会主义大国，难免会引起其他国家特别是周边国家的猜疑和恐惧，各种利益摩擦和所谓的“中国威胁论”正逐渐增强。中国需要在更大范围、更有影响力的外交领域进行协商和对话，化解分歧，增信释疑。多边外交领域“由于其更广泛的活动空间和更多参与的行为体，因此可以成为一个更有利于中国向国际社会进一步阐明自己的对外方针和处理国际关系原则立场的领域。”① 通过开展多边外交，明确在国际体系中的自我定位，强化全球意识，有助于进一步树立起中国作为一个建设性和负责任大国的形象。

此外，“中国参与多边国际制度以后，国际规范被越来越多地用来（无论是主动还是被动）规定国内政治议程。”② 国际规范的国内化有利于形成倒逼机制，促进中国国内改革进程的推进，解决当前中国在政治制度、经济结构等方面存在的一系列问题。

与此同时，对中国来说，双边主义仍然具有重要作用。中国外交以双边主义为基本传统，这是中国历史经验的总结，也与新中国建国至20世纪90年代特定的国际形势分不开。“总体而言，双边外交一直是中国外交战略的主导模式”,③ 近年来，随着中国全面参与国际社会，多边外交才逐步引起中国的重视，并开始将双边主义与多边主义相结合视为重要的外交实践模式。其中，问题领域的不同直接影响着中国对外政策的战略选择。在经济、文化、社会等敏感度较低的领域上，中国往往选择多边模式，而在军事、领土等敏感度较高的问题上，中国则倾向于双边方式解决问题，特别是面临争端和冲突时，其双边主义的倾向更加明显。这一点在南海争端上得到体现。中国一直坚持南海问题通过双边谈判的方式解决，反对将南海问题多边化、国际化。对于菲律宾将南海争端提交国际法庭仲裁，以及国际法庭要求中国对菲提出的起诉做出抗辩，中国政府一再重申自身不接受、不参与的立场不会改变。

然而，多边主义往往是低效的，国际制度常常软弱无力，国际规范往往也得不到遵守。即便如此，“多边外交具有的普遍性是双边外交无法达到的，但没有一个国家会以多边外交取代双边外交，中国也不例外，中国无论选择

① 郑启荣、孙洁琬：“论世纪之交的中国多边外交”，《当代中国史研究》，2001年第6期，第59页。

② 苏长和：“发现新中国外交：多边国际制度与中国外交新思维”，《世界经济与政治》，2005年第4期，第16页。

③ 门洪华：“中国外交哲学的演变”，《教学与研究》，2005年第4期，第52页。

双边外交还是多边外交都应与中国既定的总体外交战略保持一致。”① 因此，中国要秉持独立自主和平外交理念，强调双边主义与多边主义相结合，并继续保持双边外交的重要地位，一切以国家战略利益的维护与拓展为基础。多边外交与双边外交不是彼此对立、互不相容的，而是互补的和相辅相成的政策手段。

三、日本对外战略的发展历程

明治维新之后，日本逐渐“开眼看世界”，开始学习西方并积极融入国际社会，在对外交往过程中，日本也逐渐形成了自身的对外战略。日本对外战略的形成与演化，一方面是受国内因素的影响，另一方面则与国际环境的变化密切相关。其中，美国因素和美日关系对日本对外战略的影响尤为显著。简单来说，大致可以将明治维新以来日本的对外战略演变划分为三个阶段：

（一）明治初年至第二次世界大战战败：日本推行依靠武力征服的扩张性对外战略

“黑船来航”等一系列事件的冲击使得日本精英意识到自身与外部世界的差距，西方世界的坚船利炮与先进科技无疑给幕府统治下古老、保守、封闭的日本社会带来了巨大刺激，而向强者看齐和学习是日本民族的重要特点。在这种背景下，开始了由武士阶层所领导的明治维新运动。

这一时期日本对外交往的主要内容是面向西方，学习西方的科学技术、政治制度、社会文化等以改造自身。明治时期的领导人提出“富国强兵”口号，作为治国的优先目标，并且仿效欧美，改革传统经济体系，建立新税制、西式教育体系。此外，明治政府还十分重视公共工程和制度的建设，包括开拓商业港口，建设灯塔，发展海上运输。19 世纪 60 年代开始铺设电报线路，并于 1871 年效仿英国设立邮政系统。19 世纪 80 年代中期，模仿欧洲设立中央银行，发行纸币，统一全国的货币。加快铁路建设，鼓励私人投资基础设施建设。颁布明治宪法，召开民选国会，赋予公民一定的自由权利。

日本此时积极开放，学习西方更多的是基于时势的需要，即所谓“师夷

① 刘昌明、庞春恩：“从双边主义到多边主义：中国与东亚关系的新模式”，《山东大学学报（哲学社会科学版）》，2007 年第 5 期，第 112 页。

长技以制夷”，与此同时，“西方固然是日本仿效的对象，但亦是潜在敌人。此种敌对不只是来自外国之海陆军事力量，亦来自民主思想。”① 明治领导人认为国会可能导致国家分裂，而群众的过度政治参与亦会对政权构成挑战或造成大规模叛乱。此外，西方社会风俗和文化的渗透也引起了日本领导层的高度警惕，这种忧虑最常见于颠覆性的男女关系之中，西方强调的男女平等、婚恋自由等价值观念对于当时保守的日本社会来说无论如何都是难以接受的。从明治维新至第二次世界大战战败这一时期日本的对外关系，大致可以分为两个方面：日本与亚洲（特别是东亚）国家的关系；日本与西方国家的关系。

1. 日本与亚洲国家关系：恃强凌弱，以邻为壑

此阶段日本的亚洲政策包括两个方面：一方面日本提出“泛亚细亚主义”，呼吁亚洲各国团结一致，共同抵御弱肉强食的欧洲帝国主义，另一方面又自负优越于亚洲其他国家，自视为亚洲各国盟主，有责任领导亚洲各国走向现代化。日本的亚洲政策突出体现于1874年在台湾发动的一次小规模军事行动，即所谓“牡丹社”事件。日本以琉球国宫古岛民被台湾原住民杀害为借口入侵台湾，其目的一是为安抚日本朝野内主张武力入侵朝鲜的势力，二是仿效欧美白人的做法，准备在台湾建立殖民地，开化岛内原住民。虽然此次武力入侵最终收效甚微，但在日本外交史上却有标志性的意义，“明治领导人不单开近代日本炮舰外交之先河，同时亦首次提出日本外交的责任，就是要把文明传播到亚洲各地。”②

明治维新的一系列改革措施促进了日本的发展。在19世纪60年代到90年代的短短30年里，日本已崛起为亚洲经济的火车头，被称为“亚洲工厂”。与此同时，日本的军力也迅速增强。资本的扩张和日本的封建特性结合在一起，使得日本在崛起后迅速走上了对外侵略扩张的道路。这一时期，日本逐渐形成了所谓的“大陆政策”，即计划吞并朝鲜，征服中国，进而称霸东亚乃至世界，以实现“开拓万里之波涛，布国威于四方”的目标。此后，日本于1879年武力吞并琉球，策动朝鲜“甲申政变”。1894年，日本发动了旨在侵略中国的甲午战争（日本称为“日清战争”），标志着日本完成了由被压迫国

① 安德鲁·戈登：《日本的起起落落：从德川幕府到现代》，李朝津译，广西师范大学出版社，2008年第1版，第89页。

② 安德鲁·戈登：《日本的起起落落：从德川幕府到现代》，李朝津译，广西师范大学出版社，2008年第1版，第91页。

家向压迫国家的转变，同时也标志着日本崛起为东亚国际体系中的重要力量。

甲午战争的胜利使得日本的侵略野心愈发膨胀，日本将自己定位为“东洋之盟主”，并且大规模扩军，大幅提高军力。20 世纪初，日本侵占朝鲜。20 世纪 30 年代，通过发动九一八事变与七七事变，日本侵占中国东北、肢解华北、发动全面侵华战争。1942 年东条英机提出建设“大东亚共荣圈”的构想，在此指导下，日本挑起太平洋战争，入侵东南亚与西太平洋地区，军国主义侵略扩张思想达到顶峰。

虽然日本国内不同的观点和势力始终存在，但仅从其政策表现来看，日本明治维新以来对亚洲、特别是东亚邻国的基本立场并没有发生变化，即：作为东亚盟主的日本有责任领导、开化其他东亚国家，其他国家理所应当向“先进文明”靠拢、接受日本的领导与开化。从具体方式来看，日本对周边邻国的外交政策经历了一个不断强硬化的过程，直到最终走上了疯狂扩张的军国主义道路。

2. 日本与西方国家关系：地区争霸，强硬对抗

相比之下，日本对待西方国家的态度和方式则是矛盾而复杂的，并且随时间推移不断变化。这一点体现在日本国内政治中海洋派与大陆派的分歧与斗争之上。海洋派起源于明治维新之后的“脱亚入欧”思想，大陆派则起源于大东亚主义思想。海洋派主张与欧美海洋强国结盟，大陆派主张亚洲大陆国家联合起来抵制欧美列强的侵略。

福泽谕吉是日本海洋派的鼻祖。在《脱亚论》中，福泽谕吉提出了日本“脱亚入欧”的思想：“我日本国虽处亚细亚之东隅，但其国民精神已摆脱亚细亚之固陋，而移向西洋文明。然则不幸有邻近之国，一曰支那，一曰朝鲜”，为了实现日本的发展，“与其坐待邻国开明，以共兴亚细亚，无宁应脱其伍，与西洋文明共进退，与支那朝鲜交往之法也不应因邻国稍有顾虑，唯依西洋人与之交往风格处之。”① 但是，随着日本在东亚崛起并试图以侵略扩张的手段建立一个自己主导的东亚地区秩序，势必与早已介入该地区的欧美强国产生矛盾。这种矛盾尤其体现于日本与俄国、日本与美国之间。

19 世纪末，俄国趁中国势力衰微之际，向中国东北和朝鲜半岛扩张自己的势力。这引起了日本的警惕。俄国在《马关条约》签订后联合德法“干涉

① 福泽谕吉：《福泽谕吉全集》第十卷，岩波书店，1961 年版，第 2387 页。

还辽”，使日本以辽东半岛作为新利益线的美梦破灭，在日本引起极大震动。日本著名思想家三宅雪岭以“卧薪尝胆”为题发表文章称“（归还辽东）既有损面子，又丧失一半胜利果实”，“百战百胜反而招致了外来的侮辱”。苏雷德峰也呼吁“在十年后、二十年后乃至百年后也要誓雪这一屈辱”。[①] 当时，日本社会对俄复仇的论调喧嚣一时，日本开始针对俄国进行扩军备战。1903年到1904年，日俄双方就俄国在中国东北驻军问题进行谈判，但始终难以达成和解。1904年2月10日，日本对俄宣战。“日俄战争是日本军国主义北进、俄国帝国主义南侵，双方历时十年激烈争夺中国东北三省、朝鲜的必然结果。”[②] 日俄战争以两国协商签署《朴茨茅斯和约》宣告结束，俄国在东北三省南部的权利转让给日本，日本确立了在“南满”的优势地位。从此，日本的实际“利益线”推进到了中国东北地区南部，其大陆政策也进入了新的阶段。

与此同时，从1898年美西战争开始，美国逐渐崛起为世界性大国，并随着兼并菲律宾而成为东亚国际舞台上的重要角色。美国提出了明确针对东亚的第一个政策声明，即“门户开放”政策，以此构建一个对自己有利的东亚秩序。美国“门户开放”政策与日本独霸东亚的意图势必会相互冲突，美日矛盾也因而产生并逐渐走向冲突和对抗。美日这一时期的矛盾和对抗主要体现在对在华利益和势力范围的争夺之上。1919年，美国发起组织新的国际银行团，意图阻止日本独霸对中国的投资，英美策动遣散和摧垮由日本财阀贷款装备并由日本军官训练的皖系“参战军”。华盛顿会议上，美国提议美英日三国主力舰吨位比例为5∶5∶3，抑制日本海军发展；美国还着力拆散“英日同盟”，并缔结“英美日同盟”取而代之。此外，美国积极与清政府展开谈判，争取在中国确立“门户开放主义”来进一步挤压日本在华优势地位。

“华盛顿体系”的确立给日本大陆政策推行带来的遏制和束缚，日本改变侵略策略，转而着重加强对整个“满蒙”地区的扩张，如支持直系军阀张作霖，攫取东三省路权，掠夺自然资源和租借土地，同时还修建了与南满铁路相衔接的铁路网。日本这种以退为进的对华政策取得了初步成效。田中义一担任首相后不久，便提出“满蒙分离”的政策，维护和扩大日本在满蒙

① 沈予：《日本大陆政策史（1868—1954）》，社会科学文献出版社，2005年第1版，第111页。

② 沈予：《日本大陆政策史（1868—1954）》，社会科学文献出版社，2005年第1版，第131页。

地区的“核心利益”。随后，受到西方世界经济大萧条的影响，日本逐步确定了武力入侵中国的方针，最终发动九一八事变，开启了日本将中国变为其独占殖民地的扩张进程。

在日本 1941 年 12 月袭击美国珍珠港海军基地之前，美国始终避免和日本发生军事冲突，不愿意为捍卫“门户开放”原则及美国在中国和东亚地区的利益而战。[①] 1941 年日本挑起太平洋战争，是美日矛盾不可调和与冲突激化的结果。

（二）第二次世界大战结束至 20 世纪 70 年代：经济优先，贸易立国

第二次世界大战后，美国对日本实施单独占领，日本由战前发达的资本主义国家沦落为一个经济萧条、百废待兴的战败国，国际地位更是一落千丈。为谋求自身发展，1957 年，日本政府提出“经济外交”的口号，把它作为国家的中心战略。为争取美国对日本推行经济外交的支持，日本政府制定了“以联合国为中心，和自由主义各国相协调，作为亚洲一员”的外交三原则。所谓“与自由主义各国相协调”，其实就是与美国相协调。这也是战后日本外交中最为重视的部分。这一时期的日本外交大致可以概括为四个方面：

1. 奉行美国至上的“追随外交”，接受美国的安全庇护

第二次世界大战结束后，世界分裂为社会主义和资本主义两大阵营，并陷入美苏对立的两极格局。在这样的冷战格局下，美国卷入多场战争或危机之中，中美两国关系也发生了从盟友到敌人、再从敌人到朋友的变化，美国为了遏制苏联和共产主义的威胁，在东亚地区构筑了由一系列军事同盟条约所联结起来的军事同盟体系。其中，美日同盟的地位最为重要。美国力图把日本筑成遏制社会主义阵营的桥头堡，维持美日同盟是冷战时期美国东亚政策的基石。日本精英也主动倒向美国一边，战后两度执政的吉田茂政府与美方积极配合，通过缔结《旧金山和约》和《日美安保条约》，确立了以对美协调为基轴的外交方针。在此方针下，日本在安全上仰仗美国的核保护伞，在国际事务上追随美国的对外战略。

随着日本经济的发展与国家实力的增强，美日矛盾也逐渐突显出来，主要表现在经贸摩擦上。针对这些问题，两国修订了日美安保条约，促进美日

① 张小明：《美国与东亚关系导论》，北京大学出版社，2011 年第 1 版，第 82 页。

关系实现“相互对等”，并建立了多种沟通对话机制。如1961年建立了部长级的美日经济贸易协商委员会，以促进美日经济关系的调整。虽然这些措施并未从根本上解决美日之间的经济摩擦，但仍有效维持了两国关系的平稳发展。这一时期，日本也将美日关系和美日同盟作为日本处理对外关系的基础，直到20世纪70年代，日本开始尝试探索“自主外交”的道路。

2. 对东南亚国家实施“赔偿外交”，积极构建经济后院

战后初期，日本外交的主要目标是努力争取和平的国际环境，最大限度地确保国家安全，保障经济发展。为实现这个目标，日本采取了以外交为手段，以美日同盟为基础的“对美一边倒”、对外进行经济外交的政策。其中，对东南亚国家的“赔偿外交”是日本经济外交的重要组成部分。

在美国的扶植下，战后日本经济很快得到了恢复和发展。到1955年，主要经济指标超过1944年的水平，工业生产达到战前的3.2倍。然而，由于日本的出口市场没有相应扩大，造成了生产过剩、原料不足和国际收支恶化。为了扩大出口，确保经济的稳定和发展，日本亟需海外市场和资源。

东南亚是日本的重要商品市场和原料供应基地，同时也是日本发挥国际影响力的重要舞台。为确保复兴后的日本经济有一个稳定的市场，东南亚对日本来说至关重要。当时日本的方针是：用日本的资金技术帮助东南亚国家建设基础设施与发展经济，借此扩大日本在东南亚的市场；加强同这些国家的政治关系，争取东南亚国家的支持，成为亚洲“盟主”。

日本利用“战争赔偿”恢复与东南亚各国的外交关系，并通过赔偿计划提供技术和经济援助，确保稳定的原料基地和出口市场。战后日本对东南亚的赔偿是它在经济上重返东南亚的一块基石，通过“赔偿外交”，日本先后与菲律宾、印尼、缅甸等国签订了赔偿协议和经济合作协定。借助这些协定，日本打入了东南亚市场，并逐步扩大了在东南亚地区的经济网络。1958年，日本对东南亚的出口为6.49亿美元，比1952年增长将近一倍。1962年，日本对东南亚的出口比1956年翻了一番，1966年又比1962年翻了一番。[①]

3. 对西方发达国家奉行“通商外交”，拓展海外市场

与“赔偿外交”相似，日本同西方国家发展“通商外交”的目的是扩大对西方发达国家的出口，同时与这些国家保持密切的政治、经济关系。其主

① 章前明、方柏华：“战后日本的亚洲政策探析”，《当代亚太》，1995年第6期，第23页。

要表现形态如下：

第一，以日美关系为中心确保市场，为扩大出口创造条件。日本以倾销式出口贸易实现了经济增长，充分享受后进国利益，即："战败国的地位和依附于美国的处境，却成为得到美援，确保市场的捷径；后进国的不利起点，反而使日本的保护主义措施在一定时期内未受抵制；仅以经济外交手段为主的不利境况，却使一味追求本国经济利益的作法得到默认。"[①] 日本以其外交努力，最大限度地利用了这些优势。

第二，积极加入各种国际组织，开拓有利的对外经济环境。日本于1952年8月加入国际货币基金组织和世界银行，逐步融入欧美各国主导的"布雷顿森林体系"。1955年9月加入了关贸总协定。在此过程中，日本受到了英、法等国的抵制和不平等待遇。例如，至1962年止，有14个国家对日本采用了不提供最惠国待遇的关贸总协定第35条规定。[②] 日本政府把消除这种"歧视"作为外交重点，对有关各国展开了积极的公关活动，并于1964年4月加入了经济合作与发展组织。

第三，努力减少经济摩擦所带来的不利影响，同时避免损害与西方各国的关系。随着日本经济的腾飞，从60年代末起，日本与欧美各国之间的经济摩擦愈演愈烈。美国要求日本降低关税，消除非关税壁垒，扩大进口，开放国内市场。日本政府为减少经济摩擦对国内经济的冲击，并保持与西方各国的关系进行了不懈的外交努力。

4. 积极推动以联合国为中心的"国际组织外交"，改善国家形象

1956年12月18日，联合国大会通过了日本加入联合国的提案，日本外相重光葵在联合国的第一次演讲中表明日本将成为沟通东西方关系的桥梁，其后日本也采取了与联合国进行合作的立场并提出了"联合国中心主义"的政策。但在东西方严重对立的冷战状态下，日本的联合国外交也只能在重视与美国协调的基本外交框架内来实施。在旧金山和约签订之前，日本就已加入了部分联合国专门机构，在联合国下属机构及专业机构中，日本也展开了积极的活动。除了联合国及其附属国际组织之外，日本还加入了其他许多国际组织，如国际货币基金组织、世界银行、关税与贸易总协定（世界贸易

---

① 金熙德："战后日本经济外交的作用及其演变"，《日本学刊》，1995年第4期，第92－93页。

② 金熙德："战后日本经济外交的作用及其演变"，《日本学刊》，1995年第4期，第92－93页。

组织前身）、西方七国首脑会议（G7）等，通过多边外交合作开拓国际空间，提升自身的国际地位。

总体而言，在战后的日本外交中，经济外交起到了举足轻重的作用。20世纪五六十年代，经济外交发挥了开拓海外市场的功能。70年代，经济外交成为“经济安保”的有力手段。随着实力的增长，70年代起日本开始探索更加自主、更加全面的外交方式。这一切都是为日本谋求大国地位的战略目标所服务的。

（三）20世纪80年代以后：摆脱战后安排，谋求政治大国地位，成为正常国家

进入80年代，日本已不满足于经济大国地位，明确提出了迈向“政治大国”的战略目标，强烈要求在国际舞台上发挥“与其经济实力相适应的政治作用”，自此，日本外交目标更加明确，紧紧围绕走向“政治大国”这一中心展开活动，外交由低姿态转为高姿态，活动范围进一步扩大。它一方面主动配合美国全球战略，企图借重美国力量提高其国际地位；另一方面重点经营亚太，力争在地区事务中发挥主导作用，进而成为世界性政治大国。

1. 日本提出谋求“政治大国”的战略目标

1982年11月，中曾根康弘成为日本首相。上台伊始，中曾根就试图对日本政治和外交进行重大战略调整。1983年1月，中曾根提出“战后政治总决算”的口号，即要对战后以来日本的国内政策和外交政策进行总结，力图改变日本国民的政治意识，去掉战败国的阴影，确立日本在国际社会与其经济实力相称的政治大国地位。由于历史原因，日本此举动引起了周边国家的关注和疑虑，认为这是日本军国主义复兴的征兆。面对这种情况，日本逐渐改变“政治大国”的说法，更多地选择使用“国际国家”或“为国际社会做贡献”等措辞，但其谋求在国际政治中发挥更大影响的实质内容并未发生变化。

“政治大国”或“国际国家”概念缺少具体衡量标准，更大程度上是日本上层领导和精英的一种政治意向。有学者认为，日本所宣称的“政治大国”包括如下的内容和含义：（1）日本要在国际舞台上扮演举足轻重的角色，“起美苏所起不到的作用”，维护的是西方主宰下的国际和平与世界自由贸易体制；（2）对外施加影响的主要手段是以经济实力为后盾的外交活动，逐步增强防御力量；（3）其基点是继续做“西方一员”和美国盟友，而不是在世界

政治与军事领域中争做与美苏鼎立的一极；（4）发挥作用的范围是全球性的，但施展抱负的重点是亚洲、太平洋地区。①

2. 日本对美国的协调外交

为了实现“政治大国”或者“国际国家”的目标，中曾根政府不但积极主动配合美国的全球战略，为维护以美国为首的西方世界的利益而发挥自己作为“西方一员”的责任，而且改变了战后日本一直实行的“重经济、轻武装”的政策。1985 年，日本政府通过了逐步增加军事力量特别是海空力量的新防务计划，决心要获得保卫距其海岸线1 000英里以内海上运输线的能力；1987 年又提出新的防务开支，其防卫开支突破了在三木武夫内阁时所限定的不超过国民生产总值 1% 的限额。此外，为了改变日本国民长期以来的战败国心理，恢复民族自信，中曾根在 1985 年 8 月 15 日以首相身份正式参拜了靖国神社。随着日本国力的增强和国际地位的提高，20 世纪 90 年代日本国内的新民族主义思潮开始萌芽，战后日本社会一直存在的否认或美化过去侵略历史的思潮重新泛起，因此出现了 20 世纪 80 年代历史教科书修订事件，以及 80 年代末出现了《日本可以说“不”》等一系列极端民族主义的声音。

随着日本经济大国地位的确立以及美国在西方世界地位的相对衰落，美日关系也越来越趋向平等。20 世纪 70 年代以来，经济摩擦一直是日美关系发展中最显著的问题。虽然在经济上美日之间竞争激烈、互不相让，但在安全和政治方面，日本领导人和上层精英普遍认为，日本的安全离不开美日同盟，日本谋求政治大国地位的意图更离不开美国的支持。与此同时，“冷战后东亚国际体系的变迁并没有导致美国对东亚战略发生根本性变化，美国东亚战略的目标依然是主要通过双边同盟关系（其中美日同盟为美国东亚战略的基石），维持自己在东亚地区国际舞台上的主导地位，并且继续努力塑造和影响东亚地区国际秩序。”② 也就是说，冷战后美国对东亚的战略虽然有所调整，但是保持了相当大的延续性。因此，冷战之后日美同盟的调整和强化是基于双方的需求，符合美日两国的共同利益。

这一时期，日本对美关系的调整体现在：在东西方对立的国际格局之下，日本在外交上主动与美国协调，积极配合美国的全球战略，并在同美国的合

① 刘江永：“论日本对外战略的发展”，《日本问题》，1986 年第 1 期，第 6 页。
② 张小明：《美国与东亚关系导论》，北京大学出版社，2011 年第 1 版，第 189－190 页。

作中提高自己的政治地位和增加日本在国际社会的发言权，如在苏联入侵阿富汗之后，日本同美国等西方国家一道对苏联实施经济制裁；冷战结束，进入20世纪90年代以后，日本又主动积极地谋求同美国建立更加平等的全球伙伴关系，甚至重新确认和强化两国同盟体制，将对美协调外交推向了更高的层次。当前，东亚国家实力对比处于转型阶段，中日矛盾激化。在这种情况下，日本更加积极地向美国靠拢，美日同盟在军事方面的合作也得到空前强化。

一直以来，日本都非常重视东亚的重要意义，并将该地区视为日本走向世界、成为世界性大国的重要平台。随着美日关系的深化，日本逐步将其视野扩展到整个亚太地区，这一方面是为了深化美日之间的同盟关系；另一方面则是为了顾及美国的利益，将美国纳入东亚经济发展的快车道中，并从中谋求经济红利。日本的亚太政策与其对外战略紧密相连，是日本对外战略的重要构成部分，并为日本的对外战略目标服务。

四、战后日本亚太政策演变：东亚与太平洋取向间的权衡

日本的亚太合作构想成形于20世纪60年代，经历了福田主义、“环太平洋构想”、宫泽主义、桥本主义等一系列的发展和演变。亚太政策是为国家的总体战略服务的。第二次世界大战以来，日本的对外战略目标经历了由成为正常国家到谋求全球性大国地位的转变。日本的亚太政策也依循而变，由最初倡导以和平和对等的方式合作交流逐步演化为谋求建立日本主导的亚太地区合作机制。

（一）20世纪60年代：日本亚太政策的萌芽

第二次世界大战结束至20世纪60年代，日本处于经济复苏和重振阶段，这一时期日本接受了美国的全球领导与地区安排。直到60年代，日本开始探讨亚太地区的经济合作问题。1963年，小岛清教授提出由日、美、澳、加、新（西兰）五国建立“太平洋自由贸易区”的建议。这一建议刺激了亚太地区内对区域合作问题的讨论。在此背景下，1967年5月由澳大利亚、新西兰、美国、加拿大和日本五国企业家发起，在日本创立了太平洋盆地经济理事会（PBEC）。该理事会的宗旨是开放市场，减少贸易与投资壁垒、扩大贸易与投资，鼓励共同利益基础上的区域经济合作，就影响亚太地区经济发展的主要

问题为政府提出建议和意见，并与世界贸易组织等国际组织合作，解决亚太地区乃至全球经济发展的问题，以加强太平洋盆地的经济关系，促进该地区经济和社会的进步。该组织虽然最初成员都来自亚太地区的发达国家，但后来该地区包括中国在内的大量发展中国家参加其中。

（二）20 世纪 60 年代后期至冷战结束：寻求东亚主导地位

1977 年 8 月 7 日，日本首相福田赳夫出访东南亚时提出福田主义。福田主义是战后日本第一次阐明对东南亚外交政策，其核心三原则为：日本绝不会成为军事强国，并且会努力促进东南亚的和平与繁荣；日本将会同各国政府在互信基础上建立关系；日本将与东盟在平等伙伴关系基础上进行合作以强化地区团结。福田赳夫的历史性演说第一次正式阐明了日本积极主动的东亚外交政策，标志着日本开始寻求在东亚合作和危机应对中扮演领导角色。

1979 年，日本首相大平正芳提出了“环太平洋构想”。1980 年，日本正式公布了《环太平洋合作构想最后报告》。在此构想的基础上，召开了第一次太平洋经济合作会议（PECC）。1978 年中国决定实施改革开放政策。1978 年之后，日本的亚太经济合作设想便开始将中国包括在内。日本互利性的地区战略促进了中日关系的发展。

当时，日本的地区战略目标是通过扩大海外投资实现地区产业的垂直分工布局（即所谓的“雁行模式”），以确立自己在亚洲经济中的领导地位。其基本路径是通过向亚洲国家转移低端产业，推动发展中国家的“工业化”进程。一是要缓和南北矛盾，确保能源资源的稳定供应；二是为剩余资金和设备寻找出路，并通过对外投资扩大自己在亚太地区的经济影响力；三是通过扩大亚太区域市场，缓和日益尖锐的日美经济矛盾；四是为日本知识密集型产业的产品提供广阔的市场，使日本得以保持科技的领先地位，确保经济上的优势。[①] 1985 年“广场协议”之后，随着日元大幅度升值，日本的这一海外扩张进程大大加快，中国也由此迎来日本对华投资的高潮。

（三）冷战结束以来：“亲美入亚”的战略选择

冷战结束标志着国际秩序的重大变化，两极对峙格局瓦解使得日本重新

---

① 时永明：“东亚区域合作与中日关系”，《和平与发展》，2012 年第 4 期，第 19 页。

审视和调整自身的对外政策。总体看来，这一时期日本的亚太政策可以归纳为“亲美入亚”。日本政策的调整既是为了顺应国际环境的变化，又是其追求大国地位的必然要求。

这一时期，日本亚太政策的一个重要方面就是“入亚”或“归亚”，主要体现在三个方面：在地区身份上，日本不再提自己作为西方一员的身份，而是积极与东盟发展政治关系，试图在东亚发挥政治作用；在外交布局上，将冷战时期的联华抗苏调整为拉拢东盟防范中国；在地区合作上，积极争夺地区合作的主导权，企图充当亚洲的盟主。1993 年 1 月，宫泽喜一首相访问东盟，提出了宫泽主义，主张日本要在该地区通过建立安全对话机制来发挥政治作用。1997 年 1 月，日本首相桥本龙太郎访问东南亚 5 国时又提出了桥本主义，提出建立日本与东盟双边定期首脑对话制度，并要在非传统安全问题上与东盟在全球范围内展开合作。同时，日本还开始构想自己作为亚洲外交中心的蓝图，主要包括两个方面：一是构筑亚太政策规划机构；二是提出联合国亚太总部的构想。①

1997 年亚洲金融危机爆发促使人们意识到东亚经济有必要进行更深层次的合作，同时也迫使日本加入东亚地区合作的发展潮流。1997 年 12 月 15 日，首次东盟与中日韩领导人非正式会议在马来西亚举行，“10 +3”“10 +1”地区合作机制初步成形。金融危机促使日本对东亚的政策从双边主义向地区主义转型。此时，日本在东亚地区建设上积极谋求主导权，甚至开始违背美国的意愿。1997 年日本提出建立亚洲版国际货币基金组织，但在美国的反对下，此设想不了了之。

2002 年，“10 +3”领导人会议通过了东亚研究小组提出的建立“东亚共同体”的报告，日本对此表示大力支持。2005 年 10 月，日本政府发表《关于东亚共同体建设的我国的看法》，明确阐明了日本关于东亚共同体的基本理念，即“开放的地区主义”、“以促进功能性的合作为中心”及“尊重一般价值、遵守全球规则”。2009 年 9 月，日本民主党上台执政，首相鸠山由纪夫在与中、韩领导人会晤时重提东亚共同体的概念，并得到中韩两国的积极回应。

鸠山力推东亚共同体体现了中国崛起背景之下日本政治精英对东亚地区

① 甘峰：“‘亲美入亚’与冷战后日本亚太战略选择”，《浙江大学学报（人文社会科学版）》，2001 年第 4 期，第 153 页。

合作的新探索。从福田康夫到安倍晋三，这样的探索一直在进行当中，而以鸠山为代表的“东亚共同体”和以安倍为代表的追随美国的亚太政策正处于这一探索光谱的两端。其目的都是为了搭上东亚地区经济发展的“快车”，谋求地区合作中的主导地位。不过，鸠山提倡的“东亚共同体”只是一个初步的、模糊的概念，关于其内涵和范围都存在诸多争议:[①] 东亚共同体的成员范围和“10 +3”是否相同？是否澳大利亚、新西兰、印度等亚太国家也包括在内？东亚共同体与 20 世纪 90 年代初马来西亚总理马哈蒂尔提出的“东亚经济集团”设想有何实质区别？这些问题都没有得到明确的阐释。有学者在对“东亚共同体”进行初步研究后得出结论，在所有国家中，日本是最大的受益方。[②]“东亚共同体”概念的提出某种程度上将美国排除在东亚地区合作之外，自然引起美国的不满与反对，随着 2010 年 6 月鸠山由纪夫辞职下台，“东亚共同体”概念也随之降温。

日本重返亚洲的一系列举动并不意味着其国际政治立场发生根本变化，而是适应国际环境变化的需要而做出的调整。“冷战后的日本虽然认为东方与西方、南方与北方的界限已不像冷战时期那么泾渭分明，但它最关心的国际问题却依然未变，这就是谋求在全球层次与美欧共同主宰世界、在地区层次增大对国际事务的发言权、在双边层次加强与美国的同盟。其威胁观即使在冷战后也没有发生根本性变化。冷战后的日本仍视俄中朝为其潜在对手。不同的是，它在冷战时期联合欧美和亚洲的非社会主义国家主要与苏联对峙，在冷战后时期，则企图逐步把俄中朝纳入西方国家主导的国际秩序。”[③] 冷战结束后，日本追随美国的基本外交方针并未发生根本性变化，并且通过日美安全保障的重新定义和倡导建立“日美自由贸易协定”进一步强化了与美国的同盟关系。

在地区合作问题上，日本的关注点还是放在亚太地区。如桥本主义主张进行多领域的文化合作，培养亚太地区的“共同体意识”。与此同时，日本在东亚地区合作中极力主张“开放地区主义”。主要体现在：

---

① Motoshige Itoh, “Thinking about an East Asian Community,” NIRA Report Strengthening Regional Cooperation in East Asia, 2010, available at: http: //www. nira. or. jp/pdf/1001_ 1english_ report. pdf.

② Yang Lijun and Lim Chee Kia, “Hatoyama's East Asian Community and Sino – Japanese Relations,” East Asian Policy, available at: http: //www. eai. nus. edu. sg/Vol2No1_ YangLijun&LimCheeKia. pdf.

③ 刘世龙：“战后日本的亚太战略选择”，《日本学刊》，2000 年第 3 期，第 20 页。

其一，极力推动“10+6”模式，希望东亚共同体不仅包括东盟和中日韩等核心成员，还应该吸收澳、新和印度参加。日本此举无非是试图通过拉入区外重要国家，以稀释中国地区影响力的不断提升。在“10+6”模式的基础上，美、俄两大国最终也跻身东亚峰会机制，形成“10+8”模式。“10+8”模式的形成事实上极大弱化了东亚峰会的东亚色彩。

其二，强调美国不能缺席东亚共同体建设进程。“日本要实现的东亚共同体必须设想为美国介入东亚以及进一步发展日美关系的共同体”，“从经济上看，东亚经济依赖于美国市场，东亚的稳定没有美军的存在是不能考虑的。如果将美国同其他区域外国家一样对待，东亚共同体本身就不能成立”。[①] 一个日本主导的开放的“东亚共同体”既可以缓解美国对日本经营东亚共同体的不满，又能扩大日本在共同体中的影响力。

进入新世纪，日本逐渐走向保守与固步自封。长达20余年的经济低迷极大消耗了日本国民的信心，削弱了日本的国际影响力。与此相反，中国经济增长的势头不断增强，国际影响力迅速提高，与周边国家关系快速发展。在这种大背景下，日本的亚太政策逐渐带有了更多对抗中国的色彩。

（四）当前的日本亚太政策：追随美国的泛太平洋合作

2012年底，安倍晋三再度当选为内阁首相。安倍第二任期的亚太政策主要包括三个方面：

第一，坚持紧跟美国的追随外交。针对安倍上任时日美之间存在的诸如日本加入TPP、美军普天间基地的转移、核能发电站的重启等问题，安倍政府选择了追随美国或暂时搁置的政策，以确保美日关系与美日同盟不会受到影响。虽然遭到自民党派背后的重要支持团体农协与日本医师会的强烈反对，安倍仍于2014年3月宣布加入美国倡导的TPP谈判。对于普天间军事基地转移问题，安倍政府极力倡导修改宪法中有关集体自卫权的规定，推动修订《日美防务合作指针》，意图通过增加日本的军费支出与美国结为同盟军，派遣自卫队执行海外任务。[②] 日本各地的核电站多处地震断层带上，因此自福岛

---

① 【日】西口清胜：“东亚共同体的构筑与日本的战略”，《南洋资料译丛》，2006年第6期，第3页。

② 新华网：“日美着手修订防卫合作指针，日本铁心谋求集体自卫权”。http：//news. xinhuanet. com/world/2013 -01/19/c_ 124252035. htm。新华网：“安倍强调在修改日美防卫合作指针之前‘修宪’”。http：// news. xinhuanet. com/world/2014 -05/29/c_ 126563553. htm。

核电站事故以来，日本国内废弃核电站的论调一直高涨。然而，由于是美国公司设计并管理日本的核能发电，以及出于牵制中国核武器威胁的考虑，美国希望日本维持核能发电。对此，虽然国内民众反对声音强烈，但日本政府与部分学者对重启核电站持积极态度，并且谋划制订新的能源计划。①

第二，谋求建立遏制中国的“自由海洋之弧”。安倍政府制定的新外交方针是“自由海洋之弧”，即以美军为后盾，联合韩国、菲律宾、越南、澳大利亚、泰国、缅甸、印度，可能的话还包括俄罗斯，构建一个新的“中国包围圈”。为了构建这样一个包围中国的弧，安倍政府极力推动日本与印度、东盟、澳大利亚、韩国、俄罗斯等国家的关系发展。

安倍将印度列为“自由海洋之弧”的另一“中心”。安倍就任首相之后两日，即与印度总理辛格进行了电话会谈。2014 年初，安倍晋三对印度进行了为期三天的访问，期间日本许诺提供 2 000 亿日元的低息贷款用于印度的基础设施建设和能源开发。安倍的目的显而易见，即：通过“金元政治”拉拢印度抗衡中国。除了经济援助外，日本还加强与印度在政治安全领域的合作。日印之间海上联合军演已经实现机制化，合作的主要领域包括海上通道维护、海事救援、打击海盗等非传统安全领域。这表明“随着西太平洋海权争端的不断升温，东京试图通过引入新德里的方式进一步平抑中国日益强大的海军力量和海上活动能力。”②

同时，日本还拉拢澳大利亚和东南亚诸国以加强合作，在东盟诸国当中尤其重视与日本一样同中国存在海洋权益之争的菲律宾及越南，以及与日本有传统友谊的印度尼西亚及泰国，还包括逐步走向开放和民主的缅甸。2012 年 1 月，作为在野党议员的安倍历时 4 天访问了缅甸，计划改善对缅外交。重掌首相大权之后，随即便派遣心腹大臣麻生副首相兼财务大臣访问缅甸。麻生副首相与吴登盛总统举行了首脑会谈，转交了安倍的亲笔信，日本方面还表示放弃大约 3 000 亿日元（约合 210 亿元人民币）的延期债务，并且时隔 26 年重新对缅甸提供 500 亿日元（约合 35 亿元人民币）的贷款。

第三，冀图推行“政经分离”的对华政策。对于将“理念”（摆脱战后

---

① Shoichi，Itoh：“东北亚能源安全：美日联盟的关键时刻（上）”，《世界新能源简讯》，2014 年第 2 期。环球网：“安倍对重启核电站态度积极，将制定新能源计划”。http：//world. huanqiu. com/exclusive/2014 -02/4817908. html。

② 李因才：“日印关系由谁掌舵?”，《世界知识》，2013 年第 12 期，第 49 页。

体制）与“安保”摆在第一位的安倍来说，日本对中政策的最佳选择是采取“政经分离”策略。安倍参拜靖国神社某种程度上是为试探北京与首尔容忍的底线和落实“政经分离”政策的可能性。日本政客经常放话“靖国”和“领土”问题不是日中或日韩之间唯一或唯二的问题，则是为推行“政经分离”政策制造舆论空间。回顾安倍上台以来的政策，不难发现东京试图奉行的“政经分离”原则，不仅体现在与历史观密不可分的参拜靖国神社问题上，也公然流露于其外交与安保政策上。安倍政府推行中日“政经分离”的政策不仅被中国政府明确表示“不欢迎”，而且也遭到了来自国内的质疑，有人担心安倍鹰派言行可能影响日本的经济与外交而使日本陷入“亚洲孤儿”的境地。除了某些媒体之外，还包括与中韩有密切经贸交流的日本企业界。不少企业界人士对安倍放弃较早时宣称的“经济最优先政策”表示失望。一名财界研究机构的研究人员表示：“安倍经济学”的战略就是要充分利用日元贬值的优点，达到产品大量出口的目的。然而，如果对最大贸易国中国的出口停滞不前的话，必然影响日本国内的生产和就业状况，也将远离首相一再强调的“摆脱经济紧缩困境”的目标。①

五、中日亚太政策特征比较

（一）日本的起步早、起点高与中国的起步晚、发展快

受意识形态差异和冷战格局等因素影响，中国长期被排斥在国际和地区的合作进程之外。改革开放以后，中国逐渐认识到国际多边合作的重要性。直到20世纪90年代中期以后，中国才真正参与到东亚地区合作的发展进程当中。相对于中国，第二次世界大战后的日本放弃了“拘泥于亚洲主义”的亚洲观，选择了追随西方，融入到以欧美为中心的世界市场。1964年高坂正尧发表的“海洋国家日本的构想”一文正是日本对外开放，融入世界观点的典型代表。因此，相对于中国，日本参与亚太地区合作具有“起步早”、“起点高”的特点。以亚洲开发银行为例，亚行于1966年创立，其成员包括自亚洲

① 卓南生：“安倍参拜‘军神’后看日本的舆论诱导与外交”。联合早报网：http：//www.zaobao.com/forum/expert/zhuo-nan-sheng/story20140120-301532。

和太平洋地区的48个国家，也有来自欧洲和北美洲的19个域外成员。同世界银行和国际货币基金组织一样，各成员在亚行中的投票权是根据出资比例决定的。截至2011年底，日本和美国的出资比例都为15.65%，中国则仅为6.46%。亚行长期为美国和日本所主导，亚行历届9任行长皆由日本人充任。

中国参与国际亚太合作的进程起步晚，但发展迅速。作为迅速崛起的新兴经济体，中国在各项国际机制中的影响力逐步提升。2008年2月，北京大学教授林毅夫被提名为世界银行首席经济学家兼高级副行长，成为该机构首个来自发展中国家担任此要职的经济学家。2011年，拉加德当选国际货币基金组织总裁一职之后，提名前中国人民银行副行长朱民出任了国际货币基金组织副总裁，朱民成为第一位进入国际货币基金组织高层的中国人。2010年12月15日，国际货币基金组织关于基金份额和治理的改革中，各国的份额比重显著调整，中国所占份额升至6.19%，成为国际货币基金组织第三大成员，仅次于美国和日本，这些都折射出中国在国际金融体系中的地位上升。此外，中国在亚太地区合作机制的构建过程中也发挥着重要的作用。从“10+3”、“10+1”等东亚一体化机制到区域全面经济伙伴关系，到APEC框架下的亚太自由贸易区倡议，中国地区合作政策涵盖的范围逐渐从东亚扩展到整个亚太，合作层次也在不断提升。

（二）日本在东亚与太平洋之间的平衡与中国的多元化战略

纵观日本亚太政策的发展历程，可以看出其强烈的阶段性特征。不同时期具有不同的特点和倾向，但总体上可以将其归结为一点，即在东亚和太平洋之间的平衡反复。这种反复性很大程度上是受美国和美日同盟因素的影响。日本原驻美国的三井物产华盛顿事务所所长寺岛实郎对“亚洲太平洋”作了如下阐述：“亚洲太平洋”这一概念作为日本的理念：其一，亚太地区中的“太平洋”这一提法，可以加强美国与亚洲的联系，如果排斥美国的话，它将阻碍亚洲的发展；其二，通过与美国的合作，把强大的中国纳入国际社会；其三，对日本来说，中南美和大洋洲并不是“太平洋”的添加物，在能源和粮食方面，它将逐步成为不可缺少的构成者。[①] 可见，日本亚太政策的制定首先考虑的就是美国因素。与此同时，东亚特别是中国的崛起使得日本对“亚太”这一概念格外重视。

日本亚太政策的倾向同时还受到日美实力差距的影响。纵观战后历史，在日本实力强大、美日实力差距缩小的时期，日本亚太政策的中心往往更加倾向于东亚地区，且更加强调自主性和独立性，如20世纪80年代时日本强调追求政治大国的地位和自身在东亚“雁阵”中的主导作用。在日美实力差距较大的时期，日本亚太政策的重心则更多向太平洋地区倾斜，通过借助美国的力量来实现在东亚地区秩序当中的主导地位。

相比日本在东亚和太平洋地区之间的平衡反复，中国的地区合作战略选择更加多元化。随着中国的崛起，中国的国际地位稳步提升，在国际社会中的影响力也在不断增强。2009年金融危机向世界传达出一个明确的信息：世界的发展离不开中国。因此，中国一方面谋求现有国际组织和机制中发挥更大的作用，一方面在欧美主导的现有国际制度之外构筑新的合作机制。金砖国家组织的构建就是中国这方面劳力的集中体现。中国在金砖国家组织当中发挥了重要的推动作用：金砖国家开发银行的总部设立在中国上海，在规模为1 000亿美元的金砖国家应急储备安排中，中国承诺出资410亿美元并获得39.95%的投票权。

（三）日本的双重亚洲观与中国转型中的国家定位

日本亚太政策在东亚和太平洋之间平衡反复的特点体现了日本的双重亚洲观，或者是说日本对自身定位的双重性和矛盾性。日本这种双重亚洲观的典型代表即福泽谕吉“脱亚论”与樽井藤吉的“大东合邦论”。福泽谕吉强调日本应该“脱亚入欧”，脱离亚洲行伍“而与西洋文明共进退”。樽井藤吉则认为“亚洲的各民族应该团结起来，结成以日本为盟主的联盟”，这体现了日本另外一种亚洲观，即“统一东洋”、“对抗西洋”，进而独霸远东地区。日本双重的亚洲观体现了日本近代化中难以克服的两重性：其一，日本人在担心

① 【日】寺岛实郎：“成熟太平洋国家日本的构想”，《中央公论》，1996年第3期，第20－38页。转引自甘峰：“‘亲美入亚’与冷战后日本亚太战略选择”，《浙江大学学报（人文社会科学版）》，2001年第4期，第148页。

自己也许要成为西方列强的殖民地的忧虑中开放了国门，同时又作为西方列强的模仿者和追随者去求得生存；其二，日本作为亚洲近代化的先驱者与西方帝国主义对峙，这种先驱的作用意识与前者的殖民地忧虑交错，结果导致与西方的敌对以及对亚洲的失望。① 这种两重性至今仍然影响着日本社会与国民，并成为日本对外政策制定中重要的影响因素。

中国在国际社会中曾经一度将自己看作发展中国家的代表，并以此作为中国对外政策制定的重要依据。然而，随着中国的迅速崛起，中国的国际形象和自身的国际定位也不断调整变化。一方面，作为世界第二大经济体和迅速发展的新兴市场国家，很多人已不再将中国视为落后的发展中国家，甚至设想不久以后的国际社会将由“中美共治”。另一方面，从人均标准来看，中国仍是一个不折不扣的发展中国家，国内尖锐的矛盾和复杂的社会问题也阻碍了中国在国际社会中发挥更大的作用。随着自身硬实力的增长，中国在与国际社会交往的过程中需要寻求一种新的身份、地位和姿态。这必须经历一个学习过程甚至学习曲线。因此，当前中国外交还在经历一些战略调整，以使自身适应如何在世界政治上以大国的身份行事。这也是当前中国亚太政策零碎、模糊、缺乏长远规划和主动性的重要原因。

六、小结

中国多边外交政策真正的兴起与发展是在中国改革开放之后。经济实力的增长以及与全球经济的联系日益紧密促使中国开始尝试参与到地区合作的进程当中。1997 年亚洲金融危机的爆发使中国领导人认识到东亚经济合作的重要性，中国的地区合作政策也经历了由不介入到积极推动的发展变化。“10 +1”“10 +3”是这一时期中国在地区合作方面所做出的积极尝试。进入 21 世纪，中国迅速崛起，经济总量“超日赶美”，一跃成为世界第二大经济体。中国对地区多边合作的态度也更加积极，除了推动原有机制深化发展，中国还积极参与到地区经济、政治、安全一体化机制的构建之中，中国也逐渐由一个“地区大国”发展成为“全球大国”。

① 甘峰：“‘亲美入亚’与冷战后日本亚太战略选择”，《浙江大学学报（人文社会科学版）》，2001 年第 4 期，第 148 页。

日本的亚太合作构想成形于20世纪60年代，经历了福田主义、“环太平洋构想”、宫泽主义、桥本主义、“东亚共同体”等一系列发展和演变。日本的亚太政策是为国家战略服务的。第二次世界大战以来，日本的对外战略目标经历了复兴经济、重建国家到谋求“正常化”与政治大国地位的转变，日本的亚太政策也依循而变，由最初倡导以和平和对等的方式合作交流逐步演化为谋求建立日本主导的亚太地区合作机制。受美国和美日同盟因素的影响，日本的亚太政策始终在东亚地区合作和泛太平洋合作之间寻找平衡。随着中日实力对比的逆转以及中日关系的恶化，日本的亚太政策带有了越来越多与中国针锋相对的色彩，特别是当前安倍政府选择了与美国一道针对与遏制中国。总体上看，日本的亚太政策起步早、起点高，而中国起步晚、发展快；日本的亚太政策在东亚与太平洋之间平衡，而中国的战略选择则更为多元化；日本的亚太政策反映了其“双重亚洲观”，中国亚太政策的转变则反映了其自身定位由“发展中的地区大国”向“发达的全球大国”的转型。

中日关系恶化影响着两国的亚太政策，这体现在以下几个方面：

其一，中日关系变化促使日本亚太政策转向太平洋地区，通过加强与美国的军事同盟关系保障自身的安全，通过拉近与东南亚、澳新、拉美、太平洋岛国等的关系来孤立和遏制中国，通过加入TPP谈判来抗衡中国在亚太地区合作中越来越大的影响力。

其二，中日关系变化使得两国亚太政策中相互对抗的成分增加。日本宣布加入TPP谈判，进一步密切同美国在贸易、能源、投资、环境等方面和合作关系，而对中日韩自贸区等采取不积极的态度。中国则青睐于RCEP框架下的地区整合，重视与中国台湾、韩国等的FTA建设，积极推动亚洲基础设施投资银行、金砖银行等新机制的构建，以部分抵消美日联合带来的压力。

其三，中日关系变化增加了双方亚太政策实施的政治经济成本。中日竞争加剧带来的一个后果是周边国家“左右下注”，通过实施“大国平衡”策略谋求利益最大化，并以此作为与中日两国进行谈判的筹码。这样的态势无疑增加了两国的亚太政策成本，政策效果也因相互抵消而大打折扣。

第5章
经济禀赋与中日经济关系趋向

在中日关系发生深刻变化的情况下，两国经济关系将因此不可避免地受到冲击和影响。建交以来，中日经济关系发展迅速，互为最重要的经贸伙伴，经济相互依赖的程度甚高，在全球产业链之中已经高度关联，不可分割。中国经济发展任重道远，正处于转型升级的关键期。为了摆脱经济长期滞胀的困境，日本也在努力推动经济复苏，竭力寻求经济增长的活力和动力。因此，维持并力图稳定两国经济关系符合中日整体发展利益。然而，经济关系本质上离不开相应的政治外交关系基础。设若政治外交关系恶化到某种程度，经济博弈抑或经济对抗（经济战）可能是中日关系中难以排除的政策选项。着眼未来，政经适度分离是中日关系转型期的特殊政策安排，也是阻止两国关系持续下滑的重要保障。潜在的经济对抗是亟待认真筹划的政策手段，然而，当前中国尚不具备与日本经济脱钩的经济实力。基于总体国家战略考虑，必须慎重对待这一政策手段。从经济禀赋和发展趋向看，中日经济关系的主动权将逐渐向中国倾斜。

一、中日经济禀赋总体比较：动态演进与长期趋势

战后以来，在不同的历史时空，中日经济经历了各自高速发展的阶段，是创造东亚经济奇迹的两支关键力量。两国经济禀赋既有显著的差异性，也有不容否认的共性。在当今世界经济版图上，两国经济的比较优势和劣势较为明显。这一方面推动着两国经济关系的发展，制约着两国关系的恶化；另一方面，这也是两国在全球范围内进行潜在经济博弈或对抗的基本背景和前提条件。

（一）中日宏观经济规模与发展趋势

第二次世界大战结束以来的近70年中，中日两国总体经济实力对比发生了巨大变化。1952年，中国名义GDP约为日本的两倍。20世纪60年代，日本逐渐超越中国，且发展差距越拉越大。20世纪60至80年代末，日本经济经历了持续高速增长的30年。到20世纪90年代初期，中国GDP总量仅相当于日本的八分之一。经济赶超日本源于中国改革开放政策的实施。随着新政的逐步深入，中国经济实现了持续的强劲发展。进入新世纪以来，在发达经济体增长放缓甚至停滞的背景下，中国是全球经济增长的发动机和最大亮点。据统计，21世纪头10年，中国年均实际GDP增长率高达10.49%，分别比美国（1.68%）和日本（0.77%）高出8.8个百分点和9.7个百分点。[①] 2010年，中国GDP总量超过日本，随着近年来日元贬值及日本国内经济发展的停滞，中日GDP绝对值的差距逐渐拉大。2013年，中国GDP总量已近两倍于日本。

GDP反映了一个国家的经济规模，而人均GDP则更能反映国家的经济和社会发展水平。就这一指标而言，战后日本的人均GDP始终高于中国。20世纪90年代初期，日本的人均GDP水平是中国的80倍。近些年，随着中国经济的迅速发展以及日本经济的停滞不前，中日之间的差距逐渐缩小。根据国际货币基金组织的统计，2013年，日本的人均GDP（38 491美元）为中国人均GDP（6 747美元）的5.7倍。在日元深幅贬值的背景下，这一差距有进一步缩小的趋势。从自身发展来看，新中国建立60余年来，人均GDP翻了100倍，目前正朝着中等发达国家的水平迈进。当前，日本的GDP水平是20世纪50年代时的20倍。20世纪80年代日本就迈入了发达国家的行列，甚至一度超过美国，成为世界上人均GDP最高的国家（参见图5－1）。

经济快速增长的同时，中国的贸易和投资规模亦在迅速扩大。2004年中国的贸易规模业已超过日本，2009年超过德国成为第二大贸易国，2010年贸易规模已达日本的2倍多。[②] 2013年中国贸易总额首次突破4万亿美元，

---

① 竺彩华："东亚经济合作何去何从？——从中美日经济实力消长谈起"，《外交评论》，2012年第1期，第86页。

② 竺彩华："东亚经济合作何去何从？——从中美日经济实力消长谈起"，《外交评论》，2012年第1期，第86页。

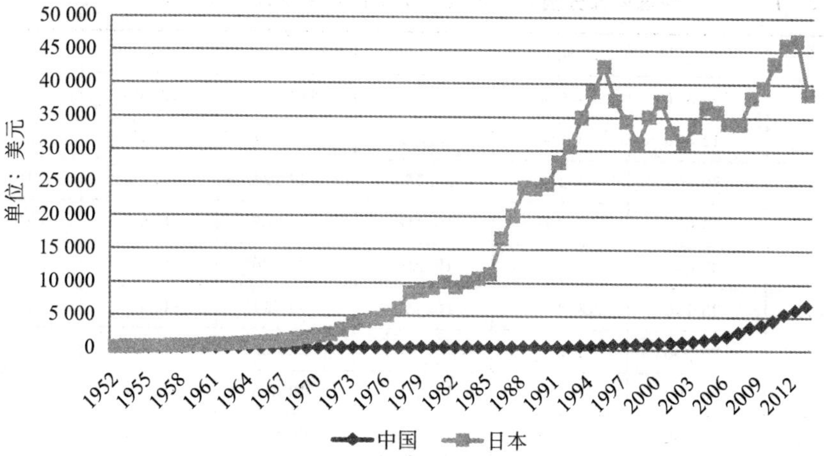

图 5－1　中日人均 GDP 对比变化图（1952—2013 年）

数据来源：根据中国国家统计局、日本总务省统计局、国际货币基金组织“世界经济展望”数据库统计数据制作。

超越美国成为全球第一贸易大国。[①] 即便有各国海关统计口径不同造成的误差因素，不争的事实依旧是，中国已成为周边大多数国家的最大贸易伙伴。以双边进出口贸易总额为衡量标准，2013 年，中国已成为日本、韩国、中国香港、中国台湾、泰国、印尼、马来西亚、新加坡等东亚重要经济体的第一大贸易伙伴，也是巴西、印度、俄罗斯、南非等地区性大国的第一大贸易伙伴。在全球经济不景气的背景下，中国与多数贸易伙伴的进出口贸易额依然呈同比上升趋势。根据日本海关统计，2013 年，日本的进出口贸易总额为 151.05 万亿日元（约合 1.5 万亿美元），仅为中国贸易规模的三分之一左右。在货币量化宽松政策的刺激下，日本出口贸易额有较大幅度增长。然而，这一趋势的持续性仍然取决于“安倍经济学”能否从根本上改变日本经济长期停滞的困局。从地区层面来看，日本东亚地区贸易“盟主”的地位逐渐被中国取代。在其经营已久的东南亚地区，中国逐步取代日本成为东盟第一大贸易伙伴，同时还是印度尼西亚、马来西亚、泰国、新加坡等国的首要贸易对象（参见表 5－1）。

① 中华人民共和国商务部网站：“2013 年中国贸易额超过美国全球居首”。http：//www.mofcom.gov.cn/article/i/jyjl/m/201401/20140100458668.shtml。

表 5-1　中国同部分国家（地区）进出口贸易统计（2013 年）　单位：百万美元

国家/地区	出口金额	同比	占比	进口金额	同比	占比
中国香港	258 351	4.6%	41.5%	320 799	12.8%	59.9%
中国台湾	42 457	3.9%	15.8%	77 007	1.3%	26.8%
日本	180 762	-4.1%	21.7%	129 124	-10.4%	18.1%
韩国	83 053	2.8%	16.1%	145 869	8.6%	26.1%
泰国	37 613	0.7%	15.2%	26 826	0.4%	11.9%
马来西亚	33 740	13.4%	16.4%	30 711	-6.5%	13.5%
印度尼西亚	29 850	1.6%	16.0%	22 601	4.4%	12.4%
新加坡	43 692	11.4%	11.7%	48 365	10.0%	11.8%
澳大利亚	45 452	-1.3%	19.5%	90 991	20.5%	36.0%
新西兰	6 770	8.3%	17.1%	8 185	47.1%	20.7%
巴西	37 302	8.9%	15.6%	46 026	11.6%	19.0%
南非	15 977	9.5%	15.9%	11 323	11.8%	13.6%
印度	51 388	-1.9%	11.0%	14 557	-2.3%	4.7%
俄罗斯	51 690	1.3%	18.0%	16 642	-30.8%	5.7%

数据来源：根据中国商务部“国别贸易报告”统计数据制作，参见 http://countryreport.mofcom.gov.cn/。

在国际投资方面，中国自 2009 年就成为仅次于美国的第二大 FDI 流入国。2012 年，中国吸引外国直接投资额达 1 210.8 亿美元（参见表 5-2）。中国现阶段的发展仍然离不开外部投资的支撑。外资广泛分布于中国诸多重要经济领域，是中国经济发展的重要动力。随着经济改革的深入，在兼顾经济增长的同时，重视提高经济增长质量与效益是当前中国政界和学界的普遍共识。未来，在扩大引进外资规模的同时，中国将更加注重投资结构的优化与投资质量的提升。

中国的对外直接投资尽管起步较晚，但发展迅速。2006 年，中国取代日本成为世界第一大外汇储备国，根据国家外汇管理局最新统计数据，当前中国的外汇储备已接近 4 万亿美元，[①] 占世界外储总量的 1/3。拥有如此巨大的外汇储备，中国海外投资额的增长是必然趋势（参见图 5-2）。2013 年，中

① 根据国家外汇管理局统计数据，2014 年 1 至 6 月中国外汇储备规模分别为 38 666.41、39 137.39、39 480.97、39 787.95、39 838.9、39 932.13 亿美元。见国家外汇管理局网站：http://www.safe.gov.cn/。

国海外投资额达到902亿美元，中国海外投资主要集中在美国、澳大利亚、加拿大、巴西、印度尼西亚、英国等国，投资的主要领域有能源、交通等基础设施、金属、房地产等（参见图5-3）。在投资主体方面，国企的份额正逐渐减少，而私营企业在国家“走出去”政策的鼓励下，也在积极寻找海外投资机会。

表5-2　中日投资实力比较（2000—2012年）　单位：百万美元

年份	吸引FDI		对外FDI	
	中国	日本	中国	日本
2000	40 714.81	8 322.74	915.777	31 556.63
2001	46 877.59	6 242.95	6 885.40	38 333.24
2002	52 742.86	9 240.12	2 518.41	32 280.60
2003	53 504.7	6 324.34	2 854.65	28 799.39
2004	60 630	7 815.66	5 497.99	30 949.32
2005	72 406	2 775.41	12 261.17	45 781.09
2006	72 715	-6 506.50	21 160	50 264.40
2007	83 521	22 549.55	26 510	73 548.24
2008	108 312	24 425.55	55 910	128 018.85
2009	95 000	11 938.64	56 530	74 699.08
2010	114 734	-1 250.86	68 811	56 263.45
2011	123 985	-1 755.49	74 654	107 600.84
2012	121 080	1 730.78	84 220	122 550.93

数据来源：根据UNCTAD数据库统计数据制作。

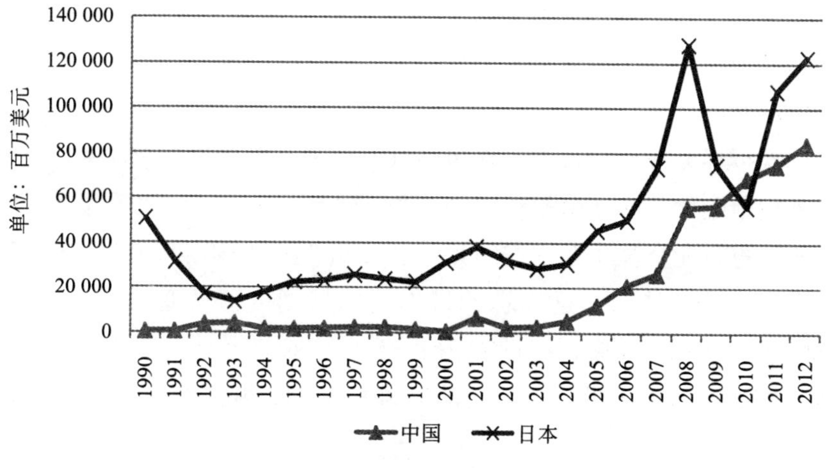

图5-2　中日对外直接投资趋势变化图（1990—2012年）

数据来源：根据UNCTAD数据库统计数据制作。

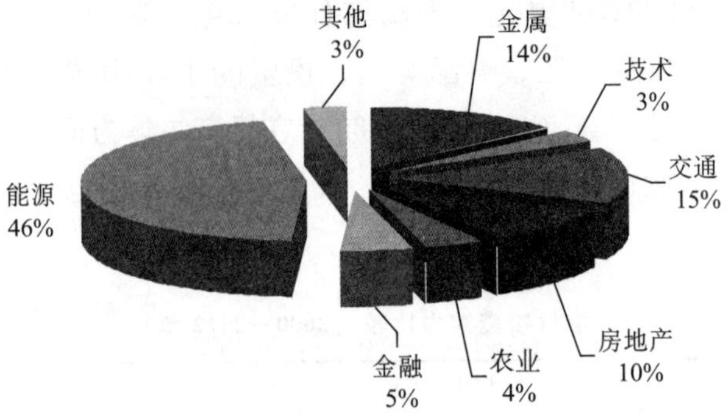

图 5-3　中国对外投资主要领域及其所占比重分布图

数据来源：the American Enterprise Institute and the Heritage Foundation，"The China Global Investment Tracker". Available at：http：//www. heritage. org/research/projects/china - global - investment - tracker - interactive - map.

较之中国，日本的对外投资起步早、规模大。2012 年，日本对外直接投资总额达 1 225. 5 亿美元，为仅次于美国的世界第二大对外投资国。2013 年，日本海外直接投资同比增长达 35%。截至 2013 年末，日本海外直接投资存量为 117. 73 万亿日元，同比增加 27. 91 万亿日元，增长 31%，首次超过 100 万亿日元大关。[①] 日本在全球已经形成了成熟的对外投资网络，特别是在东南亚、拉美等地区。日本的投资无论从规模、结构、质量上来说较中国都更胜一筹。因此，短期来看，日本在对外投资方面较中国仍具一定优势，但从两国外汇储备规模和长期发展来看，中国的对外投资规模超越日本是必然趋势（参见图 5-2）。

第二次世界大战后，日本对外援助（"政府开发援助"，ODA）的发展发端于对外战争赔偿。除战争赔款以外，"带有促进商品出口性质的有偿经济援助即政府优惠日元贷款也在这一时期逐步展开"。[②] 1958 年，日本与印度签署了第一批日元贷款协议，这标志着日本开始从受援国转变为援助国。随后，日本不断扩大 ODA 规模，援助对象也开始超越亚太地区，走向全球范围。1989 年，日本一跃成为世界上最大的对外援助国，并连续十几年保持这一显

① 中华人民共和国商务部网站："日本海外直接投资存量首次突破 100 万亿日元"。http：//www. mofcom. gov. cn/article/i/jyjl/j/201406/20140600613059. shtml。

② 王平："日本 ODA 政策的形成、演变及前瞻"，《日本学刊》，2008 年第 3 期，第 42 页。

赫地位。新世纪以来，日本ODA逐渐由“开发援助”向“战略援助”转型，ODA亦成为其谋求政治大国地位的重要筹码。

进入21世纪后，日本国内经济的停滞开始对其ODA政策产生消极影响，日本ODA预算开始逐年减少。2006年，日本以111.9亿美元的ODA总额成为次于美、英的第三位，并被法国、德国等欧洲国家紧紧追赶，ODA总额比2005年减少14.9%。[①] 2009年以来，日本ODA又有所增加（参见图5-4）。2012年，日本ODA与日本国际协力银行投融资金额共计5.73万亿日元，创历史最高值。[②] 这一时期，日本ODA的战略目的性更加突出，即为了牵制中国影响力的扩大，谋求自身在东亚地区合作中的主导地位。2008年，日本终止向中国提供日元贷款，把援助重点锁定在那些对日本“具有战略价值的发展中国家”，如印度、蒙古、越南、菲律宾、缅甸等中国周边或与中国存在领土争端的国家（参见图5-5）。此外，日本还重视对非洲国家的援助（参见图5-6），力图平衡中国在非洲日益强大的影响力，缩小两国在非洲竞争中的差距。

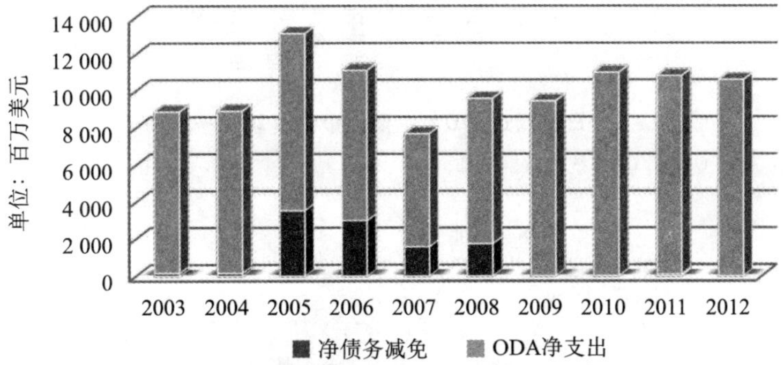

图5-4　日本对外援助发展（2003—2012年）

数据来源：根据OECD/DAC统计数据制作

① 王平：“日本ODA政策的形成、演变及前瞻”，《日本学刊》，2008年第3期，第45页。

② 中华人民共和国商务部网站：“日本2012年对外援助创历史最高”。http://www.mofcom.gov.cn/article/i/jyjl/j/201307/20130700180799.shtml。

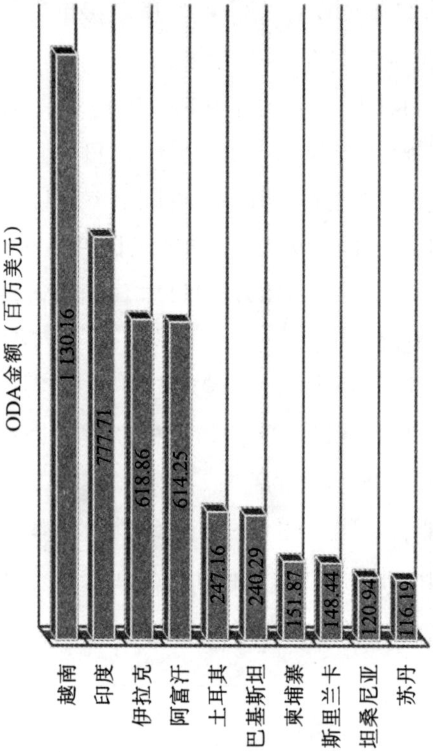

图 5-5　日本双边 ODA 主要受援国（2008—2013 年）

数据来源：根据 OEDC/DAC 统计数据制作。

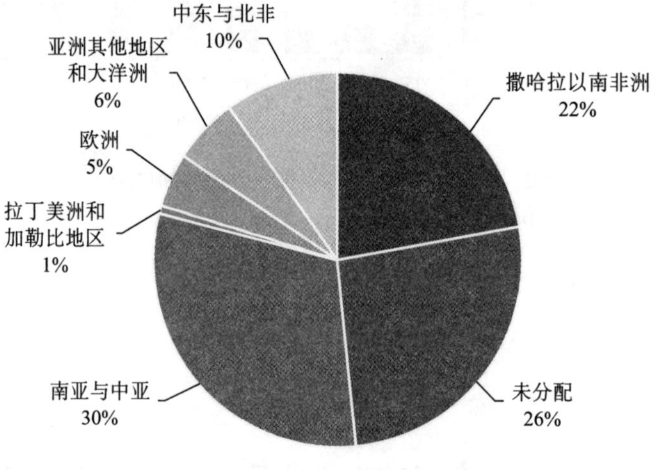

图 5-6　日本对外 ODA 主要援助地区分布（2008—2012 年）

数据来源：根据 OECD/DAC 统计数据制作。

受经济发展水平限制，中国长期以来都是外援接受国，日本则是中国最大的援助国。近年来，随着经济的发展和综合国力的提升，中国开始向其他国家提供力所能及的经济援助，在南南合作框架下支持和帮助发展中国家特别是最不发达国家减少贫困、改善民生。成套项目建设和物资援助是中国对外援助的主要方式，亚洲和非洲是中国对外援助的主要地区（参见图 5 –7，图 5 –8）。中国对外资金援助包括无偿援助、无息贷款和优惠贷款三种方式。

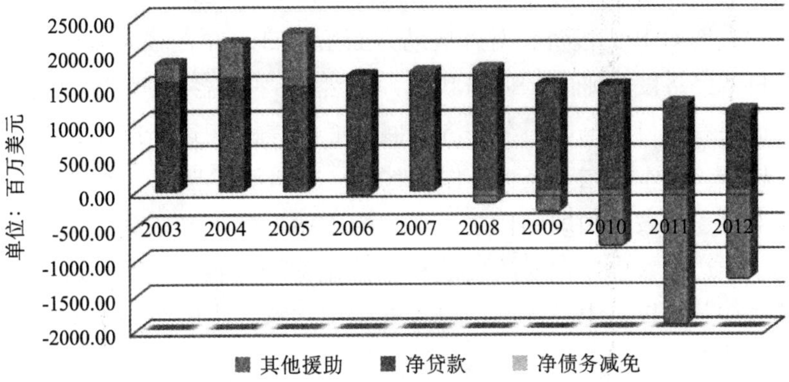

图 5 –7　中国对外援助发展（2003—2012 年）

数据来源：根据 OECD/DAC 统计数据制作。

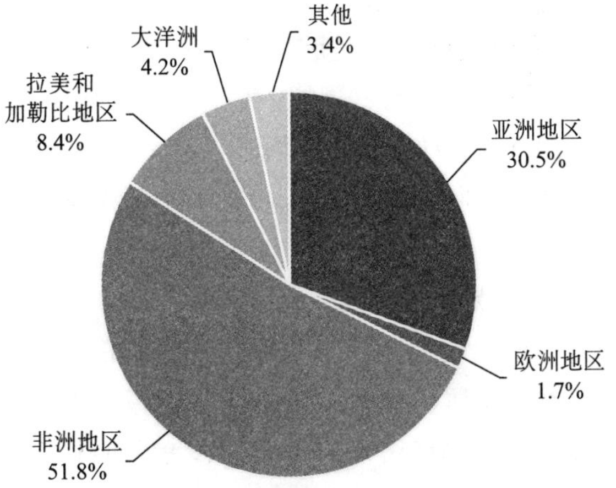

图5 –8　中国对外援助资金地区分布（2010—2012 年）

数据来源：《中国的对外援助（2014）》白皮书。

无论从对外援助的历史还是绝对规模来看，中国都难与日本相提并论。作为发展中国家，当前，中国的对外援助仍然只是量力而为的举动，还难以成为制度化、规范化、常规化的国家行为。随着中国的不断崛起，外援对于中国树立负责任大国的形象、发展与受援国家双边关系的重要性也日益凸显。相较美日等国，中国的对外援助不附带任何政治条件，不干涉受援国内政，充分尊重受援国自主选择发展道路和模式的权利，为众多受援国家认可与欢迎。

通过对比中日两国 GDP、贸易、投资和对外援助的发展情况，可以看出，当前中国在宏观经济规模方面正全面超越日本。中国 GDP 总量和进出口贸易额远超日本，人均 GDP、投资和对外援助方面虽与日本存在较大差距，但发展势头迅猛。日本经济发展则陷于停滞状态，虽然在"安倍经济学"刺激下有所回温，但长远来看，日本与中国在经济发展方面的差距正逐渐缩小，在某些方面已为中国超越。日本在东亚经济合作中曾经一度扮演"盟主"和"领头雁"的角色，目前也逐渐被中国取而代之。中国的迅猛发展带动了周边国家的经济增长，推动了周边国家出口贸易的发展和基础设施的完善。东亚经济秩序正经历着结构性的变革，权力中心逐渐由日本向中国转移，中国全面超越日本已成必然趋势。

（二）中日两国经济禀赋比较

要素禀赋是一国经济发展的基础条件。日本、韩国、新加坡、中国台湾、中国香港等经济体的快速发展，正是因为它们奉行了基于比较优势的发展战略，在自身经济发展的不同阶段较好地发挥了要素禀赋所决定的比较优势。[①]对比中日的要素禀赋有利于更好地认识两国在全球经济竞争中的优势与劣势。影响一国经济发展水平的要素禀赋主要包括：自然资源、劳动力、科技、资本等。

1. 自然资源：大小之别

总体而言，中国经济发展的自然条件要大大优于日本。中国是自然资源大国，实际利用主要自然资源居世界第二位，自然资源种类齐全，且绝对数量丰富。就各种自然资源满足本国经济发展需要的程度来说，中国是世界上各种自然资源自给程度较高的国家之一。根据第二次全国土地调查结果，2013 年，中

① 林毅夫："要素禀赋比较优势与经济发展"，《中国改革》，1999 年第 8 期，第 14 页。

国耕地面积约为135 385 000公顷，日本为4 537 000公顷，[①] 仅为中国的3.35%。在矿产资源方面，中国矿产资源基础储量巨大（参见表5-3），日本除煤炭、天然气、硫磺等极少量矿产资源外，其他工业生产所需的主要原料、燃料等都依赖海外进口。中国国土广袤，物种繁多，生物资源和气候资源蕴藏丰富，日本则国土狭小，无论从资源的多样性还是总体规模上看，都无法与中国相提并论。

表5-3　　　　中国主要矿产基础储量一览

项目	2012年
石油（万吨）	333 258.33
天然气（亿立方米）	43 789.88
煤炭（亿吨）	2 298.86
铁矿（矿石，亿吨）	194.77
铜矿（铜，万吨）	2 734.41
铅矿（铅，万吨）	1 454.65
铝土矿（矿石，万吨）	90 589.97
金矿（金，吨）	1 866.74
银矿（银，吨）	37 034.42
磷矿（矿石，亿吨）	30.74
钾盐（KCl，万吨）	57 774.78
盐矿（NaCl，亿吨）	2 070.25

数据来源：盛运来主编：《中国统计年鉴2013》，中国统计出版社，2013年第1版，第263页，“7-4主要矿产基础储量”表简化而来。其中，石油和天然气的数据为剩余技术可采储量。

总体而言，中国自然资源条件要大大优于日本，但日本在某些方面亦具有一定的比较优势。日本森林和渔业资源丰富，森林覆盖率占日本陆地面积的69%，是世界上森林覆盖率最高的国家之一。北海道和日本海是世界著名的大渔场，盛产700多种鱼类。日本温度适宜的气候、充足的降水为农业发展

① 日本农林水产省：“第88次农林水产省统计表（平成24~25年）”，http://www.maff.go.jp/j/tokei/kikaku/nenji/88nenji/pdf/n000_036.pdf。

提供了良好的气候条件，在一定程度上弥补了耕地不足的劣势。多山地形虽不便耕作，但带来了丰富的水力资源。福岛核泄漏之前，水电占日本总发电量的 15%，20 世纪 60 年代时这一比例更是高达 50%。[①] 此外，作为岛国，日本拥有众多天然良港。这也是日本发展外贸的良好先天条件。

2. 人力资本：劳动力的规模、结构与素质

中国是世界上人力资源最丰富的国家，人力也是所有经济要素禀赋中最具比较优势的环节。2012 年，中国总人口约为 1 354 040 000 人，其中 0—14 岁人口占16.5%，15—64 岁人口占 74.1%，65 岁以上人口占 9.4%。当前，中国人口规模庞大，人口年龄结构仍然较为年轻化，劳动力资源储备丰富，经济发展仍处在“人口红利”期。相比之下，日本已进入老龄化社会，新生儿数量逐年下降。2010 年，日本总人口约为 128 060 000，0—14 岁人口占 13.1%，14—64 占 63.8%（其中 20—39 岁青壮年劳动力占总人口 25.1%），65 岁以上人口占 13.1%。预计到 2060 年，总人口数将下降到 86 740 000 人，0—14 岁人口占 9.1%，15—64 岁人口占 50.9%（其中 20—39 岁青壮年的比例将下降到 17.4%），65 岁以上人口将达到 39.9%。[②]

劳动力素质是衡量一国人力资本水平的另一重要指标。随着义务教育的推行以及高等教育的发展，中国劳动力受教育的水平也在逐步提升。文盲人口数量大幅下降，文盲率由 1964 年的 33.58% 下降至 2010 年的 4.08%。高等教育发展迅速，每 10 万人中受过高等教育的人口数由 1964 年的 416 人增长至 2010 年的 8 930，翻了 21 倍（参见表 5 -4）。明治维新以来，日本政府十分重视人才的培养和引进，教育投入占 GDP 的比重长期保持在 4.5%—5% 左右，远高于中国（参见表 5 -5、表 5 -6）。日本对基础教育、职业教育、特殊教育、社会教育的重视和投入也是中国难以相比的。当前，日本正逐步推进“终身学习体系（A System of Lifelong Learning）”建设。根据 OECD 发布的《教育一览 2013（Education at a Glance 2013）》报告，日本 24—64 年龄段成人接受高等教育的比率为 46.4%，而中国仅为 18%。由此可见，在劳动力素质方面，日本仍然较具优势。

---

① John Riew, “Japan's Comparative Advantages in Global Market,” p. 4, available at: http: //www. cirje. e. u - tokyo. ac. jp/research/workshops/micro/documents/micro1024. pdf.

② Ministry of Land, Infrastructure, Transport and Tourism, “White Paper on Land, Infrastructure, Transport and Tourism in Japan, 2012,” available at: http: //www. mlit. go. jp/english/white - paper/2012. pdf.

表 5-4　　中国人口普查人口受教育基本情况

指标	1964	1982	1990	2000	2010
每十万人拥有各种教育程度人口（人）					
➢ 大专及以上	416	615	1 422	3 611	8 930
➢ 高中和中专	1 319	6 779	8 039	11 146	14 032
➢ 初中	4 580	17 892	23 344	33 961	38 788
➢ 小学	28 330	35 237	37 057	35 701	26 779
文盲人口及文盲率 *					
➢ 文盲人口（万人）	23 327	22 996	18 003	8 507	5 466
➢ 文盲率（%）	33.58	22.81	15.88	6.72	4.08

数据来源：谢焕忠主编：《中国人口和就业统计年鉴 2013》，中国统计出版社，2013 年第 1 版，第 16 页，“1-8 六次全国人口普查基本情况”表节选而来。

* 1964 年文盲人口为 13 岁以上不识字人口，1982、1990、2000、2010 年文盲为 15 岁及以上不识字或识字很少的人。

表 5-5　　日本教育支出占 GDP 比重　　单位：百万日元

年份	教育公共支出	GDP 总额	教育支出占 GDP 比重（%）
2005	231 230	5 053 494	4.58
2006	224 633	5 091 063	4.41
2007	227 317	5 130 233	4.43
2008	225 102	4 895 201	4.60
2009	234 588	4 738 592	4.95
2010	228 177	4 792 046	4.76

数据来源：日本文部科学省统计数据，参见 http://www.mext.go.jp/english/statistics/index.htm。

表 5-6　　中国教育支出占 GDP 比重　　单位：亿元

年份	国家财政教育支出	GDP 总额	教育支出占 GDP 比重（%）
2005	3 974.83	184 937.4	2.15
2006	4 780.41	216 314.4	2.21
2007	7 122.32	265 810.3	2.68
2008	9 010.21	314 045.4	2.87
2009	10 437.54	340 506.9	3.07
2010	12 550.02	401 202.0	3.13

数据来源：根据《中国统计年鉴》统计数据制作。

3. 科技创新：差距与趋势

在中日经济要素禀赋对比中，知识技术资源一度是中国的短板。1980 年，中国知识技术资源占世界总量比重只有 0.79%，90 年代提高到 1.85%。日本知识技术资源占世界的比重则高达 14.7%。中国的知识创新能力（指科学论文数比重）十分低下，1997 年仅为 1.77%，日本则为 8.56%，是中国的 5 倍。[①] 随着对教育和科技投入的不断加大，近年来中国的科技创新能力不断提升，仅以居民申请专利数量指标来衡量，中国公民 2011 年申请专利 526 412 件，超越美国、日本跃居世界首位。2012 年，中国申请专利的数量为 652 777 件，占全球专利申请数量的 28%。[②]

中国在知识技术方面发展迅速，但相较日本仍有一定的差距。根据联合国知识产权组织发布的《全球创新指数 2014（The Global Innovation Index 2014)》报告，在 2014 年全球创新指数排名中，日本得分为 52.41，全球排名第 21 位。中国得分 46.57，全球排名第 29 位。在科研投入、单位 GDP 能耗、ICT 技术获得与使用等重要指标方面，中国也仍然落后于日本（参见表 5－7)。

表 5－7　　中日科技创新领域部分指标表现对比

项目	中国			日本		
	估值	得分	排名	估值	得分	排名
每百万人中研究人员数量（人）	1 392.75	12.96	50	7 011.39	65.63	10
R&D 投入占 GDP 比重（%）	1.98	45.35	19	3.34	76.64	5
每单位 GDP 的能源消耗（2005 年购买力平价美元/千克石油当量）	3.65	15.63	101	8.88	40.78	24
信息通信技术获得（ICT Access Index 2012）	7.73	43.60	74	4.36	77.30	15
信息通信技术使用（ICT Use Index 2012）	7.51	27.00	64	2.70	75.10	6

数据来源：根据 The Global Innovation Index 2014（WIPO）统计数据制作。

4. 资本：两个重要的资本大国

作为一个发展中国家，在改革开放初期，中国的资本要素一直处于相对

① 胡鞍钢："中日两国各类战略资源与比较优势比较"，《学习时报》，2005 年 9 月 26 日，第 2 版。

② 数据来自 WIPO IP Statistics Data Center：http：//ipstats. wipo. int/ipstatv2/。

稀缺状态。20 世纪 90 年代之后，随着对外开放程度的深化，各级地方政府掀起一股招商引资的热潮。中央政府对大中型国有企业进行了公司制、股份制改革。各种形式的经济特区和开发区建立起来，并且享有优惠的税收和经济政策。政府官员、学者、国企职工这一时期也纷纷转行投身商业（“下海”）。在这样的背景下，大量外资涌入中国，国内资本也不断积累起来。短短数十年内，中国就完成了资本积累，资本要素的稀缺程度也大大下降。从资本规模上看，当前中国已丝毫不逊色于日本，在某些方面甚至实现了超越。在吸引投资方面，中国仍是世界上最具投资吸引力的国家之一，每年吸引外资规模达千亿美元。根据美国科尔尼管理咨询公司发布的 2014 年外国直接投资信心指数（The 2014 A. T. Kearney Foreign Direct Investment Confidence Index）排行，中国居全球第 2 位，日本仅列第 19 位。① 20 世纪 90 年代以来，中国证券市场经历了从无到有、从小到大的发展历程，特别是 21 世纪头 10 年，中国证券市场总值增长了近 10 倍。目前，中国证券市场的规模以及证券化率水平都已与日本不相上下（参见图 5－9）。

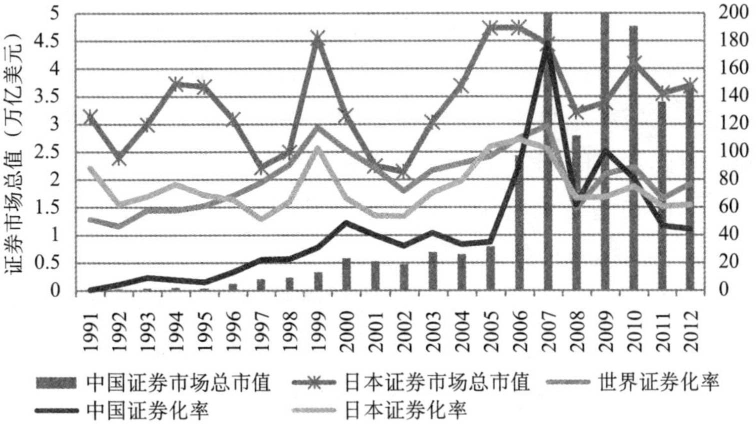

图 5－9　中日股票市场发展对比（1991—2012 年）

数据来源：根据世界银行统计数据制作。

中国在外资储备方面也已超越日本，跃居世界首位。当前，中国外资储

① A. T. Kearney, “The 2014 A. T. Kearney Foreign Direct Investment Confidence Index: Ready for Takeoff,” http: //www. atkearney. com/documents/10192/4572735/Ready + for + Takeoff + – + FDICI + 2014. pdf/e921968a – 5bfe – 4860 – ac51 – 10ec5c396e95.

备规模数倍于日本。因此，资本已不再是中国经济发展的短板，而已成为具有比较优势的生产要素。近年来，中国海外直接投资的力度不断增强，正是基于中国资本实力快速发展的基础之上。

在资本规模上，中国已经实现了对日本的赶超。然而，在资本市场的制度建设、资本运作与科技创新的结合程度、民间资本的活力等方面，中国较日本仍有较大差距。中国当前投资主要来自于政府的财政投入和大型国有企业，资本大量流向房地产、煤炭等资源型行业领域。这一方面阻碍了部分行业（主要是制造业）的技术升级和创新；另一方面，资本过多积聚于房地产等领域容易形成经济泡沫。在此过程中，国有经济的体量进一步膨胀，民营经济则存在弱化的趋向。中国当前所面临的经济形势与日本20世纪90年代时所面临的经济形势有诸多类似之处，如何避免经济泡沫破裂导致停滞发展的悲剧命运？如何更有效地利用和引导国内资本？如何提高本国对外直接投资的收益？面对诸多挑战，日本的经验教训值得中国借鉴。

作为一个成熟经济体，日本在劳动力素质、科技以及资本等生产要素方面有很强的竞争优势。作为一个发展中国家，中国则充分利用其后发优势，大量引进外资、人才与技术，实现了跨越式发展。改革开放三十余年，中国在科技、人才、资本方面已经逼近甚至超越了日本。中国又是一个资源大国、人口大国，在自然资源条件、劳动力数量等方面所具有的先天优势更是日本难以比拟的。因此，在国际市场上，日本相对中国正在逐渐失去其竞争优势。诚然，当前日本在某些技术密集型产业方面仍具较强的比较优势，但中国正逐步缩小与日本在这些方面的差距。

未来十年，中国如果能够抓住发展的战略机遇期，保持国内经济和社会的基本稳定，在经济数量和质量上全面超越日本便是必然之势。美国彼得森国际经济研究所高级研究员 Arvind Subramanian 认为，2030 年，中国在全球经济中的影响力将超过 1870 年的英国，这相当于 1950 年时美国在全球经济中的影响力水平。①

（三）中日主要产业的国际竞争力比较

通过对比中日经济生产的要素禀赋，可从宏观角度考察两国在国际市场

① Arvind Subramanian, "Eclipse: Living in Shadow of China's Economic Dominance," Peterson Institute for International Economics, September 2011, p. 8.

中的各自优势，但是，如果想要全面了解两国的经济关系以及其在全球经济中的位置，还必须深入到微观的产业层面，比较中日两国主要产业的国际竞争力。

1. 农业：[①] 国际竞争力相差悬殊

农业是一国经济和社会发展的基础。千百年来，农业都是中日两国立国根基之所在。近代以来，日本与中国先后走上了工业化道路，农业在国内生产总值中所占的比重被制造业、服务业逐渐超过，然而，农业的稳定发展仍然受到两国政府的格外重视。

中国是世界上最大的农产品生产国和消费国之一，很多初级农产品的产量都排名世界第一，如大米、小麦、棉花、猪肉、家禽、水果和蔬菜等等。[②] 1996 年以来，中国的粮食和主要农产品的供给问题已经基本得到解决。1997 年，中国开始成为农产品的净出口国。中国粮食供给实现了由供给不足到基本平衡的历史性转变（参见图 5-10）。OECD 和联合国粮农组织共同发布的《2013—2022 年农业展望》报告中指出，中国在直接关系到粮食安全目标的主要粮食作物——小麦、水稻和粗粮上已经达到了一个很高的自给水平。自 1995 年以来，除了极少数农产品以外，大部分粮食产品的自给率在 0.95 和 1.05 之间。[③] 然而，保持这些粮食产品的高度自给水平是通过进口与之争地的其他作物和产品实现的。譬如，中国的油料作物需大量依赖进口，中国已经成为世界上最大的油料作物进口国。随着居民生活水平的提高和饮食结构的改变，奶产品、肉类产品的进口量也将进一步增加。

受限于人多地少和多山地形等先天条件限制，日本农业难以形成规模效应，以家庭和村落为单位进行的小规模农户经营是农业生产的主要方式，因此，日本农业生产指数不仅难与中国相比，更远落后于世界平均水平（参见表 5-8）。长期以来，日本的农产品都难以自给自足，严重依赖进口。20 世纪 60 年代以后，日本开始实行出口替代经济战略，为了获得工业产品市场而放任农产品大量进口，导致日本农产品自给率低，粮食安全问题突出。根据

① 此处为狭义的农业概念，不包括林业、牧业、渔业、小型农产品加工业。

② 中国国务院发展研究中心（DRC）、日本贸易振兴机构（JETRO）、韩国国际经济政策研究所（KIEP）：《中日韩自由贸易区可行性联合研究报告》，中华人民共和国商务部，2011 年 12 月，第 8 页。

③ 经济合作与发展组织、联合国粮食及农业组织：《经合组织 - 粮农组织：2013 - 2022 年农业展望》，中国农业科学技术出版社，2013 年第 1 版，第 69 页。

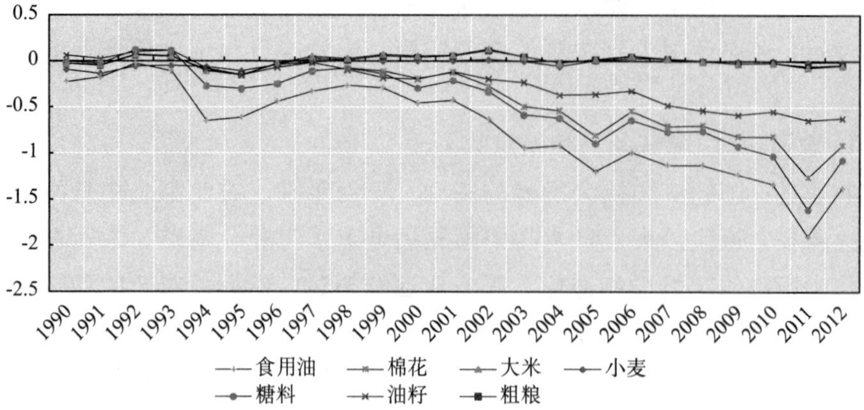

图 5－10 中国主要农作物/产品的自给水平

数据来源：经济合作与发展组织、联合国粮食及农业组织：《经合组织—粮农组织：2013—2022 年农业展望》，中国农业科学技术出版社，2013 年第 1 版，第 70 页。

说明：计算方式为净出口/消费，0 表示完全自给自足，－1 表示国内消费完全由净进口满足。

日本农林水产省发布的《日本的粮食、农业与农村：2012 财年年度报告》，自 20 世纪 90 年代以来，日本的粮食自给率一直保持在 50% 以下，且呈不断下降之势。除了大米自给率仍维持在 95% 以上之外，其他农产品的自给率均有不同程度的下降。以热量供给计算，1990 年的食物自给率分别为水果 58%、大豆 25%、蔬菜 90%、水产品 72%、糖料 32%、小麦 15%、油料/脂肪 16%、畜产品 21%。2011 年，这些种类的自给率进一步下降，水果 33%、大豆 25%、蔬菜 76%、水产品 64%、糖料 26%、小麦 11%、油料/脂肪 3%、畜产品 16%。① 农产品需求高度依赖国外的状况已经引起日本朝野的不安与担忧。

表 5－8　中日农业生产指数统计表

国家	农业			食品		
	2009	2010	2011	2009	2010	2011
世界	109.7	112.3	115.6	110.3	112.8	115.9
中国	115.0	118.3	122.6	115.3	118.9	123.0
日本	96.2	93.5	92.6	96.3	93.7	92.7

数据来源：联合国粮农组织数据库。说明：2004—2006＝100。

① Ministry of Agriculture, Forestry and Fisheries, "FY2012 Annual Report on Food, Agriculture and Rural Areas in Japan (Summary)," 2013, p. 7.

除了粮食安全存在隐患，日本农业发展也面临着国内市场缩小、生产率降低的衰退局面。从1960至2010的50年间，日本农业占国内生产总值的比例由约9%降至1%出头，农林业就业人口占比从30.1%下降至3.7%。日本农业人口老龄化亦相当严重。2012年，日本农业从业人口平均年龄已经高达66.2岁。[①] 为了保护本国农业发展和农民的利益，抵御国外农产品的冲击，日本政府长期实施严格的农产品保护政策。一方面，日本政府对国内农产品给予大量补贴。根据OECD统计，2011年日本“生产者支持估计”[②] 水平高达51.63%，在OECD成员中排名第四位，仅次于挪威、瑞士与韩国（参见表5－9）。另一方面，日本对外国农产品征收高额关税，以保护脆弱的国内农业。2010年，在主要类别的农产品方面，中国的最惠国实施税率为65%，日本则高达640%。[③]

表5－9　OECD部分成员国生产者支持估计对比（2011）

成员国	PSE百分比（%）
澳大利亚	2.98
加拿大	14.20
智利	3.51
欧盟	17.54
冰岛	43.68
以色列	14.03
日本	51.63
韩国	53.26
墨西哥	11.56
新西兰	0.79
挪威	57.69
瑞士	54.43
土耳其	20.16
美国	7.66

数据来源：根据OECD PSE/CSE Database统计数据制作。

① 财新网：“日本农业改革危与机”，http：//international. caixin. com/2014－02－05/100635708. html。

② Producer Support Estimates（PSE，生产者支持估计）是OECD通过计算保护政策带来的收入（包括关税和补助金在内）占农业收入的比例而得出的数据，以衡量政府对农业保护的力度。

③ 中国国务院发展研究中心（DRC）、日本贸易振兴机构（JETRO）、韩国国际经济政策研究所（KIEP）：《中日韩自由贸易区可行性联合研究报告》，中华人民共和国商务部2011年12月，第10页。

中国农业发展受到土地资源、经营规模、农业科技、品质声誉等因素限制，农产品开放面临着严峻挑战。由于自然资源条件限制，日本通过增加生产资料投入提高单位产量，加之政府的过度价格保护政策，导致日本农产品单位成本居高不下。因此，中日两国农产品的国际竞争力都较弱。若两相对比，则中国在生产规模、发展速度方面都要胜于日本，且农产品的对外依赖程度较低。

中国在农业方面的比较优势也体现在双边贸易之中。2001 年至 2011 年，中国从日本进口农产品年均额度为 3.7 亿美元，对日出口年均额度则为 77.1 亿美元。尽管 2006 年日本推行肯定列表制度使中国对日农产品出口一度受阻，但仍然改变不了中国对日本农产品贸易的巨大顺差。2011 年，中国对日农产品贸易顺差更是突破了 100 亿美元（参见图 5－11）。[①]

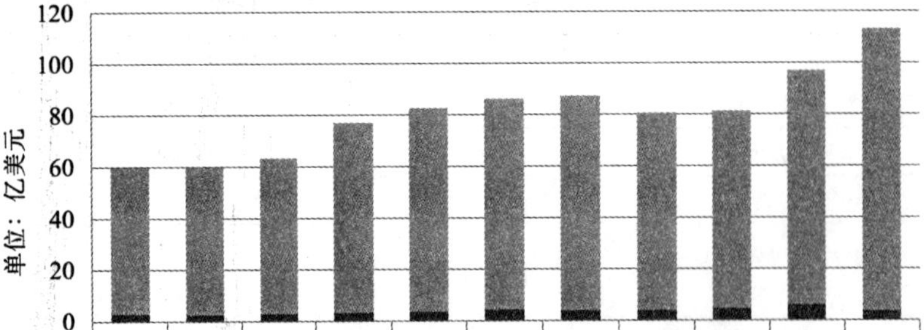

	2001	2002	2003	2004	2005	2006	2007	2008	2009	2010	2011
■出口	57.2	57.2	60.4	73.9	79.3	82.1	83.4	76.7	76.8	91.4	109.9
■进口	2.7	2.5	2.9	3	3.5	4.1	3.9	3.9	4.4	5.9	3.5

图 5－11　中国对日农产品进出口贸易额

数据来源：根据联合国统计司统计数据制作。

2. 制造业：两个制造业大国

制造业是一国生产力水平的直接体现，中日都是制造业大国，制造业在两国经济中发挥着中坚作用。德勤全球制造业组和竞争力委员会（Council on Competitiveness）共同发布的《2013 年全球制造业竞争力指数》报告将中国列为当前以及未来 5 年内全球最具竞争力的制造业大国。2013 年日本制造业

① Fukagawa Yukiko, "Rebuilding Japan's International Competitiveness and Developing Global Human Resources: From the Perspective of Competition with South Korea and China," 2011－2012 JIIA Research Project: Policies Needed to Ensure Japan's International Competitiveness.

竞争力指数位列全球第10位，预计未来5年内，日本的排位将进一步下滑至第12位（参见表5-10）。①

表5-10　2013年全球制造业竞争力指数排名

当前竞争力			未来五年竞争力		
排名	国家/地区	指数评分 10=高 1=低	排名	国家/地区	指数评分 10=高 1=低
1	中国	10.00	1	中国	10.00
2	德国	7.98	2	印度	8.49
3	美国	7.84	3	巴西	7.89
4	印度	7.65	4	德国	7.82
5	韩国	7.59	5	美国	7.69
6	中国台湾	7.57	6	韩国	7.63
7	加拿大	7.24	7	中国台湾	7.18
8	巴西	7.13	8	加拿大	6.99
9	新加坡	6.64	9	新加坡	6.64
10	日本	6.60	10	越南	6.50
11	泰国	6.21	11	印尼	6.49
12	墨西哥	6.17	12	日本	6.46

数据来源：Deloitte Touche Tohmatsu and U. S. Council on Competitiveness.

近年来，中国经济增长速度逐渐放缓（但相对而言，增速仍然很高），但仍是当前最大的制造业国家。相较其他国家，低廉的劳动力和原料成本、对制造业和研发创新的强大政府投资、健全的供应网络是中国制造业发展的重要优势。“十二五”期间，中国政府在基础设施建设、科技创新、人力发展、安全、健康、可持续发展方面的政策举措为制造业发展创造了良好的环境。与此同时，在关键的战略性行业，如生物科技、新能源、高端装备制造、清洁能源汽车等行业的投资也保证了中国在制造业领域保持持续竞争力。然而，随着中产阶级的崛起，中国正逐渐失去劳动力成本低的优势，部分劳动密集型制造业也逐渐向越南、印尼、印度等国家转移。

① Deloitte Touche Tohmatsu and U. S. Council on Competitiveness, “2013 Global Manufacturing Competitiveness Index,” 2012, p. 2. Available at: http://www.deloitte.com/assets/Dcom－UnitedStates/Local%20Assets/Documents/us_pip_GMCI_11292012.pdf.

虽然日本是世界上最大的经济体之一，且拥有强大的研发能力和制造能力，但劳动力与原材料的高成本成为限制其制造业竞争力的主要原因，此外，高公司税率、自然资源短缺、汇率波动、人口老龄化等因素都阻碍了日本制造业竞争力的进一步提升（参见表5-11）。

表5-11　中日制造业主要指标对比

项目	中国	日本	世界平均
制造业GDP年均复合增长率（2005—2010）	11.9%	-0.2%	2.9%
制造业在GDP总额中所占比重（2010）	32.4%	19.4%	18.3%
劳动力成本（美元/时，2011）	2.8	35.4	21.9
制造业出口在出口总额中所占比重（2011）	93.2%	88.0%	59.9%
每百人创造的制造业岗位（2001—2011）	3.1	-3.0	-0.8
最高公司税率（2012）	25.0%	38.0%	26.2%
每百万人中研发人员数量（INSEAD 2012）	1 071	7 039	2 980.0

数据来源：Deloitte Touche Tohmatsu and U. S. Council on Competitiveness, "2013 Global Manufacturing Competitiveness Index," 2012, p. 49. Available at: http: //www. deloitte. com/assets/Dcom - UnitedStates/Local% 20Assets/Documents/us_ pip_ GMCI_ 11292012. pdf.

长期以来，东亚地区发展呈现典型的垂直分工模式，即由日本进行设计并提供样品和核心零部件，然后由东亚其他国家进行生产、组装。由于其他东亚经济体的强劲发展，这种模式逐渐为水平分工模式所取代，但日本的技术优势依然明显。进入21世纪，虽然在制造业整体规模上逐渐被中国赶超，但日本的制造业巨头，如丰田、松下、日立、尼康、索尼、东芝等仍然凭借科技优势和品牌效应在相应领域保持着较强的竞争优势。有学者曾在对中、日、韩三国在服务业与制造业方面的比较优势进行分析后得出结论：日本在汽车和机械制造方面具有显著的竞争优势，中国则在纺织业和农业方面具有较强竞争力。[①] 现在，日本在东亚经济中仍然占有技术优势地位。

然而，随着2008年始于美国的金融危机、2010年欧洲债务危机、2011年东日本大地震、福岛核泄漏以及随之而来的电力短缺，日本的制造业巨头也在严峻的商业环境下经历了发展的寒冬：利润率下降、库存增加、在国际市场中的份额大幅缩水，特别是消费类电子企业几乎全面亏损。除了外部因素

① Chang - In Yoon, "Comparative Advantage of the Services and Manufacturing Industries of a Korea, China and Japan and Implication of its FTA Policy," 2006, pp. 19 - 20. Available at: http: //faculty. washington. edu/karyiu/confer/seoul06/papers/yoon - kim. pdf.

外，日本制造业困境的深层原因在于：其一，IT 技术的发展导致技术系统的数字化，原来普遍运用的模拟信号技术逐渐淘汰，模块化生产使得成本大大下降。面对技术和生产工艺的革新，日本企业依靠高技能劳动力形成的垂直生产模式逐渐失去了竞争力。其二，中国、印度、巴西等新兴市场在 21 世纪头 20 年间迅速崛起，不同于高度成熟和分化的欧美市场，新兴市场消费者更看重产品的功能与设计，日本企业长久经营形成的品牌效应在新兴市场的作用并不显著，相反，由于长期将重点放在发达国家市场，对新兴市场重视不足，日本企业在新兴市场的影响力和市场份额逐渐被韩国、中国大陆和中国台湾的部分企业所超越。其三，当前各国政府和企业都意识到科研创新的重要性，相关方面的投入不断增加，技术人员的国际流动速度加快，并购也成为企业提升自身科技创新能力的重要方式，传统的专利技术垄断逐渐被打破，许多国际制造业巨头纷纷选择在掌握核心技术的前提下将部分边缘技术向社会公开。在这样的背景之下，日本企业的技术和创新优势被大大稀释，同时，日本企业在人力资源方面的低流动性也限制了其科研队伍的发展和更新。① 总而言之，国际竞争力的相对下降是日本经济低迷的根本原因。

与此同时，中国政府对科技和教育的投入力度不断增强。以华为、中兴等为代表的一批高新技术企业发展起来，并且具备了一定的国际竞争力。根据联合国知识产权组织统计，2012 年中兴通讯股份有限公司共申请 3 906 项专利，位居 PCT 国际专利申请人排名首位，华为技术有限公司共申请 1 801 项专利，位居 PCT 国际专利申请人排名第 4 位（参见图 5 - 12）。除了企业科技创新能力增强以外，中国科技水平的提升还体现在基础理论研究领域实力的增强，依靠庞大的国内市场和经济规模，力推各个行业的“中国标准”成为世界普遍接受的“通用标准”。这一点是日本难以企及的。

3. 服务业：两国发展趋向明显

中日都是服务业大国，但并非服贸强国。根据联合国贸发会议统计，美、德、英、中、日是当前世界服贸规模最大的五个国家，其中美国最为突出，其服贸进口额和出口额远超其他国家，服贸国际市场占有率也保持在 10% 以

① Fukagawa Yukiko, “Rebuilding Japan's International Competitiveness and Developing Global Human Resources: From the Perspective of Competition with South Korea and China,” 2011 - 2012 JIIA Research Project: Policies Needed to Ensure Japan's International Competitiveness, pp. 207 - 209.

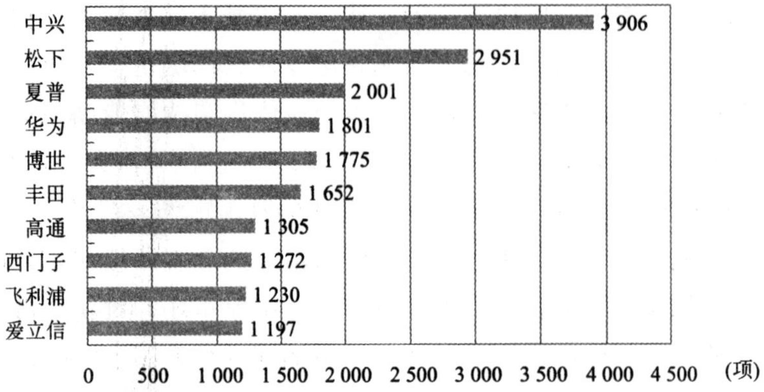

图 5-12　2012 年 PCT 国际专利申请数量企业排名

资料来源：WIPO，“WIPO IP Facts and Figures，” 2013，p. 14. Available at：http：//www. wipo. int/export/sites/www/freepublications/en/statistics/943/wipo_ pub_943_2013. pdf.

上。2013 年，中日两国服贸总额列世界第 4、5 位，分别为 5 365. 76 亿美元与 3 119. 02 亿美元。从 2006—2014 年间贸易额增长情况来看，中国的增长速度明显高于日本，显示了强劲的增长潜力，日本服贸进出口额增长则较为平缓，与中国之间的差距也逐渐拉大（参见图 5-13、图 5-14）。

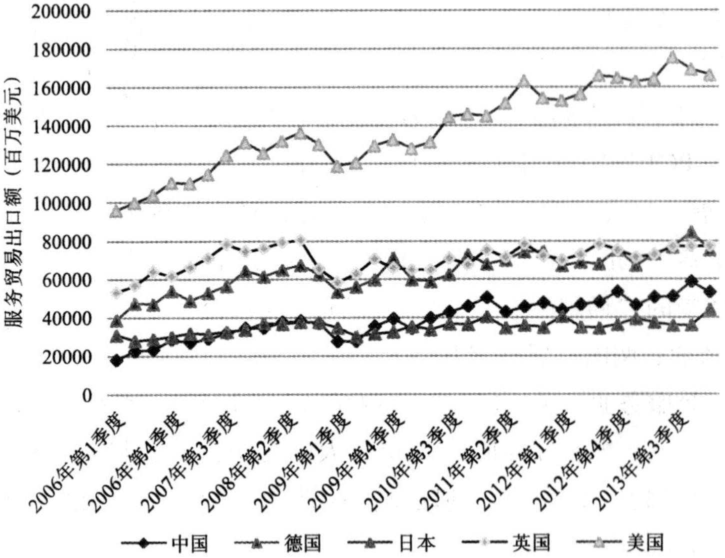

图 5-13　美、德、英、中、日五国服务贸易出口额（2006 年第 1 季度—2014 年第 1 季度）

数据来源：根据 UNCTAD 统计数据整理制作。

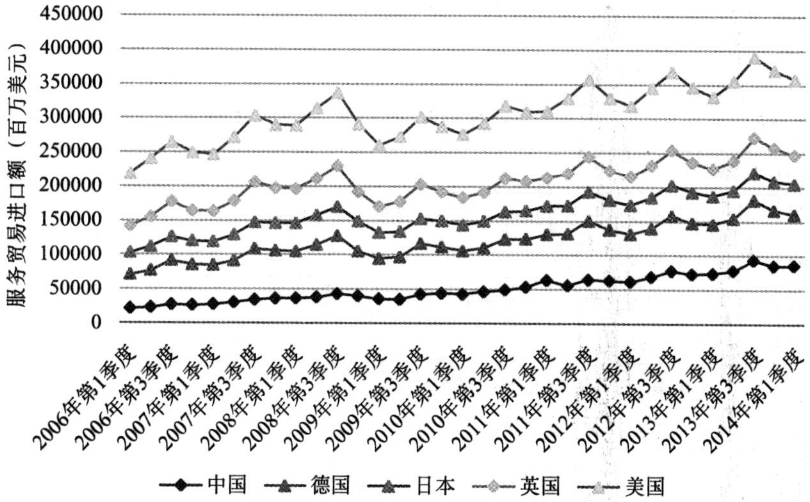

图5－14　美、德、英、中、日五国服务贸易进口额（2006年第1季度—2014年第1季度）

数据来源：根据UNCTAD统计数据整理制作。

中日均为服务贸易逆差国，其中，中国的逆差幅度有逐渐扩大的趋势。2006年，中国服贸逆差为252.92亿美元，2013年则突增至1 245.34亿美元，原因在于传统顺差部门旅游业从2006年开始持续保持贸易逆差。[①] 2006年，日本的服贸逆差为347.23亿美元，之后日本的服贸逆差水平基本保持在200亿美元上下，且有下降的趋势。2013年日本的服贸逆差为160.38亿美元。相对中国，日本的服贸进出口日趋平衡。

服贸结构亦是一国服贸竞争力的重要体现。分析中日两国服贸部门分布（参见表5－12）可以发现，两国服贸结构相似度较高。旅游、运输类消费性服贸在进出口中占有较大比重，而在金融保险领域的贸易额较少，尤其是与美国比较，中日在金融保险领域的劣势明显。相较中国，日本的服贸出口中专利使用费和特许费占有相当大的比重（约为20%）。这是因为在技术密集型服贸部门，日本拥有较强的竞争优势。在对中国的服贸中，日本在专利

① 庄芮、方领："基于国际竞争力比较的中日韩服务贸易谈判问题探析"，《国际贸易问题》，2013年第9期，第75—76页。

使用费和特许费与运输服务方面为顺差，在旅游、金融服务等方面则为逆差。①

表 5－12　　2011 年中日两国服务贸易部门分布比较

项目	国家	前五大部门	占服贸总出口或总进口的比重
服务贸易出口	中国	其他商业服务、旅游、运输、建筑、计算机和信息服务	95.9%
	日本	其他商业服务、专利使用费和特许费、运输、旅游、建筑	92.6%
服务贸易进口	中国	运输、旅游、其他商业服务、保险以及专利使用费和特许费	95.5%
	日本	运输、其他商业服务、旅游、专利使用费和特许费、建筑	89.2%

资料来源：根据 UNCTAD 数据整理计算而成。参见：庄芮、方领："基于国际竞争力比较的中日韩服务贸易谈判问题探析"，《国际贸易问题》，2013 年第 9 期，第 77 页。

有中国学者对中日韩三国服务业的国际竞争力指标即净出口指数（TC）、显示性比较优势指数（RCA）和显示性竞争优势指数（CA）进行了测算，结果显示，从服贸整体竞争力来看，中、日、韩三国服贸的国际竞争力都不强，相比之下，中国的总体劣势更为明显，从整体上看，中国是一个服贸大国，却并非服贸强国。

结合以上分析可以得出以下结论：其一，中国的服贸总额已经超过日本，且增长速度快，未来在中国经济保持平稳运行的前提下，中日在服贸规模方面的差距将进一步拉大。其二，当前中国的服贸出口主要集中在劳动密集型和资源密集型的传统服务部门，进口则集中在技术密集型部门。日本与中国的进出口结构虽然类似，但在技术方面的竞争优势明显，相对于日本，中国的服贸结构仍然有待优化。其三，从全球角度看，中日两国在服贸方面的竞争力都不强，特别是相较美、德、英三国来说，差距仍然十分突出，在地区经济一体化谈判进程中，服务业对于两国来说都是一个较为敏感的领域。

① 中国国务院发展研究中心（DRC）、日本贸易振兴机构（JETRO）、韩国国际经济政策研究所（KIEP）：《中日韩自由贸易区可行性联合研究报告》，中华人民共和国商务部 2011 年 12 月，第 51 页。

4. 创意文化产业

创意文化产业是一种以文化创造力为核心的新兴产业，是经济发展的重要构成。这一概念（Creative Industries）出现于 20 世纪 90 年代，最早由英国政府提出。创意文化产业强调艺术与文化在经济活动中所发挥的作用，因此，该产业活动的范围不仅局限于传统的艺术形式（如剧院、音乐、电影等），广告、文化产品制造、创意文化产品销售等服务行业也被包含在内。① 创意文化产业的发展既是产业升级的必然要求，同时也是国家软实力的重要组成部分，文化产品更是一国的传统文化和价值体系传播的重要载体。正因为文化产业具有如此重要性，中日都在大力推动创意文化产业发展。为了扶植创意产业发展，向海外推介日本的食品、动漫和地方产品。2013 年，日本出台了“酷日本战略促进计划（Cool Japan Strategy Promotion Program）”。中国政府在《国家“十二五”时期文化改革发展规划纲要》中亦对“十二五”期间文化产业的发展设计了明确的路线图。

有学者基于 2010 年数据分析的基础上对部分国家文化产业国际竞争力各要素进行了评估和对比（参见表 5－13）。从中不难发现，当前发达国家占据着国际文化产业的主导地位，其中美国位列参评国家之首，是世界上最具竞争力的文化产业强国。对比中日两国可以发现，日本文化产业的国际竞争力较强，其中动漫产业最为发达。据统计，日本全国约 23% 的印刷物是卡通作品，每周有超过 250 个动画节目在电视台播出，平均每年制作 1 700 余部动画电影和约 2 200 个动漫节目，占全球总产量的 65%。世界上约 60% 的动漫作品来自日本，在欧洲这一比例更是高达 80%。目前，动漫产业占日本 GDP 的比重超过 10%，是日本第三大产业。② 中国文化产业的竞争力则相对较弱，在所有参评国家中处于中下水平。2010 年，中国文化产业在国内生产总值中所占比例仅为 2.75%，远远低于西方发达国家已经达到的 10% 以上水平，中国文化产业占世界文化市场的比重更是不足 4%（其中美国占 43%，欧盟占

① BOP Consulting, “Mapping the Creative Industries: A Toolkit,” British Council 2010 Creative Economy Unit, 2010, p. 15.

② Digital Vector, “Global Animation Industry: Strategies, Trends and Opportunities,” p. 337. Available at: http://s3.amazonaws.com/zanran_storage/www.proexport.com.co/ContentPages/2557544255.pdf.

34%，日本占10%）。[1] 中国在文化市场开放、相关制度完善、传统文化资源开发利用以及人文发展方面与发达国家都存在不小的差距。

表5-13　　部分国家文化产业国际竞争力各要素得分对比

国家	生产要素	需求要素	产业关联	企业发展	政府行为	贸易行为	综合竞争力
美国	79.66	74.43	86.17	80.76	65.72	41.93	71.44
法国	67.52	66.87	76.63	70.12	83.26	34.43	66.47
英国	72.36	65.32	58.07	66.65	85.66	50.48	66.42
瑞士	54.11	71.40	52.62	74.93	81.89	53.15	64.68
德国	68.74	61.41	42.38	78.16	77.21	32.03	59.99
荷兰	60.06	62.55	56.75	60.94	92.35	20.20	58.81
澳大利亚	57.93	69.84	56.49	59.41	69.48	15.64	54.80
日本	52.87	63.72	33.16	74.15	65.51	25.83	52.54
意大利	60.11	57.31	44.83	56.66	38.53	41.11	49.76
加拿大	57.99	57.89	39.72	47.52	76.15	12.88	48.69
西班牙	63.88	58.42	58.93	38.68	50.25	17.56	47.96
韩国	53.59	40.92	46.07	51.49	44.63	16.57	42.21
中国	45.72	33.73	31.23	50.30	32.96	59.02	42.16
波兰	38.92	52.07	35.36	24.33	36.30	15.95	33.82
印度	14.93	34.24	9.70	26.28	32.59	83.38	33.52
土耳其	29.37	43.46	16.67	21.45	33.01	40.32	30.71
巴西	42.68	48.15	23.33	26.76	29.07	7.76	29.63
墨西哥	44.20	35.60	27.38	20.84	26.29	16.22	28.42
俄罗斯	42.95	35.37	25.09	19.14	21.80	12.93	26.21
印尼	11.88	33.27	7.49	28.72	25.63	28.68	22.61

资料来源：蓝庆新、郑学党：《中国文化产业国际竞争力评价及策略研究：基于2010年横截面数据的分析》，《财经问题研究》，2012年3月，第36页。

通过对中日主要产业国际竞争力的比较与评估，可以得出如下结论：

第一，在产业规模方面，中国已经超越日本或逐渐拉近与日本的差距。相较日本，中国在资源、人口、市场规模等方面拥有日本难以比拟的优势。

① 蓝庆新、郑学党："中国文化产业国际竞争力评价及策略研究：基于2010年横截面数据的分析"，《财经问题研究》，2012年3月，第35页。

作为发展中国家，中国在技术、资金、管理等方面享有后发优势，使得跨越式发展成为可能。在经济和社会平稳运行的前提下，中国各行业在规模层次上超越日本是必然趋势。

第二，在农业和制造业方面，中国较日本更具国际竞争力。高昂的劳动力和原材料成本、日趋老龄化的人口结构是阻碍日本维持和提高国际竞争力的重要因素。曾领先世界的电子和通讯设备制造业近年来陷于低谷，逐渐为中国等国所赶超。然而，在某些具体领域，如汽车业、精密机械设计与制造、机器人产业等领域，日本的传统规模和技术优势仍然明显。

第三，在服务贸易方面，中日国际竞争力都不强，均为服贸逆差国家，相较美、德、英等国仍有较大差距。中国服贸总体规模已超过日本，位居世界第四位，且在双边服贸中处于出超地位。然而，在贸易结构上，中国的服贸出口主要集中在劳动密集型和资源密集型的传统服务部门，进口则集中在技术密集型部门。日本与中国的进出口结构虽然类似，但日本在技术方面的竞争优势突出。相较日本，中国的服贸结构仍然有待优化。

第四，在创意文化产业方面，日本的国际竞争力要明显强于中国。日本的动漫产业在全球居于领先地位。中国的文化产业发展起步较晚，仍然存在产业要素配置不合理、消费层次低、文化企业价值链宽度不够、文化产业集聚水平低、高层次文化产业发展不足、政府角色定位不明确等问题，相较发达国家来说，仍然处于追赶地位。

第五，在全球价值链中，日本整体处于价值链的上游，在技术、创意、研发设计、精工制作方面拥有很强的竞争优势，其中，日本在商业成熟度、创新能力、人才供应方面的竞争优势最为突出。① 日本公司长期处于国际价值链的顶端，生产和提供高附加值的产品与服务。中国在全球价值链中仍然处于中下游的位置，随着经济发展与中产阶级的成长，中国正逐渐失去低劳动力成本的优势。但日本经济面临的挑战也非常严峻。近年来，日本国内经济表现疲弱，政府预算赤字规模达到 GDP 的 10%，国家债务是其 GDP 的 2.4 倍。与此同时，日本僵化和低效的劳动市场、居高不下的公司税率、各种形式的贸易壁垒、相对孤立导致对外资和人才吸引力较低，这些因素都阻碍了其国际竞争力的提升。中国经济表现稳健，实现了经济增速的“软着陆”，政府对制度结构的调整和科

① World Economic Forum, “The Global Competitiveness Report 2013 - 2014,” 2013, p. 24.

研创新的投入亦取得显著成果，近年来以华为、中兴为代表的一批高新技术企业崛起，中国企业在全球价值链中的位置将逐渐向上游移动。

概言之，中日在全球经济版图中均是不可忽视的大型经济体，两国经济禀赋各有特色，各有比较优势。从国家规模的角度考察，中国拥有的发展潜能、不断拓展的庞大国内市场是日本永远无法企及的，中国对世界经济、其他国家经济发展的影响和意义（或曰贡献率）将越来越显著。中日全球经济地位的逆转和进一步拉开差距不言而喻。中国天生就是一个大国。相对而言，由于规模和禀赋之限，成为一个名副其实的世界性大国对日本实在有些勉为其难。从当前两国经济特点审视，中国具有量的优势，日本较具质的优势。兼具量质优势是未来中国经济发展的必由之路。然而，在经济全球化时代，单纯比较经济禀赋并不能为两国的相互经济政策提供可靠依据。客观评估各种潜在经济关系带来的影响，必须从全球经济架构视角审视中日经济特征。

二、全球经济格局中的中日：共性和个性

在全球经济格局中，中日既有共性，也有明显的个性。两国经济竞争、博弈抑或对抗不仅表现在双边层面，而且展现在地区、全球诸多层面之上。两国在全球经济体系中的角色和特点是探讨双边经济关系演进的重要基础。

（一）中日两国经济的共性

同为东亚国家，在经济禀赋、发展战略、发展模式和经济文化等方面，中日两国有许多相通或相似之处。

1. 中日均是经济全球化的受益者

全球化主要是指全世界经济体之间的不断融合，这种融合主要包括商品、服务以及资本的跨国境流通。此外，全球化有时还代指人员（劳动力）和知识（技术）的跨国流通，以及文化、政治和环境等领域的跨国境交流。[①]

据国际货币基金组织（IMF）统计，自20世纪80年代到目前，全球化的各个指标都有显著的“全球化”。譬如，国际贸易额占世界GDP的比例从

---

① “全球化”术语在20世纪80年代开始逐渐流行和通用。参见：IMF，“Globalization：A Brief Overview”，http：//www. imf. org/external/np/exr/ib/2008/053008. htm（2008. 5）。

1980 年的 42.1% 上升到 2007 年的 62.1%；对外直接投资（FDI）则从 1980 年的 6.5% 上升到 31.8%；跨国电话通话时间从 1991 年的 7.3% 上升到 2006 年的 28.8%；跨国务工人员从 1965 年的 7.8 千万人增加到 2005 年的 19.1 千万人。[①] 人员、资本、资源、技术、观念等诸多要素在全球范围内的前所未有且不断加速的流动，是全球化的基本特征。

全球化是主权国家经济发展的重要动因。第二次世界大战以后，世界上诸多国家实现了经济腾飞和繁荣。在这些成功发展的案例中，中日两国的经济奇迹尤其为人称道。正如 IMF 报告所言，"参与和融入全球经济似乎是联系所有高速增长的经济体的一个'公约数'"。[②] 尽管中日实现经济持续高速增长的历史轨迹、政治制度等因素迥异，但两者的经济起飞均得益于第二次世界大战以后的经济全球化背景。

不难发现，日本是战后多边贸易体系的最大受益者之一。受惠于关贸总协定（GATT）及后来的世界贸易组织（WTO）规则，以及无条件最惠国待遇原则基础上的贸易环境，日本经济在战后逐步腾飞。[③] 从 20 世纪 50 年代中期开始直到 20 世纪 70 年代初期，日本的 GDP 年均增长率超过了 10%。此后，直到 20 世纪 90 年代初期，日本仍然维持了较为稳健的增长率（见图5－15）。美国外交政策研究所（FPRI）高级研究员吕西安·艾林顿（Lucien Ellington）曾经指出，尽管人们对日本经济奇迹的特定原因尚有争议，但总体来看，人们均认可政府支持下的资本主义、朝鲜战争以及世界自由贸易的繁荣等因素为日本经济起飞做出了巨大贡献。[④]

中国经济起飞的时段与日本大不相同。但就其经济起飞的背后动力而言，全球化同样是不可或缺的因素。新中国建立之后，尽管取得了一系列建设成就，但总体而言经济相对低迷和停滞。1978 年以后，中国锐意改革，自身角

---

① IMF, "Globalization: A Brief Overview", http://www.imf.org/external/np/exr/ib/2008/053008.htm (2008.5).

② IMF, "Globalization: A Brief Overview", http://www.imf.org/external/np/exr/ib/2008/053008.htm (2008.5).

③ Shujiro Urata, "Chapter 5: Japan's FTA Strategy and a Free Trade Area of Asia Pacific," in *An APEC Trade Agenda? The Political Economy of a Free Trade Area of the Asia Pacific*, Pasir Panjang, Singapore, ISEAS Publishing, 2007, p. 71.

④ L. Ellington, "Learning from the Japanese Economy," *The National Clearinghouse for U.S. – Japan Studies*, Bloomington, IN, September 2004, p. 1.

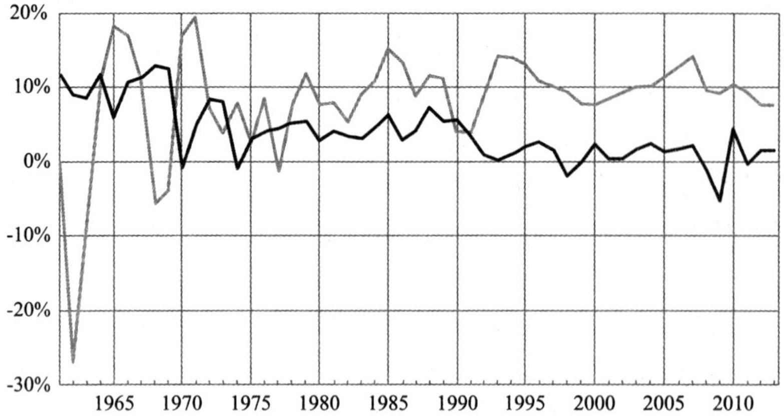

图 5－15　1961—2010 年中日 GDP 增长率对比（上线为中国、下线为日本）

数据来源：World Bank, "GDP Growth Rate," http: //www. google. com/publicdata/explore? ds = d5bncppjof8f9_ &ctype = l&strail = false&bcs = d&nselm = h&met_ y = ny_ gdp_ mktp_ kd_ zg&scale_ y = lin&ind_ y = false&rdim = country&idim = country: JPN: CHN&ifdim = country&tstart = － 265449600000&tend = 1375545600000&hl = en&dl = en&ind = false&icf（2014. 7. 31）.

色从全球化的反对者摇身成为既有国际体系的参与者和全球化的倡导者。① 在过去的三十多年里，中国取得了前所未有的经济成就。时至今日，中国经济已然超越日本，位居世界第二大经济体。根据世界银行国际比较计划（International Comparison Program 2011）2014 年出版的报告，中国按购买力平价（PPP）计算的 GDP 甚至达到 13.4959 万亿美元（参见图 5－16）。② 此外，中国还是世界上最大的贸易国、世界第二大 FDI 流入国、最大的制造业大国以及最大的外汇持有国。③

当人们归因中国经济建设成就时，全球化显然是一个不可否认的动因。世界银行与中国国务院发展研究中心 2012 年联合发布的《2030 年的中国：建设现代、和谐、有创造力的高收入社会》（China 2030: Building a Modern,

---

① W. Overholt, "China and Globalization," RAND Corporation, Santa Monica, CA, May 2005, p. 1.

② International Comparison Program（ICP）, "Purchasing Power Parities and Real Expenditures of World Economies: Summary of Results and Findings of the 2011 International Comparison Program," International Bank for Reconstruction and Development / The World Bank, Washington D. C., 2014, p. 35. 需要注意的是，中国官方并不认可这一报告的结果。

③ W. M. Morrison, "China's Economic Rise: History, Trends, Challenges, and Implications for the United States," Congressional Research Service, July 9, 2014. Summary.

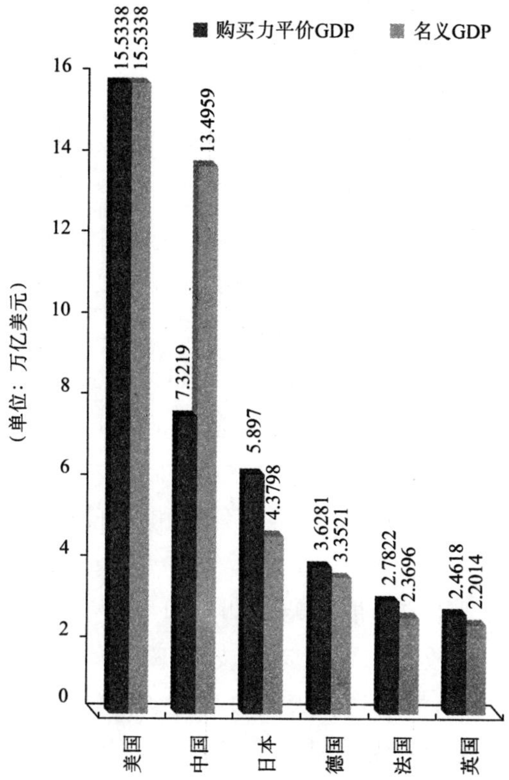

图5-16 世界主要经济体名义 GDP 和 PPP 对比图（单位：万亿美元）

数据来源：International Comparison Program（ICP），“Purchasing Power Parities and Real Expenditures of World Economies：Summary of Results and Findings of the 2011 International Comparison Program，” International Bank for Reconstruction and Development / The World Bank，Washington DC，2014，pp. 35-39.

Harmonious，and Creative High-Income Society）同样认为，1978 年后中国经济成就的主要成因包括“稳健地融入全球经济”，并指出，这一进程中包括设立经济特区、加入 WTO 等都是中国积极融入全球化浪潮的典型举措。[①] 此外，在某些学者看来，中国对全球化的接受度甚至高过日本，中国所有经济成就也都与自由化和全球化相关，全球化的所有方面还将继续促进中国的进一步

① The World Bank & Development Research Center of the State Council，the People's Republic of China，“China 2030：Building a Modern，Harmonious，and Creative High-Income Society，” The World Bank，Washington DC，2012，p. 6.

成功。[①] 不言而喻，中国经济奇迹的一大根本原因是改革开放，是坚定贯彻面向并深度融入全球经济体系的全球化发展战略。

2. 中日发展模式类似

从本质上看，中日发展战略极为类似，均可归为所谓“东亚模式”。世界银行 1993 年的报告首次提出“东亚发展模式”概念。[②] 所谓“东亚模式”或者“东亚奇迹”，乃是指日本、亚洲四小龙、东盟国家（和中国）在现代化进程中形成的一种不同于西方发展战略与体制的选择。[③] 该模式最早由日本实施，20 世纪 60 年代后韩国、新加坡和中国台湾地区等相继效仿。[④]

中日均是东亚模式的建构者和践行者，日本模式和中国模式都是东亚模式的有机构成。该模式经济层面的核心内涵包括以下几个方面：

首先，经济发展是国家政策的重中之重。倡导“经济立国”、“经济优先主义”或“经济发展压倒一切”，以经济建设和追赶欧美国家作为国家战略的中心任务。

其次，奉行外向型经济发展战略，即出口导向型战略。其内容是按照国际比较优势的原则，在政府产业政策的支持下，通过积极引进外资和技术，面向国际市场组织生产，并通过扩大出口带动经济增长。[⑤]

出口导向型发展战略在战后促成了诸多国家的长期经济增长，但其可持续性也一直为人所怀疑。[⑥] 以日本为例，该战略曾为日本的经济高速增长立下“汗马功劳”，但也因此遗留了严重依赖外需带动国内经济增长的后遗症。如图 5－17 所示，日本经济对外需的依赖达到 26.6%，位居 G7 国家之首。在日本增长早期，布雷顿森林体系下的固定汇率制导致日元币值低估，年轻而教育程度良好的劳动力造就了日本“出口导向型”经济增长的成功。然而，随

---

① W. Overholt, “China and Globalization,” RAND Corporation, Santa Monica, CA, May 2005, p. 1.

② 该报告提出了这一概念，但同时表示其实东亚经济体所采取的经济政策除了一些基本共同点以外大相径庭，因此并不认为存在某种所谓的“东亚发展模式”。The World Bank, “The East Asian Miracle: Economic Growth and Public Policy,” The World Bank, Washington, D. C., 1993. p. iv.

③ 陈峰君：“东亚模式的争议与我见”，《教学与研究》，2001 年 2 月。

④ 陈峰君：“东亚模式的争议与我见”，《教学与研究》，2001 年 2 月。

⑤ 巫宁耕：“东亚模式的缺陷与革新”，《经济学家》，1998 年第 6 期。

⑥ 在某些学者看来，出口导向经济体的可持续增长面临诸多结构性问题：比如出口导向的经济体的出口对象国多为发达经济体（尤其是美国）。但由于美国等消费型发达经济体的债务饱和物价通胀，这些经济体对出口产品的需求已经出现萎缩。T. I. Palley, “The Rise and Fall of Export – led Growth,” The Levy Economics Institute, Annandale – on – Hudson, NY, July 2011, pp. 13 – 17.

着 20 世纪 70 年代初布雷顿森林体系的崩溃、日本愈演愈烈的老龄化趋势、其他东亚出口导向型经济体的崛起、内需不足以及出口市场萎靡等因素，日本经济最终深陷滞胀泥潭。①

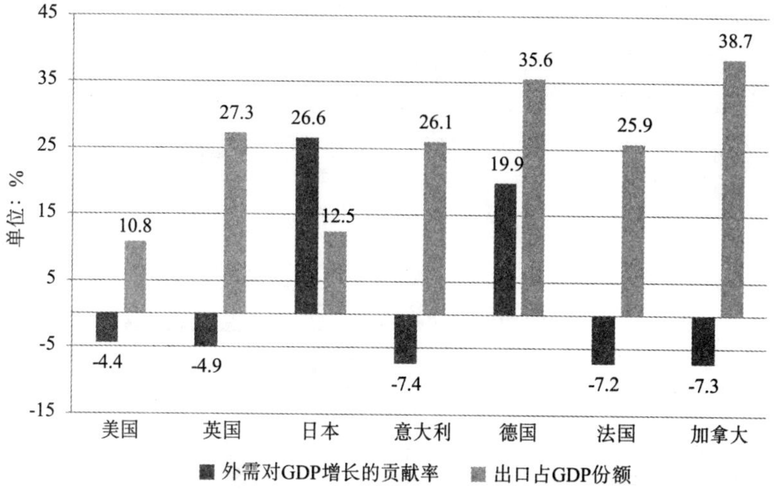

图 5－17　1995—2009 年间外需对 G7 国家的重要性

数据来源：T. Hoshi and A. Kashyap, "Why Did Japan Stop Growing?" the National Institute for Research Advancement (NIRA), January 21, 2011, p. 62.

目前，中国面临的经济对外依赖难题可谓似曾相识。据 IMF 报告统计，1990—2000 年期间对外出口对中国 GDP 增长的贡献率约为 15%。在 2001—2008 年期间，这一比例已经激增至 30% 之多。② 一方面，中国对外需的依赖越来越重。另一方面，出口导向战略的可持续性却越来越遭受瓶颈制约。比如，美国不断向中国施压，推动人民币升值。随着人民币币值的提升，中国的出口经济将愈发丧失价格优势。中国劳动力价格的逐步上升同样也为维持该战略带来挑战。越南等东亚其他出口导向经济体也在崛起。在这种情况下，以日本的前车之鉴，破除"出口导向"依赖的不良后果，并实现可持续增长是当前中国经济的重中之重。

其三，政府对经济的适度干预。市场经济与政府干预的有机结合即"政

① T. Hoshi & A. Kashyap, "Why Did Japan Stop Growing?" the National Institute for Research Advancement (NIRA), January 21, 2011, pp. 10－11.

② K. Guo & P. N' Diaye, "Is China's Export－Oriented Growth Sustainable?" International Monetary Fund, August 2009, pp. 4－5.

府主导下的市场经济”。林毅夫认为这种模式包含：基于市场的经济与有所作为的政府角色（“市场友好型政府”，Market – Friendly Government）的结合。世界银行前高级官员及诺贝尔经济学奖得主约瑟夫·斯蒂格利茨（Joseph E. Stiglitz）同样将其核心要义概括为“政府在推动经济增长中承担主要责任”。①

其四，高储蓄率与高投资率。根据世界银行的数据，东亚国家的总储蓄率极高，远高于主要西方国家。其中，中国储蓄率平均超过50%。日本的储蓄率尽管在东亚国家已经不高，但仍高于主要西方国家（德国除外）（见图5 – 18）。

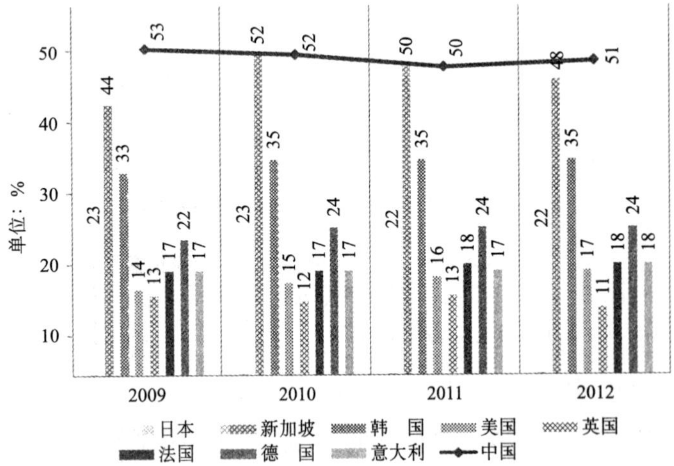

图 5 – 18　主要东亚国家与西方国家的总储蓄（占 GDP 的百分比）对比

数据来源：The World Bank，“Gross savings（% of GDP）”，http：//data. worldbank. org/indicator/NY. GNS. ICTR. ZS（2014）.

储蓄是投资的基础。居民高储蓄率极大影响了东亚国家的投资率。与主要西方国家相比，东亚国家的投资率普遍较高。如图 5 – 19 所示，尽管日本的投资率已长期下行，在主要东亚经济体中偏低。但相对于美国、英国等主要西方国家，日本的投资率仍然偏高。有过之而无不及的是，中国的投资率平均约为日本的两倍、英国的 3 倍左右。如何将高额的居民储蓄率转化为内需，以及如何再平衡高投资率均是日本曾经、中国正在面临的难题。

---

① J. E. Stiglitz，“Some Lessons from the East Asian Miracle，” *The World Bank Research Observer*，vol. 11，no. 2，August 1996，pp. 151 – 177.

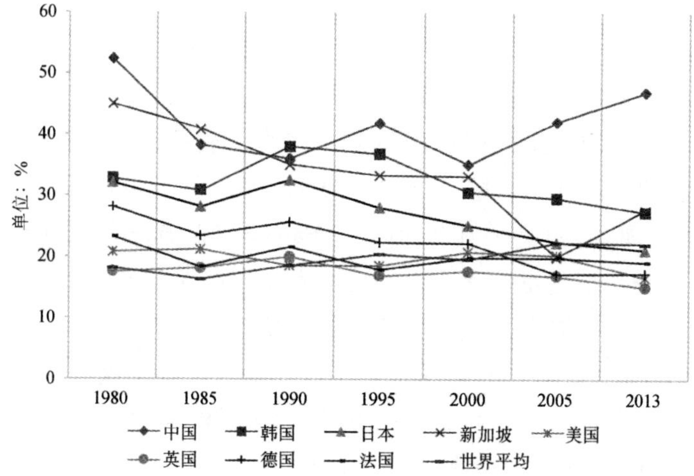

图 5－19　主要东亚国家与西方国家投资率对比

数据来源：IMF，“Investment（% of GDP）Data for All Countries”，http：//economywatch. com/economic－statistics/economic－indicators/Investment_ Percentage_ of_ GDP/（2014）. 以及：The World Bank，“Gross capital formation（% of GDP）”，http：//data. worldbank. org/indicator/NE. GDI. TOTL. ZS.

其五，高经济增长率。这是东亚模式最为人们所熟悉的元素，也是东亚模式的重要表现形式。东亚国家和地区相当长一段时期内经济增长率长期维持在 7% 甚至更高的水平（见图 5－20）。此论路人皆知，无需赘言。

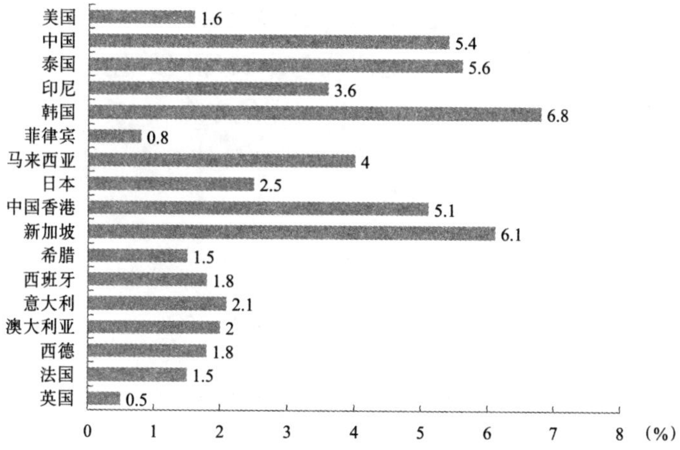

图 5－20　1973—1996 年主要西方经济体与东亚经济体年均经济增长率

注：关于西德的数据，1990 年前统计对象为西德，之后为德国。

数据来源：S. Yusuf & J. E. Stiglitz, *Rethinking the East Asia Miracle*, the World Bank & Oxford University Press, June 2001, p. 2.

3. 传统文化类似

东亚国家，尤其是中日两国有着迥异于西方国家的传统文化。早在20世纪就有许多观察家指出了这一现象。这些观察家不仅明确指出东西文化传统差异，并赋予东亚传统文化以积极价值。其中，最积极推广这一理念的政治家莫过于新加坡前总理李光耀。李光耀1994年接受美国《外交》杂志（Foreign Affairs）编辑法利德·扎卡利亚（Fareed Zakaria）采访时，大谈所谓“亚洲价值”。李光耀赞赏美国一贯的反共立场，但谈及美国社会中的“枪支、毒品、暴力犯罪以及某些公共场合不合时宜的行为”时，认为这是“公民社会的崩塌”（breakdown of civil society）。在他看来，美国模式中个人权利的过度扩张导致了社会无序。李光耀还批判说，西方世界已经抛弃了社会道德基础，相信一个有效的政府能够解决所有问题。①

相反，李认为在东方社会，人们最主要的目标乃是“秩序井然的社会”（well – ordered society），在这种社会里，人们能够最大化地享受自由。② 东亚国家（指韩国、日本、中国以及越南等）认为，个人存在于家庭之中；家庭又是家族的一部分；然后扩散开来就是朋友和更广泛的社会。一国政府的统治者并不试图为某个人提供其家庭所最适宜提供的东西。③ 东亚社会相信，政府在有的方面可能有所作为，在某些方面可能无所作为。因此，东亚社会更加相信自强（self – reliance）。④

李光耀关于“亚洲价值”的论断可谓毁誉参半。但恰如李光耀所观察的那样，诸多学者同样发现，文化传统与中日两国的经济奇迹存在某种联系。⑤ 前世界银行官员 Ho – Chul Lee 和麦克纳尔蒂（Mary P. McNulty）曾在一份2003年世界银行报告上细致分析了中日韩等东亚国家之间传统文化

---

① F. Zakaria, “Culture Is Destiny: A Conversation with Lee Kuan Yew,” *Foreign Affairs*, vol. 73, no. 2, 1994, p. 111 – 113.

② F. Zakaria, “Culture Is Destiny: A Conversation with Lee Kuan Yew,” *Foreign Affairs*, vol. 73, no. 2, 1994, p. 111 – 113.

③ F. Zakaria, “Culture Is Destiny: A Conversation with Lee Kuan Yew,” *Foreign Affairs*, vol. 73, no. 2, 1994, p. 111 – 113.

④ 李光耀认为，在东亚社会中，家庭作为社会的纽带，在王朝兴替、社会变更等变化中成为个人的避风港，从而最终确保了文明的延续。家庭和人际关系的社会纽带促进了个体生存的几率。F. Zakaria, “Culture is Destiny: A Conversation with Lee Kuan Yew,” *Foreign Affairs*, vol. 73, no. 2 , 1994, p. 115.

⑤ H. C. Lee & M. P. McNulty, “East Asia's Dynamic Development Model and the Republic of Korea's Experiences,” The World Bank, March 2003, p. 5.

的共性，以及这些国家传统文化与西方国家传统文化之间的差异。首先，在社会层面，中日两国（东亚国家）倾向于重视家庭、合作价值以及中庸之道（modest demeanor）。与之对应，西方社会则倾向于强调个人主义与积极进取。其次，在政治层面，西方国家重视法律制度，中日两国（东亚国家）却认为德治重于法治。其三，在经济领域，中日两国均倾向于强调精神价值并压低物质财富的地位。西方社会则注重生产、消费等物质方面。如果以图表示的话，中日两国传统文化都更加接近坐标轴的西南区域（第三象限），西方社会的传统文化则更接近坐标轴的东北区域（第一象限）（参见图5－21）。[①]

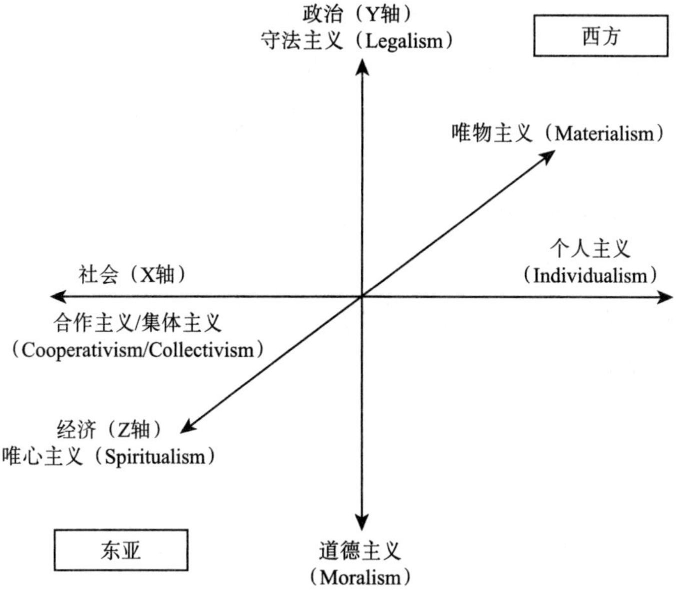

图5－21　东亚文化与西方文化的对比

资料来源：摘自世界银行报告：H. C. Lee & M. P. McNulty, "East Asia's Dynamic Development Model and the Republic of Korea's Experiences," The World Bank, March 2003, p. 7。

李光耀和Ho－Chul Lee等人观察到的以儒释道为主的东亚文化传统，在更早时期曾广泛地被人们视作阻碍国家进步的思想根源。但随着东亚经济体

① 尽管东亚国家与西方国家之间的传统文化存在差异，但随着全球化进程的深入，传统的东亚文化和西方文化开始逐渐交合。

的高速增长，人们转而开始认为它有助于经济的快速发展。[①] 20 世纪末，亚洲特别是东亚在经济建设和社会进步方面取得了令世界瞩目的成绩。人们观察到，尽管中日（以及东亚国家）采取了某些大相径庭的具体政策，但都存在某些共同特征。譬如，在儒家传统影响下，中日均极为重视教育的作用，而教育的发展在很大程度上促进了两国的人才储备，并最终强力作用于经济增长。[②] 此外，传统文化中的“勤俭”等因素促成了中日普遍较高的居民储蓄率。极高的储蓄率则促进了国家的融资和投资，并有利于国家金融稳定。[③] 正因如此，从 20 世纪 90 年代开始，亚洲的政治领袖、部分学者开始明确提出“亚洲价值观”（Asian Values）概念，并将 20 世纪后半叶东亚的快速发展归因于亚洲传统的独特魅力。[④] 这种论调无疑有事后诸葛之嫌，在逻辑和历史事实上均有反证，当然也是一个重要、但需继续探讨的主题。然而，不可忽视的是，传统文化的相似性有助于中日之间（东亚国家之间）在经济发展方面的相互借鉴，相互启迪，也有助于地区构建中寻求必要的地区共性。

（二）中日经济发展的个性

在全球经济格局之中，中日有许多共性和相似之处，但两国的历史背景、发展历程、国家特性完全不同，因而两国经济发展存在鲜明的个性。

1. 资源禀赋各异

虽然中日两国在诸多方面存在共性，但两者的区别也显而易见。两者在世界经济格局中的一个较大区别就在于资源禀赋的巨大差异。

---

① Ho - Chul Lee 利用中国传统的阴阳哲学和五行哲学解释了东亚国家为何在近代先是逐渐落后于西方世界，然后又在拥抱全球化后实现了经济繁荣。他认为东亚国家的传统文化是“阳”，而西方的制度体系则是“阴”。近代的东亚国家先后拥抱全球化浪潮，即是在“阳”主导的旧的东亚社会注入了“阴”。而“阴”“阳”的和谐则带来了经济的繁荣。H. C. Lee and M. P. McNulty, “East Asia's Dynamic Development Model and the Republic of Korea's Experiences,” The World Bank, March 2003, p. 51.

② J. E. Stiglitz, “Some Lessons from the East Asian Miracle,” *The World Bank Research Observer*, vol. 11, no. 2, August 1996, pp. 151 – 177.

③ The World Bank, “The East Asian Miracle: Economic Growth and Public Policy,” The World Bank, Washington, D. C., 1993, pp. 5 – 6.

④ 【美】狄百瑞（Theodore de Bary）：《亚洲价值与人权：儒家社群主义的视角》，社会科学文献出版社，2012 年版，序言第 7 页。以及 J. Yifu Lin & Y. Yao, “Chinese Rural Industrialization in the Context of the East Asian Miracle,” in *Rethinking the East Asian Miracle*, the World Bank & Oxford University Press, June 2001, pp. 143 – 195。

第一，中国人口众多，教育程度逐步提高，且老龄化程度相对较低，在劳动力密集型产业以及中高端产业等方面享有比较优势，发展后劲十足，潜能巨大。改革开放之后，中国正是凭借着这种禀赋发展劳动密集型产业，并迅速实现了经济增长。直到如今，中国对日出口产品结构中的较大部分产品仍是劳动密集型产品，这就很好地印证了中国相对于日本的这种比较优势。此外，随着经济的增长以及劳动力教育程度的提高，中国开始逐渐在中高端产业初具优势。另外，中国人口的老龄化程度相对较低（且近年来已经逐渐放开计划生育限制），这意味着中国将更具发展后劲。相对而言，日本已经丧失了劳动密集型产业的竞争力。并且，由于中国在中高端产业领域的快速追赶，日本的主要产业优势也面临超越的可能。严重的老龄化不仅加重了日本的社会福利负担，更为日本经济的可持续增长埋下了隐患。[①]

第二，中国幅员辽阔，不同地区发展差异和生产要素成本迥异，具有国内产业转移优势。随着部分地区生产要素价格的抬升，中国的劳动密集型等产业也面临着产业转移的问题。与日本幅员较小不同，中国幅员辽阔，能够将相关产业从生产要素价格相对较高的东南沿海地区、大城市转移至中西部地区和郊区地带。中国的这种国内产业转移相较之日本之前所进行的国际产业转移[②]来讲，可以促进就业并防止国内产业空心化。

第三，中国资源丰富，国内市场潜力巨大。这意味着中国将更具备从“出口导向型”经济体转变为“自力更生型”和“内生型”经济体的可能性。如前所述，曾经推动中国经济持续发展的“出口导向型”战略已经出现诸多瓶颈。为避免陷入日本式长期经济停滞的泥淖，中国需要当机立断转变经济增长方式。然而，要做到这一点，调动国内市场并提振内需就至关重要。[③] 庞大的国内市场或许能够借鉴日本的经验教训，以及时挖掘国内市场潜力。

2. 先发与后发

中日在世界经济格局中的另外一个区别是两者的发展时间前后有别。第

---

① T. Hoshi & A. Kashyap, “Why Did Japan Stop Growing?” the National Institute for Research Advancement (NIRA), January 21, 2011, p. 3.

② 比如在内部市场较小的日本、中国台湾地区、韩国等地区，在劳动力等生产要素成本提高之后只能将相关产业转移至中国大陆、东南亚等国家。这种跨国性的产业转移被称之为国际产业转移。

③ K. Guo & P. N’Diaye, “Is China’s Export - Oriented Growth Sustainable?” International Monetary Fund, August 2009.

二次世界大战结束以后，在"吉田茂主义"（Yoshida Doctrine）[①] 的旗号下，日本逐渐将主要精力集中于国家经济建设。此后，日本经济迅速恢复并很快走出战后阴影。借助美国忙于朝鲜战争的机会，日本经济更是"好风凭借力"，快速腾飞，并摇身一变成为对外经济援助国之一。

当1978年开始改革开放、拥抱世界时，中国GDP总量仅为1 481.7886亿美元。这一时期，在长期发展之后，日本的GDP已达9 967.41758亿美元。[②] 后发的中国与先发的日本的差距还远不只GDP总量的悬殊差别上。无论以任何评价发展程度的指标进行评估，当时的中国都极为落后。尽管后发的中国在引进技术等方面存在着所谓的"后发优势"，并且也恰好利用自身的"后发优势"，实现了各个发展指标的极大提升。[③] 但时至今日，日本作为一个先发国家所积累起来的诸多"先发优势"仍然存在。

从全球总体经济地位角度看，尽管在GDP总量上为中国所超越，但日本更早融入到世界经济治理体系之中，在更多的全球经济治理机制中享有更丰富的参与经验，在经济治理体系中享有更大的发言权。就基本发展指标而言，日本也因为先发而继续领先中国。截至2012年底，日本的人均GDP高达46 548.3美元，中国则仍仅为6 092.8美元。[④] 在人均网络使用率上，中国每100人中平均约有42.3人使用网络，日本的这一指标则是100人中平均有86.3使用网络（为中国的两倍）。至于中国目前的网络使用率，日本早在2002年就已经达到。[⑤] 就人类发展指数（HDI）而言，中国的该指数在经过长期发展之后才从1980年的0.423提升至2013年的0.719。日本则早在1980年便达到了

① "吉田茂主义"的内涵一般指"非核武化、适度武装、经济强国"（non - nuclear, lightly armed, economic superpower）。参见：R. Samuels, "Japan's Grand Strategies: Past and Future," http://web.mit.edu/ssp/seminars/wed_archives06fall/samuels.htm（2006.09.13）。

② 其中美元按现价折算。参见：United Nations Statistics Division, "GDP (current US $) of China and Japan", http://data.un.org/Data.aspx? q = Japan + GDP&d = WDI&f = Indicator_Code%3aNY.GDP.MKTP.CD%3bCountry_Code%3aJPN（2014）。

③ 林毅夫："后发优势与后发劣势——与杨小凯教授商榷"，《经济学（季刊）》，第2卷，第4期（2003年7月），第992页。

④ The World Bank, "GDP per capital (Current US $)", http://databank.worldbank.org/data/views/reports/tableview.aspx（2014）.

⑤ The World Bank, "Internet Users (per 100 people)", http://databank.worldbank.org/data/views/reports/tableview.aspx（2014）.

0.772，其2013年的指数更高达0.890。[①] 此外，日本仍在全球产业链中占据有利位置。如前所述，凭借先发优势，日本仍在技术、创意、研发设计等产业方面享有相对优势。与之相较，中国则在许多产业领域位居产业链中下游。尽管中国近年来在这些方面奋起直追，但要完全接近并超越日本仍有待时日。

3. 与西方世界的关系

西方是战后国际经济体系的主导者，与西方主要国家的关系事实上攸关一国经济发展的外部环境。实践表明，与世界经济中心的关系远近亲疏直接影响着特定国家的经济发展水平。

在第二次世界大战时期甚至第二次世界大战刚好结束之后一段时间内，中国和美国、英国、法国均属同盟国阵营。日本和德国则另属轴心国集团，是同盟国集团的敌对方。正因为第二次世界大战期间所建立的同盟关系，中国在战后确立了联合国安理会常任理事国的大国地位，日本、德国则被列入“敌国条款”，无缘常任理事国席位。[②]

随着冷战帷幕的拉开，原有的雅尔塔体系开始出现内部分化：意识形态对抗加剧，原有的同盟国体系瓦解并转向对立，先前的轴心国德国、日本则因对抗需要反而摇身一变成为美国为首的西方阵营的盟国。[③] 正是假借冷战，日本成功实现了自身角色的转变。此后，尽管日本在全球安全格局（联合国安理会是主要体现）中的角色并未完全蜕变，但日本与当时世界上经济最发达的西方阵营的局部安全关系和经济关系均发生了戏剧性的扭转。相反，中国则因为冷战，遭到美国为首的西方阵营的全面封锁，在联合国中的合法席位也为败退台湾的国民党政府长期占据。

在美国占领时期，美国对日本实施了经济援助，并对其经济体制进行了部分强制改革。中国共产党在大陆的胜利使美国开始对共产主义在日本的蔓延产生警觉，于是决心重建日本经济。[④] 朝鲜战争爆发后，日本成为“联合国

---

① UNDP，“Human Development Index trends，1980 - 2013”，http：//hdr. undp. org/en/content/table - 2 - human - development - index - trends - 1980 - 2013（2014）.

② 《联合国宪章》第五十三条及第一百零七条均有明确指向地论及“敌国”问题。参见：联合国：《联合国宪章》，http：//www. un. org/zh/documents/charter/（2014）。

③ 日本与盟军于1951年签订安保条约，并于1960年修订这一条约。

④ Office of the Historian，Bureau of Public Affairs，United States Department of State，“Occupation and Reconstruction of Japan，1945 - 52”，http：//history. state. gov/milestones/1945 - 1952/japan - reconstruction（2014）.

军”的主要后勤补给站，并大量承接美国军需生产和维修业务。这一时期，日本的诸多大企业开始浮出水面。同样在这一时期，美国还力推日本加入了关税及贸易总协定。1964 年，日本作为首个亚洲国家加入西方国家为主的经济合作与发展组织（OECD）。1975 年日本又以创始会员国的身份加入了七国集团（G7）。除了与西方国家在经济领域的广泛合作之外，日本还在一系列安全议题方面与西方国家保持长期合作机制。可以说，日本在战后与以美国为首的西方国家的经济、安全关系的戏剧性转变不仅为其拓展了政治生存空间，还为其创造“日本奇迹”提供了可能。正因如此，部分学者认为，日本战后经济的快速恢复在某种程度上其实是美国战后外交政策的直接结果。①

相反，中国与西方国家在战后的交恶则不可避免地限制了中国的国际政治、安全生存空间，并阻碍了中国经济的及时发展。直到中美关系开始缓和之后，中国与西方国家的关系才逐渐正常化。此后，中国开始在经济、安全领域与西方国家开展合作。但总体而言，中国与西方国家合作中的经济成分大于安全成分。只是在联合国安理会中，中国与其他美英法等西方国家一样同属全球安全格局的“现状国家”。即便如此，中国与西方国家的经济合作仍远不及日本，中国仍被许多以美国等西方国家为首的国际安全和国际经济机制排除在外。

以此来看，中日两国与西方国家的关系仍存在较大差异。与西方世界的密切关系是日本经济发展的有利条件，然而，日本为此付出的代价是国策的外部依附性和自主性的严重丧失。

4. 市场经济治理经验

凭借早期的“脱亚入欧”以及战后的经济成就，日本颇具市场经济治理经验。但与其他典型资本主义国家的经济制度不同，日本推行着一套自己的所谓“1940 体制”（1940 System）。② “1940 体制”最早因为日本战争动员而勃兴。在该体制成型之前，日本的企业员工可以自由择业，工业资本则通过股票和债券得以募集，股东也在企业监管中享有较高地位，包括银行在内的各种企业也会因为市场规律而倒闭破产，政府对经济的计划性以及监管性政

① R. M. Orr, “Collaboration or Conflict? Foreign Aid and U. S. - Japan Relations,” *Pacific Affairs*, Winter 1989 - 1990, pp. 476 - 489.

② Y. Noguchi, “The 1940 System: Japan under the Wartime Economy,” *The American Economic Review*, May 1998, p. 404.

策相对较少。①

随着战争的爆发，这种貌似“混乱”的经济显然已经不足以服务战争。1938 年的《国家动员法令》（National Mobilization Act）就股息、股东权利等进行了限制，企业被重组以服务全体雇员的利益。② 此后，日本很快根据德国和苏联的经验确立了一套有自己特色的经济体制：（1）终身聘用制、工龄工资（seniority pay）、公司工会（company unions）；（2）企业轻股东而重员工；（3）政府轻资本市场而重银行；（4）政府高度干预私营经济（尤其是农业、小企业等低生产力行业）；（5）严重依赖所得税的税制以及中央政府高度控制地方政府的政治制度。③

在该体制的影响下，日本的一系列企业被整合并最终演变成今天为世人所熟知的超级大企业。在汽车行业，丰田汽车以及尼桑等在政府的战时整合中逐渐崛起。日本的新闻媒体也在战时被政府整合。据统计，1939 年时日本尚有 848 家日报社，到 1942 年之后则仅剩下 54 家。在政府整合之后，读卖新闻（Yomiuri Shinbun）、朝日新闻（Asahi Shinbun）、每日新闻（Mainichi Shinbun）等三大新闻最终浮出水面。日本的资本市场也因“1940 体制”的推行而面目全非。在战前，日本的资本市场更多的是直接资本市场。政府对资本市场监管松弛，企业、个人能够极为便利地从资本市场获得资本。在日本政府的整合下，日本的银行总数从 1926 年的 1 402 家锐减至 1941 年的 186 家，并进一步减少至 1945 年的 61 家。④

这一体制在 1937—1945 年的战争期间运行良好，并在美国占领后得以保存。该体制倡导的集体文化能够激励员工斗志；其间接性的金融体系则有利于日本将资本转移至战略产业部门并培育超大型企业；其强调保护农业等生

① Y. Noguchi, “The 1940 System: Japan under the Wartime Economy,” *The American Economic Review*, May 1998, p. 404. 以及 W. H. Overholt, “Japan's Economy, at War with Itself,” *Foreign Affairs*, Jan/Feb 2002, pp. 134 - 147.

② Y. Noguchi, “The 1940 System: Japan under the Wartime Economy,” *The American Economic Review*, May 1998, p. 404.

③ W. H. Overholt, “Japan's Economy, at War with Itself,” *Foreign Affairs*, Jan/Feb 2002, pp. 134 - 147.

④ Y. Noguchi, “The 1940 System: Japan under the Wartime Economy,” *The American Economic Review*, May 1998, pp. 405 - 406.

产力行业，能够缓和这些部门同快速增长的产业之间的摩擦。[1] 这一残留下来的经济体制在战后创造了举世瞩目的“日本奇迹”。

然而，从20世纪70年代开始，这套治理体制逐渐出现各种结构性问题。自20世纪90年代起，日本进入长达20余年的经济停滞期（“失去的20年”），从而引发了人们对“1940体制”的反思。在许多观察家看来，在这种体制下，个人消费遭到压制，导致经济长期增长乏力；倡导的雇员终身制则不利于人才市场的充分流通；体制下的间接金融市场则会严重阻碍中小企业以及风险投资的融资。小泉纯一郎上台后开始对“1940体制”进行改革，但其成效仍捉襟见肘。[2] 可见，曾经辉煌的日本发展模式的适应性不断弱化，日本经济同样面临与时俱进、深度改革的艰巨任务。

中国并不存在战时经济体制遗留的问题，但也存在一系列经济治理经验和教训。新中国建立至今的经济体制大致可以分为两个30年：

其一，建国后前30年。在这个30年里，中国借鉴苏联模式，建立了一套高度集中的计划经济体制。国家通过专门机构“计划委员会”来规划和制定经济发展的各项目标，下达生产指标。工厂、农业、商业等部门按照国家计划进行作业和生产，所有品种、数量、价格均由计划部门统一制定。[3] 对比这一时期的中日经济体制会发现，两国均存在严重的政府干预市场以及高度集中的特色。但中国相较日本来讲更甚。也正是在这一时期，中国在苏联的援助下建立了比较健全的工业体系。这对中国此后的经济发展意义非凡。

其二，建国后第二个30年。1978年以后，中国开始大刀阔斧地推动经济体制改革，并通过模仿、借鉴以及自我探索形成了一套具有自身特色的经济体制。这一时期，中国在保持公有制的前提下，鼓励其他经济成分的发展，并转换了国企经营体制以适应市场经济要求；建立全国统一开放的市场体系；减少政府干预，强调宏观调控和市场经济机制的结合；主张按劳分配、效率优先、兼顾公平的分配制度，鼓励一部分人先富起来。[4] 由于中国的经济体制改革调动了个人的积极性，促进了生产要素的流通，资源配置更符合市场规

---

① Y. Noguchi, "The 1940 System: Japan under the Wartime Economy," *The American Economic Review*, May 1998, p. 407.

② W. H. Overholt, "Japan's Economy, at War with Itself," *Foreign Affairs*, Jan/Feb 2002, pp. 134 - 147.

③ 新华网："中国经济体制"，http：//news. xinhuanet. com/ziliao/2005 - 11/02/content_3719364. htm。

④ 新华网："中国经济体制"，http：//news. xinhuanet. com/ziliao/2005 - 11/02/content_3719364. htm。

律，从而激发了中国经济的持续高速增长。

与日本类似，中国的市场经济治理同样存在缺陷。譬如，作为社会主义计划经济体系遗留的国企改革问题、严重间接性的资本市场[①]、僵化的户口制度均不利于生产要素的自由流通。中国还存在区域发展不均等一系列艰巨难题。但与日本犹豫不决、讳疾忌医不同，中国早在1994年结构性经济问题愈演愈烈的时候，便采取了当机立断的对应措施（裁员、废除终身聘用制）。[②]值得一提的是，中国政府还于2014年7月公布了《国务院关于进一步推进户籍制度改革的意见》并就长期限制中国劳动力自由流通的户籍制度进行大幅度改革。[③] 但综观市场经济治理历史和现状，中国存在的结构性矛盾仍十分突出。

总体来看，尽管日本是资本主义经济体，但其特有的“1940体制”在某些方面与中国之前推行的社会主义计划经济存在某些共性。两国市场经济治理均创造了本国的经济增长奇迹，但也都在后来陆续面临严重的结构性问题。作为先发经济体，日本的市场经济治理历程对作为后发国家的中国颇具借鉴意义。在终身雇佣制、间接性资本市场等一系列市场经济治理问题上，中国均可以日本为鉴，少走弯路。

三、政经分离与潜在的经济对抗

经济全球化是这个时代的基本背景。脱离经济全球化背景，谈论中日经济关系及其走向是没有意义的。没有全球化，就没有中日两国在不同时段创造的经济奇迹。中日经济已经深度融入全球经济体系之中，是全球产业链中的关键环节。与此同时，两国经济相互依赖的程度相当高。这极大地影响着

---

① 中国证监会的祁斌认为中国的资本市场缺乏直接性，简言之就是指银行是企业、个人融资的主要渠道，缺乏美国那样强大的风险投资机构以满足不同创业者所需的风险投资。参见：祁斌：“我们需要一个什么样的资本市场：未来十年中国经济的转型与突破”，中国金融四十人论坛：http：//www. cf40. org. cn/plus/view. php? aid =7452（2013年5月23日）。此外，中国还存在严重的“影子银行”问题。“影子银行”在某种程度上讲正是某种形式的“直接融资”渠道，但不同的观察者对“影子银行”的积极和消极影响认识各异。参见：Yukon Huang，“China's Growth Prospects After the Third Plenum”，http：//carnegieendowment. org/2014/01/28/china - s - growth - prospects - after - third - plenum/gyep（2014. 01. 28）。

② W. H. Overholt，“Japan's Economy，at War with Itself，” *Foreign Affairs*，Jan/Feb 2002，pp. 134 - 147.

③ 新华网：《国务院关于进一步推进户籍制度改革的意见》，http：//news. xinhuanet. com/yzyd/local/20140730/c_1111862094. htm（2014年7月30日）。

两国经济关系的可能走向。

（一）经济全球化对中日经济关系的影响

1. 经济全球化与中日经济关系

经济全球化不仅使中日各自发展受益，对中日关系也产生了许多复杂的影响。

首先，经济全球化强化了中日经济的相互依赖性。自1972年正式建交以来，双边贸易开始逐步将中日两个经济体联系起来。随着日本和中国相继融入全球化浪潮，两者的相互依赖进一步加深。中日之间的货物贸易、服务贸易、直接投资等快速跨国流通，1993年到2003年的11年间，日本一度成为中国的最大贸易伙伴。① 以1995年为例，中国从日本的进口额占到中国进口总额的22%。② 与此相对，对华出口的强势增长也为日本的经济增长和复苏贡献不菲。正因如此，日本国内舆论从2003年开始还曾一度出现所谓的“中国特需论”，认为日本的经济复苏乃是“托中国的福”。③ 21世纪初之后，中日经济关系开始逐步受累于政治紧张气氛，出现下行趋势。但即便如此，截至2012年，日本仍是中国第二大出口国和第一大进口国，中国则更是日本进出口的“双料”第一大国。④

其次，经济全球化促使中日积极参与各种全球和区域合作机制。在全球层面上，中日均先后参与到既有的国际体系中，并在这些机制中就各种议题开展合作。在地区层面，中国和日本均积极参与东亚和亚太地区的国际机制（“10+3”等）。经济全球化带来的双边经贸关系的深化和国际舞台上合作的加强，使得中日之间出现空前的相互依赖状态。

此外，经济全球化缓解了双方政治安全的激化。经济全球化的影响不仅停留在单纯的经济领域，其对政治和安全的深层次影响也不容忽视。⑤ 在部分

---

① 丁斗：“中日经济关系的相互依存及其敏感性问题”，《太平洋学报》，2005年7月，第47页。

② E. Chanlett - Avery, K. Dumbaugh and W. H. Cooper, “Sino - Japanese Relations: Issue for U. S. policy,” Congressional Research Service, 2008, p. 11.

③ 丁斗：“中日经济关系的相互依存及其敏感性问题”，《太平洋学报》，2005年7月，第49页。

④ The Observatory of Economic Complexity, MIT, “Japan,” http://atlas.media.mit.edu/profile/country/jpn/ (2014).

⑤ L. E. Davis, “Globalization's Security Implication,” RAND, 2003.

学者看来，中日之间超乎寻常的紧密经济关系和相互依赖，将会一定程度上约束双方的政治和安全竞争。

从中国的角度看，中国政府因为外向型经济的持续增长而获得了空前的合法性。中国出口产品中的绝大多数高科技产品均依赖欧美品牌和日本的零部件。根据IMF 2012年的报告，中国全球出口每增加1%，就需从日本增加1.2%的进口。[①] 与中国需要日本市场一样，日本同样需要依赖中国的出口市场和进口商品。因此，在罗伯特·卡茨（Richard Katz）看来，中日间的这种经济相互依赖和美国对日安全保障能够确保中日和平。[②] 实际上，中日紧密经贸关系其实并不能在较大程度上左右双边政治和安全议题。日本大力扩充军备，散布中国威胁论，强化美日军事同盟关系，发展导弹防御系统（Ballistic Missile Defense，BMD），就极好地证明了经济关系带来的实际利益并未能消除日本对中国的戒备之心。良好的经济关系是政治外交关系发展的推进器，然而，它并不能成为政治外交关系的稳定器，也绝非国际和平与稳定的终极条件。

2. 中日关系恶化对经济全球化的影响

在受益于全球化带来的经济增长福利后，日中两国先后成为世界上首屈一指的经济体。作为世界上和东亚地区极为重要的经济体，中日关系的演变也同样会反作用于全球化进程。

首先，从地区层面来看，中日两国是东北亚和东亚的核心经济体，双方的合作抑或对抗均将直接影响两者的区域一体化战略选择。以东亚一体化思路为例，中国一直力倡“10+3”作为地区一体化的核心机制，日本则力推更广范围的“10+6”机制。由于中日分歧，东亚一体化进程一度受阻。另外，亚洲货币基金的案例同样能够证明这一论点。日本在东亚金融危机之后极力倡导建立亚洲货币基金（AMF）。由于中日高层缺乏互信，中日在是否建立AMF的问题上存在严重分歧，该倡议最终在中美两国的强烈反对下“胎死腹中”。

其次，从全球层面来看，中日均是世界重要经济体，各自的经济合作战略选择同样具有全球影响性。以日本选择加入TPP谈判为例，作为世界第三大经济体的日本加入TPP谈判后，TPP的全球经济份额代表度从30%左右骤升至

① R. Katz, “Mutual Assured Production: Why Trade Will Limit Conflict Between China and Japan,” *Foreign Affairs*, 07/08 2013, pp. 18－24.

② R. Katz, “Mutual Assured Production: Why Trade Will Limit Conflict Between China and Japan,” *Foreign Affairs*, 07/08 2013, pp. 18－24.

38%，从而大大增加了 TPP 的重要性。[①] 但另一方面，由于作为世界第二大经济体的中国被排斥在 TPP 谈判进程之外，TPP 的代表性仍显不足。随着中国在 TPP 之外大力支持 RCEP 倡议，亚太地区东西两岸的两大经济倡议虽然都表示将以亚太自贸区（FTAAP）为远景，但实际上仍停留在各立门户、各自为政的层面而止步不前。

因此，从区域和全球两个层面看，中日经济关系的恶化或者分歧将会直接影响东亚区域合作甚至全球性经济合作。

（二）中日经济相互依赖的敏感性和脆弱性

在发展导向、相互依赖性甚高的背景下，恶劣的政治外交关系并未动摇中日经济关系的根基。政经分离是两国基于现实利益考虑的博弈产物。在今后相当长的时期，这可能成为中日关系的常态。然而，政经分离建立在政治外交关系尚未破裂的基础之上。中日关系充满着巨大的不确定性，且有继续下探的空间，因此，经济对抗的可能性仍然不能排除。

1. 中日贸易相互依赖关系

目前，中日经济已然高度相互依赖，但依赖的平等性已发生变化。首先，中国的国际贸易日渐多元化，日本的重要性显著下降。由于日本 20 世纪 90 年代经济产出和消费的停滞，中国对日出口增速开始逐渐落后于中国对其他国家和经济体的出口。21 世纪之后，日本市场对中国外贸的重要性显著下降。1996 年，日本对中国对外出口总额贡献率高达 20.4%，是中国最大的出口对象。到 2006 年，尽管中国对日出口已经连翻四番，但日本占中国出口贸易总额的比例却急剧下降至 9.5%，其出口额只占美国和欧洲的一半不到。[②] 截至 2012 年，中国对日出口占到总出口额的比例已经下降到 8.26%（1995 年的一半左右）。在进口方面，尽管日本在 20 多年间的贸易中依然维持了中国第一大进口国的地位，但其所占份额也已从 1995 年的 19.37%，下降至 2012 年的 10.44%。截至 2013 年末，日本已从之前的中国第一大贸易伙伴下降为第三大

---

① W. H. Cooper & M. E. Manyin, "Japan Joins the Trans - Pacific Partnership: What Are the Implications?" Congressional Research Service, August 13, 2013, p. 11.

② E. S. Medeiros, K. Crane, E. Heginbotham, N. D. Levin, J. F. Lowell, A. Rabasa and S. Seong, "Pacific Currents: The responses of U. S. Allies and Security Partners in East Asia to China's Rise," RAND Corporation, Santa Monica, CA, 2008, p. 9.

贸易伙伴（美国第一，中国香港第二）。①

与日本对中国经济的重要性逐渐下降相反，中国对日本外贸却在近 20 年间不断上升。仅以双边货物贸易为例，1995 年，中国是日本第二大进口国，但其贡献率仅为第一位美国的一半左右。在日本出口贸易方面，中国当时更仅是日本的第五大出口对象，贡献率低至 5.4%。但在此后，日本对华贸易依赖逐步加深。到 2012 年，中国已成为日本的第一大进口对象，且其所占份额更远胜第二位的美国。以出口份额论，中国同样很快便于 20 世纪末超过美国成为日本的第一大进口国（参见图 5－22 和图 5－23）。据日本贸易振兴机构（JETRO）2014 年统计，截至 2013 年末，日本自中国进口退居美国之后（但相差无几）。但是，中国仍是日本头号贸易伙伴（占日本贸易总额的 20.0%）和进口国。②

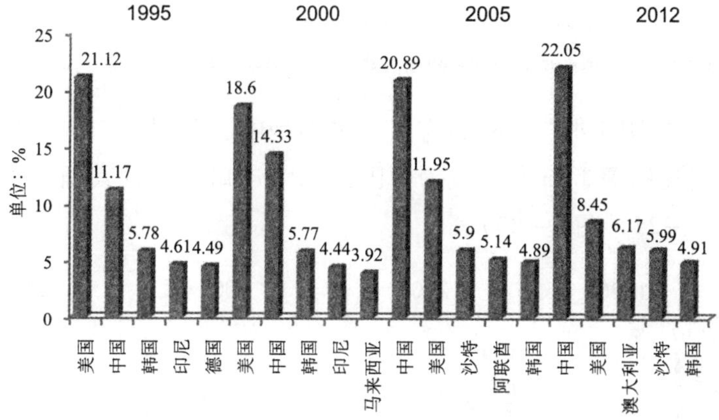

图 5－22 日本主要进口国（前五）变迁图

数据来源：The Observatory of Economic Complexity，"Import origins of Japan"，http：//atlas. media. mit. edu/explore/tree_ map/hs/import/jpn/show/all/2012/（2014）.

从中日各自主要进出口贸易伙伴的变迁可以看出，日本作为中国出口市场的地位大幅下降，中国作为日本出口市场的地位却逆势上升。这意味着中国对日出口贸易在对中国经济重要性降低的同时，对日出口贸易对日本经济

① Chinadaily，"Top 10 trading partners of the Chinese mainland"，http：//www. chinadaily. com. cn/business/2014－02/19/content_17290565_3. htm#Contentp（2014. 2. 19）.

② JETRO，"Survey：Analysis of Japan－China Trade in 2013 and outlook for 2014"，https：//www. jetro. go. jp/en/news/releases/20140228009－news（2014. 2. 28）.

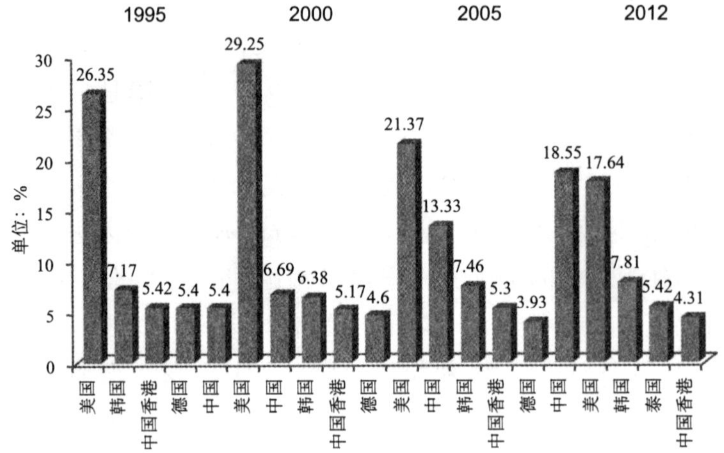

图 5－23　1995—2012 年日本主要出口地变迁

数据来源：The Observatory of Economic Complexity，“Export destinations of Japan”，http：//atlas. media. mit. edu/explore/tree_ map/hs/export/jpn/show/all/2012/（2014）.

却异常重要。就中国进口贸易而言，日本仍是中国头号进口国。但值得注意的是，韩国已逐渐逼近日本，成为中国第二大进口国，且其所占份额仅稍逊日本（见图 5－24，图 5－25）。

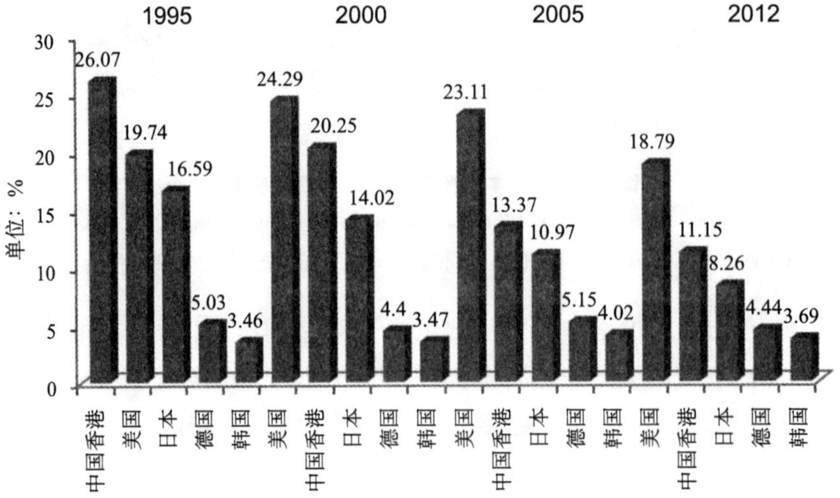

图 5－24　1995—2012 年中国大陆主要出口地变迁

数据来源：The Observatory of Economic Complexity，“Export destinations of China”，http：//atlas. media. mit. edu/explore/tree_ map/hs/export/chn/show/all/2012/（2014）.

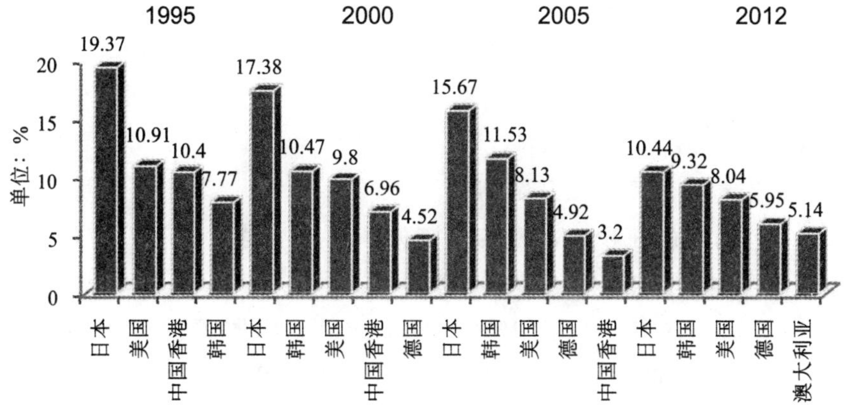

图 5－25　1995—2012 年中国大陆主要进口地变迁

数据来源：The Observatory of Economic Complexity，“Import origins of China”，http：//atlas. media. mit. edu/explore/tree_ map/hs/import/chn/show/all/2012/（2014）.

另据中国商务部统计，2013 年，日本对中国出口的主要产品是机电产品、化工产品和贱金属及制品，2013 年出口额分别为 508. 6 亿美元、149. 4 亿美元和 142. 9 亿美元，占日本对中国出口总额的 39. 4%、11. 6% 和 11. 1%。[①] 与此同时，韩国对华主要出口商品是机电产品、光学医疗设备和化工产品，2013 年出口额分别为 623. 7 亿美元、217. 9 亿美元和 185. 0 亿美元，合计占韩国对中国出口总额的 70. 4%。[②] 以此来看，中国自日本进口的大宗商品和韩国类似。进口额的贴近以及进口商品结构的类似意味着中韩贸易对中日贸易有着极大的替代性。

部分观察者认为，日本同样可以找到替代中国的市场。从日本的进口贸易来看，这个观点稍有道理。日本从中国进口的主要商品中，初级产品和劳动密集产品比例较大，且日本的其他主要进口国所占份额与中国相差不大。这意味着从中国进口的部分商品可以通过临近的东南亚市场（越南、泰国、中国台湾等）加以弥补。[③] 但就日本的出口贸易而言，中国所占份额高达

① 中国商务部：《2013 年日本货物贸易》，http：//countryreport. mofcom. gov. cn/record/view110209. asp? news_id = 38101（2014 年）。

② 中国商务部：《2013 年韩国货物贸易》，http：//countryreport. mofcom. gov. cn/record/view110209. asp? news_id = 38041（2014）。

③ 中国商务部：《2013 年日本货物贸易及中日双边贸易概况》，http：//countryreport. mofcom. gov. cn/record/view110209. asp? news_id = 38101（2014）。

22.05%，居第二位的美国仅为 8.45%（见图 5－22）。接近三倍于第二大出口国的份额，意味着日本在出口贸易上极难通过适当的替代市场来弥补这一巨大贸易差额。因此，目前的中日双边贸易结构意味着日本对华依赖的敏感性和脆弱性更强于中国对日依赖。

2. 中日投资关系变化及其影响

中日之间同样存在较为紧密的投资关系。日本是世界上极为重要的 FDI 流出国之一，中国则是其主要的流入国之一。按照日本贸易振兴机构（JETRO）的数据统计，仅在 1996—2012 年间，中国便总计吸收日本 FDI 932.1459 亿美元。同一时期，中国总计吸收日本 FDI 仅次于美国、荷兰两国，为日本第三大 FDI 流入对象（见图 5－26）。

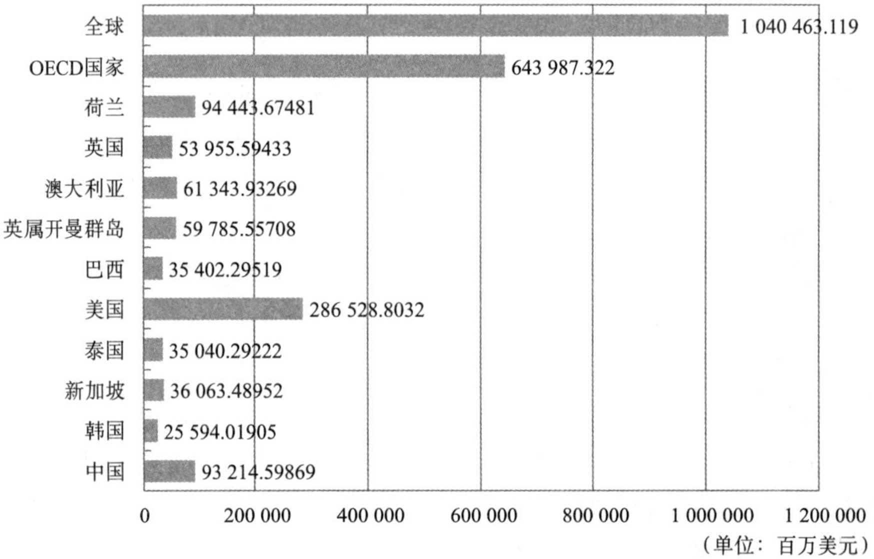

图 5－26　日本 1996—2012 年对外 FDI 总额地区/国家分布

数据来源：Japan External Trade Organization（JETRO），“Japan's Outward and Inward Foreign Direct Investment FDI Stock（Based on International Investment Position，net）”，http：//www.jetro.go.jp/en/reports/statistics/（2014）.

与对英投资和对荷投资的大起大落相比，日本对华直接投资不仅总体呈稳定增长趋势，且长期是仅次于美国的日本 FDI 第二大流入对象。1995 年以来，日本对华投资在亚洲金融危机之后曾经短暂搁浅，但之后便快速上升。

2008 年全球金融危机之后，日本对世界主要国家的 FDI 均大幅下滑，唯独对华投资却强势逆行上升。值得注意的是，日本对华 FDI 在 2012 年达到峰值后开始有所下滑。这一时期，日本对美国、英国、荷兰的投资却逐渐出现复苏迹象（见图 5 - 27）。

综合对比图 5 - 26 和图 5 - 27 会发现，尽管中国是日本 FDI 的主要流入对象，但其总额以及年度流量相对于日本的最大投资对象美国来说仍是九牛一毛。以 1996—2012 年吸收的总 FDI 为例，美国吸收了日本2 865. 288亿美元的 FDI，这一数据几乎占日本在此期间对外总投资的三分之一、以及中国吸收总量的 3 倍之多。此外，如上所述，在全球金融危机之后，日本对部分国家（美国、英国、荷兰）的直接投资不仅出现复苏迹象，其投资额也逐渐逼近并甚至超过对华投资。这意味着日本对华直接投资已经出现颓势，且其在中国的投资地位也正被其他国家替代或者稀释。

换个角度看，中国吸收 FDI 的形式也逐渐出现变化。直到 2003 年，日本仍是中国大陆仅次于中国香港的第二大 FDI 来源地，以及第一大 FDI 来源国。

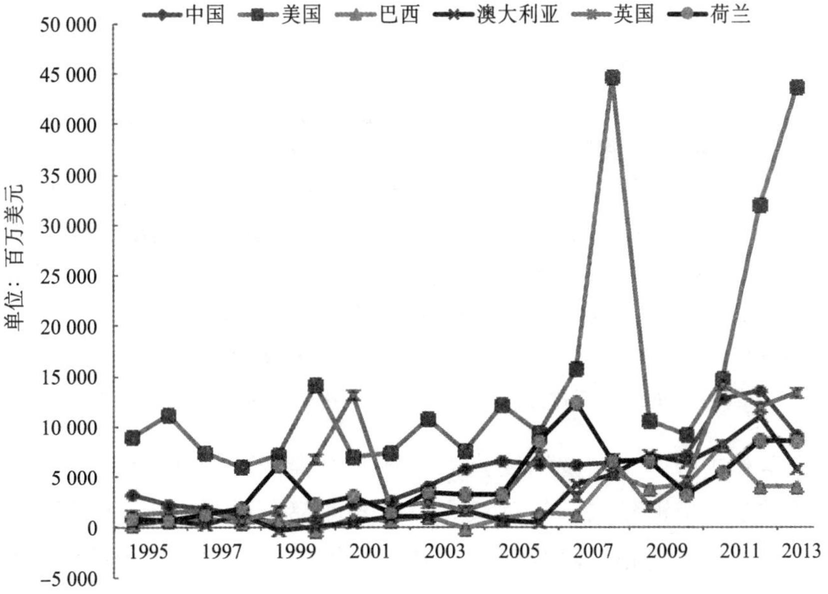

图 5 - 27　日本 1995—2013 年间对外主要对外直接投资变化图（单位：100 万美元）

数据来源：Japan External Trade Organization（JETRO），“Japan’s Outward and Inward Foreign Direct Investment By Country and Region”，http：//www. jetro. go. jp/en/reports/statistics/（2014）.

但此后，中国香港对大陆注资急速增长，并于 2013 年达到极高的 783 亿美元（几乎相当于日本对华 FDI 的 10 倍）。此外，日本的直接投资地位还为韩国、新加坡和中国台湾次第超越。尽管日本对华 FDI 在 2009 年之后强势复苏，但其 2013 年对华投资量仍只大致与新加坡相仿、略高于中国台湾（见图 5－28）。这实际上意味着日本的 FDI 对中国的重要性也在逐渐降低。

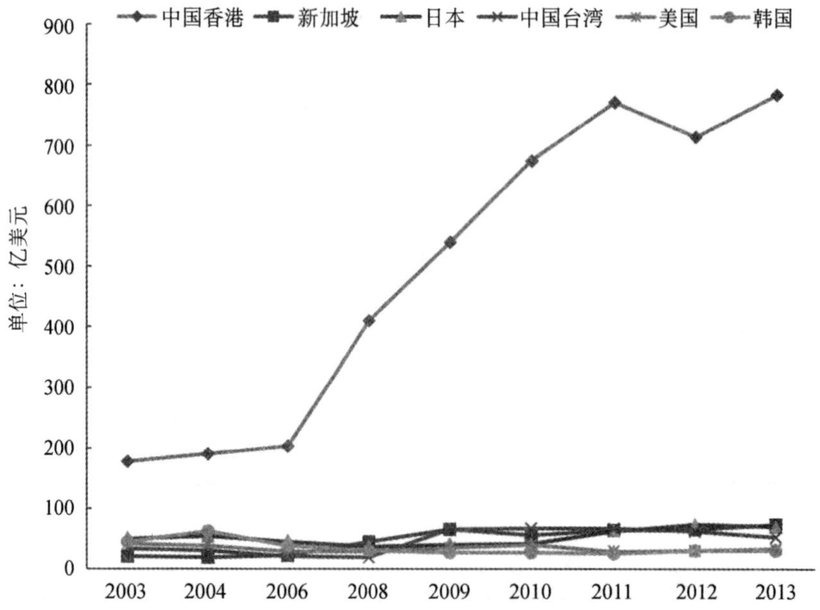

图 5－28　2003—2013 年对华直接投资的主要国家和地区

数据来源：中国商务部：《对华直接投资前十位国家/地区》，http：//data. mofcom. gov. cn/channel/includes/list. shtml？channel = wzsj&visit = E（2014 年）。

说明：未包括银行、保险、证券领域吸收外资数据。上述国家/地区对华投资数据包括这些国家/地区通过英属维尔京群岛、开曼群岛、萨摩亚、毛里求斯和巴巴多斯等自由港对华进行的投资。

从日本和中国两个角度出发分析，日本对华 FDI 投资尽管在历史上对两国均极为重要。但近年来，其对双边的重要性都在逐渐淡化。随着中国经济自身资本的进一步充裕，以及日本对外直接投资的变化，这一趋势应该会更加强化。以此来看，中日双边相互依赖实际上是削弱了。

综合观之，随着两国经济实力对比的转换，中日经济关系的内涵已悄然变迁。在双边贸易层面，日本对华依赖性超过了中国对日依赖性。这意味着潜在的贸易对抗更不利于日方。在投资层面，中国市场的巨大潜能和魅力使其成为国际投资者持久关注的热点，投资来源的多元化正在淡化日本的在华投资地位。简言之，日本对中国经济的重要性在逐步下降，中国对日本经济的重要性却在不断提高。长远来看，这是不可避免的发展趋势。如果启动可能的经济对抗，在经济全球化时代，中日经济都会严重受损，但相对而言，日本经济似乎受损更大，更难承受由此带来的严重后果。因此，在政治外交僵局难改的情况下，政经分离更可能成为日本积极推动的对华政策目标。

（三）周边国家的对华政经分离战略

事实上，政经分离是当今中国对外关系中存在的重要现象。这一现象根源于外部世界对中国崛起的认识之上。在中国快速崛起的过程中，周边国家对华认知发生巨大变化，认为中国崛起具有机遇和挑战的双重特性，在政策行为上逐渐形成了经济上利用中国、安全上平衡中国的对华策略。日本是这一策略的集大成者，“政冷经热”是其对华战略的惯常手法和目标。

不难看出，许多周边国家早已确立政经分离这一对华战略。国际战略研究所（CSIS）2014 年 7 月发布的一份题为《亚洲的权力与格局》（Power and Order in Asia：A Survey of Regional Expectations）的报告表明，中国周边国家为何会采取所谓“政经分离”的对华战略。该调查报告显示，53% 的受访者认为，未来 10 年内，中国将在东亚地区产生最大影响力，支持美国的比例则是 43%（见图 5－29）。普遍来看，随着实力的大幅提升，中国国际影响力的外部感知非常明显。

此外，就中国对东亚经济发展和地区安全的影响而言，79% 的受访者认为中国对地区经济发展有利，与此同时，61% 的受访者认为中国对地区安全存在较大或者某种负面影响（见图 5－30）。亚太主要国家和地区对华认知的矛盾性或两面性显而易见。这种冲突性的对华认知无疑对其对华政策产生了巨大影响。

1. 韩国的对华政经分离战略：相对成功的典型

事实上，CSIS 的调查报告反映了周边国家对中国崛起的矛盾心态及其对华战略选择的投机色彩。在地区格局转型、中国崛起未竟之际，周边国家的这种政策手法倒是可以理解，但其政策操作必须置于中方利益和战略底线范围之内，否则，该策略的可持续性就很难说。

就韩国而言，韩国是中国周边、同时也是世界较为重要的经济体之一。

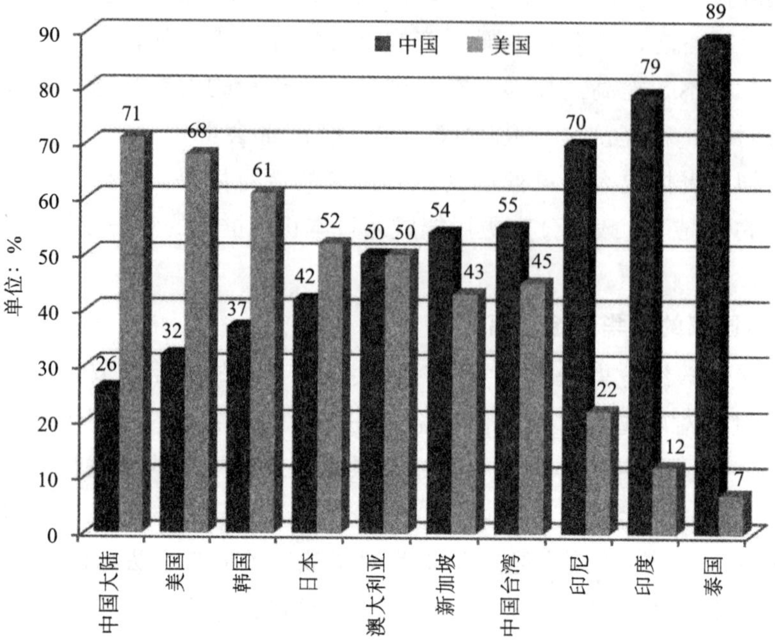

图 5－29　未来十年在东亚发挥最大影响力的国家或地区

数据来源：M. J. Green and N. Szechenyi, "Power and Order in Asia: A Survey of Regional Expectations," the Center for Strategic and International Studies (CSIS), July 2014, p. 4.

尽管中韩关系不断升温，但韩国国内最关心的外交议题仍然主要是朝鲜半岛问题、六方会谈、日韩关系以及[①]美韩关系，其中，美韩关系则是最重要的关注点。中国因素只是韩国国内所关注的议题之一。单就中韩关系来看，韩国绝大多数人基本持乐观态度。一方面，韩国认为中国对其经济发展至关重要，保持良好的中韩关系将会使自身受益。与此同时，韩国也较为认同中国在维持朝鲜半岛稳定和平衡日本等安全问题上的积极意义。[②] 但另一方面，韩国继续同美国在经济、安全等一系列事务上保持合作。以经济为例，韩国早在 2011

① E. S. Medeiros, K. Crane, E. Heginbotham, N. D. Levin, J. F. Lowell, A. Rabasa and S. Seong, "Pacific Currents: The responses of U. S. Allies and Security Partners in East Asia to China's Rise," RAND Corporation, Santa Monica, CA, 2008, p. 68.

② E. S. Medeiros, K. Crane, E. Heginbotham, N. D. Levin, J. F. Lowell, A. Rabasa and S. Seong, "Pacific Currents: The responses of U. S. Allies and Security Partners in East Asia to China's Rise," RAND Corporation, Santa Monica, CA, 2008, p. 68.

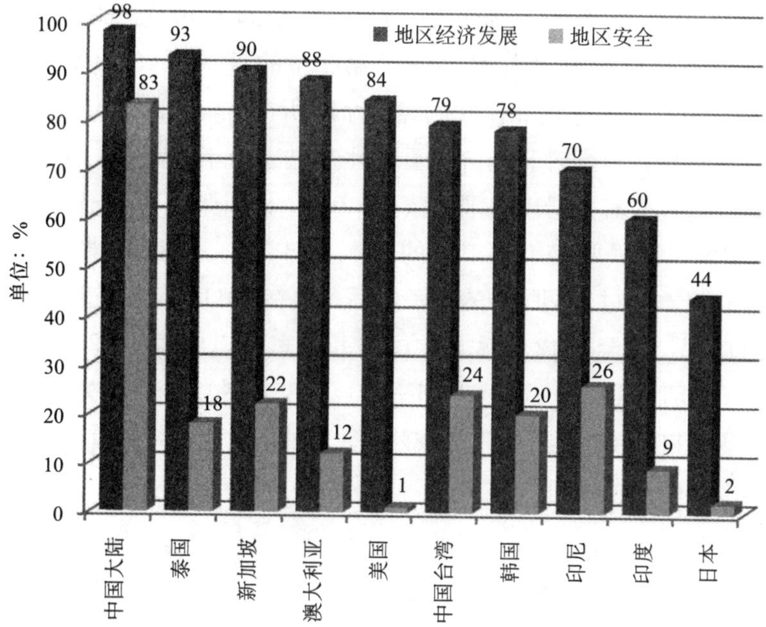

图 5－30　中国对地区经济发展和地区安全影响的调查
（回答”十分积极”和”可能积极”的比例）

数据来源：M. J. Green and N. Szechenyi, "Power and Order in Asia: A Survey of Regional Expectations," the Center for Strategic and International Studies（CSIS）, July 2014, p. 5.

年便同美国签署了 FTA（美韩 FTA 是美国已经签订的 FTA 中最重要的之一）。

在安全方面，不论韩国民意还是韩国政府都极为重视美韩同盟关系。但与某些国家不同，韩国只是将美韩安全同盟及合作关系视作其实现国家自身政策的先决条件，而非一种遏制和包围中国的手段。① 相对而言，在周边国家中，韩国的对华政经分离策略操作得极为成功。究其深层原因，是该国在中美之间实施了较为娴熟的平衡术，较好地把握了对华政经分离的政策限度。

2. 菲律宾的对华政经分离战略：相对极端的典型

菲律宾对华战略的“政经分离”更为明晰。以经贸关系而言，1995 年，中国对菲律宾的重要性还不值一提：仅为菲律宾的第 6 大进口国，所占份额则仅

① E. S. Medeiros, K. Crane, E. Heginbotham, N. D. Levin, J. F. Lowell, A. Rabasa and S. Seong, "Pacific Currents: The responses of U. S. Allies and Security Partners in East Asia to China's Rise," RAND Corporation, Santa Monica, CA, 2008, p. 94.

为4.97%（日本的这一指标是30%）；仅为菲律宾的第10大出口国，所占份额约为1.94%（第一位的美国占31.30%，第二位的日本占23.81%）。[①] 20世纪90年代中期，美日两国才是菲律宾的经济命脉所在，中国的意义几乎可以忽略不计。但世易时移，中国对菲经济的重要性在过去十年间骤升：中国早在2004便超越日本成为菲律宾头号出口国。截至2012年，菲律宾对华出口已占其总出口额的23.04%，几乎两倍于第二位的日本（13.12%）。就菲律宾进口市场而言，中国在和日本经过长期胶着的竞争之后，也在2011年正式超越日本成为该国第一大进口国。截至2012年底，中国占菲律宾进口总额的12.64%，日本则为11.35%（分别参见图5－31和图5－32）。[②] 正因为中菲经贸关系变得如此紧密，中国市场带来的经济增长也逐渐成为菲律宾处理对华关系的重要考量之一。[③]

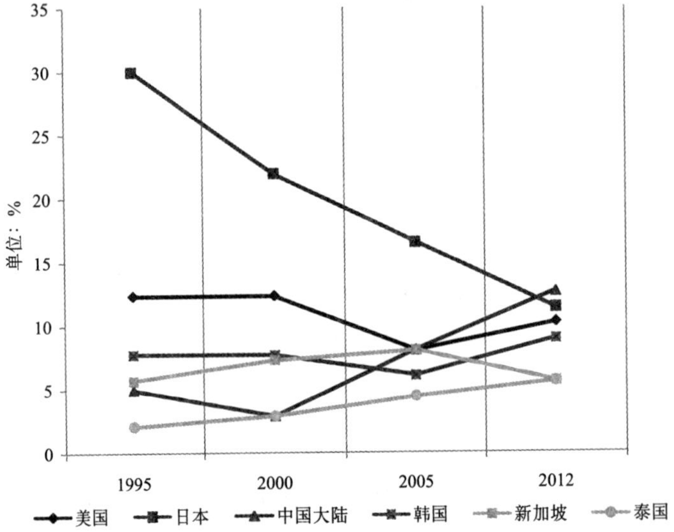

图5－31 1995—2012年菲律宾主要进口国变化图

数据来源：The Observatory of Economic Complexity, "Import origins of The Philippines (2012)", http://atlas.media.mit.edu/explore/tree_map/hs/import/phl/show/all/2012/ (2014).

① The Observatory of Economic Complexity, "Export destinations of The Philippines (1995)", http://atlas.media.mit.edu/explore/tree_map/hs/export/phl/show/all/1995/ (2014).

② The Observatory of Economic Complexity, "Import origins of The Philippines (2012)", http://atlas.media.mit.edu/explore/tree_map/hs/import/phl/show/all/2012/ (2014).

③ E. S. Medeiros, K. Crane, E. Heginbotham, N. D. Levin, J. F. Lowell, A. Rabasa and S. Seong, "Pacific Currents: The responses of U. S. Allies and Security Partners in East Asia to China's Rise," RAND Corporation, Santa Monica, CA, 2008, p. 97.

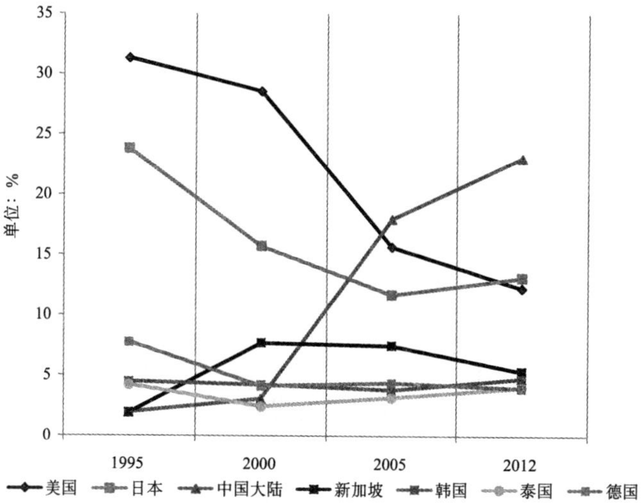

图 5－32　1995—2012 年菲律宾主要出口国变化图

数据来源：The Observatory of Economic Complexity，"Export destinations of The Philippines (1995)"，http：//atlas. media. mit. edu/explore/tree_ map/hs/export/phl/show/all/1995/（2014）.

尽管中菲经济关系如此紧密，但在政治和安全领域，双方的分歧却显而易见。南海问题是中菲之间最明显的分歧之一。鉴于菲律宾动荡的国内局势以及捉襟见肘的经济状况，菲律宾其实并没有足够的砝码直接与中国在该问题上进行较量。一直以来，菲律宾都试图借助加强同东盟和美国的防务合作来平衡中国。菲律宾是东盟的创始会员国之一，曾多次试图利用东盟作为一个"统一战线"来阻遏中国的南海行动。然而，事实证明，尽管中国政府主动同东盟签订了部分协议文件，但中国在南海的行为却并未因此而显著减少。作为美国历史最悠久的亚洲盟友，菲律宾至今为止仍同美国保持紧密的安全合作。较之东盟，菲律宾和美国的安全联系更为密切。一直以来，重建与美国的防务合作关系是马尼拉试图威慑中国的动机之一。1995 年的美济礁事件更是直接导致菲律宾决定重新与美国建立防务合作关系。此后，美菲两国先后重启了联合军演并在 2002 年签署了《双边后勤支持协定》（Mutual Logistics Support Agreement）。[①] 2010 年以来，菲律宾不断寻求强化与美国的军事合作关系，积极

① E. S. Medeiros, K. Crane, E. Heginbotham, N. D. Levin, J. F. Lowell, A. Rabasa and S. Seong, "Pacific Currents: The responses of U. S. Allies and Security Partners in East Asia to China's Rise," RAND Corporation, Santa Monica, CA, 2008, p. 118.

反华，凸现自身反华的战略价值，力图成为美国亚太“再平衡”战略的支点之一，以换取美国的军事保护，制衡中国不断崛起的力量。

可以看出，中菲经贸关系十分紧密，但菲律宾对华关系中的“政经分离”倾向尤其明显。对于菲律宾而言，在政治外交上抗拒中国已经超过了政经分离策略所允许的限度，遭到中国的强硬反制不可避免。这对两国经济关系发展势必造成消极影响。

3. 新加坡的对华政经分离战略：相对低调的典型

新加坡尽管国土面积不大，却是中国临近的重要国家之一。与其他国家一样，新加坡在对华关系中亦在推行“政经分离”战略。从新加坡和中国的经济关系而言，中新贸易、投资关系均极为密切。在贸易方面，中新双边贸易并未占到中国对外贸易总额的较大部分。但对新加坡来讲，中国的经济重要性却显得有些不可或缺。

据统计，自 1995 年以来，中国逐渐从新加坡的第 8 大进口国上升为该国举足轻重的第一大进口国。截至 2013 年底，中国已经连续 6 年（始于 2007 年）位居新加坡第一大进口国（见图 5 – 33）。

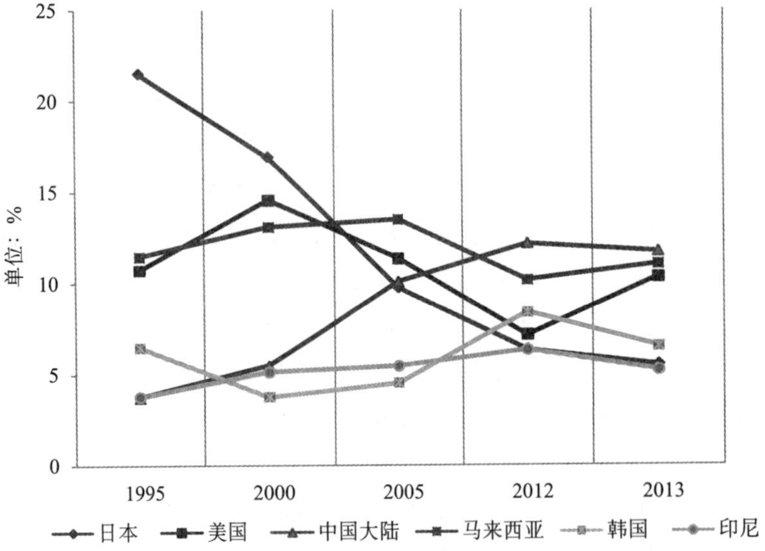

图 5 – 33　新加坡主要进口市场变化

数据来源：The Observatory of Economic Complexity，MIT，　http：//atlas. media. mit. edu/explore/tree_ map/hs/import/sgp/show/all/2000/；以及中国商务部：http：//countryreport. mofcom. gov. cn/record/view110209. asp？ news_ id =38229。

在新加坡的出口贸易方面，中国也从1995年的3.76%（第8位）迅速上升，并于2010年成为该国第一大出口经济体。尽管2013年有所回落，但中国仍然以11.8%的高份额仅次于马来西亚的12.2%（见图5-34）。同样，截至2013年，中新贸易总额达到1 151.997亿美元，为新加坡第一大贸易伙伴。①

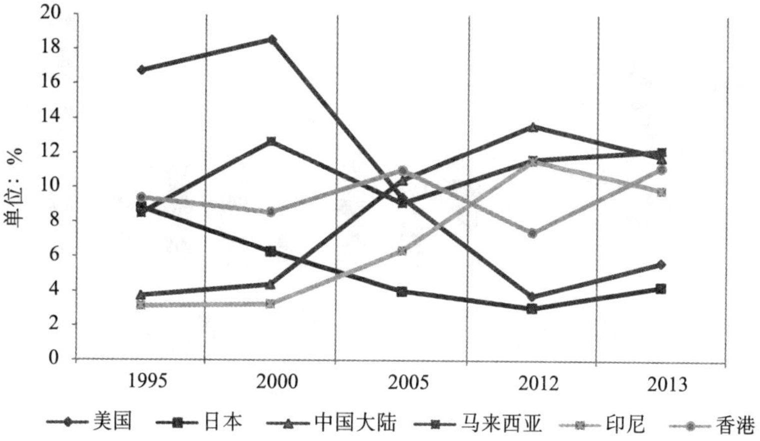

图5-34 新加坡主要出口市场变化

数据来源：The Observatory of Economic Complexity, MIT, http://atlas.media.mit.edu/explore/tree_map/hs/export/sgp/show/all/2012/；以及中国商务部：http://countryreport.mofcom.gov.cn/record/view110209.asp? news_id=38228。

中新双边也有着极为紧密的投资关系。新加坡官方统计数据显示，在2003—2012年期间，中国累计吸收新加坡FDI达724.343亿美元（这一数据超过了新加坡在欧盟28国的投资总和，并约为新加坡在英国等国投资的两倍），从而成为吸收新加坡FDI最多的经济体（见图5-35）。另据中国商务部的数据统计，新加坡在2013年度对华直接投资达73.27亿美元，是仅次于中国香港的第二大对华直接投资经济体。②

综合来看，中新双边经贸关系相当密切。从依赖的角度来看，新加坡对华的贸易依赖显然大于中国对新加坡的贸易依赖。在投资方面，尽管新加坡对华投资仅次于中国香港，但对资本日益充裕的中国来讲，很难说中国对其

① The Singapore Department of Statistics, "External Trade (Yearbook)", http://www.singstat.gov.sg/statistics/browse_by_theme/trade.html (2014).

② Ministry of Commerce (China), "Statistics of FDI in China in January - December 2013", http://english.mofcom.gov.cn/article/statistic/foreigninvestment/201402/20140200498911.shtml (2014.1.24)

FDI 存在多大依赖性。因此，新加坡在经济上实际更依赖中国，而不是相反。

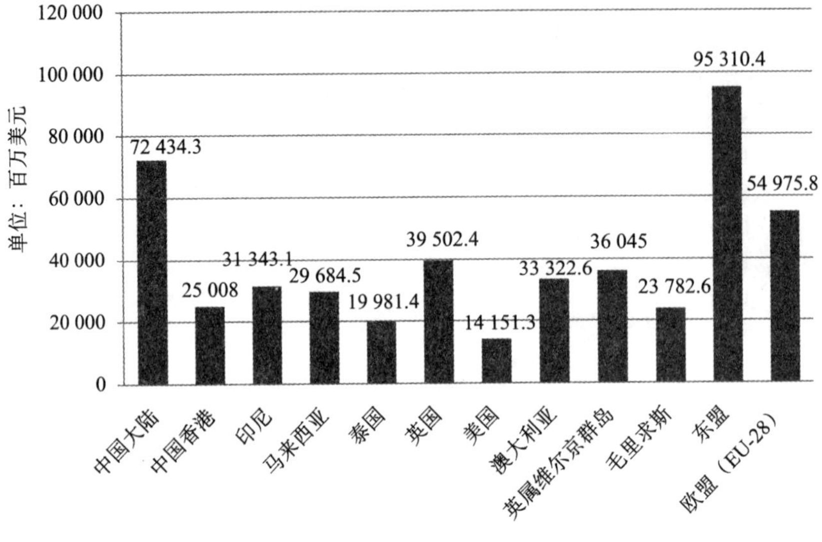

图 5－35　新加坡 2003—2012 年 FDI 总流出量国别/地区分布

数据来源：The Singapore Department of Statistics, http://www.singstat.gov.sg/statistics/browse_by_theme/investment.html.

然而，经济利益并未带来中新双边在安全问题认识上的一致。新加坡并不认为中国将在短期内威胁新加坡的国家安全。但在该国看来，中国经济和军事实力的日渐提升将可能形成潜在的安全隐患。要在将来平衡这一可能性威胁，美国的存在不可或缺。①

在美菲 20 世纪 90 年代早期军事基地谈判破裂之后，新加坡主动请缨，表示愿为美国提供驻军基地和设施。目前，美军西太平洋海军后勤小组（U. S. Navy Logistic Group West Pacific）以及 497 空军战斗训练中队均驻扎新加坡。此外，美军还可使用新加坡的樟宜海军基地（Changi Naval Base）停泊航空母舰。② 出于对中国崛起的莫名担忧，以及对临近国家伊斯兰激进主义蔓延的恐

① E. S. Medeiros, K. Crane, E. Heginbotham, N. D. Levin, J. F. Lowell, A. Rabasa and S. Seong, "Pacific Currents: The responses of U. S. Allies and Security Partners in East Asia to China's Rise," RAND Corporation, Santa Monica, CA, 2008, p. 159.

② M. Lostumbo, M. McNerney, E. Peltz, E. Derek, D. Frelinger, V. Greenfield and J. Halliday, "Overseas Basing of U. S. Military Forces: An Assessment of Relative Costs and strategic benefits," The RAND Corporation, The RAND Corporation, 2013, p. 371.

惧，新加坡在加强与美国、澳大利亚、日本等对该区域稳定至关重要的安全合作上毫不含糊。实际上，在稳定和经济繁荣的双重考虑下，新加坡对华推行政经分离的战略并不奇怪，只不过相对低调而已。

综观中国周边的韩国、菲律宾、新加坡，以及并未详述的澳大利亚、缅甸、越南、泰国诸国，甚至若干西方国家，其对华战略中都或多或少存在某些“政经分离”的倾向性。究其原因，这些国家可能认为，中国崛起给自身安全和稳定带来了某种实际或者潜在的威胁，以致它们只能寻求美国等国的安全庇护或支持，以平衡中国不断上升的影响力。中国崛起及其影响是个客观事实，由此引发周边国家的某些担忧是可以理解的。譬如，中国在朝核问题上的立场对韩国就存在实质性影响，在南海争端上的立场同样能实质性地影响到菲律宾和越南的安全关切。但有些威胁认知却是不切实际的胡猜乱想，是以中国为借口追求政治私利和不合理权益的算计，更可能是追随美国亚太政策的重要表现。譬如，中国和新加坡实际上并无诸如岛礁之类的实质性争端，所谓中国威胁仅仅存在于新加坡的主观建构之中，或者说是通过鼓噪中国威胁取悦主要邻国和美国。

与此同时，中国的快速崛起带来了极大的经济机遇，周边国家都自觉或不自觉地加强了同中国的经济关系。在紧密的经贸关系的前提下，继续维持或者更进一步发展与中国的经贸关系将直接关乎本国经济发展和其他关键问题。因此，周边国家在对华关系中推行“政经分离”实际上在所难免。周边国家对华政经分离的倾向可以形象地概括为“经济上搭中国便车，安全上搭美国便车”。这是中国崛起进程中特定时期的特殊现象，中国可以有条件地默认这一奇特现象，不允许肆意超越政经分离的底线。未来，政经分离回复到政经相联的常态是历史大势，也是中国外交的重要课题。

需要注意的是，中国周边国家的某些安全战略其实并不一定完全针对中国。比如菲律宾和新加坡两国虽然均在安全防务上与美军开展合作，但其目的除了所谓的制衡中国之外，还包括稳定国内局势、防止伊斯兰极端主义蔓延等其他动因。因此，面对周边国家的类似举动，中国可以提高警觉，冷静观察，不必事事风声鹤唳。

（四）经济对抗的可能后果

在中日政治关系日渐紧张的情形下，两国最终将政治对抗转移至经济对抗的可能性逐渐上升。但任何一方最终选择诉诸经济对抗之前，均应仔细评估由此带来的实际影响与潜在后果。

1. 对中国的潜在经济影响

从贸易角度看，中日一旦爆发经济对抗，则中国的部分对日出口和进口贸易都将受损。日本仍是中国较为重要的出口目的地之一，中国向日本出口的主要产品中既包括电机、电气，核反应堆、锅炉器具及零件等工业制成品，同时也包括针织品、服装、玩具、家具等基础货物，以及肉、鱼类、蔬菜等农产品。[①] 其中，除了电机、核反应堆器具等工业制成品的可替代性较低之外，其他产品的可替代性均较高。以 2013 年数据为例，中国出口日本的工业制成品大约占总出口的一半以上，基础制品和农产品分享了剩下的份额。其中，日本该年自中国进口的纺织品及原料、家具、玩具分别为 292.4 亿美元和 110.7 亿美元。[②] 这些产品多数为劳动密集型产品，面临越南、泰国等亚洲国家的竞争压力。中日经济对抗可能首先造成这部分的出口受阻，并被逐渐替代。这意味着中国将为此最多可能损失 400 亿美元左右的出口机会。如果对抗烈度增大，则中国对日出口中的机电产品等工业制成品也将受损。简言之，中日如果经济对抗，可替代性较高的产品将首当其冲，可替代性产品也将可能在对抗烈度升级的情况下率先受损。

除了对日出口受损外，中国自日本进口贸易也将严重受损。机电产品、化工产品、运输设备、光学仪器、钟表、医疗设备等工业制成品均为中国主要进口商品，其份额占中国自日本进口商品的近 70%。[③] 尽管中国也从日本进口部分基础产品，但份额极低。因此，如果日本在经济对抗中限制对华主要出口产品，将可能令中国在部分高端设备、仪器和技术进口上受损。中国自韩国等国进口的商品结构与自日本进口商品结构相仿，因此，中国需在这种情形下寻找替代进口来源。

另外，中日经济对抗也会减少中国 FDI 的流入。日本目前仍是中国主要

---

① 中国商务部：《日本自中国进口主要商品构成（章）》，http：//countryreport. mofcom. gov. cn/record/view110209. asp? news_ id = 38115 （2014）。

② 中国商务部：《日本自中国进口主要商品构成（章）》，http：//countryreport. mofcom. gov. cn/record/view110209. asp? news_ id = 38115 （2014）。

③ 中国商务部：《日本对中国出口主要商品构成（类）》，http：//countryreport. mofcom. gov. cn/record/view110209. asp? news_ id = 381156 （2014）。

的FDI流入国之一。一旦经济对抗，日本将极有可能撤回或者分散其FDI流向。但对比来看，日本的对华FDI所占中国FDI流入总额比例较小，且其实际流量亦不大。因此，日本FDI的减少尽管会对中国经济造成一定影响，但影响程度应该有限。

综合来看，日本作为中国极为重要的贸易伙伴和投资伙伴之一，其与中国经济对抗除了将直接影响中日经贸关系之外，还将间接影响中国的经济增长预期。

2. 对日本的潜在经济影响

目前来看，中国是日本第一大进口国和第二大出口国，并曾同时是日本第一大进口国和出口国。作为日本的第一大贸易伙伴，中国对日本经济的重要性不言而喻。中日经济对抗将直接作用于双边贸易关系。

首先，日本的进口市场将会严重受挫。以2013年为例，日本自中国进口总额达1 807.62亿美元，占日本进口总额的21.7%。位居日本第2位、第3位的进口国美国和澳大利亚仅占日本进口总额的8.4%和6.1%。[①] 中国在日本进口市场中的份额意味着日本寻求替代市场的难度极大。尽管日本自中国进口的部分商品替代性极高，但其缺口仍难短期内得到弥补。

日本出口贸易市场分布相对平衡，但仍难免遭受中日经济对抗的冲击。同样以2013年贸易数据为例，表明上看，中国仅为日本第二大出口市场，但其份额（18.1%）与第一位的美国（18.5%）几乎不相伯仲，并曾一度胶着（中国在2013年仍为日本第一大出口国），且遥遥领先于第三位的韩国的7.9%。[②] 这表明对华出口市场的萎缩虽然能够部分通过对美出口市场加以缓冲，但损失仍然显而易见。

其次，中日经济对抗将迫使日本FDI转移投资目的地，其既有在华投资则可能因此受损。如前所述，中国为日本累计直接投资的第三大市场（位居美国和荷兰之后）。中国对华FDI累计总额的庞大意味着中国的市场潜力巨大，一旦放弃中国转投其他国家，其投资收益则可能大打折扣。此外，一旦中日经济对抗，日本在华既有的高额投资将可能面临中途撤资、收益萎缩等

① 中国商务部：《日本自主要贸易伙伴进口额》，http://countryreport.mofcom.gov.cn/record/view110209.asp?news_id=38104（2014）。

② 中国商务部：《日本自主要贸易伙伴进口额》，http://countryreport.mofcom.gov.cn/record/view110209.asp?news_id=38104（2014）。

风险。

其三，中日经贸曾为日本经济复苏做出过巨大贡献，若中日经济对抗将恶化日本经济复苏的预期。日本可能因此毫无争议地快速步入第三个“失去的十年”。

3. 对双边关系及国际社会的影响

中日均是东亚乃至全球极为重要的经济体，经济对抗不仅将深刻影响中日双方，还将进一步波及东北亚、东亚区域、全球经济以及其他领域的经济合作。

首先，中日经济和政治的交替对抗将最先波及中日韩自贸区谈判的进行。目前来看，中日韩自贸区谈判进展缓慢。如果中日关系再度恶化，那么东北亚三国最终达成自贸协定的可能性将大打折扣。

其次，中日两国还在 RCEP 中扮演着极为重要的角色。若两国矛盾再生，RCEP 的进一步发展也将受到约束。尽管东盟的主导地位可以起到部分调和作用，但其影响力有限，仍可能难以弥补中日两国之间的裂痕。

此外，日本业已加入美国主导的 TPP 谈判进程。如果中日双边关系恶化，则日本可能将更多地疏远 RCEP 而侧重 TPP。若如此，那么世界经济合作的模式和进程均可能发生重大变化。

四、小结

当前，中国在宏观经济规模方面正全面超越日本。中国的 GDP 总量和进出口贸易额远超日本，人均 GDP、投资和对外援助方面虽仍与日本存在差距，但发展势头迅猛。日本经济发展则陷于停滞状态，在“安倍经济学”刺激下虽有所回温，但长远来看，日本与中国在经济发展方面的差距正逐渐缩小，在某些方面已为中国所超越。作为一个成熟经济体，日本在劳动力素质、科技以及资本等生产要素方面有很强的竞争优势。作为一个发展中国家，中国充分利用其后发优势，大量引进外资、人才与技术，实现了跨越式发展。改革开放三十余年，中国在科技、人才、资本方面已经逼近、甚至超越了日本。中国本身又是一个资源大国、人口大国，在自然资源条件、劳动力数量、市场规模和潜力等方面所具有的先天优势更是日本难以相提并论的。因此，在国际市场上，相对中国，日本正在逐渐失去竞争优势。诚然，当前日本在某些技术密集型制造业部门和创意文化产业方面仍然具有较强的比较优势，但中国正逐步缩小与日本在这些方面差距。

日本在东亚经济合作中曾经一度扮演“盟主”和“领头雁”的角色，目前逐渐被中国所取而代之。中国的迅猛发展带动了周边国家的经济增长，推动了周边国家出口贸易的发展、基础设施的完善。当前的东亚地区秩序正经历着结构性变革，权力中心逐渐由日本向中国转移，中国全面超越日本已成必然趋势。

中日两国经济之间既存在相似性，也存在极大的差异性。就相似点来看，首先，中日两国均是全球化的主要受益者。战后不断推进的全球化进程为日本和中国经济的腾飞均起到了不可或缺的作用。其次，中日发展模式比较类似，即所谓“东亚模式”。该模式最先由日本实施，之后得到韩国和中国等东亚国家相继效仿。中日均因“东亚模式”实现了长期高速经济增长。此外，中日之间的传统文化也较为接近。两国均在社会领域强调集体文化，在政治层面强调道德，在经济领域则强调精神价值。中日这种相似的传统文化被广泛认为对两国经济奇迹起到了推动作用。随着全球化进程的演进，两国传统文化均在发生部分变化。

中日经济的差异性同样显著。其一，两国在劳动力、资源、土地、国内市场等方面存在巨大差异。中国的劳动力虽在教育程度上稍逊日本，但在人口数量和人口潜力反面远胜日本。中国幅员辽阔，资源丰富，国内市场巨大。这些优势都意味着中国更能“自力更生”，逐步减少对外需的严重依赖以实现经济的持续增长。日本国土狭小，资源缺乏，严重依赖外需。此外，国内市场的狭小则为日本经济的长期复苏埋下隐患。其二，日本作为先发国家仍具极大的先发优势，中国理应借鉴日本的经验教训实现赶超。其三，日本在战后与西方国家之间形成了紧密的经济、安全合作关系，极大地拓展了日本的国际空间。中国则长期受到西方世界的围堵和排挤，这不仅限制了中国的国际政治、安全空间，还阻碍了中国经济的及时发展。其四，“1940 体制”为日本战后经济腾飞做出了巨大贡献，但结构性矛盾也阻碍了日本经济的持续发展。中国在改革开放后逐步突破了传统的计划经济体制，并部分借鉴了日本经验。经过长期发展之后，中国政府对既有的经济体制进行了较大规模的改革，日本小泉纯一郎政府也启动过类似的改革。目前来看，中日两国均面临经济体制深入改革的重大课题。

经济全球化使得中日经济关系愈发紧密，并对两国政治、安全关系产生了部分影响。目前，两国经济相互依赖究竟多大程度上左右了双边关系仍存争议。中日双边关系恶化将极有可能阻碍东北亚自贸区、RCEP以及TPP等区域一体化和全球化进程。

目前，中日经济仍然相互依赖，但依赖的平等性已发生变化。首先，中国外贸逐渐多元化，日本的重要性显著下降。与日本对中国的重要性逐渐下降相反，中国对日本外贸却在近二十年间不断上升。中日同样存在较为紧密的投资关系。其次，日本对华FDI投资尽管在历史上对两国均极为重要。但近年来，其对双边的重要性都正在逐渐淡化。随着中国经济自身资本的进一步充裕，以及日本对外直接投资的变化，这一趋势应该会更加强化。以此来看，中日经济相互依赖关系实际上是削弱了。

中国的对日经济战略尚不清晰，但许多周边国家早已确立政经分离这一对华战略。究其原因，可能在于这些国家认为，中国崛起给自身安全和稳定带来了某种实际的或者潜在的威胁，以致它们只能寻求美国等国的安全庇护或者支持。这些“威胁”认知有一定的合理性，但大多数情况下却是非理性的猜想。与此同时，中国的快速崛起带来了难得的经济机遇，周边国家都自觉或者不自觉地加强了同中国的经济关系。在紧密的经贸关系下，继续维持或者更进一步发展与中国的经贸关系将直接关乎本国经济发展前景。因此，周边国家在对华关系中推行“政经分离”实际上在所难免。周边国家“政经分离”的做法可以形象地概括为“经济上搭中国便车，安全上搭美国便车”。但需要注意的是，中国周边国家的某些安全战略其实并不一定完全针对中国。因此，面对周边国家的类似举动时，中国可以提高警觉，但不必事事风声鹤唳。

随着中日关系的不断恶化，关于中国可能性的战略选择的讨论已经迫在眉睫。一般说来，在中日交恶的情况下，中国面临两种战略选择：即政经分离和经济对抗。当然，两国也可能存在某种介乎这两种状态之间的政策选择。就中日目前的双边关系而言，两者所处的状态大致属于介乎经济对抗和政经分离之间的中间战略。一方面，中日之间的政治、安全矛盾已经日渐激化。另一方面，中日贸易、投资关系对彼此的重要性均已出现显著下降。这种重要性的下降实际上意味着双边进行经济对抗的损失和风险的下降。中日关系的这种状态意味着两者其实已经具备了进行经济对抗的客观前提。中国可以在中日政治、安全关系激烈对抗的情况下，毅然采用经济对抗策略，彻底打消日本政经分离的幻想。但需要注意的是，在采取这一战略之前，中国有必要尽可能做好弥补经济对抗带来损失的前期准备（寻求替代市场等）。

在中日政治关系日渐紧张的情形下，两国最终将政治对抗转移至经济对抗的可能性逐渐上升。在最终诉诸经济对抗之前，均应仔细评估对抗的实际后果和潜在后果。从贸易角度看，一旦爆发经济对抗，中日贸易都将会受损。另外，中日经济对抗也会减少中国的FDI流入。日本目前仍是中国主要的FDI流入国之一。一旦发动经济对抗，日本将极有可能撤回或者分散其FDI流向。鉴于两国经济相互依赖不断变迁的内涵，日本对中国经济的重要性逐渐降低，中国对日本经济的重要性却不断提高。经济对抗更不利于日本经济。

综合来看，经济对抗不仅直接影响中日经贸关系，还将间接影响两国经济增长预期。中日均是东亚乃至全球的关键经济体，经济对抗带来的影响不仅将深刻影响中日双方，还将进一步波及东北亚区域甚至全球经济与其他领域的合作。中日在RCEP中扮演着极为重要的角色。若两国矛盾加剧，RCEP的发展也将受到影响。此外，日本业已加入美国主导的TPP谈判进程。如果中日双边关系恶化，日本可能将会更多地疏远RCEP而侧重TPP。亚太经济合作模式和进程均可能因此发生重大变化。

毋须讳言，政治外交关系持续走低必将延伸至中日经济关系之上，问题只是程度大小而已。作为两个世界经济大国，中日经济竞争、博弈、抑或对抗无疑具有双边性、地区性和全球性特征。在中日关系新局下，经济关系是两国互动的主要领域。在全球范围内，两国既有正常的商业、资源和市场的竞争行为，同时也有基于政治外交和战略思维的相互博弈和对抗。这是未来中日关系的常态。国际经济机制、新兴市场、亚太尤其东亚是中日经济博弈的宏大舞台。

第 6 章
中日国际机制参与、新兴市场布局与博弈

中日关系具有毋庸置疑的全球性影响。两国双边互动的领域非常广泛。这体现在经济、政治、外交、安全、文化、国际舆论等诸多领域。其互动途径也是多层面、多样化的，国际机制、国际媒体、国际会议、涉外机构、网络空间都是两国博弈的场域。其互动范围不仅仅停留于两国所在的东亚和亚太区域，在全球重要新兴市场上，两国亦可能展开越来越激烈的竞争、博弈、甚至对抗。中日在政治安全和外交层面已显示了清晰的竞争态势。

长远来看，经济竞争将是中日关系中的关键环节。一方面，当代战争形态及其后果与传统战争相比已然不可同日而语。在毁灭性战争前景的预期下，大国之间不会轻易诉诸战争。现实来看，虽然不可不防，但中日并无发动军事对抗的条件。日本的军力发展面临财政限制，美日同盟也绝非日本军事对抗中国的可靠依托。中国则面临军事发展的长期性和复杂性的制约，军事现代化进程仍需时日。短期来看，中日之间出现大规模军备竞赛和军事碰撞的可能性还算可控。

另一方面，经济发展和综合国力的提高依然是两国的长期目标。极而言之，经济实力是决定中日关系最终走向的关键因素。在这个过程中，全球范围内的经济竞争是两国关系的主要表现形式。日本是曾经的世界第二大及目前的第三大经济体，其通过经济实力和先前融入国际体系的努力所奠定的国际影响力仍然不可小觑。作为目前世界第二大经济体的中国是现有国际体系的后来者，在参与度、融入度和影响力方面较逊日本，但发展潜力巨大。

未来一段时期，日本国际影响力的相对下行和中国国际影响力的相对上

行是不可避免的趋势。在这一趋势中，经济力量将会发挥极为关键的作用。在和平发展仍是世界主要潮流的时代里，提升自身在国际机制中的话语权、制定国际议程的能力以及获得更广泛区域的政治支持都需要经济力量的支撑。

一、中日国际机制参与及博弈

多边国际机制是国际政治经济治理的重要载体，是衡量一国国际地位的重要指标，也是维护与促进国家利益、发挥国际影响的关键渠道。战后以来，国际关系中的无政府状态得到缓解，其中非常重要的一个原因是各个层面的国际机制不断建立、完善起来。这些机制制定国际规则，处理国际问题，规范国家行为，凝聚国际共识，塑造国际舆论，为各国和平和繁荣做出了重大贡献。在一个越来越全球化的世界上，任何国家的生存与发展都不可能游离于国际体系之外。充分利用国际机制的政经功能，促进自身国家利益，是当代国家不可或缺的选择。与此同时，国际机制也是国家之间密切沟通和协作、抑或竞争与博弈的重要场所。在双边关系大幅变化时期，中日在国际机制中的相互竞争和制衡正在成为一种常态。

（一）中国的国际机制认识与参与

中国对国际机制①的认识并非一成不变。近代以后，中国对国际体系和国际机制的态度可谓几经起伏和变动。根据相关学者研究，新中国建立之后，中国对国际制度的认知和政策可以大致分为以下四个阶段：相对孤立时期（1949—1970）、消极参与时期（1971—1978）、部分参与时期（1979—1991）以及全面参与时期（1992 年至今）。②

在第一阶段，新中国建立之初，随即遭到美国等西方国家的强力抵制和封锁，并被西方主导的国际机制排除在外。在这种孤立的国际环境下，新中国选择了“一边倒”的外交政策。到了 20 世纪六七十年代，中苏关系破裂，

---

① 这里的“国际机制”是指 3 个以上国家建立的处理特定国际事务的安排，它往往与国际组织、国际制度、国际安排等术语近义，甚至会交叉使用。从层次上看，国际机制包括全球多边国际机制和地区多边国际机制。

② 门洪华：“压力、认知与国际形象：关于中国参与国际制度战略的历史解释”，《世界经济与政治》2005 年第 4 期，第 17—22 页。

社会主义阵营瓦解，新中国改变了这一外交战略，提出“两个中间地带”理论，并宣称要“两条线作战”，反对霸权国家及其主导的国际秩序。

第二阶段始于20世纪70年代，中国开始调整此前的国际战略，提出“三个世界”理论，并逐步改善了同美日等西方发达国家的外交关系。此外，中国还顺利恢复了在联合国的合法席位。这一时期，中国尽管淡化了自身作为既有国际制度的挑战者角色，但仍然摇摆于国际机制内外，国际形象相当消极被动。

在第三阶段，中国开始大刀阔斧地进行改革开放，在国际上也逐渐融入既有国际机制之中。这一时期，中国最终放弃了冷眼旁观的“局外者”身份，成为多数全球性国际机制的重要参与者。经济建设是这一阶段中国国家总体战略的核心，参与的国际机制主要集中在经济领域。参与国际机制的特点是参与数量较多，但较少提出建设性意见，也缺乏议程设置能力和意愿。

在第四个阶段，中国在国内政治风波和苏东剧变的内外压力下，开始试图通过参与国际机制来打破外交孤立，并通过国际机制找到与各国利益的契合点，寻求社会主义发展的新模式。[①] 在这个时期，中国参与的国际机制呈现出全面性、战略性以及长远性的特征。在诸多重大全球性问题上，中国越来越融入既有国际制度并变得更加合作[②]。

根据相关文献资料，中国目前参加了以下国际机制：亚洲开发银行（ADB）、非洲开发银行（AfDB，非地区成员）、亚太经合组织（APEC）、东盟地区论坛（ARF）、东盟（ASEAN，对话伙伴关系）、国际清算银行（BIS）、加勒比开发银行（CDB）、金砖国家集团（BRICS），亚信峰会（CICA）、东亚峰会（EAS）、联合国粮农组织（FAO）、金融特别行动工作组（FATF）、二十国集团（G20）、24国集团（G24，观察员国）、77国集团（G77）、美洲开发银行（IADB）、国际原子能机构（IAEA）、国际复兴开发银行（IBRD）、国际民航组织（ICAO）、国际商会（ICC）、国际红十字会和红新月会（ICRM，International Red Cross and Red Crescent Movement）、国际开发协会（IDA）、国际农业开发基金（IFAD）、国际金融合作组织（IFC）、国际红十

① 门洪华：“压力、认知与国际形象：关于中国参与国际制度战略的历史解释”，《世界经济与政治》2005年第4期，第17—22页。

② 门洪华：“压力、认知与国际形象：关于中国参与国际制度战略的历史解释”，《世界经济与政治》2005年第4期，第17—22页。

字和红新月联盟（IFRCS）、国际航道组织（IHO）、国际劳工组织（ILO）、国际货币基金组织（IMF）、国际海事组织（IMO）、国际移动卫星组织（IMSO）、国际刑事警察组织（Interpol）、国际奥委会（IOC）、国际移民组织（IOM，观察员）、各国议会联盟（IPU）、国际标准化组织（ISO）、国际电信卫星组织（ITSO）、国际电信联盟（ITU）、拉美一体化协会（LAIA，观察员）、多边投资担保机构（MIGA）、西撒特派团（MINURSO）、联合国马里多层面综合稳定特派团（MINUSMA）、刚果稳定团（MONUSCO）、不结盟运动（NAM，观察员国）、核供应国集团（NSG）、美洲国家开发组织（OAS，观察员国）、禁止化学武器组织（OPCW）、太平洋联盟（Pacific Alliance，观察员国）、国际仲裁法院（PCA）、太平洋岛国论坛（PIF，合作伙伴）、南亚区域合作联盟（SAARC，观察员国）、上合组织（SCO）、中美洲统合体（SICA，观察员国）、联合国（UN）、非洲联盟—联合国达尔富尔特派团（UNAMID）、联合国贸易及发展会议（UNCTAD）、联合国教科文组织（UNESCO）、联塞部队（UNFICYP）、联合国难民署（UNHCR）、联合国工业发展组织（UNIDO）、联合国驻黎巴嫩临时部队（UNIFIL）、联合国临时安全部队（UNISFA）、联合国利比里亚特派团（UNMIL）、联合国南苏丹特派团（UNMISS）、联合国东帝汶综合特派团（UNMIT）、联合国科特迪瓦行动（UNOCI）、联合国安理会（UNSC，常任理事国）、联合国停战监督组织（UNTSO）、联合国世界旅游组织（UNWTO）、万国邮政联盟（UPU）、世界海关组织（WCO）、世界卫生组织（WHO）、世界知识产权组织（WIPO）、世界气象组织（WMO）、世界贸易组织（WTO）、桑戈委员会（ZC）。[①]

以此来看，中国是当今世界上绝大多数国际机制的关键参与者之一。随着国力和国际影响力的不断提升，以及国家利益的不断对外辐射和延伸，中国在既有或新设国际机制中的参与性和影响力将会逐渐提高。

（二）日本的国际机制参与及其特点

明治维新之后，日本一直以武力方式急切追求国际地位和外部认可。第二次世界大战战败之后，日本不得不改弦更张，主要通过和平途径来赢得国

① The Central Intelligence Agency, “International organization participation”, https://www.cia.gov/library/publications/the-world-factbook/fields/2107.html#ch (2014).

际威望。[①] 战后，日本一方面在吉田茂主义指导下大力发展本国经济；另一方面，在经济实力不断增长的背景下，不断加大对其他国家和地区提供官方发展援助（ODA）。此外，日本还在海外积极推广本国传统文化和伦理。在国际制度参与方面，日本更是迅速成为主要国际组织（联合国、IMF 以及 WTO）的重要资金贡献国。

日本为国际机制的运作做出了独特贡献，但其快速崛起的经济实力并未在国际机制中得到及时、全面的反映。比如，日本仍未在许多战后建立的关键国际组织中获得席位（比如联合国安理会），且日籍人士也未在较多的国际组织（比如 IMF 和世界银行）中担任关键性领导职务。[②] 此外，日本在 IMF 中的投票份额也一直低于其实际经济实力。[③]

但在日本战后经济恢复之后建立的一系列国际机制中，日本则几乎取得了与其经济实力相称的代表性和领导地位。比如在世界贸易组织（WTO）、G7/G8 以及亚洲开发银行（ADB）等新设国际组织中，日本或是组织的创始国，或在该组织中扮演着领导角色。[④]

随着时间的推移，在那些之前遭到“排挤”的国际机构中，日本也逐渐产生了实质性影响。譬如，在联合国的一些核心分支机构（国际劳工组织、联合国开发计划署等）中，日籍公民次第当选领导职位。在多番努力之后，日本在 IMF 和世界银行的地位也得到显著提升。

根据相关文献资料，日本目前参与了以下区域性或者全球性国际组织：亚洲开发银行（ADB）、非洲开发银行（AfDB，非地区成员）、亚太经合组织（APEC）、东盟地区论坛（ARF）、东盟（ASEAN，对话伙伴关系）、澳大利亚集团（Australia Group）、国际清算银行（BIS）、民主国家共同体（Community of Democracies）、欧洲理事会（Council of Europe，观察员国）、欧洲

① P. Y. Lipscy, “Japan's Shifting Role in International Organizations”, in *Japan and the World: Japan's Contemporary Geopolitical Challenges*, New Heaven, Council on East Asia Studies at Yale University, January 1, 2008, p. 133.

② P. Y. Lipscy, “Japan's Shifting Role in International Organizations”, pp. 133 – 134. 某些日本学者认为，这是因为日本是战后体系的“后来者”，从而被排挤在既有体系的某些议程之外。

③ P. Y. Lipscy, “Japan's Shifting Role in International Organizations”, p. 136. 实际上，第二次世界大战的同盟国加拿大、法国、英国和美国在 IMF 中的投票权都被抬高，而第二次世界大战时期轴心国中的日本、德国和意大利的投票权则代表不足。

④ P. Y. Lipscy, “Japan's Shifting Role in International Organizations”, p. 139.

核子研究中心（CERN，观察员国）、亚信峰会（CICA，观察员国）、科伦坡计划（Colombo Plan）、东亚峰会（EAS）、欧洲复兴开发银行（EBRD）、采掘业透明度行动计划（EITI）、联合国粮农组织（FAO）、金融特别行动工作组（FATF）、二十国集团（G20）、五国集团（G5）、七国集团（G7）、八国集团（G8）、十国集团（G10）、美洲开发银行（IADB）、国际原子能机构（IAEA）、国际复兴开发银行（IBRD）、国际民航组织（ICAO）、国际商会（ICC）、国际红十字会和红新月会（ICRM，International Red Cross and Red Crescent Movement）、国际开发协会（IDA）、国际能源署（IEA）、国际农业开发基金会（IFAD）、国际金融合作组织（IFC）、国际红十字和红新月联盟（IFRCS）、东非政府间发展组织（IGAD，合作伙伴）、国际航道组织（IHO）、国际劳工组织（ILO）、国际货币基金组织（IMF）、国际海事组织（IMO）、国际移动卫星组织（IMSO）、国际刑事警察组织（Interpol）、国际奥委会（IOC）、国际移民组织（IOM）、各国议会联盟（IPU）、国际标准化组织（ISO）、国际电信卫星组织（ITSO）、国际电信联盟（ITU）、国际工会联盟（ITUC）、拉美一体化协会（LAIA，观察员）、多边投资担保机构（MIGA）、核能机构（NEA）、核供应国集团（NSG）、美洲国家开发组织（OAS，观察员国）、经济合作与发展组织（OECD）、禁止化学武器组织（OPCW）、欧洲安全与合作委员会（OSCE，伙伴关系）、太平洋联盟（Pacific Alliance，观察员国）、巴黎俱乐部（Paris Club）、国际仲裁法院（PCA）、太平洋岛国论坛（PIF，合作伙伴）、南亚区域合作联盟（SAARC，观察员国）、东南欧执法中心（SELEC，观察员国）、中美洲统合体（SICA，观察员国）、联合国（UN）、联合国贸易及发展委员会（UNCTAD）、联合国脱离接触观察员部队（UNDOF）、联合国教科文组织（UNESCO）、联合国难民署（UNHCR）、联合国工业发展组织（UNIDO）、联合国南苏丹派遣团（UNMISS）、联合国难民救济及工程局（UNRWA）、联合国世界旅游组织（UNWTO）、万国邮政联盟（UPU）、世界海关组织（WCO）、世界劳工组织（WFTU）、世界卫生组织（WHO）、世界知识产权组织（WIPO）、世界气象组织（WMO）、世界贸易组织（WTO）、桑戈委员会（ZC）。①

① The Central Intelligence Agency, the U. S., "International organization participation," https://www.cia.gov/library/publications/the-world-factbook/fields/2107.html#ch（2014）.

作为一个战后崛起的经济大国，国际机制是日本创造良好外部经贸环境、改善国家形象、走向政治大国的关键平台。在中日关系日趋恶化的背景下，这些国际机制势必是日本同中国进行政经博弈的重要场合。

（三）中日国际机制参与的异同

中日是两个具有地区性和全球性影响的国家。参与、利用、影响各个层面的国际机制是两国的共同政策目标。然而，纵观战后两国国际机制的参与过程，中日之间存在显著区别，但也有许多共性。

第一，参与国际机制具有明显的阶段性。改革开放之后，中国对外政策发生了巨大变化，传统的意识形态主导、侧重双边途径的外交方式，逐渐为经济发展优先、重视多边合作的新型外交模式所取代，开始积极熟悉并参与到各种地区性和全球性国际机制之中。中国是现有国际体系的迟来者。这对中国在各种合作机制中的身份和地位产生了不可避免的消极影响。与此相对，战后的日本一直都是美国的盟友。在美国的大力扶持和提携下，日本更早参与到西方主导的诸多政经机制之中。在 20 世纪 60 年代日本经济强劲发展的背景下，为了扩展地区影响力、逐渐实现政治大国的目标，日本开始倡导并构建一系列区域合作机制，并在一些机制中扮演主导角色。

第二，国际机制的参与均具广泛性。尽管中日两国参与国际机制的时间段先后不一，但目前来看，两国均极为广泛地加入了各种区域性和全球性国际机制。从数量上来看，中日两国参与的国际机制可谓不相伯仲：中国至少参与了 74 个各种类型的国际机制，日本则至少参与了 79 个不同类型的国际机制。从地域分布来看，两国参与的国际机制同样广布全球各地。比如，中日均广泛地参与到了拉美、非洲、亚太地区的区域国际机制。从参与的国际机制的类型看，中日均参与了世界上最主要的一般性国际机制（如联合国）和专业性机制（WTO、WB、IMF 等）。简言之，中日两国均已经深深融入到了当今国际体系之中。

第三，中国南向与日本北向的合作倾向性。只需稍微对比一下中日参与的国际机制就会发现，与日本相比，中国参加国际机制的发展中世界（南方）的特色更为浓重。中国参与及合作的 24 国集团、77 国集团（“77 + 中国”）、不结盟运动（观察国）、上海合作组织就是中国传统外交自我定位的一种体现。在新时期，中国还主动主导建立了金砖国家集团、亚洲基础设施投资银行等机制。此外，中国还十分积极地参与到亚非拉发展中地区的区域国际机制之中。

与中国不同，日本参加的国际组织则体现了更为浓重的发达国家和西方特色（北方）。日本与欧洲理事会（CE）、欧洲核子研究中心（CERN）、欧洲复兴开发银行（EBRD）、七国集团（G7）、八国集团（G8）、经济合作与发展组织（OECD）、欧洲安全与合作委员会（OSCE）、巴黎俱乐部（Paris Club）、东南欧执法中心（SELEC）等一系列发达国家之间、欧洲国际机制的参与及合作，鲜明地反映了日本参与国际机制的“北向”特征。以经济合作与发展组织（OECD）为例，日本 1964 年（该组织成立后仅三年）便正式加入 OECD，成为该组织第一个亚洲（同时也是非大西洋国家成员）。① 日本的加入不仅意味着它成为发达经济体组织中的一员，同时也促进了日本在该组织中扮演更积极的角色。作为该组织中的第二大经济体，日本在 OECD 的创新、技能培训、贸易、发展援助、危机管理等一系列议题和领域都发挥了积极作用。此外，日本还在提升该组织与东南亚的关系中发挥着领导作用。②

第四，均重视联合国并积极参与联合国维和行动。中日两国都非常重视联合国的角色和作用，支持并积极参与联合国维和行动。日本参加了联合国脱离接触观察员部队（UNDOF）、联合国南苏丹派遣团（UNMISS）等联合国行动。与此相比，中国则参加了更多的联合国维持和平行动。截至目前，中国至少参加了非洲联盟—联合国达尔富尔特派团（UNAMID）、联塞部队（UNFICYP）、联合国驻黎巴嫩临时部队（UNIFIL）、联合国临时安全部队（UNISFA）、联合国利比里亚特派团（UNMIL）、联合国南苏丹特派团（UNMISS）、联合国东帝汶综合特派团（UNMIT）、联合国科特迪瓦行动（UNOCI）等一大批动乱地区的维和与战后重建行动。按照联合国 2010 年的官方数据，中国对联合国维和行动的军警人数的贡献位居世界 14 位（见图 6－1）。根据日本外务省的官方数据，日本派遣的军警人数则仅仅位居世界第 49 位。③

---

① N. Kan, “Japan: Prime Minister Naoto Kan marks the 50th anniversary of the OECD”, http://www.oecd.org/general/japanprimeministernaotokanmarksthe50thanniversaryoftheoecd.htm (2011).

② A. Gurría, “Japan and the OECD: Celebrating 50 years of progress”, http://www.oecdobserver.org/news/fullstory.php/aid/4313/Japan_and_the_OECD.html (2014).

③ Ministry of Foreign Affairs of Japan, “Japan’s contribution to United Nations peacekeeping operations”, Ministry of Foreign Affairs of Japan (2014).

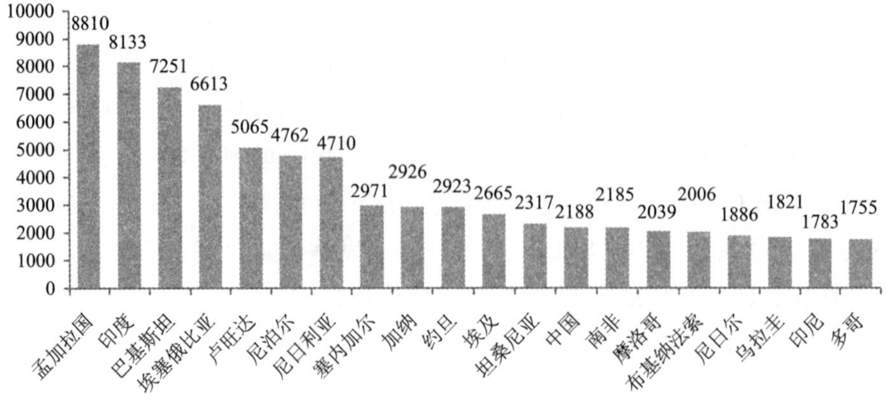

图 6－1　联合国军警人员派遣前 20 名国家

根据联合国官方网站的数据制成（数据截止到 2014 年 5 月 31 日）。UN，“Troop and police contributors,” http：//www. un. org/en/peacekeeping/resources/statistics/contributors. shtml。

如果仅仅比较中日两国参加维和行动的次数，我们可能会认为日本对维和行动的贡献远不及中国。但实际上，日本同样为国际维和行动做出了突出贡献。日本的贡献更多地表现在经费支持上面。据联合国及日本政府官方统计，日本对联合国维和行动的经费支持仅次于美国，常年位居世界第二位。以 2013 年为例，日本对联合国维持和平行动的经费贡献率高达 10. 83% 。同一时期，中国则为联合国维和行动提供了约 6. 64% 的经费支持（参见图 6－2）。

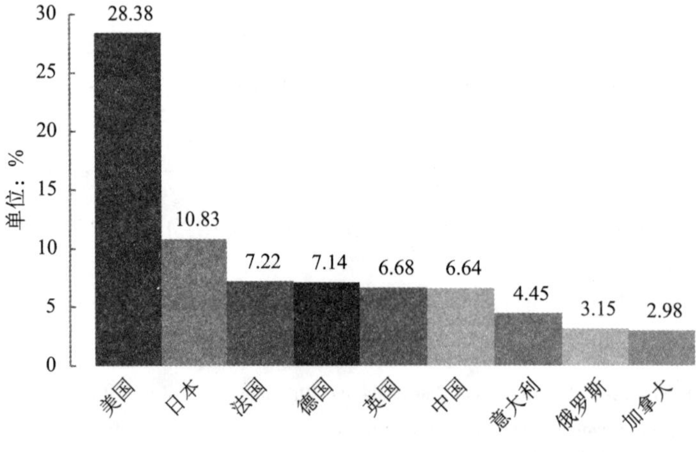

图 6－2　联合国维和行动主要国家经费贡献率（2013 年）

根据联合国官网数据整理制成：United Nations，“Financing peacekeeping”，http：//www. un. org/en/peacekeeping/operations/financing. shtml（2014）。

在联合国维和行动上，国际社会逐渐形成了某种形式的国际分工，即：发展中国家主要贡献人力资源，发达国家则承担更大比例的资金，发挥各自特点，共同维护世界和平。中日也符合这一特征。综合比较中日对联合国维和行动的人力和财力支持可见，两国均为联合国维和行动做出了巨大贡献，差别在于两国对世界和平贡献的不同表现方式。作为联合国安理会常任理事国和世界上最大的发展中国家，中国当前对国际维和的贡献程度和方式应在情理之中。日本贡献更高的维和经费是发达国家（日本曾经长期占据世界第二大经济体的地位）理应担负的国际义务。当然，这也与日本追求“正常国家”和试图推动联合国安理会改革、成为安理会常任理事国的长期额外意图不无关联。

第五，中国参与或构建新国际机制的倾向渐显。在中国所参与的国际机制清单中，还存在不少“非传统”的国际机制，譬如金砖国家（BRICS）、亚信峰会（CICA）以及上海合作组织（SCO）等。2014年7月15日，中国同其他金砖国家一道发布了《福塔莱萨宣言》，宣布签署成立金砖国家开发银行协议。[①] 再加上亚洲基础设施投资银行（Asian Infrastructure Investment Bank），那么中国参与“非传统”国际机制的特征就更为突出。不难发现，中国要么是这些非传统制度的发起者，要么就是其中的主要推动者。作为现有国际体系的后来者，中国的这种做法意义深远，但其实并不新鲜。

与中国一样，经济崛起早期的日本也曾抱怨受到既有国际机制的排挤，因而不得不极力推动自身主导的国际组织的发展。亚洲开发银行（ADB）和亚洲货币基金（AMF）就是日本这一努力的最好体现。以亚行为例，尽管该组织中也有美国以及诸多欧洲国家参与其中，但从该组织建立开始，日本就彻头彻尾地充当了前所未有的领导角色。日本不仅是亚行最大的财政贡献国、最大投票权份额成员（12.835%），还为亚行提供了近11%的职员（参见图6-3）。[②] 一

① 中华人民共和国外交部：《金砖国家领导人第六次会晤福塔莱萨宣言》。http://www.mfa.gov.cn/mfa_chn/zyxw_602251/t1175283.shtml。2014年7月17日。

② P. Y. Lipscy, "Japan's Shifting Role in International Organizations", in *Japan and the World: Japan's Contemporary Geopolitical Challenges*, New Heaven, Council on East Asia Studies at Yale University, January 1, 2008, p. 148.

言以蔽之，日本实质上“建立、控制并运转着”亚行。[①] 毋庸置疑，亚行是日本在亚洲经合机制构建中最成功的案例，它为日本拓展地区影响力、促进本国对外经济关系提供了一个重要金融工具。

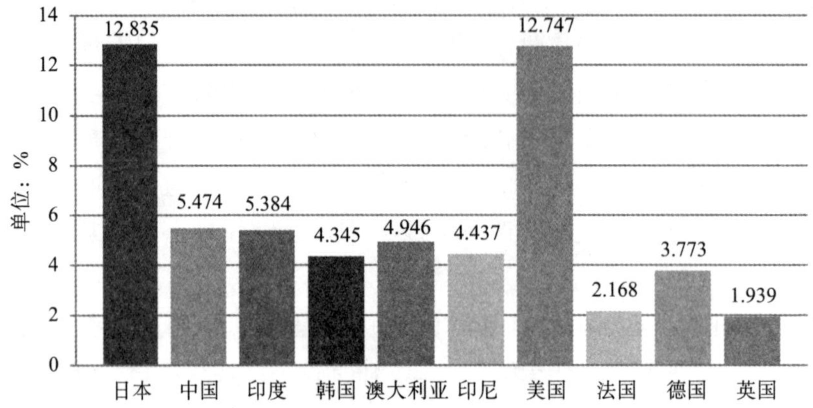

图 6－3　亚行部分会员国投票权分布[②]

根据亚行数据整理制成（ADB Annual Report 2013）。

日本在亚行的主导地位还体现在它推行了一套不同于西方国家的援助政策。[③] 但同样是日本倡议的亚洲货币基金（AMF）则在摇篮中就遭到了美国的狙击。在美国看来，日本积极倡议的亚洲货币基金会严重削弱IMF 的既有地位，此外，其将美国排除在外的行为也难以让美国接受。[④]

---

① D. Y. M. Lim and J. R. Vreeland, “Regional Organizations and International Politics: Japanese Influence over the Asian Development Bank and the UN Security Council”, *World Politics*, vol. 65, no. 1, January 2013, pp. 34－72. 尽管中国在亚行中的投票权并不高，但是中国却从亚行获得了不菲的贷款。据亚行统计，截至 2013 年 12 月 31 日，中国总计获得亚行贷款 297.6 亿美元，是亚行的第二大借款国。亚洲开发银行：《亚洲开发银行与中华人民共和国：事实与数据》，亚洲开发银行，2014 年 4 月，第 1 页。

② 截至 2013 年底，亚行会员从 1966 年建立时的 31 个发展为 67 个。其中 48 个会员来自亚太地区，剩余 19 个会员来自其他地区。图表中的日本、中国、印度、韩国、澳大利亚、印尼为亚洲国家，而美国、法国、德国、英国为区外国家。Asian Development Bank, “Members,” http://www.adb.org/about/members (2014)。

③ 与美国等传统的西方国家相比，日本对受援国的特殊发展状况和历史较为尊重，所采取的援助政策更加务实。

④ 时任美国副财长的劳伦斯·萨默斯（Larry Summers）就曾半夜召见日本财务次官榊原英资（Eisuke Sakakibara），怒斥日本的亚洲货币基金计划。P. Y. Lipscy, “Japan's Shifting Role in International Organizations”, in *Japan and the World: Japan's Contemporary Geopolitical Challenges*, New Heaven, Council on East Asia Studies at Yale University, January 1, 2008, p. 149.

从目前的状况看，日本似乎已经放弃了这种“另起炉灶”的策略。但中国却在寻求新设一些国际机制，以促进自身利益。中国能否在既有体制之外建立一些自己主导的国际机制仍然存在诸多不确定性。一方面，这些另起炉灶的机制面临来自内外的双重挑战。另一方面，中国积极推动这些机制建设的战略意图同样存在不确定性，那就是中国究竟是试图建立一套既有体系之外的国际机制，还是仅仅利用这种体系外机制建设的途径，在既有国际机制中获得更大权力。换言之，中国究竟是将这些新设国际机制视作目的还是工具？其选择可能并不仅仅取决于中国的考虑，美国等现有国际机制的既得利益者的对华态度也是重要考虑因素。

（四）中日在国际机制中的地位及其博弈态势

许多学者认为，国际机制（制度）存在某种“路径依赖”① 的弊端。中日似乎都曾饱受既有国际机制的“路径依赖”之苦。在积极融入国际机制的时候，中日都发现既有国际机制极为“僵化”，以至于难以为新兴崛起国家及时提供政经发展空间。对日本来讲，战后部分国际机制是第二次世界大战的遗留物，未能反映日本迅速崛起的经济力量和综合实力。中国则在融入现存国际体系的过程中发现，既有国际机制中新兴国家的代表性显著不足。简而言之，作为不同时期国际机制的“迟到者”，中日两国同样受到了国际机制的“路径依赖”障碍。面临这种阻碍，两国都采取了较为类似的“双轨制”策略。一方面，强烈呼吁和争取在既有国际体系内更大的代表性；另一方面，在既有体制之外建立或推动自己主导的国际机制。总体来看，中日在两国积极参与国际机制的过程中既有同病相怜之处，亦有相互竞争之处。

1. 联合国事务中的中日博弈

联合国是当今世界最重要、影响力最大、最具广泛性和合法性的全球性国际机制，无疑是中日博弈的关键场合。中日关系中的许多问题（如日本的历史认识问题、慰安妇问题、日本右倾化的问题、海洋划界问题、海洋捕鲸问题等）都有可能在联合国架构下进行多边辩论。这是中国因应日本外交挑战的重要手段和途径。争取并获得联合国相关机制的理解和支持，无疑将占

① 简言之，就是国际制度更容易倾向于维持其初始状态，即便其外部环境已经发生了巨变，但国际制度却很难随之改变。

有更大的外交和道义优势。

日本入常是联合国框架下中日外交博弈的主要议题之一，也是中国外交反制日本的重要问题。长久以来，日本一直试图推动联合国安理会改革，并极力争取获得安理会常任理事国席位。[①] 在日本看来，入常是其晋升政治大国、国家正常化的不二指标。日本认为，作为世界第二大经济体和世界头号官方发展援助（ODA）提供国，理应为世界和平作出更大贡献。[②] 在对联合国的具体贡献方面，日本同样认为其贡献足以使其在安理会中获得一席常任理事国席位。

第一，日本的人力贡献。日本政府在1992年《国际和平合作法》（International Peace Cooperation Law）生效之后就先后多次派遣大量人员参与国际维和行动。

第二，日本的经费贡献。日本除对联合国维和行动提供大量经费支持外，还为联合国的日常预算（Regular Budget）贡献颇多（参见图6－4）。以2014为例，日本对联合国日常预算的贡献率达10.833%（仅次于美国位居世界第二）。回顾战后历史，日本在某些特定年份的经费贡献率甚至高达20.573%（2000年）。在2016－2018年联合国会员国应缴纳的会费比例中，美国维持不变，日本的分摊比例降至9.68%，中国的会费缴纳比例则大幅提升到7.92%，分摊比例从第六位上升至第三位。

---

① 日本在1957年首次成为联合国安理会的非常任理事国。此后，日本逐渐不满于间歇性担任非常任理事国。从20世纪60年代末开始，日本逐渐公开表露其希望成为常任理事国的意图。20世纪60年代末70年代初，日本的联合国外交出现新高潮。日本经济实力的增强，中国恢复联合国席位指日可待，美国深陷越战泥沼，这些因素的合力促使日本加大了冲击常任理事国席位的力度。日本除了强调其经济实力以外，还把以下两条作为成为常任理事国的“资格”：一是“例外主义”，强调日本的和平宪法和非核政策的积极意义；二是“亚洲主义”，则强调日本应成为安理会的亚洲代表。此后，日本还就“入常”事宜多次发动外交攻势。在2004年还与巴西、印度、德国三国结成“四国集团”，共同推动安理会改革进程。但日本等国改革安理会的动议遭到所谓“咖啡俱乐部”的反对。参见金熙德：《日本联合国外交的定位与演变》，《世界经济与政治》2005年第5期，第20—25页。以及D. Y. M. Lim and J. R. Vreeland, “Regional Organizations and International Politics: Japanese Influence over the Asian Development Bank and the UN Security Council”, *World Politics*, vol. 65, no. 1, January 2013, pp. 34－72.

② Ministry of Foreign Affairs of Japan, “An Argument for Japan's Becoming Permanent Member”, Ministry of Foreign Affairs of Japan. http://www.mofa.go.jp/policy/q_a/faq5.html.

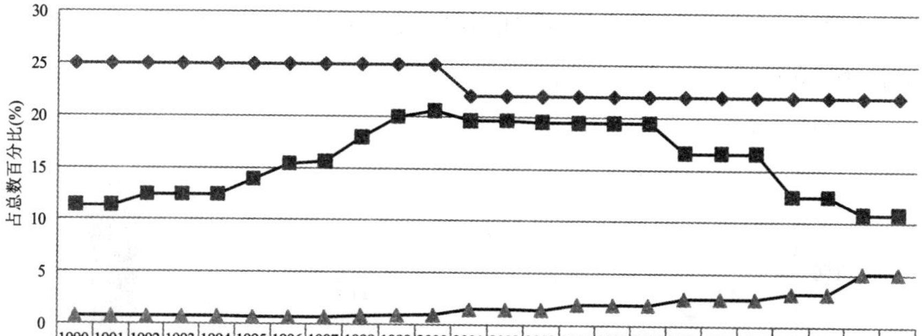

	1990	1991	1992	1993	1994	1995	1996	1997	1998	1999	2000	2001	2002	2003	2004	2005	2006	2007	2008	2009	2010	2012	2013	2014
美国	25	25	25	25	25	25	25	25	25	25	25	22	22	22	22	22	22	22	22	22	22	22	22	22
日本	11.3	11.3	12.4	12.4	12.4	13.9	15.4	15.6	17.9	19.9	20.5	19.6	19.6	19.5	19.4	19.4	19.4	16.6	16.6	16.6	12.5	12.5	10.8	10.8
中国	0.79	0.79	0.77	0.77	0.77	0.72	0.73	0.74	0.90	0.97	0.99	1.54	1.54	1.53	2.05	2.05	2.05	2.66	2.66	2.66	3.18	3.18	5.14	5.14

图 6－4　中美日三国对联合国日常预算经费贡献变化图（1990—2014）①

根据以下数据整理制成：1990—2010 年数据来自 Congressional Research Service，2012—2014 数据来自日本外务省官网。

第三，日本在全球军控、裁军以及防扩散方面的贡献。日本在促进国际裁军和不扩散的同时，还坚决拥护三不核原则：不保有、不生产、不允许核武器进入本国领土。2000 年，日本成功地促成了不扩散核武器审议会议（2000 NPT Review Conference）的召开，并在常规武器（轻武器和地雷等）军控和裁军方面做出了贡献。除了为常规武器军控提供大量财政支持外，日本还在 2000 年推动在联合国框架内设立了轻武器基金（Small Arms Fund）。

第四，日本对安理会工作的贡献。日本政府认为，由于长期在安理会担任非常任理事国，任期内在诸多国际和地区性问题上做出了积极贡献。②

第五，日本认为，随着国际政治的发展，联合国安理会目前的架构已不能反映和代表联合国会员国的意愿和利益。按照日本外务省的介绍，联合国在 1945 年建立之初，仅有 51 个会员国，安理会当时便设有 5 个常任理事国和 11 个非常任理事国。到 1965 年，联合国会员国已经骤升至 118 个，尽管非常任理事国席位增加到 15 个，但常任理事国仍然只有 5 个。2013 年，联合国已

① M. A. Browne & L. Blanchfield，"United Nations Regular Budget Contributions：Members Compared，1990－2010"，Congressional Research Service，January 15，2013. 日本外务省：《2012～14 年国连通常予算分担率・分担金》。http：//www. mofa. go. jp/mofaj/gaiko/jp_ un/yosan. html（平成 26 年 10 日 1 月）。

② Ministry of Foreign Affairs of Japan，"An Argument for Japan's Becoming PermanentMember". http：//www. mofa. go. jp/policy/q_ a/faq5. html.

拥有193个会员国，但安理会常任和非常任理事国席位也无任何新的变动（参见图6-5）。

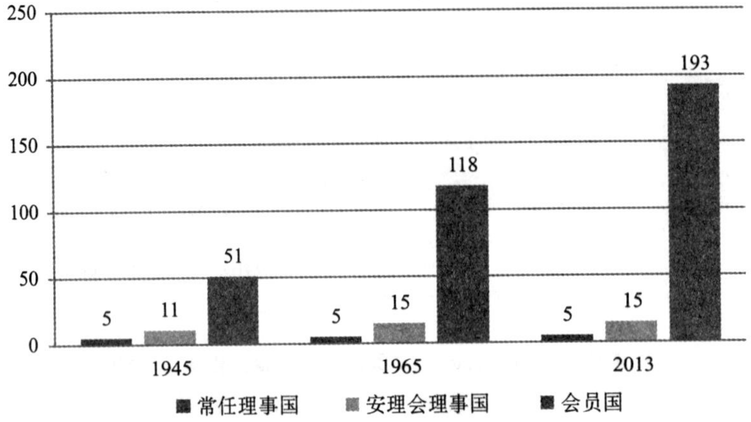

图6-5　联合国成员国数量与安理会席位变迁（1945—2013）

根据联合国官网数据整理制成。

日本政府认为，日本有条件、有能力、有资格充任安理会常任理事国，视之为走向世界大国的必经之路，并为此发动数轮拉票外交攻势。但作为安理会常任理事国中唯一的亚洲国家，中国却对日本的理由不以为然。中国人普遍认为，日本并不具备成为常任理事国的必要资质。离开了手握否决权的中国的默许或支持，日本的这一尝试就是一条走不通的死胡同。难道中国会支持一个四处兜售中国威胁论、拼凑反华联盟的国家“入常”，为其敌视中国提供新的能量？在中日关系大幅变化的背景下，日本“入常”必将受到来自中国不言自明的阻击和抵制。这也是日本与中国交恶必须付出的外交代价。

首先，中国认为日本不具备政治大国的必要形象。在历史久远的中日交往中，日本不过是中国人眼中的边缘小国而已。明治维新之后的日本崛起大体上是建立在对邻国，尤其中国的侵略和掠夺的基础之上。两国建交之后，即便对日本发展模式和国家治理有所认可和借鉴，绝大多数中国人也并未改变对日本国际地位的传统认知。第二次世界大战以后，日本为美国占领，后者对日本内政外交具有决定性影响。在政治上，日本不过是一个追随美国、缺乏自主性、主权存疑的小国，或者说是政治外交上的半殖民地国家。错误的历史认识也是日本形象不佳的重要根源。战后几十年里，尽管日本的政治民主化有所发展，但其军国主义余毒始终没有得到彻底肃清。日本政客频繁参拜供奉甲级战犯的靖国神社，否定侵略历史事实，挑战人类公义和良知，政治右倾化不断强化，并在竭力摆脱战后国际秩序的束缚。这些历史责任感缺失背景下的所作所为大大折损了日本的国家形象。

其次，经济外部依赖性高意味着日本缺乏经济大国的可持续性特征。一方面，日本目前尚属经济大国，但日本经济存在过度的外部依赖性，天然资源禀赋不足等因素都将阻碍日本的可持续发展。经济禀赋界定了日本的发展限度和为外部提供消费市场的空间。譬如，在1997年的亚洲金融危机中，日本既不能制定措施防止危机蔓延，也未能及时救助东南亚国家，根本没有展现出一个经济大国的应有实力。此外，金钱与权力不能相提并论。中国明确反对日本2005年向安理会提交的修订联合国会费比例的建议（该建议认为常任理事国应至少承担3%—5%的会费，但上限应不超过22%）。在中国看来，日本的建议实际上是以“支付责任”代替“支付能力”原则。按照日本的建议，各会员国在安理会的权力将直接与会费多寡挂钩，也就造成“以钱买权”的现象。如斯，则对发展中国家甚为不公。

其三，日本外交缺乏独立性和地区代表性。第二次世界大战以来，日本外交政策过分追随西方和美国。这导致日本在重大国际问题上缺乏主见和独立性。如果这样的日本获得安理会常任理事国席位，将可能沦为西方尤其美国的附庸和可以预期的表决机器，根本不能代表亚洲国家的利益。

其四，日本的军事战略动向令周边国家担忧。日本军力颇为强大，近年来还在借口中国威胁不断扩充军备，强化日美同盟的外部干预性，力图修改和平宪法。这显然增加了周边国家的安全忧虑。在这种情况下，日本还积极推动入常，无疑会令日本的亚太邻国产生疑虑。[①] 一个不能得到周边国家信任的国家根本没有资格奢谈安理会常任理事国席位。

总体来看，中日关系不和将直接加大日本入常的难度。坚决杯葛日本入常是中国对日高调反华理所当然的回应，也是中国普遍民意的体现。事实上，中国政府对联合国安理会改革并不一味反对，但在改革方向和常任理事国席位的增加等具体问题上却与日本相左。中国政府在联合国的许多场合均表态称“发展中国家占联合国会员国总数三分之二以上，但在安理会的代表性严

① 梁文兴：“联合国安理会改革与中共立场之研究”，《复兴岗学报》第87期，2006年9月，第285—306页。

重不足。中方主张安理会扩大应优先增加发展中国家，特别是非洲国家的代表性，让更多国家特别是中、小国家有更多机会参与安理会决策”以及“坚持地域平衡原则，并兼顾不同文化和文明的代表性”，[①] 并且明确表示“中方反对人为设时限，反对强行表决尚有重大分歧的方案。”[②] 中国提议的“发展中”、“第三世界国家”、“地域平衡”等条件其实均是限制日本入常的策略安排。

2. 中日与布雷顿森林体系：西方主导，中日弱势

布雷顿森林体系是战后全球经济治理的关键国际机制。在其中享有的地位不仅体现了一个国家的经济实力，也反映了一国的国际经济影响力。然而，在这个西方主导的国际机制中，中日两个经济大国处于相对边缘的位置。

第一，布雷顿森林体系中的日本。从20世纪80年代开始，日本政府有意识地采取了一系列措施来提高其在布雷顿森林体系中的份额和代表性。[③] 日本政府不仅明言当时的IMF和世界银行，其投票权分配已不能反映国际经济现实，并且要挟如果其既定目标不能满足，日本将会撤销对这些国际组织的财政支持。[④] 在日本的强势谈判攻势下，日本在IMF和世界银行中的投票权份额也得到了有效提升。到20世纪80年代末，日本在世界银行中的投票权已经上升到7%—8%（日本政府的既定目标）。尽管其在IMF中的投票权份额[⑤]的增

---

① 王光亚：《王光亚大使在第60届联大审议安理会改革问题时的发言》，http：//www. china - un. org/chn/ldhy/ld60/t220920. htm（2006）。

② 中华人民共和国常驻联合国代表团：《中国关于联合国改革问题的立场文件》。http：//www. fmprc. gov. cn/mfa_ chn/ziliao_ 611306/tytj_ 611312/zcwj_ 611316/t199083. shtml（2005）。

③ P. Y. Lipscy，“Japan's Shifting Role in International Organizations”，in *Japan and the World*：*Japan's Contemporary Geopolitical Challenges*，New Heaven，Council on East Asia Studies at Yale University，January 1，2008，p. 144.

④ P. Y. Lipscy，“Japan's Shifting Role in International Organizations”，in *Japan and the World*：*Japan's Contemporary Geopolitical Challenges*，New Heaven，Council on East Asia Studies at Yale University，January 1，2008，p. 144 - 145.

⑤ 一国在IMF中的份额（Quota）和投票权（Voting Power）是其在该组织中分量的某种反映。份额（Quota）的认缴是国际货币基金组织资金的核心。国际货币基金组织的每个成员被分配一定的份额，份额大致基于成员在世界经济中的相对地位。其中，份额以国际货币基金组织的记账单位特别提款权（SDR）计值。国际货币基金组织最大的成员是美国，目前其份额为421亿特别提款权（约合650亿美元），最小的成员是图瓦卢，目前其份额为180万特别提款权（约合278万美元）。成员的份额决定了其向国际货币基金组织出资的最高限额和投票权，并关系到其可从国际货币基金组织获得贷款的限额。IMF，“IMF Quotas”，http：//www. imf. org/external/np/exr/facts/quotas. htm（2014. 03. 25）。

幅相对滞后，但也有较为实质性的提升（如图 6－6，日本在 IMF 中的份额直到 1998 年才达到其 1985 年就在世界银行中取得的投票权份额）。与日本在两大国际组织中份额增幅相对应，日本所谓“东亚奇迹”的经济哲学对世界银行产生了一定影响。在 IMF 中，日本的经济战略影响力则极为有限。①

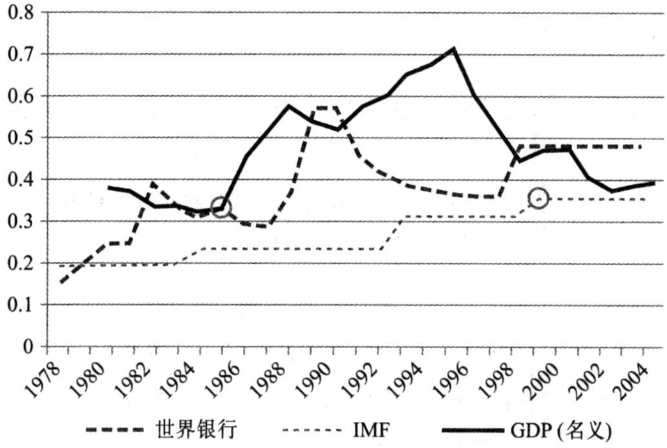

图 6－6　日本相对于美国的 GDP 及其在世界银行、IMF 中投票权份额的变化

资料来源：P. Y. Lipscy，“Japan's Shifting Role in International Organizations”，in *Japan and the Wolrd*：*Japan's Contemporary Geopolitical Challenges*，New Heaven，Council on East Asia Studies at Yale University，January 1，2008，p. 144.

第二，布雷顿森林体系中的中国。作为一个新近崛起的经济大国，中国在该体系中面临着更加复杂的处境。既得利益者不愿意降低其在该体系中的现有地位，中国增加在国际经济机制中影响力的尝试曲折而艰难。

首先，中国与 IMF 的关系。近年来，中国在全球经济格局中的地位显著提升，但其在 IMF 中的份额和投票权却未能及时作出调整。相反，欧洲国家尽管经济地位相对下降，但其在 IMF 中的份额和投票权却居高不下（参见图 6－7）。② 在金融危机的大背景下，中国积极推动了 IMF 份额改革进程。

① P. Y. Lipscy，“Japan's Shifting Role in International Organizations”，in *Japan and the World*：*Japan's Contemporary Geopolitical Challenges*，New Heaven，Council on East Asia Studies at Yale University，January 1，2008，p. 147.

② 尽管美国目前的份额仍然高达 17.69%，但美国的 GDP 总量占到全球的 21.6%。因此，尽管美国在 IMF 中一家独大，但实际上美国并未被过度代表。

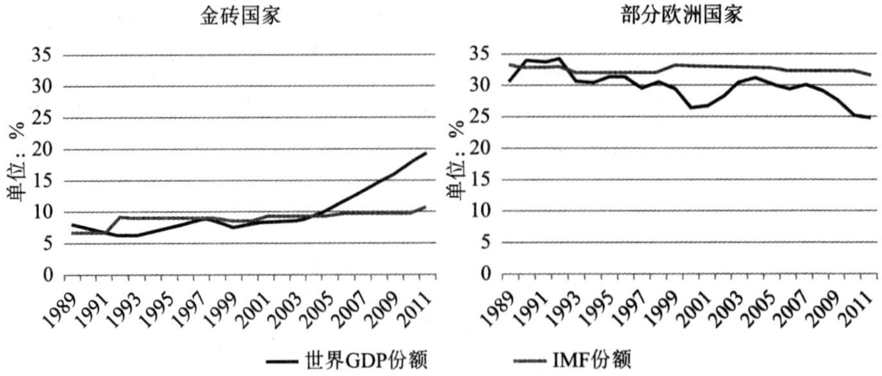

图 6-7 金砖四国（中印俄巴）和部分欧洲国家 GDP 及 IMF 份额所占全球比例对比①

为了应对来自新兴国家的合理呼吁，适应新的国际经济格局，IMF 于 2010 年 11 月批准了全面改革 IMF 组织份额和治理结构的建议。该建议规定，IMF 执董会建议结束第 14 次份额总检查，并将总份额规模增加一倍，达到约 4768 亿特别提款权（约合 7557 亿美元），并对成员的份额比重进行重大调整。根据这项建议，超过 6% 的份额将转移到有活力的新兴市场和发展中国家，超过 6% 的份额将从代表性过高的国家转移到代表性不足的国家，同时，最贫穷成员的份额比重和投票权将受到保护。②

根据这一改革建议，中国在 IMF 的份额将会从原来的全球第六位的 4.00% 提升至全球第三位的 6.39%（仅次于美、日）。与此同时，日本的份额则将从之前的 6.56% 下降至 6.46%，但仍居世界第二位。即便如此，中国在 IMF 中的份额和投票权仍与其在全球经济格局中的地位不相匹配。如图 6-8 所示，中国 2011 年经济总量占世界 10.44%，而提议的 IMF 份额仍然只有 6.39%。与中国类似，日本也未在 IMF 获得合适份额。日本的 GDP 占世界经

① 欧洲国家包括奥地利、比利时、丹麦、芬兰、法国、德国、希腊、爱尔兰、意大利、卢森堡、荷兰、葡萄牙、西班牙、瑞典、瑞士以及英国。参见：M. A. Browne and L. Blanchfield, "United Nations Regular Budget Contributions: Members Compared, 1990 - 2010", Congressional Research Service, January 15, 2013, p. 5.

② 国际货币基金组织对外关系部：《基金组织执董会批准对份额和治理进行全面改革》，国际货币基金组织，美国华盛顿特区，2010 年 11 月 5 日，第 1 页。

济总量 8.39%，而在 IMF 中的提议份额仅为 6.46%。[①] 相对而言，日本的代表程度高于中国。与中日两国相反，英德法等传统欧洲国家仍然被过度代表。需要提及的是，尽管该改革提议已经得到多数国家的同意，但目前仍未正式生效。

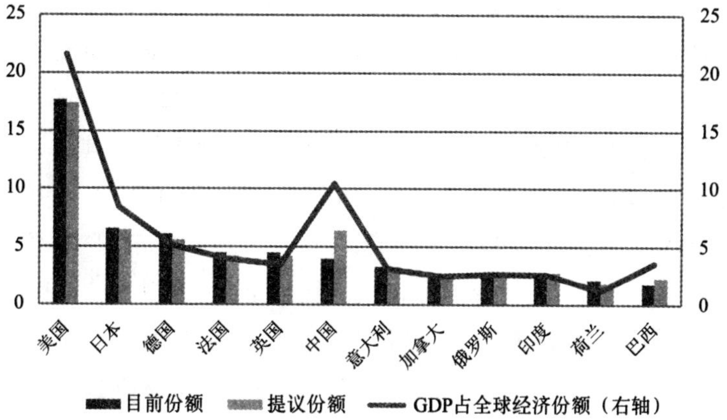

图 6－8　2010 年 IMF 份额改革计划[②]

根据 IMF 及 Congressional Research Service 的数据制成。

其次，中国与世界银行的关系。自 1980 年恢复在世行的合法席位以来，中国与世界银行的关系大致可以分为以下三个阶段：初始合作阶段（20 世纪 80 年代），合作重点在于世行利用贷款资金支持我国基础设施等重点项目建设；稳步发展阶段（20 世纪 90 年代），合作重点逐渐从提供贷款转为以政策调研和制度创新为核心内容的知识合作；合作伙伴阶段（21 世纪以来），合作重点在于帮助中国实施区域均衡发展以及建设资源节约型和环境友好型社会。[③]

在 30 余年的合作中，中国逐渐从受援国转变为回馈世行的"优秀毕业生"。截至 1999 年 7 月，中国从国际开发协会毕业，共获得了约 100 亿美元的

---

① IMF 中各国的份额比例主要参考国家在世界经济中的地位，因此 GDP 所占世界份额是一个极为重要的指标。但其计算 GDP 的方法较为复杂，这种份额的确定还取决于其他因素——经济开放度等。因此，一国在 IMF 中的份额并不完全等同于其所占世界经济总量的比例。

② 其中的经济份额比例为 2011 年数据。参见：IMF，"IMF Members' Quotas and Voting Power, and IMF Board of Governors"，http://www.imf.org/external/np/sec/memdir/members.aspx（2014.7.14）．以及 R. M. Nelson and M. A. Weiss，"IMF Reforms: Issues for Congress"，Congressional Research Service，March 11，2014，p. 13.

③ 谢世清："中国与世界银行合作 30 周年评述"，《宏观经济研究》，2011 年第 2 期，第 8－11 页。

软贷款。随着中国经济的迅速发展，2007 年 12 月中国首次向国际开发协会捐款 3 000 万美元，受到国际社会的普遍好评。这不仅体现了过去 30 年中国经济高速发展的奇迹，更标志着中国与世行的合作迈上了新的台阶。

中国长期致力于推动世行的内部治理结构改革，力争为发展中国家获取更多的合理利益。在国际金融危机爆发后，中国积极参与世行投票权改革方案的讨论和磋商，大力倡导和支持提高新兴市场和发展中国家的发言权和代表性。最终，世行于 2010 年 4 月 25 日率先落实了 G20 匹兹堡峰会共识，使发达国家向新兴市场和发展中国家转移 3.13% 的投票权。其中，中国在国际复兴开发银行（IBRD）的投票权也从 2.77% 上升到 4.42%（并在之后进一步上升为 5.24%，见图 6－9），并跃升为世行第三大股东。[①] 尽管中国在国际复兴开发银行中的投票权有所上升，但中国在世行集团中的影响力仍然远不及美日两国。总体来看，美国在世行的每个具体分支组织里都占有绝对的话语权，在国际复兴开发银行、国际金融公司、国际开发协会以及多边投资担保机构中的投票权均高居榜首。日本虽远逊美国，但其在各个分支组织内部的投票权均仍高于中国。

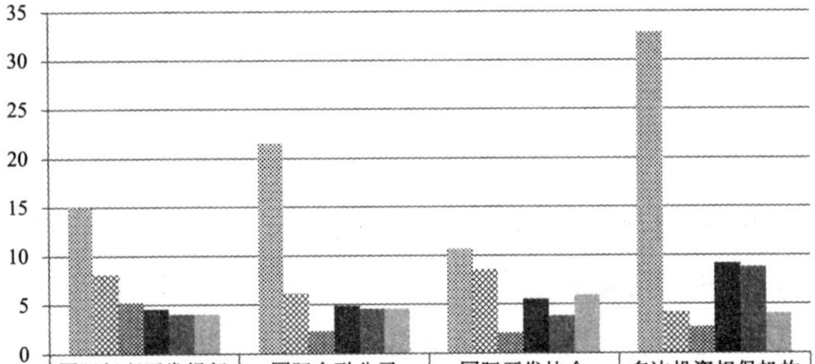

	国际复兴开发银行（IBRD）	国际金融公司（IFC）	国际开发协会（IDA）	多边投资担保机构（MIGA）
美国	15.01	21.52	10.7	32.792
日本	8.12	6.16	8.59	4.22
中国	5.24	2.35	2.08	2.64
德国	4.55	4.9	5.54	9.164
法国	4.05	4.6	3.82	8.793
英国	4.05	4.6	5.92	4.03

图 6－9　世界银行集团投票权分布（%）

根据世界银行官网数据制成（The World Bank Group，“Voting Powers”，http：//go. worldbank. org/J0UEXULT20）。

① 谢世清：“中国与世界银行合作 30 周年评述”，《宏观经济研究》，2011 年第 2 期，第 8－11 页。

3. 亚太经合机制中的中日博弈

亚太经合机制是中日博弈的主战场之一。究其原因：（1）两国均为亚太大国，在亚太政经格局中的位置直接关乎两国的亚太地位。这是两国成为地区大国、进而发展为全球性大国的必要环节。（2）亚太区域是当今世界的核心地带，是各国、尤其亚太国家必须高度重视的政经区域。参与并影响该区域的经合进程，是创造有利外部经贸环境、争取发展空间的逻辑要求。（3）亚太区域经合正处新一轮快速发展阶段，经济版图分化组合，主要行为体纷纷加大参与力度，争夺地区经合进程的先机。（4）经合机制具有强烈的政治安全意义，攸关主要国家的战略利益与安排，是它们发挥地区影响力的主要国际舞台，因而也是大国竞合的关键场域。在中日关系趋势难改的背景下，两国在亚太经合中的博弈不可避免。

中日亚太经合博弈展现在不同层面、不同领域之中。亚太经合进程复杂，参与主体繁杂，利益诉求高低不同，新旧机制交织缠绕，大国博弈影响深刻。因此，中日政经博弈将是长期、曲折、反复的动态过程。

其一，在宽泛亚太层面的宏大博弈。日本正在调整既有亚太战略，加入美国主导的 TPP 谈判进程，试图构建美日共同领导的亚太经济联盟，挑战中国的外部经贸环境。中国则坚持重视东盟的策略，推动东盟主导的 RCEP 进程，对冲 TPP 可能带来的巨大冲击。与此同时，中国大力推动与亚太之外的地区和国家的经贸联系，不断优化对外经济环境，弱化美日旨在针对中国的区域经济安排。

其二，在东亚经合中的激烈博弈。毫无疑问，中国崛起的一个结果是中日在东亚合作中的相互制衡。在亚洲金融危机之后的东亚经合进程中，中日相互提防、相互猜测、相互掣肘一直都没有消停过。东亚峰会发展过程就是一个典型案例。

其三，在金融领域的防守与反击。日本在东亚金融领域一直占据优势地位，长期主导亚行，对东亚发展援助和投资流向影响巨大。中国在这些区域性金融领域中的弱势难以满足其对外发展需求。2014 年，中国倡导的亚洲基础设施投资银行构想付诸实施。在日本人看来，此举是对日本地区金融地位的挑战。

其四，在诸多次级区域经合中的布局与竞争。东亚地域广泛，国家间的多样性和差异性相当显著，因而逐渐产生了许多次级区域的经合机制，如大湄公河次级区域合作、新柔廖三角等。日本一向以其为政策触角，提供发展援助和资金支持。目的之一是提高自身存在感，抵消中国的区域影响力。总之，中日在亚太、尤其东亚经合中的博弈是全方位、多领域的互动态势。它与中日关系紧密相关，且随着两国关系的恶化而不断加剧。

简言之，中日两国在国际制度中存在竞争，但竞争并非充斥于国际机制的各个方面。中日就联合国安理会改革的分歧最大。在布雷顿森林体系中，中国的影响力与日本尚有差距。随着中国经济实力的增长，中国在该体系中的影响力仍会继续上升，日本的相对影响力可能随之下降。这种逆向态势并不意味着两国在该体系中完全竞争。实际上，传统欧洲发达国家的过度代表（日本并未过度代表）以及美国的绝对主导地位，才是中国等新兴国家提高在布雷顿森林体系中地位的巨大阻力。因此，中国未来一段时间在该体系中的主要压力仍然是来自以美国为首的西方国家。

此外，鉴于中国目前正在积极创建或者推动体制之外的新兴国际机制，日本则在历史上同样有过类似举动。因此，中国或许与日本在这一方面展开积极交流，从日本那里获得建设体制外制度的经验和教训。

二、中日在新兴市场的经济布局与竞争：非洲

中日均属外向型发展取向的大型经济体。国际市场是两国获取自然资源、产品销售、生产要素合理配置、提高国际竞争力的关键。中日经济发展与开放的全球市场密不可分。单从经济层面看，由于经济特性的相似性和中国经济的不断升级，中日之间的竞争性在所难免。这种经济竞争和博弈将反映在经济的各个层面和全球各个区域和国家之上。政治外交关系的走低当然会加剧两国的经济竞争态势。这里仅以较具典型意义的非洲和拉美两大新兴市场为例，评估中日在上述区域的经济政策与相互竞争的状态。

在中日关系动荡的背景下，两国领导人于 2014 年 1 月先后造访非洲，①这引发了人们对中日非洲角力的思考。中日政府均对外界所谓的“中日非洲角力”表示否定。当问及王毅外长访非行程是否针对日本的时候，中国外交

① 安倍晋三 2014 年 1 月 9 日结束访非行程（这是日本首相 8 年来首访非洲），中国外长王毅则于 2014 年 1 月 7 日到 11 日造访非洲。

部发言人华春莹就明确表示，这种说法反映了对中非关系的历史和现状的不了解，并认为“如果有什么国家试图在非洲搞对抗，那就是打错了算盘，而且也不会得逞”。[①] 日本政府同样否定安倍晋三的访非行程与中国的关系。日本内阁官员世耕弘成表示，日本完全无意与中国在非洲进行对抗竞争。[②] 然而，这些外界观感绝非空穴来风。非洲自然资源丰富，发展潜力巨大，是新兴市场的代表性区域。对于同为出口导向型、资源外部依赖性突出（日本更显著）的中日两国而言，促进与非洲的经济关系当是必然之举。其中，两国在非洲的经济布局与竞争也在所难免。

（一）中国在非洲的政经活动

第二次世界大战后的中非关系堪称国际关系的典范之一。在中国推动对非政治经济关系的过程中，老一辈领导人所结下的传统友谊是一笔他国艳羡的宝贵财富。这也是这些年来中非关系，尤其经济关系快速发展的重要动力。

1. 中国在非洲的经济活动：发展迅速，西方质疑

新世纪以来，随着中国的高速发展和对外开放步伐的加快，中外经济关系不断延展和深化。中非经济关系是中国对外经济活动中引人注目的“亮点”和“热点”。

第一，中非经贸投资关系高速发展。根据中国官方数据，中国已经成为非洲最大贸易伙伴国。[③] 非洲则成为中国的重要进口来源地、第二大海外工程承包市场和第四大投资目的地。2009 年，中国成为非洲第一大贸易伙伴国之后，中非贸易规模在此后两年多时间里迅速扩大。2012 年，中国与非洲贸易总额达到 1984.9 亿美元，同比增长 19.3%。其中，中国对非洲出口额 853.19 亿美元，增长 16.7%；自非洲进口额 1131.71 亿美元，增长 21.4%。中非贸易总额、中国对非洲出口总额，以及自非洲进口总额均创历史新高。

---

① 中华人民共和国外交部：《2014 年 1 月 8 日外交部发言人华春莹主持例行记者会》。http：//www.fmprc.gov.cn/mfa_chn/fyrbt_602243/t1115872.shtml。（2014 年 1 月 8 日）。

② S. Tiezzi，“Africa：China and Japan's Next Battleground?” http：//thediplomat.com/2014/01/africa - china - and - japans - next - battleground/（2014.01.15）.

③ 但这个数据存在争议。根据兰德公司（RAND）的研究报告，欧盟是非洲第一大贸易伙伴，美国则是非洲作为单一国家的第一大贸易伙伴。参见：L. Hanauer & L. J. Morris，“Chinese Engagement in Africa：Drivers，Reactions，and Implications for U.S. Policy”，The RAND Corporation，2014，pp. 27 - 28.

2009年以来，非洲地区吸收外国直接投资连续下滑，但中国对非直接投资却快速增加。据统计，2009—2012年，中国对非直接投资流量由14.4亿美元增至25.2亿美元，年均增长20.5%，存量由93.3亿美元增至212.3亿美元，增长1.3倍。中国对非投资的快速增长，一方面说明非洲的发展潜力和投资吸引力，另一方面也体现了中非经济合作较为显著的互补性。

在投资总量扩大的同时，中国对非投资层次也在不断提升。截至2011年底，超过2000家中国企业在非洲50多个国家和地区投资兴业，合作领域从传统的农业、采矿、建筑等，逐步拓展到资源产品深加工、工业制造、金融、商贸物流、地产等（参见图6-10）。简言之，中非经济关系发展之迅速引人注目，也因此招致西方世界的质疑。

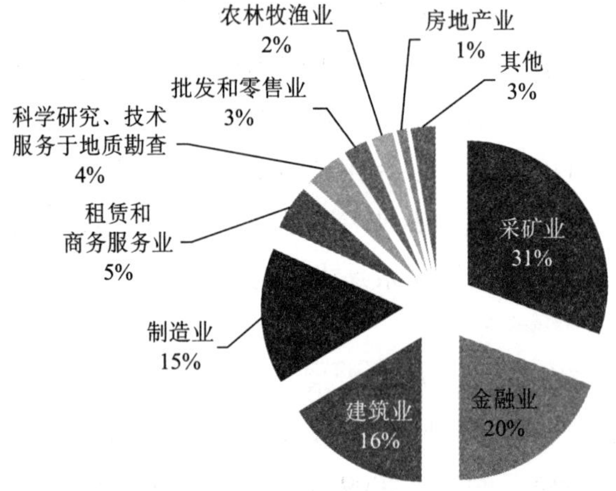

图6-10 中国对非直接投资行业分布图（截至2011年底）

根据以下来源数据制成：中华人民共和国国务院新闻办公室：《中国与非洲的经贸合作白皮书》，2013年。

第二，西方对中国“无附带条件”援助的质疑。对外援助是中国加强对外经济关系的重要一环，其规模正在不断扩大。非洲是中国对外援助的主要对象（参见图6-11）。在中国的非洲经济参与不断拓展之际，无附带条件的援助方式可谓饱受西方国家指责。[①] 美国国务院前助理国务卿柯庆生（Tom Christensen）曾公开表示，中国“无附带条件”的对非援助与美国、欧盟、

① M. Condon, “China in Africa: What the Policy of Nonintervention Adds to the Western Development Dilemma”, *The Fletcher Journal of Human Security*, vol. XXVII, 2012, p. 10.

日本以及世界银行和 IMF 的援助原则相矛盾，有可能对冲掉这些援助方所做出的努力，并严重阻碍该地区的透明化和善治。① 柯庆生的观点恰好反映了多数西方国家的看法：中国理应像他们一样，利用经济砝码达到特殊的政治目的，比如所谓反腐、民主化、促进人权、市场改革等等。反之，中国这种无条件的经济援助只会助长那些独裁者的气焰，并进一步推动他们压制人权。

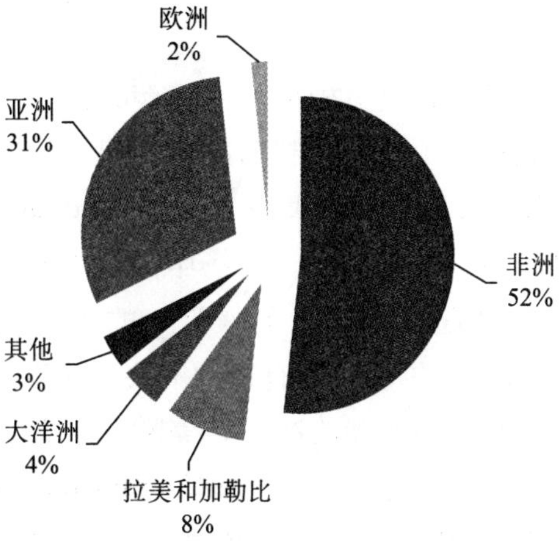

图 6－11　2010—2012 年中国对外援助资金分布

根据《中国的对外援助（2014）》白皮书的数据统计制成。中华人民共和国国务院新闻办公室：《中国的对外援助（2014）白皮书》。http：//news. xinhuanet. com/ziliao/2014－07/10/c_126736748. htm。2014 年 7 月 10 日。

这种论断在一定程度上貌似合乎情理，但实际上，西方国家所倡导的有条件援助未必合理。首先，有条件援助的有效性本身就值得怀疑。奥利弗·莫里西（Oliver Morrissey）在专门针对西方式有条件援助的有效性进行深入评估后发现，这种有条件援助的效果实际上微乎其微，甚至没有任何效果。② 其次，有条件援助可能是非人道的。因为绝大多数处在专制统治之下的国家几乎都亟需发展援助，如果西方国家以这些国家不符合条件为由拒绝援助，

① T. J. Christensen & J. Swan，“China in Africa：Implications for U. S. Policy”，http：//2001－2009. state. gov/p/eap/rls/rm/2008/06/105556. htm（2008. 6. 4）.

② O. Morrissey，“Conditionality and Aid Effectiveness Re－evaluated”，*The World Economy*，vol. 27，no. 2，February 2004，pp. 153－171.

那么最终承受困苦的依旧是这些国家的普通民众。① 另外，按照中国及其他许多发展中国家的观点，发达国家以有条件援助为由干涉发展中国家的内政实有侵犯主权之嫌。实际上，非洲国家自己掌握着自己的命运。即便人权、自由、民主等原则可能是一个国家可持续发展的基础，非洲国家也会在不断的政治斗争中朝着该方向学会如何改善自己。西方国家的有条件援助实际上损害了（也没有尊重）非洲国家这种“边学边做”（Learning – by – doing）的主观能动性。

事实也恰好与西方国家的愿望相反。尽管西方国家对中国的援助模式诟病不已，但大多数非洲国家（无论专制国家还是民主国家）都高度赞赏中国的做法。塞加内尔民选总统阿普杜拉耶·韦德（Abdoulaye Wade）曾在《金融时报》（Financial Times）专门撰文，赞扬中国对非投资和援助的实用主义方式，认为这实际上比欧美那种“繁文缛节”的方式更行之有效，并表示“非洲国家领导人有义务寻求更加快捷有效的解决方案”。②

面对中国这种无附带条件援助的冲击，美欧似乎都已开始反思自己的援助政策。以欧盟为例，其中非关系协调员（Coordinator for Africa – China Relations）白小川（Uwe Wissenbach）表示，欧盟一直关注中国的对非援助政策，并认为传统的供受式欧非关系（Donor – Recipient Partnership）应该转变成为某种现代化的伙伴关系。③

因此，中国的“无附带条件”援助即便没有对非洲国家的民主化起到推动作用，但至少也不会阻碍这一进程。与此相反，西方国家的有条件援助则极有可能打破非洲国家原有政治发展进程。并且，非洲国家对中国援助模式的热情欢迎将极大影响美欧的既有援助政策。

第三，以资源换制成品的新殖民主义？众多观察家认为，中国积极援助

① M. Condon, “China in Africa: What the Policy of Nonintervention Adds to the Western Development Dilemma”, *The Fletcher Journal of Human Security*, vol. XXVII, 2012, p. 11.

② A. Wade, “Time for the west to practise what it preaches”, http: //www. ft. com/intl/cms/s/0/5d347f88 – c897 – 11dc – 94a6 – 0000779fd2ac. html#axzz33kE9wYsF（2008. 01. 23）.

③ M. Condon, “China in Africa: What the Policy of Nonintervention Adds to the Western Development Dilemma”, *The Fletcher Journal of Human Security*, vol. XXVII, 2012, p. 17.

非洲的主要目的是为了获取非洲的丰富自然资源。① 这种窃取资源的论调相应延伸出一种新的奇谈怪论：中国以工业制成品换非洲国家原材料属于“新殖民主义”行为。以 2011 年为例，中国从非洲的进口货物中仅石油一项便占到 68% 的比例；而仅机械/交通产品及工业制成品两项便占到中国出口非洲货物总额的 68%（参见图 6－12、图 6－13）。

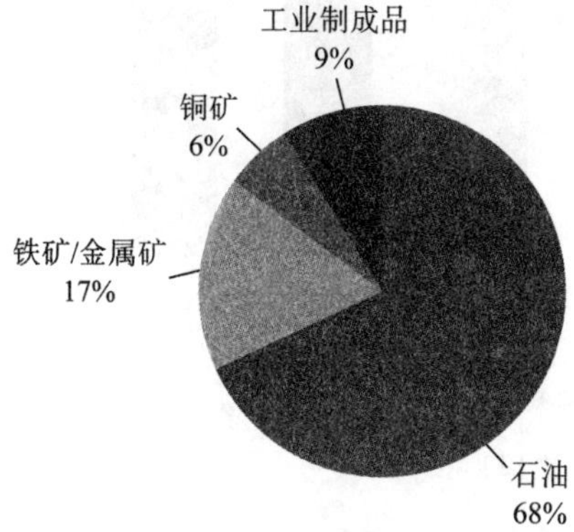

图 6－12　2011 年中国从非洲进口商品结构②

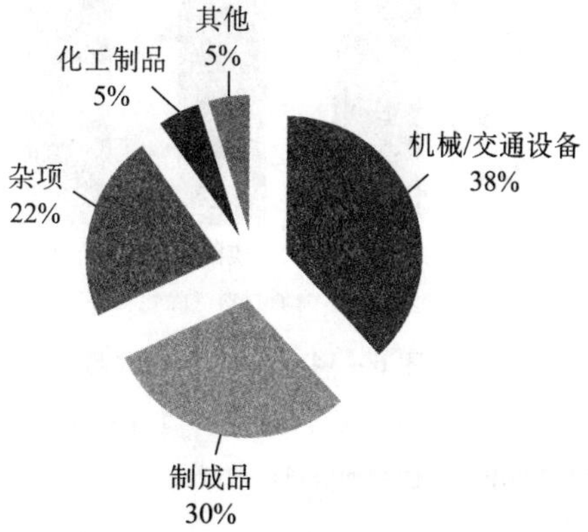

图 6－13　2011 年中国出口非洲商品结构③

然而，如果以横向对比的方式来研究中非贸易结构就会发现，中非洲贸易结构实际上与非洲的其他贸易伙伴其实并无本质区别。以 2006 年为例，中国从非洲进口的能源占贸易总额比例的 63%，美国和欧盟的这一比例分别为 84% 和 55%。从出口角度看，机械和交通设备分别占到中美欧的比例为 31%、53% 以及 46%（参见图 6－14）。横向对比可以发现，美欧对非贸易结构似乎更加契合这种“以资源换制成品”的“新殖民主义”标准。以此观之，西方国家不仅没有抨击中国“搞新殖民主义”的事实基础，也没有道貌岸然地批评中国窃取非洲原材料的道德制高点。

① 美国前大使 David Shinn 就将获取原材料作为中国在非利益的首位。D. Shinn& K. Brown，“China and Africa：A Century of Engagement”，Chatham House，29 June 2012，p. 2. D. M. Tull，“China's engagement in Africa：scope，signicance and consequences”，*The Journal of Modern African Studies*，vol. 44，no. 3，September 2006，p. 474.

② 图表制作资料来源：L. Hanauer & L. J. Morris，“Chinese Engagement in Africa：Drivers，Reactions，and Implications for U. S. Policy”，The RAND Corporation，2014，p. 30.

③ 图表制作资料来源：L. Hanauer & L. J. Morris，“Chinese Engagement in Africa：Drivers，Reactions，and Implications for U. S. Policy”，The RAND Corporation，2014，p. 31.

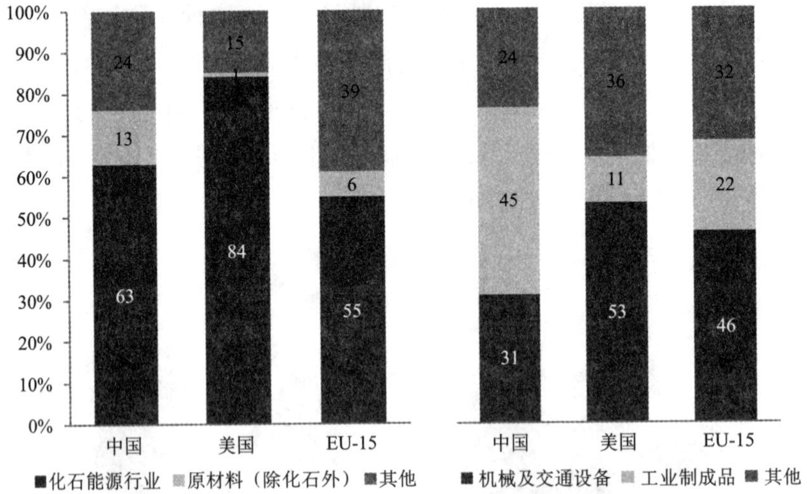

图 6-14　2006 年非洲与中国、美国和欧洲的贸易结构类似图

（左：出口，右：进口）①

根据 IMF 官网的数据资料整理制成。

客观而言，比较优势是任何国家参与国际贸易的基础条件。相较中国、美欧，非洲国家在国际市场上的比较优势在于其丰富的自然资源和廉价的劳动力。因而，非洲国家利用其比较优势发展与中美欧的经贸关系自在情理之中，完全合乎经典国际贸易理论的逻辑。中美欧三方对非贸易结构均极为相似恰好说明，对非洲国家来讲，以自身的丰富资源与中美欧的制成品进行国际贸易不仅是一种偶然，更是由其自身比较优势决定的贸易模式。片面批判中国以工业制成品换原材料即是"新殖民主义"的言论无疑有落入"依附论"这种陈旧思想窠臼之嫌。罔顾与美欧相同的贸易结构，专挑中国进行批判无疑又有"双重标准"、"逢中必反"之嫌。

当然，中国也必须认识到对非贸易、投资中存在诸多问题。比如，中国企业不顾当地法律而非法用工、破坏生态环境等毛病。赞比亚矿工案以及加纳中国人淘金被捕案等都无疑向中国政府规范海外企业和个人行为提出了警示。②

① J. Y. Wang & A. Bio - Tchané, "Africa's Burgeoning Ties with China: Maximizing the benefits of China's increasing economic engagement with Africa", *Finance and Development*, vol. 45, no. 1, March 2008.

② 西蒙·芒迪："Zambian workers alienated by cultural and linguistic divide", *Financial Times*, http://www.ftchinese.com/story/001036651/ce。2011 年 1 月 25 日。

2. 中非政治关系："不干涉内政"的争论

中非政治关系的重要性早在新中国建国初期便得到体现。改革开放之后，中国忙于经济建设，忽视了非洲的重要政治意义。20 世纪 80 年代末国内政治风波爆发后，非洲国家表态支持中国的举动令中国政府再度意识到了非洲的重要性。[①] 无独有偶，就在中国再度对非洲产生兴趣的时候，西方国家也乘冷战结束的大潮，开始在非洲大陆强力传播自由民主和人权等价值观。相反，中国政府却表示，要在互相尊重和平等的基础上发展中非关系，并明确表示不干涉非洲国家内政，尊重非洲各国的发展道路。一直以来，中国政府都极为强调（并以此为自豪）其所有对非援助均无附加政治条件这一特征。值得注意的是，台湾问题是中非关系中唯一例外于"不干涉内政"原则之外的事项。在这一点上，中国一直坚持只有在承认"一中原则"的前提下才能发展中非关系。[②]

在西方意识形态威胁下，诸多非洲国家开始倾向中国。"经济发展权"和"生存权"是最基本的人权的中国观念得到多数非洲国家领袖的高度认同。中国的"不干涉内政"原则也在冷战后的大环境下受到非洲国家的欢迎和赞赏。鉴于国内的西藏、新疆以及台湾等领土主权问题，"不干涉内政"原则不仅可以提醒外国不可干涉中国国内问题，更能让自身远离非洲国家的国内难题。实际上，这种"不干涉内政"原则至少对中国是积极有效的，多数非洲国家从未介入中国国内问题。

然而，这一中国引以为自豪的外交原则面临着严峻的现实挑战。相关评论人士（包括许多中国学者）认为，"不干涉内政"原则过于"天真"。它既不能让中国在国际上履行负责任大国的义务，也不能在关键情形下捍卫自身利益。[③] 批评者还指出，中国在"不干涉原则"下，在非洲掠夺自然资源并牟取暴利。

简言之，中国已开始通过联合国这一多边机制来有效维护自身利益。联合国是中国较为认可的多边组织之一，因此也是中国可以接受的解决途径。

---

① 非洲既能作为中国防止国际孤立的战略支点，同时又可以作为进一步孤立台湾的舞台。

② L. Hanauer & L. J. Morris, "Chinese Engagement in Africa: Drivers, Reactions, and Implications for U. S. Policy", The RAND Corporation, 2014, p. 22.

③ F. Godement, "the End of Non - interference?" European Council On Foreign Relations (ECFR), 2013. p. 1.

可以预见的是，中国会更加积极地通过联合国途径参与非洲事务。

总而言之，“不干涉”原则尽管在新的国际形势下面临着严峻的挑战，但这并不意味它应该就此终结。中国需要做的和正在做的就是探索新的方式来应对新的挑战。非洲国家的稳定和繁荣无疑符合中国的长远利益。因此，长远来看，无论中国坚持或放弃“不干涉”原则，都将有助于非洲的民主化进程。

（二）日本在非洲：经济关系与政治需求

日本同非洲国家历史上并不存在殖民纽带关系。日非关系也远不及欧非关系悠久。日本是势利的，其对外政策的重点一直是美国和西方发达国家，对遥远且贫困的非洲大陆没有多少兴趣。20 世纪 90 年代之后，冷战结束标志着日非关系踏上了一个新台阶。从此，日本开始为非洲国家提供越来越多的官方发展援助（ODA），并成为非洲最大的援助国之一。1993 年，日本还同非洲国家一道发起了东京非洲开发国际会议（TICAD，The Tokyo International Conference on African Development）。2001 年日本首相森喜朗对非洲三国（肯尼亚、南非与尼日利亚）的正式访问进一步提升了日非关系。

总体来看，在过去的几十年里，日本同非洲之间的经济和援助关系时有变化，但它也算得上是非洲舞台上的一个重要行为体。对多数非洲国家来讲，日本是其主要援助国。据统计，日本对非官方发展援助占到了 OECD 国家对非援助的近 1/3。[①] 对某些非洲国家来讲，日本还是相当重要的投资国。

第一，对非发展援助是日非关系的重要着力点。日本过去 20 多年间的对非战略主要由“东京非洲国际发展会议”制定，[②] 其对非援助仍然主要集中在基础设施、农业、水资源与环境卫生、教育、医疗以及维和等传统领域。日本自 20 世纪 90 年代开始便大规模对非进行发展援助。由于此后日本经济长期不景气，其对非援助在 21 世纪初开始逐步下跌（参见图 6－15）。2005 年，日本在 G8 格伦伊格尔斯峰会上宣布对非援助将会在接下来的三年内翻番，并且还会在接下来的十年内累计增加约 100 亿美元。[③]

---

① S. Cornelissen, “Japan's Role in Africa: Principle, Pragmatism and Partnership”, Center for Chinese Studies, Stellenbosch, South Africa, 2012, p. 4.

② 该国际论坛由日本政府、联合国开发计划署、世界银行以及非盟共同举办，每 5 年举行一次首脑会议。

③ S. Cornelissen, “Japan's Role in Africa: Principle, Pragmatism and Partnership”, Center for Chinese Studies, Stellenbosch, South Africa, 2012, p. 5.

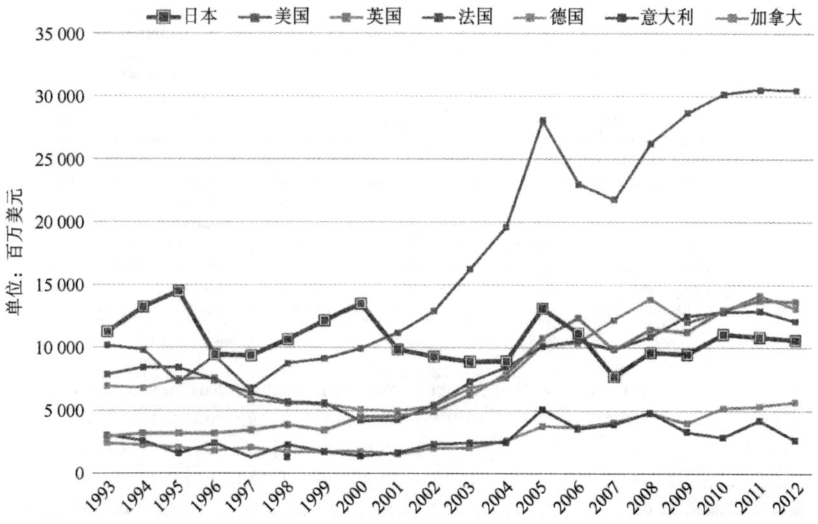

图 6－15　经合组织 DAC 成员国发展援助趋势图（1993—2012 年）①

日本很快便兑现了这一承诺。以 2006 年为例，日本对非洲的发展援助占到日本双边发展援助总额的 34.1%。2007 年，日本对非援助仍然占到日本对外援助总额的 29.4%。从 2007 年开始，日本的对外援助大幅减少，对非援助随之出现大幅下滑。② 2008 年 5 月日本福田政府宣布近期内将对非援助翻番。此后，日本对非援助开始逐步复苏，并在 2011 年达到 19.7% 的峰值（参见图 6－16）。

2012 年，日本对撒哈拉以南非洲的官方发展援助约为 17.1801 亿—18.4385 亿美元，③ 占日本对外总援助的 12.7%（2011 年更高达 19.7%），占经合组织（OECD）国家对撒哈拉以南非洲发展援助的 9.6%，是仅次于（除中国外）美国、法国、英国和德国的第四大援助国。④ 在 2008—2012 年间，日本对非援助年均约为 18 亿美元（已在 2003—2007 年期间的年均值基础上

① Ministry of Foreign Affairs of Japan, "Japan's Official Development Assistance White Paper 2013", Ministry of Foreign Affairs of Japan, Tokyo, Japan, February 2014, p. 33.

② Ministry of Foreign Affairs of Japan, "Japan's Official Development Assistance White Paper 2008", Ministry of Foreign Affairs of Japan, Chiyoda－ku, Tokyo, February 2009, p. 47.

③ Ministry of Foreign Affairs of Japan, "Japan's Official Development Assistance White Paper 2013", Tokyo, Japan, February 2014, p. 31.

④ Ministry of Foreign Affairs of Japan, "Japan's Official Development Assistance White Paper 2013", Tokyo, Japan, February 2014, p. 227.

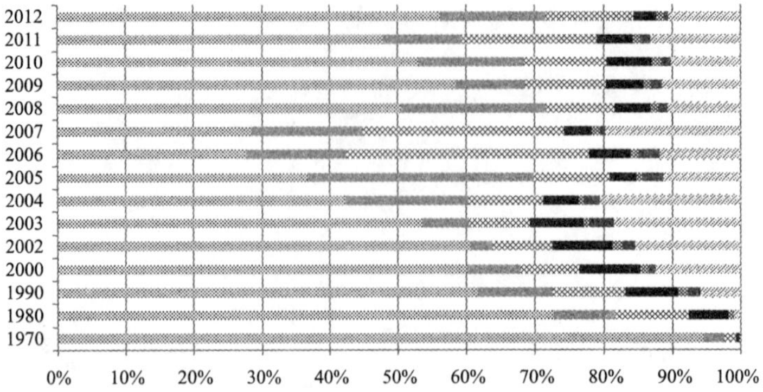

	1970	1980	1990	2000	2002	2003	2004	2005	2006	2007	2008	2009	2010	2011	2012
亚洲	94.4	72.8	61.7	60.1	60.7	53.6	42.7	36.7	26.6	28.3	50.4	58.5	53.1	47.8	56.2
中东与北非	3	8.8	10.8	7.8	3.1	6.9	18.3	33.2	14.1	16.4	21.2	10.1	15.3	11.5	15.4
撒哈拉以南非洲	1.8	10.8	10.6	8.5	8.7	8.8	10.9	10.9	34.1	29.4	10	11.7	12	19.7	12.7
拉美与加勒比	0.5	5.9	7.7	8.8	8.8	7.7	5.2	3.9	5.8	3.9	5.2	5.5	6.6	5.2	3.3
大洋洲	0.2	0.7	1.4	1.3	1.4	0.9	0.7	0.9	1	1.2	1.1	1	1.3	1.1	1.1
欧洲	0	0.1	1.9	1	1.8	3.6	2.4	3	3	0.8	1.3	1.6	1.5	1.5	0.6
跨区域援助	0	1	5.9	12.5	15.5	18.5	20.8	11.4	11.4	19.7	10.8	11.6	10.2	13.2	10.7

图 6 - 16　日本对外 ODA 地区分布变迁图

根据《日本 ODA 白皮书 2008》和《日本 ODA 白皮书 2013》的数据制成：Ministry of Foreign Affairs of Japan, "Japan's Official Development Assistance White Paper 2013", Ministry of Foreign Affairs of Japan, Tokyo, Japan, February 2014, p. 32. Ministry of Foreign Affairs of Japan, "Japan's Official Development Assistance White Paper 2008", Ministry of Foreign Affairs of Japan, Chiyoda - ku, Tokyo, February 2009, p. 47.

翻番）。这一数据还没有将日本通过世行等多边机制实施的对非援助计算在内。

在第五届东京非洲国际发展会议（2013 年 6 月）上，日本政府决定增加私营部门的参与。安倍晋三承诺，在接下来的 5 年中，将通过提供 320 亿美元的官方发展援助以及额外的 160 亿美元的公共部门和私营部门资源，以促进非洲经济增长。这一表态开启了日非关系的新阶段，那就是日本的私营部门将会前所未有地参与到日非关系这一进程之中。① 此外，日本首相安倍晋三还于 2014 年访问了三个非洲国家，并试图借此加强商业往来和释放善意。作为 8 年来（小泉纯一郎曾于 2006 年访问）首位造

① A. Sy, "Japan in Africa: A Rising Sun?" http://www.brookings.edu/blogs/africa - in - focus/posts/2014/01/13 - japan - in - africa - sy (2014. 01. 14).

访非洲大陆的日本首相，他访问了科特迪瓦、莫桑比克和埃塞俄比亚，并称此次访问“开辟了日本外交的新边疆”。[①] 其目的有三：对非洲资源的需求，谋求非洲国家对日本入常的政治支持，以及抗衡中国在非洲大陆业已壮大的政治经济影响。

第二，相对滞后的日非经贸关系。非洲一直不是日本的主要贸易伙伴。从2013年日本官方数据中可以看出，日本对非出口仅占日本出口总额的1.6%，进口也仅占日本进口总额的2.3%。这与亚洲的54.3%、44.3%和北美的19.7%和9.8%相比都相形见绌。[②] 此外，从具体的贸易伙伴国来分析，日非贸易主要集中在南非、埃及、尼日利亚等少数几国（参见图6-17）。其中，南非又是日本最主要的非洲贸易伙伴。事实上，南非作为日本铀矿的主要进口国之一，连续几十年来都是日本对非贸易的首要伙伴。

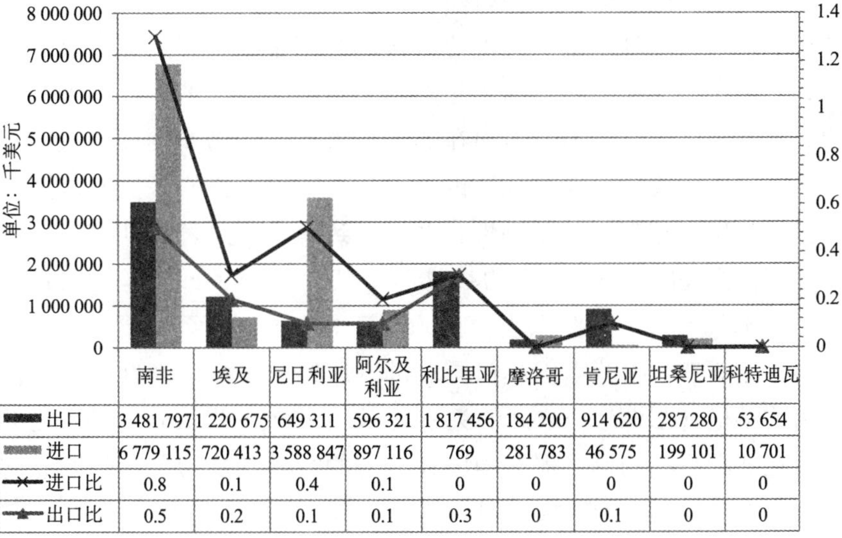

	南非	埃及	尼日利亚	阿尔及利亚	利比里亚	摩洛哥	肯尼亚	坦桑尼亚	科特迪瓦
出口	3 481 797	1 220 675	649 311	596 321	1 817 456	184 200	914 620	287 280	53 654
进口	6 779 115	720 413	3 588 847	897 116	769	281 783	46 575	199 101	10 701
进口比	0.8	0.1	0.4	0.1	0	0	0	0	0
出口比	0.5	0.2	0.1	0.1	0.3	0	0.1	0	0

图6-17 日本与主要非洲贸易伙伴年度货物贸易结构（2013年）

根据下述来源资料制成：Japan External Trade Organization（JETRO），“Japanese Trade and Investment Statistics，” http：//www. jetro. go. jp/en/reports/statistics/，2014年。其中，进口比表示日本从该国进口额占日本总进口额的比重，出口额则指日本对某国的出口额占日本总出口额的比重。

① 英国金融时报：《中日角力转至非洲》，FT中文网。http：//www. ftchinese. com/story/001054478（2014年1月20日）。

② Japan External Trade Organization（JETRO），“Japanese Trade and Investment Statistics，” http：//www. jetro. go. jp/en/reports/statistics/（2014）.

就直接投资而言，非洲同样不是日本的主要目的地。据统计，日本对非投资仅占对外总投资的 2% 左右。① 尽管如此，对某些特定的非洲国家来讲，日本确是最主要的几个投资来源国之一。

需要注意的是，尽管日本批评指责中国对非关系过多地受“自然资源”需求所左右，但日本近些年来的对非贸易和对非投资中也逐渐显露出自身批判这一特质。在《日本 ODA2007 白皮书》中，日本就毫不隐晦地表示“稀有金属的国际环境正在严重恶化”，“中国正在加大外交努力以在非洲确保自然资源的获取”。因此“日本通过官方发展援助”来为“日企在非获得这些关键性的矿产资源”就显得“愈发重要”。② 如此看来，日本显然没有资格指责中国在非洲“掠夺自然资源”。

（三）非洲博弈：中日关系的衍生物

非洲是日本强化对华竞争的重要区域。在对非经济关系大幅落后中国的情况下，日本对中博弈手法是遥相呼应西方对中国的指控，试图借此歪曲中国形象，挑拨中非关系，削弱中国在非洲的既有影响力和发展势头。正常的国家间经济竞争已演化为互有攻防的博弈了。安倍晋三的一位发言人曾形容中国的做法体现了掠夺性、剥削性，并且易致腐败，并表示日本“无法为非洲领导人提供漂亮的官邸或部长办公楼”。相反，日本的政策是“帮助提升非洲的人力资本”。③ 部分观察人士也认为，日本的对非关系主要集中在经贸关系上。中国则不然，因为中国不仅同非洲发展经贸关系，也有试图获得非洲外交支持的动机（强调政府之间的关系）。如果说安倍发展日非关系是为了让日本企业在非洲盈利的话，那么中国在非洲的行为则是为了在获取经济利益的同时提升在这片大陆的软权力。④

实际上，尽管中国对非关系存在日本政府发言人所谓的某些特质，但整

① S. Cornelissen, “Japan's Role in Africa: Principle, Pragmatism and Partnership”, Center for Chinese Studies, Stellenbosch, South Africa, 2012, p. 8 – 9.

② S. Cornelissen, “Japan's Role in Africa: Principle, Pragmatism and Partnership”, Center for Chinese Studies, Stellenbosch, South Africa, 2012, p. 8 – 9.

③ 英国“金融时报”:《中日角力转至非洲》, FT 中文网: http://www.ftchinese.com/story/001054478（2014 年 1 月 20 日）.

④ S. Tiezzi, “Africa: China and Japan's Next Battleground?” http://thediplomat.com/2014/01/africa – china – and – japans – next – battleground/（2014.01.15）.

体来看，中国的行为并不能称之为不道德，反而是一件对非有益的好事情。

首先，中国不仅不比其他国家更不道德，反倒更具建设性。要研究中国介入对非洲国家的影响，不能仅仅聚焦于中国一国的政策分析。横向对比其他国家的对非政策，对于客观认知中国的对非政策同样意义深刻。与中国一样，西方企业也同样在那些所谓的专制国家大量投资。比如，美国的石油公司就是赤道几内亚最大投资者之一。为了保护这些企业的利益，美国还在11年之后在该国重新设立了大使馆。安哥拉、尼日利亚等国家也能毫不费力地从美国企业和银行获得贷款。①

虽然中国的非洲政策面临着诸多诟病。但客观来看，美国等西方国家也难以与类似的事情撇清关系。尽管美国和其他西方国家并未和中国一样与苏丹、赞比亚这些国家保持密切关系。但它们同样和非洲的一些其他集权政府在诸多事务上开展合作。比如像乍得、刚果民主共和国以及几内亚等国，同样得到了美国的对外军事资助（Foreign Military Financing，FMF）。美国跨撒哈拉反恐合作伙伴（Trans - Sahara Counterterrorism Partnership，TSCTP）中的乍得、马里、毛里塔尼亚以及阿尔及利亚四国不仅从美国那里得到大量军事援助，并且每年与美国一道参加美军非洲司令部主持的多国联合军演。②

其次，中国给非洲国家带来了巨大的实际利益，是非洲发展的重要动力。尽管中国对非介入难免包含某些日本政府所诟病的成分和特质，但整体而言，中国的兴趣对非洲来说仍是一件好事。随着中国大举投资和援助的到来，几个非洲国家的经济状况大为好转（尤其是拥有先天能源禀赋或大宗商品的国家）。

介入非洲往往被日本政府描述为仅仅是出于所谓经济纽带和国际协作精神，但其政治目的也极为明显。诚然，非洲能帮助日本政府满足获得商业机遇的渴望。非洲能为包括工业品和消费品在内的日本商品提供市场。福岛核危机之后，非洲还能促进日本能源来源的多元化。此外，日本还需要从非洲

① L. Hanauer & L. J. Morris, "Chinese Engagement in Africa: Drivers, Reactions, and Implications for U. S. Policy," The RAND Corporation, 2014, p. 47.

② L. Hanauer & L. J. Morris, "Chinese Engagement in Africa: Drivers, Reactions, and Implications for U. S. Policy," The RAND Corporation, 2014, p. 47.

获得新的稀土资源。①

日本在非洲的政治算盘显而易见。小泉纯一郎2006年访问非洲并在非盟总部讲话的时候，一方面表示将会继续加大对非援助力度，但另一方面却不忘反复强调“联合国安理会”未能顺应“战后变化的国际变局”，并呼吁“日本愿与非洲同道一同达到此（安理会改革）目的”。② 总体而言，日本在对非介入问题上的记录也并非纤尘不染。日本的援助绝大多数时候都与日本企业的利益捆绑在一起。③ 此外，日本对非援助也和中国一样存在着某种“非歧视性”援助，即对一切需要的非洲国家进行援助。根据《日本ODA2013白皮书》数据可知，日本2012年度几乎对所有撒哈拉以南非洲国家给予了发展援助。(参见表6－1)。

表6－1　2012年撒哈拉以南接受日本ODA前十位国家　（单位：100万日元）

排名	国家或地区	无偿援助（Grants）	贷款援助（Loan Aid）	总计
1	坦桑尼亚	128.67	19.24	147.91
2	肯尼亚	135.52	－3.45	132.07
3	加纳	115.39	—	115.39
4	埃塞俄比亚	108.67	—	108.67
5	苏丹	99.18（94.48）	－4.57	94.60（94.48）
6	刚果民主共和国	93.86	—	93.86
7	塞内加尔	80.50	—	80.50
8	南苏丹	75.03	—	75.03
9	莫桑比克	55.75	14.55	70.30
10	乌干达	65.58	3.29	68.87

数据来源：《日本ODA2013年白皮书》。Ministry of Foreign Affairs of Japan，“Japan's Official Development Assistance White Paper 2013”，Tokyo，Japan，February 2014，p. 130.

① 英国“金融时报”：《中日角力转至非洲》，FT中文网，http：//www. ftchinese. com/story/001054478 (2014年1月20日)。

② J. Koizumi，“Statement by Prime Minister Junichiro Koizumi：Africa － The Home of Self－Endeavor”，http：//www. mofa. go. jp/region/africa/pmv0605/state. html.（May2006）.

③ 英国《金融时报》：《中日角力转至非洲》，FT中文网，http：//www. ftchinese. com/story/001054478 (2014年1月20日)。

综上可见，中国对非介入尽管存在某些瑕疵，但总体依然十分积极。在中日经略非洲的角逐中，中国已然占得先机和优势。在中日关系不断下滑的背景下，日本在非洲大陆肯定会加大与中国竞争和对抗的力度。日本对中国对非行为的批判不仅是出于自视西方一员的政治偏见，更在于打压中国在非洲业已获得的影响力和发展势头。对非援助和投资是日本对非政策的重要手段，但该政策具有较为明显的功利性和工具性，不会对历史悠久、基础扎实的中非关系构成重大威胁。注重细节、不断优化和深化对非经济关系，是中国深耕非洲、促进中非关系发展、应对日本挑战的行动方略。

三、中日在新兴市场的经济布局与竞争：拉美

拉美同样是一个资源丰富、发展潜力巨大的新兴市场，也是中国经济发展、经略海外不可或缺的地区。该地区战略位置险要，向为美国的战略“后院”，因而也是中国对冲或平衡美国对华战略的重要节点。中拉关系相对年轻，但发展迅速。中日两国在拉美的经济布局有先有后，且各有所长。两国对拉美的经济需求颇为相似，日本的优势是投资，中国的优势是经贸。两国在拉美的经济竞争将会日趋激烈。

（一）中国与拉美经济关系的快速拓展

中拉经济关系近10年来日益紧密明显体现在双边贸易的增长以及随之而来的密切外交关系上。2000年以来，已有阿根廷、墨西哥、委内瑞拉、巴西等国与中国建立了“战略伙伴关系”。2008年，中国政府首次发布了针对拉丁美洲和加勒比地区的政策文件。与此同时，智利、哥斯达黎加以及秘鲁也与中国签署了自由贸易协定。

1. 中拉贸易高速增长

2010年，泛美开发银行报告指出：在短短十年间，两个曾经相互陌生的经济体迅速发展为彼此间的主要贸易伙伴。

中拉贸易是国际贸易中新兴增长点。20世纪90年代，中拉贸易方才开始成长，但显著增长则出现在1999年之后。在所有拉美国家的总出口量中，中国的份额在20世纪90年代一直变化不大。但在21世纪的头10年，这一份额

增长了近 7 倍。[①] 2012 年，中拉贸易继续保持增长。根据中国海关统计，2012 年中拉贸易总额达 2 612.4 亿美元，同比增长 8.2%（2011 年为 31.5%）。其中，中方出口为 1 352.2 亿美元，进口为 1 260.3 亿美元，同比分别增长 11.1% 和 5.2%（2011 年分别为 32.6% 和 30.4%）。2012 年，中国在拉美地区的前五大贸易伙伴分别为巴西、墨西哥、智利、委内瑞拉和巴拿马，双边贸易额分别达 857.2 亿美元、366.8 亿美元、332.4 亿美元、238.3 亿美元和 153.6 亿美元。[②] 中国对拉美出口主要以高新技术和机电产品、纺织和轻工类产品为主，从拉美进口则以能源、矿产和初级农产品为主。

2. 中拉经贸关系的特点

第一，一些经贸对象存在较高风险。清华大学的陈懋修指出，中国在拉美的部分贸易伙伴存在不稳定的风险。在他看来，委内瑞拉就是这种不稳定风险的典型代表。就中国与这些高风险的国家广泛开展贸易的原因而言，他认为中国企业作为国际市场的后来者，在某些情况下别无选择，只能与这些高风险国家“打交道”。另一方面，中国政府给其国有企业提供的便利和支持也增强了中国企业与高风险国家“打交道”的能力。[③]

第二，原材料是经贸发展的重要驱力。在过去十余年中，中国对原材料的需求，已经成为拉美向中国出口量不断增加的主要驱动力（参见图 6－18）。这些出口产品包括矿产、能源以及农产品。

第三，农产品贸易地位突出。农产品贸易是中拉贸易中的突出部分。大豆、糖以及牛肉等农产品都是南锥体国家等其他拉美国家对华的主要出口商品。

第四，出口货物以工业制成品为主。中拉双边贸易中的另一个主要特征就是中国对拉出口货物中工业制成品的比例较高（参见表 6－2）。

---

① 【英】莱斯·詹金斯：“拉丁美洲与中国：一种新的依附关系?”，《国外理论动态》2014 年第 2 期，第 65－73 页。

② 中华人民共和国商务部：《中国和拉美地区国家经贸关系简况》。http://mds.mofcom.gov.cn/article/Nocategory/200210/20021000042975.shtml（2013 年 3 月 20 日）。

③ 陈懋修：《中国在拉丁美洲的风险分析》，卡内基国际和平基金会（2013 年 01 月 11 日）。

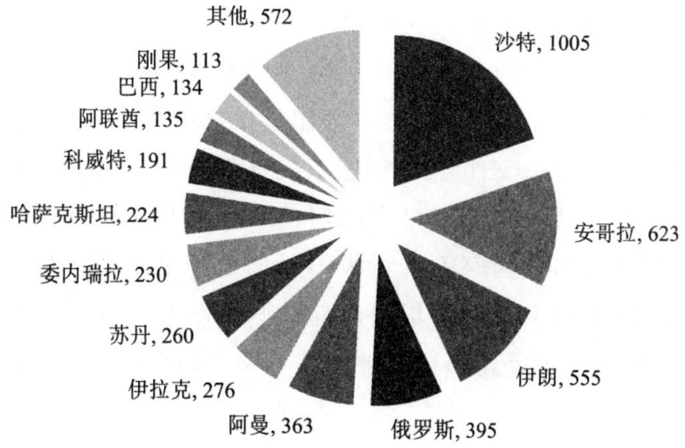

图 6－18 中国 2011 年原油进口国分布（单位：千桶/日）

根据美国能源情报署的数据制作而成。①

表 6－2 中国出口拉美地区主要产品和占总出口份额（%）

产品分类	份额	累计份额
水银装置	3.20	3.20
石油沥青材料	3.10	6.40
广播传输设备	2.50	9.50
货运船舶	2.30	14.30
便携式数码处理器	2.30	12.00
电信设备零部件	2.20	16.60
机械零部件	1.90	18.80
电信设备	1.70	20.70
摩托车	1.60	22.40
有机/无机化合物	1.30	23.90

数据来源：IDB/INT on COMTRADE data）。Inter－American Development Bank, *Ten Years After the Take－off: Taking Stock of China－Latin America and the Caribbean Economic Relations*, Inter－American Development Bank, October 2010, p. 7.

① 如图可见，委内瑞拉是中国最主要的石油进口国之一。参见：U. S. Energy Information Administration, *China*, *U. S. Energy Information Administration*, http://www.eia.gov/countries/cab.cfm? fips = CH (2013. 4. 22).

第五，南锥体四国是主要贸易对象。泛美开发银行报告指出，截至2008年，拉美对华出口总额的约90%都来自位于南锥体的四个国家：巴西（占拉美对华出口的41%），智利（占拉美对华出口的23.1%），阿根廷（占拉美对华出口的15.9%），秘鲁（占拉美对华出口的9.3%）。这样的地理分布并非单纯由经济规模决定。从拉美国家对华出口占其出口总量的份额看，巴西、智利、阿根廷和秘鲁这四个国家不仅对华出口增长速度最快，且拥有最高的出口参与率。其他拉美国家同期对华出口变化则不明显，并且出口参与率均低于2%。唯一例外的国家是哥斯达黎加，其对华出口额则完全可以由英特尔公司对华出口来解释。

双边累计贸易差额同样显示拉丁美洲国家与中国经贸关系的分布差异。其中，南锥体国家与中国保持相对均衡的双边贸易关系，并维持一定数额的贸易顺差。其他拉美国家则是完全依赖进口中国的制造业产品。当然，一个国家如何实现平衡的双边贸易，在经济学上并无包治百病的良方。然而，长远看来，极度失衡的双边贸易关系长期可能引发贸易争端或危及政治关系。况且，这些数据也显示这些拉美国家面临的困难使它们无法从蓬勃发展的中国市场中充分受益。①

3. 中国在拉美的直接投资

近些年来，中国对外直接投资不断加快（参见图6－19）。从2000年开始，中国政府积极推动中国企业“走出去”，鼓励中资企业赴海外投资。直到2005年前后，中国的FDI一直很低。此后，中国的FDI开始迅速增长。截至2010年，中国一跃成为世界第五大对外投资国。在全球FDI因金融危机大幅下降的背景下，中国FDI反而“逆势而上”，从占全球份额的1%（2007年）提升至4%（2009年）。中国是拉美地区第三大外国投资方，紧随美国与荷兰之后。2011年，中国在这一地区的直接投资达到227亿美元。②

2012年，中国在拉美地区非金融类投资保持增长，对外工程承包业务增长势头迅猛。2012年，中国对拉美地区非金融类投资106.1亿美元，同比增

---

① Inter－American Development Bank, *Ten Years After the Take－off: Taking Stock of China－Latin America and the Caribbean Economic Relations*, Inter－American Development Bank, October 2010, pp. 5－6.

② 陈懋修：《中国与拉美关系评估》。http://carnegietsinghua.org/2012/11/19/%E4%B8%AD%E5%9B%BD%E4%B8%8E%E6%8B%89%E7%BE%8E%E5%85%B3%E7%B3%BB%E8%AF%84%E4%BC%B0/frix（2012.11.19）。

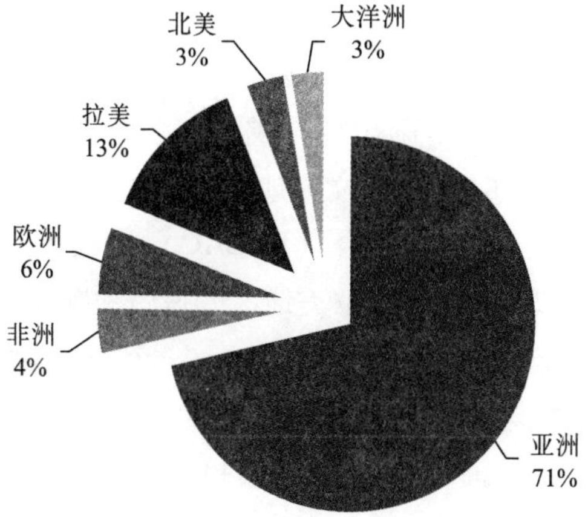

图 6－19　中国对外直接投资分布图（2012 年）

根据拉美经委会的数据制成。资料来源：China－Latin America cross－council，“Chinese foreign direct investment in Latin America and the Caribbean”，the Economic Commission for Latin America and the Caribbean（ECLAC），November 2013，p. 8.

长 4.8%，占同期非金融类对外投资的 13.8%，主要流向开曼群岛、英属维尔京群岛、厄瓜多尔、委内瑞拉、墨西哥等国家和地区（参见表 6－3）。2012 年，中国在拉美地区工程承包业务完成营业额 113.2 亿美元，同比增长 42.9%，占当年完成营业总额的 9.7%。2012 年拉美地区国家在华投资项目 765 个，同比下降 22%，中国实际使用外资 101.8 亿美元，同比下降 18.6%。

表 6－3　中国对拉美部分国家直接投资统计（1990—2012）　单位：百万美元

	1990—2009	2010	2011	2012
阿根廷	143	3 100	2 450	600.00
巴西	255	9 563	5 676	6 066.63
智利	N/A	5	N/A	76
哥伦比亚	1 677	6	293	996
厄瓜多尔	1 619	45	59	86
墨西哥	146	9	2	74
秘鲁	2 262	84	829	1 306.84
委内瑞拉	240	900	N/A	N/A
总计	6 342	13 712	9 309	9 206

资料来源：China－Latin America cross－council，“Chinese foreign direct investment in Latin America and the Caribbean”，the Economic Commission for Latin America and the Caribbean（ECLAC），November 2013，p. 11.

中国在拉美的 FDI 近些年来增长迅速。但迄今为止，双边投资规模仍然不大。中拉双边 FDI 也并不如双边贸易显著。2010 年，中国在拉美地区的 FDI 不足 10 亿美元，而同期中国出口拉美的货物价值超过 1 750 亿美元。尽管自 2003 年以来增长了 5 倍，但拉美地区占中国全球 FDI 的份额刚刚超过 1%。拉美及加勒比地区经济委员会（ECLAC）的数据略有不同。该数据表明，中国在 1990 年至 2009 年间对拉美地区的投资总额 730 亿美元，这一数额仅仅在 2010 年一年便超过 150 亿美元。然而，即便这些数据真实可信，中拉双边 FDI 与中拉双边贸易相比仍处在相对低位。

与贸易情况类似，中国在拉美的直接投资主要集中在南锥体国家（参见图 6－20）。从 2003 年至 2010 年上半年，66% 的中国非金融类直接投资集中在这一地区，其中巴西占 41%，阿根廷占 11%，秘鲁占 12%，智利占 2%。如果包括委内瑞拉在内，中国在这一地区的直接投资可达到拉美全区的 81%。

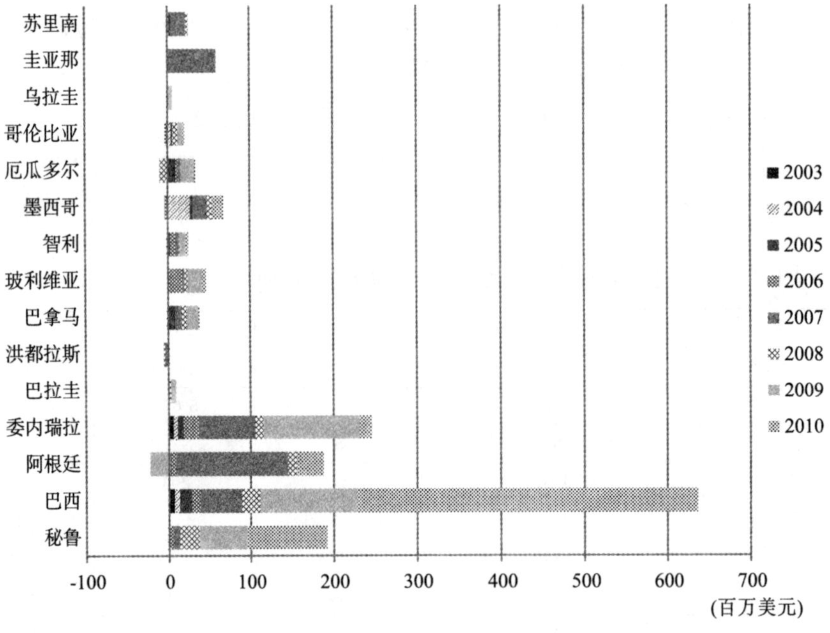

图 6－20　中国在拉美地区主要国家非金融直接投资情况（2003—2010）

根据以下来源制成（不包括英属维尔京群岛和开曼群岛，其中 2010 年数据为 1—7 月）：Inter－American Development Bank，*Ten Years After the Take－off：Taking Stock of China－Latin America and the Caribbean Economic Relations*，Inter－American Development Bank，October 2010，p. 21.

从中国投资集中的国家和地区推断，所谓的资源寻求型投资是中国在拉美地区投资一直盛行的模式。中国投资者努力确保充足的资源型产品供给国内需求，在拉美的投资主要集中于农业和资源开采业，或投资开发其周围的基础设施工程。

中国在智利和秘鲁的投资是这一模式的代表。中国在智利的非金融行业直接投资有 95% 集中在农业、林业和采矿业，而中国在秘鲁的直接投资则几乎全集中于采矿业。中国在巴西的投资组合则呈现了更多元化的景象。2001 年至 2009 年，除金融类投资外，中国投资于巴西的批发和零售贸易业（占 61%），其次是制造业（占 23%）、农业和采矿业（占 15%）。①

此外，中拉之间的 FDI 并不只是单向的，许多拉美地区的公司也纷纷来华投资设业。自 21 世纪第一个十年中期，拉美地区经历了以巴西和墨西哥为代表的海外投资热潮。事实上，尽管最近几年中国正迅速赶上，与中国相比，拉美地区仍然在外国直接投资方面有较大的资金存量。目前拉美国家尚未大规模直接投资中国市场（参见图 6－21）。

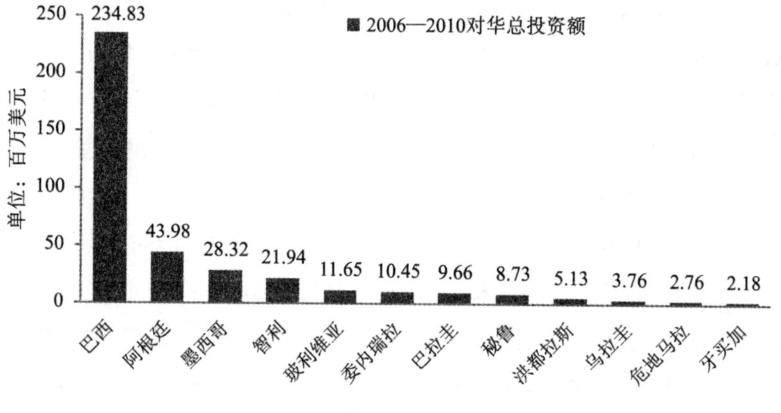

图 6－21 拉美加勒比主要国家在华投资（2006—2010）

根据以下来源制成：Inter－American Development Bank，*Ten Years After the Take－off*：*Taking Stock of China－Latin America and the Caribbean Economic Relations*，Inter－American Development Bank，October 2010，p. 22. 2010 年数据截至 1—7 月。不包括其属维尔京群岛和开曼群岛。

① Inter－American Development Bank，*Ten Years After the Take－off*：*Taking Stock of China－Latin America and the Caribbean Economic Relations*，Inter－American Development Bank，October 2010，p. 22.

拉美在中国的投资有三个特点：（1）相对温和，且并未形成一个明确的趋势；（2）拉美在华直接投资大部分来自巴西，占拉美在华投资额的 40% 左右；（3）拉美在华投资不超过拉美海外投资总量的 1% 。2010 年的数据显示，较大幅度的拉美在华投资可能正在酝酿过程中，这一投资增幅来自巴西。尽管中国在拉美地区的出口份额不断增长，拉美国家的海外直接投资似乎大部分都流向了美国、欧洲及拉美区内市场。[①] 比如巴西航空工业公司（EMBRAER）、墨西哥水泥公司（CEMEX）和墨西哥宾堡食品公司（Bimbo）这些企业的对外投资。2002 年至 2009 年，拉美在中国的 FDI 总额约为 10 亿美元，其中最高的一年是 2006 年，为 1.5 亿美元。此后，每年的数额稳定在 1 亿美元左右。尽管中国已经成为全球 FDI 的主要目的地，但拉美地区在其中所占份额可以忽略不计。

4. 中国对拉美的官方发展援助

作为世界第二大经济体，中国在力所能及的范围内对全世界发展中国家开展援助。据兰德公司（RAND）统计，截至 2013 年，中国已在全球 93 个国家开展各种类型的项目、政府投资和援助（foreign aid and government - sponsored investment activities，FAGIA）。[②] 据统计，2001—2011 年间，拉美是全球各地区获得中国政府投资和援助最多的地区，委内瑞拉则是全世界接受中国政府投资和发展援助最多的国家（参见图 6 - 22）。这些援助多数是在 2009 年至 2011 年间得到落实的。

2007 年至 2010 年，中国开发银行及中国进出口银行对拉美的贷款显著增加。有报告显示，截至该时期末，中国的银行在此领域的地位甚至已经超过了世界银行以及泛美开发银行。究其原因，兰德公司报告认为，中方的主要意图是为了推进自然资源项目。并且，中国对拉美的援助主要也集中在四个资源富国：委内瑞拉、巴西、阿根廷、厄瓜多尔。[③]

① Inter - American Development Bank, *Ten Years After the Take - off: Taking Stock of China - Latin America and the Caribbean Economic Relations*, Inter - American Development Bank, October 2010, pp. 24 - 26.

② C. Wolf, Jr, X. Wang and E. Warner, "China's Foreign Aid and Government - Sponsored Investment Activities", RAND Corporation, SANTA MONICA, CA, 2013, p. iii.

③ C. Wolf, Jr, X. Wang and E. Warner, "China's Foreign Aid and Government - Sponsored Investment Activities", RAND Corporation, SANTA MONICA, CA, 2013, p. 25 - 26.

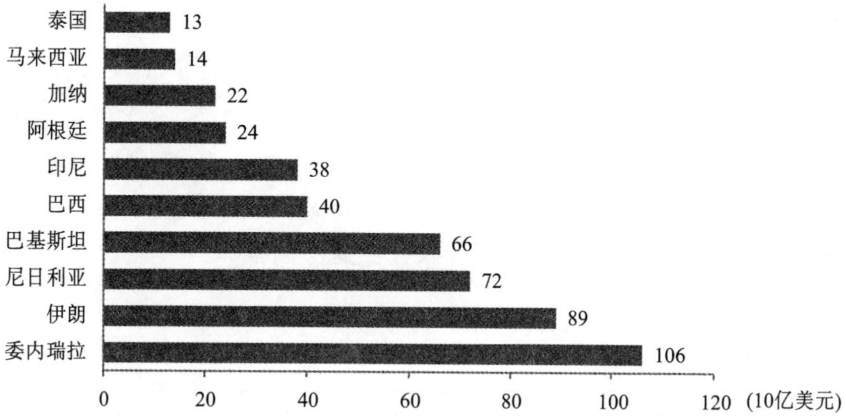

图6-22 2001—2011年接受中国发展援助、政府投资（FAGIA）最多的国家

根据以下来源制成：C. Wolf, Jr, X. Wang and E. Warner, "China's Foreign Aid and Government-Sponsored Investment Activities", RAND Corporation, SANTA MONICA, CA, 2013, p. 50.

中国的投资和援助在2005年之前主要集中在基础设施项目上。之后，自然资源发展项目逐渐占据了中国对拉美投资的主导地位。具体来看，中国投资的自然资源发展项目又主要集中在石油资源领域。

（二）日本在拉美的经济布局

日本与拉美有着传统的历史和人文联系。早在19世纪，日本人就大量移民拉美诸国。目前，在巴西、秘鲁、乌拉圭以及其他拉美地区都存在大量的日本人社区。其中，圣保罗是除日本本土之外全球最大的日本人社区。这种历史和人文联系，为日拉关系发展提供了一定的社会基础。

1. 日拉经济关系：起步较早，发展曲折

根据泛美开发银行的官方报告，在战后几十年的互动中，日本—拉美经贸关系经历了曲折前行的发展过程（参见图6-23）。从一开始，日拉经贸关系也主要集中于矿产品和农产品交易。到目前为止，日拉关系已经覆盖了各个贸易方面（从机动车辆到替代能源，从计算机软件到灾害预防）、直接投资、政府间交流等各种形式。

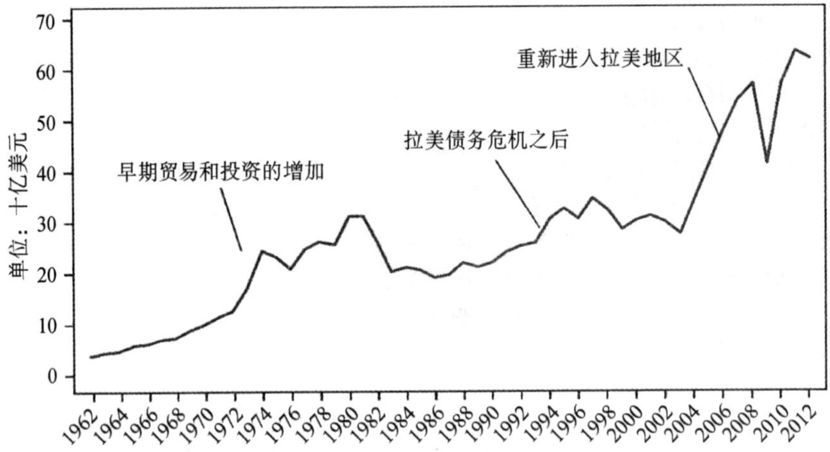

图 6－23　日本与拉美—加勒比地区贸易发展走势

数据来源：泛美开发银行①

20 世纪 60—70 年代，日拉经贸关系开始逐渐升温。在一开始，双边贸易的主要形式同样是拉美以原材料换取日本的工业制成品。然而，日拉经贸关系在 20 世纪 80 年代却遭严重打击。这一时期，拉美绝大多数国家都受债务危机的严重困扰。因为曾向拉美国家广泛提供大量贷款，日本银行在拉美债务危机中受到殃及。直到 1990 年代中期，日拉经贸关系才恢复达到 1981 年的贸易水平。②

20 世纪 90 年代，日拉经贸关系得到恢复并稳步增长。尽管部分拉美国家在 20 世纪 90 年代末和 21 世纪初陷入了严重的金融危机造成了日拉双边经贸关系的短期停滞，但总体而言，双边经贸关系仍然持续上升。在过去十年间，日拉双边贸易年均增长约为 13%，而同时期的中拉贸易年均增长率则高达 32%。但相对而言，日拉双边贸易增长率仍然领先于其他发达经济体（美国的 9%，欧盟的 12%）。③ 日本也是拉美主要国家（如巴西、智利、墨西哥、秘鲁、阿根廷）的重要出口市场（参见表 6－4）。

① 【英】莱斯·詹金斯："拉丁美洲与中国：一种新的依附关系?"，《国外理论动态》，2014 年第 2 期，第 5 页。

② 【英】莱斯·詹金斯："拉丁美洲与中国：一种新的依附关系?"，《国外理论动态》，2014 年第 2 期，第 5 页。

③ Inter－American Development Bank，*Japan and Latin America and the Caribbean: building a sustainable trans－pacific Relationship*，Inter－American Development Bank（IDB），Nov. 2013，p. 6.

表 6－4　拉美对日出口总量中主要国家所占份额（2011—2012，IDB）

国家	份额（%）
巴西	36.5
智利	34.7
墨西哥	9.7
秘鲁	8.5
阿根廷	3.6

推动自贸区建设是日本加强日拉经济关系的新举措。根据日本经济产业省数据，截至 2013 年 7 月，日本已同拉美的墨西哥、智利、秘鲁签署了自贸协定，并且还与玻利维亚进行自贸协定谈判。① 如果由美国主导的 TPP 谈判成功，那么这将极大地影响到日拉贸易。

日本是拉美最重要的直接投资国家之一。在过去十年的投资中，日本对拉投资不仅实现了多样化，而且加大了技术密集型产业的投资力度。尽管日拉关系愈发紧密，但日本在拉美外贸总额中所占比例仍然较低。截至 2013 年底，日本占拉美贸易总额的 3%。这一比例在 1990 年则是 7%。与之对应，拉美也仅仅占日本对外贸易总额的不足 5%。该比例在过去的 20 年间几乎没有什么明显变化。②

2. 日拉经济关系基本特征

和多数东亚国家一样，日本同样严重缺乏自然资源。这种基本特征决定了日拉贸易和其他亚洲国家和拉美之间双边贸易的相似性，即以工业制成品换取拉美国家原材料的贸易方式（参见表 6－5）。

从泛美开发银行的统计数据来看，拉美及加勒比地区向日本出口的前十位商品分别是铜矿砂及其精矿、非凝聚铁矿石及其精矿等基础自然资源。这种贸易结构与中国同拉美和加勒比地区的贸易结构可谓大同小异。

3. 日本在拉美的直接投资

日本对拉直接投资从一开始也主要是为了获取自然资源。从 20 世纪 60 年

① 其中，墨西哥 2005 年 4 月生效，2012 年 4 月修订；智利 2007 年生效；秘鲁则于 2012 年 3 月生效。Ministry of Economy, Trade and Industry, "EPA/FTA/IIA", http://www.meti.go.jp/policy/trade_policy/epa/english.html（2014.04）。

② Inter－American Development Bank, *Japan and Latin America and the Caribbean: building a sustainable trans－pacific Relationship*, Inter－American Development Bank（IDB）, Nov. 2013, p. 2.

表 6－5　拉美及加勒比地区向日本出口的前 10 大种商品（2011—2012）

产品种类	份额（%）
铜矿砂及其精矿	24.8
非凝聚铁矿石及其精矿	14.2
肉块、杂碎、冷冻品	5.2
咖啡（非脱咖啡因）	5.0
凝聚铁矿石及其精矿	3.9
电解铜	2.8
非合成铝	2.5
冻鱼	2.1
锌矿及其精矿	1.8
燃料木材	1.8

资料来源：Inter－American Development Bank，*Japan and Latin America and the Caribbean：building a sustainable trans－pacific Relationship*，Inter－American Development Bank（IDB），Nov. 2013，p. 8.

代开始，日本的大型企业诸如三井、三菱、住友商事等纷纷涌入拉美竞相投资原材料产业。这一时期，日资主要流入了巴西和智利两国。到 1965 年，拉美成为日本外资流入最多的地区，占日本境外总投资的 25% 左右。

到了 20 世纪七八十年代后，日本企业则开始大量在拉美地区设厂，其直接投资也开始逐渐集中于制造业。伴随这一时期日元的大幅升值，日资大量涌入拉美地区。然而，严重的债务危机却导致拉美各国未能很好把握“第二波”日本对外直接投资浪潮。从 1980 年到 1995 年，日资大量撤离拉美地区。据统计，日本撤资量从 1980 年的 22 亿美元急剧上升到 1995 年的 194 亿美元，拉美地区占日本对外贸易总额的比例也从 15% 下降到微不足道的 2% 。

20 世纪 90 年代开始，日资逐渐回流到拉美地区。根据日本官方数据，在 1990—1999 年期间，日本对拉投资年均增长率约为 35% 。巴西和墨西哥两国成为这一时期拉美地区日资的最大接受国，分别占 48% 和 23% 。在经历了 1990 年代末和 21 世纪初小幅的低迷后，从 2000 年代后半期开始，日资再度回流拉美地区。据统计，日本近年来的对拉直接投资占到流入拉美外资的 5% —6% ，在特定国家则高达 10% 左右。

就日本投资行业分布而言，尽管日本早期同样主要集中投资于原材料行业，但在 20 世纪末和 21 世纪初，日本的直接投资开始逐渐多元化。目前来看，日本对拉投资已经覆盖了制造业、甚至服务业。

（三）中日在拉美的经济博弈

相较日本，中国是拉美的后来者。在经贸领域，中国显然是个强劲的竞争者。在过去十余年间，几乎和日本同步，中国开始积极与拉美地区接触。① 日拉双边贸易年均增长约为 13%，而同期中拉贸易年均增长率则高达 32%。日拉贸易在日本的对外贸易总额的所占比例在过去 20 年间一直较为低迷。中国迅速崛起使其成为拉美的主要贸易伙伴，与此同时，日拉贸易占拉美对外贸易总额的比例却从 1990 年的 7% 下降到了 3%。如图 6－24 所示，亚洲国家在 2000 年仅仅占到拉美和加勒比地区出口份额的 9%，2009 年则飙升至 20% 左右。日韩两国是亚洲国家份额上升的最初动力，而最近中国和印度的参与则大幅推动了这一份额的增长趋势。②

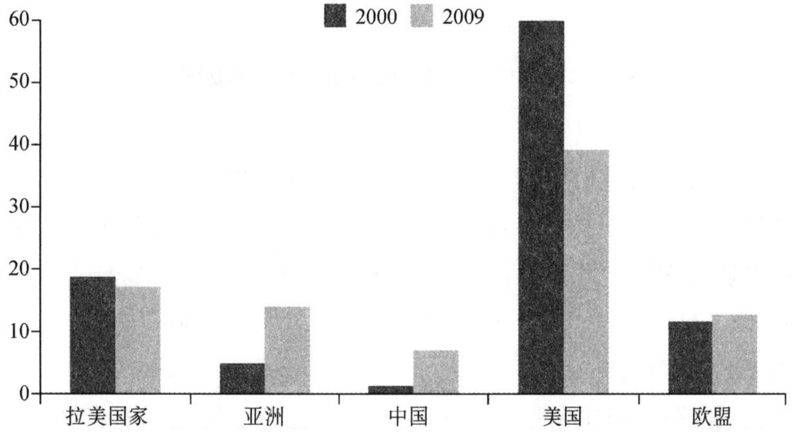

图 6－24　拉美和加勒比地区出口对象国和地区分布（2000 和 2009 年，%）

数据来源：拉美经委会。

从直接投资的角度看，中国在拉美的 FDI 仍然远逊日本，尚有巨大发展空间。如图 6－25 所示，无论是在历史上还是现在，日本对拉美直接投资都远超其他亚洲经济体。即便与韩国相比，中国的 FDI 规模也黯然失色。因此，

---

① Inter－American Development Bank, *Japan and Latin America and the Caribbean: building a sustainable trans－pacific Relationship*, Inter－American Development Bank (IDB), Nov. 2013, p. 3.

② L. A. Moreno, "the Decade of Latin America and the Caribbean: A Real Opportunity", Inter－American Development Bank, New York Avenue, N. W., 2011, p. 28.

仅仅简单地以中国的增量或增速为由认为中国在拉美的经济介入超过了日本，并不符合客观事实。

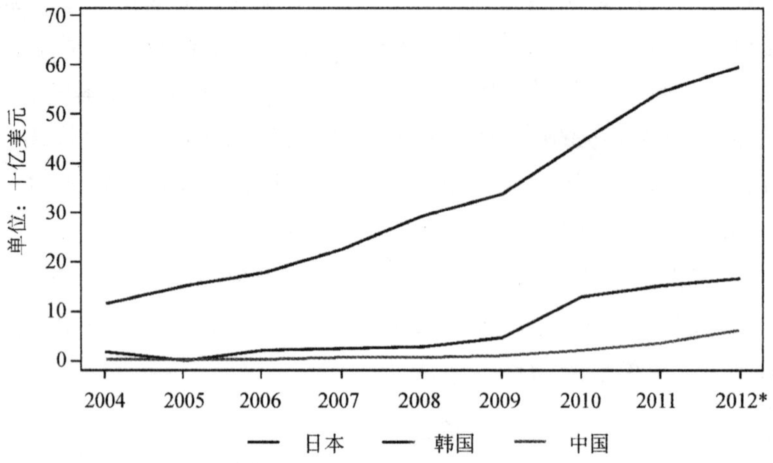

图 6－25　中日韩三国对拉美直接投资趋势图①

数据来源：泛美开发银行。

此外，中日两国对拉直接投资的产业分布也存在巨大不同。据统计，日本对拉美第一产业、制造业、服务业之间的直接投资较为均衡。中国绝大多数的直接投资则均注入了第一产业/基础产业。根据传统基金会的中国投资跟踪（Heritage China Investment Tracker）显示，中国自 2005 年以来的对拉美直接投资的近 80% 均集中在基础行业。② 英国学者莱斯·詹金斯同样直言指出，“中国在拉美地区的 FDI 反映了保证原材料供应的重要性”，③ 并进一步指出，中国在该地区的许多投资都集中在石油和矿产上，其目的在于寻求资源。根据联合国拉美及加勒比经济委员会的统计，该地区 92% 的中国投资意在获取资源，主要在石油与天然气领域。在 2002—2008 年间的 12 起中国公司在南美

① Inter－American Development Bank，*Japan and Latin America and the Caribbean：building a sustainable trans－pacific Relationship*，Inter－American Development Bank（IDB），Nov. 2013，p. 20.

② 美国传统基金会（The Heritage Foundation）在意识形态上较保守，其中国相关研究也有浓厚的意识形态色彩。因此，该数据值得商榷。Inter－American Development Bank，*Japan and Latin America and the Caribbean：building a sustainable trans－pacific Relationship*，Inter－American Development Bank（IDB），Nov. 2013，p. 22。

③ 【英】莱斯·詹金斯：“拉丁美洲与中国：一种新的依附关系？”，《国外理论动态》，2014 年第 2 期，第 67—68 页。

洲的并购案中，有10起与原材料和能源相关。在油气领域，中国在拉美投资的主要企业是中石化、中石油以及中海油。在矿产领域的主要投资企业有五矿集团、中铝以及武钢集团。①

由于类似的资源禀赋，亚洲国家与拉美国家之间经贸关系都具有一个较为普遍的特征，即：拉美国家以原材料换取亚洲国家的工业制成品。中日两国从拉美进口的货物中，矿产资源类均高达50%以上。与此形成鲜明对比的是，中日两国从拉美进口的工业制成品都仅仅在13%—14%左右。② 如图6－26、图6－27所示，东亚其他国家与拉美的双边贸易结构同样和中日与拉美的这种贸易结构雷同。中日之间，以及中日和东亚其他国家之间的对比表明，抨击中国在拉美地区搞“新殖民主义”的说法是站不住脚的。

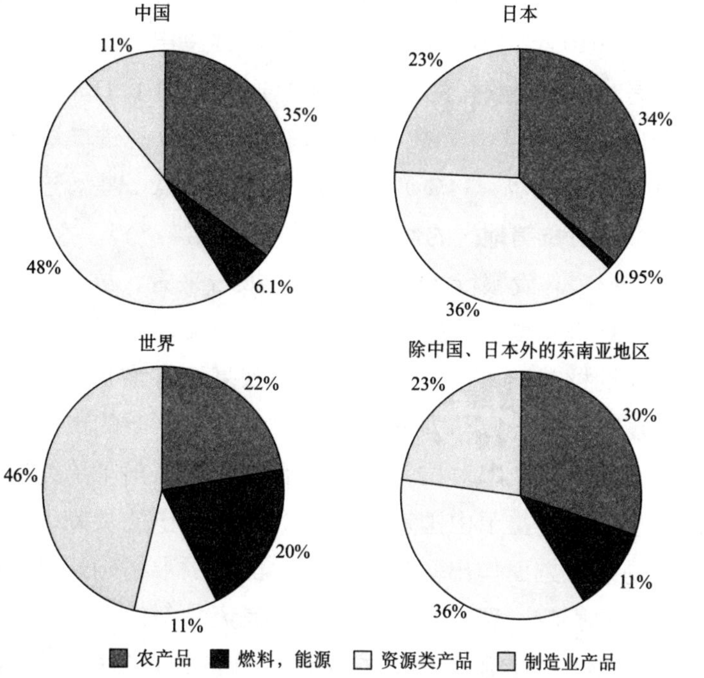

图6－26　拉美对中国和其他主要贸易伙伴出口商品结构（2008—2009）③

① 【英】莱斯·詹金斯：“拉丁美洲与中国：一种新的依附关系?”，《国外理论动态》，2014年第2期，第67－68页。

② Inter－American Development Bank, *Japan and Latin America and the Caribbean: building a sustainable trans－pacific Relationship*, Inter－American Development Bank (IDB), Nov. 2013, p. 9.

③ Inter－American Development Bank, *Japan and Latin America and the Caribbean: building a sustainable trans－pacific Relationship*, Inter－American Development Bank (IDB), Nov. 2013, p. 8.

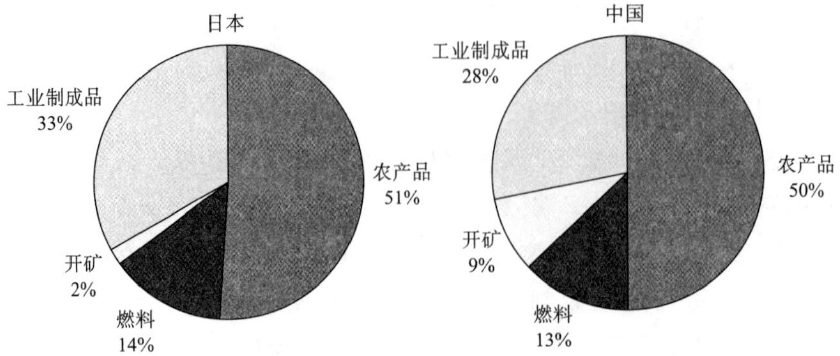

图 6－27　拉美地区对日本和中国出口行业分布（2011—2012）①

此外，尽管中国已经成为一些拉美国家的主要出口市场，但作为一个整体区域，拉美在 2010 年对中国的出口份额仅占其总出口量的 8% 左右。相对而言，该年拉美对美国、欧盟的出口份额则分别达到了 41% 和 13%。同样，尽管在 2010 年拉美地区从中国进口的份额较高（占其总进口量的 13% 左右），但与美国（31%）和欧盟（14%）的份额相比还是低一些。这些数据意味着过分夸大中拉贸易对拉美地区的影响有耸人听闻之嫌。②

最后，根据泛美开发银行 2010 年的官方报告来看，拉美地区对中国在该地区的影响仍持积极态度。该报告表示，无论如何，中国对拉美产品的大量需求帮助了一大批拉美国家摆脱经济危机并恢复经济增长，也带动了拉美地区经济的整体复苏。这一原动力来自中国十几年来不断的市场经济改革和稳健的金融和货币政策。中国对拉美地区发展的贡献超出了单纯出口贸易的影响，拉美地区也间接受益于中国对世界经济增长作出的贡献，中国在帮助改善拉美地区贸易条件方面作出了积极贡献。虽然很难精确衡量中国对拉美地区贸易条件改善的影响，现有数据显示，拉美贸易条件在过去的十年中增长了约 20%，这一增长主要源于较高的原材料价格和较低的制造业产品价格。这两项都与中国的进口需求和其带来的竞争有关。中国在推动拉美地区发展方面正发挥着越来越大的作用，这一点在最近的金融危机以及全球范围的经

① Inter－American Development Bank, *Japan and Latin America and the Caribbean: building a sustainable trans－pacific Relationship*, Inter－American Development Bank (IDB), Nov. 2013, p. 9.

② 【英】莱斯·詹金斯："拉丁美洲与中国：一种新的依附关系?"，《国外理论动态》，2014 年第 2 期，第 71 页。

济衰退的大环境下尤为明显。中国采取切实有效的反周期政策对于拉美地区经济稳渡金融危机起到立竿见影的效果，并帮助拉美地区抵消了危机中美国和欧洲经济下滑导致的风险。2009 年，拉美地区对华出口增长 12.4%，同期对世界其他地区出口却下滑了 28.5%。虽然 2010 年初步统计显示，拉美对世界其他地区的出口在复苏，但仍无法与拉美对华出口的增速相比。①

总体来看，中日在拉美的经济布局与竞争尚未完全展开。如同非洲大陆，拉美也是一个资源丰富、发展潜力巨大的新兴市场。从经贸角度看，拉美的资源和市场是中日经济发展的必争之地，正常的经济竞争在所难免。从政治外交视角看，拉美庞大的国家数量和重要的地缘位置是中日外交竞争的重要区域。从亚太经合的角度审视，毗邻太平洋的拉美国家也是亚太区域的重要构成，是亚太经合的重要参与者，加强与它们的合作关系同样是中日亚太博弈的重要一环。现实来看，中日与拉美的经济关系各有特色，各有长短，竞争抑或对抗可能会逐渐展开。

四、小结

国际机制是世界政治经济体系演进的关键，是当今国际关系运作的主要舞台，也是中日互动的要地。两国关系恶化的结果之一是在各个层面的国际机制中的相互制衡。与此同时，中日经济发展模式较为类似，两者对全球市场的需求存在结构上的竞争性。作为新兴市场的非洲和拉美是中日全球经济布局和博弈的重要区域。

第一，国际机制中的中日关系：博弈并非全部，但不可避免。中日都是亚洲国家，在国家经济实力以及综合国力大幅提升后，均逐渐向全球各地扩散各自的存在和影响力。这是经济利益不断对外拓展的必然要求，也是促进经济权益的必要途径。经过几十年的融合后，中日两国的国际机制参与形成了各自的鲜明特色。日本热衷于参加西方主导、发达国家色彩较重的国际制度，中国则更多地参与到了发展中国家为主要构成的国际机制中。此外，中日均广泛地参与到了联合国的维和行动。只不过日本更多地以提供经费支持

① Inter - American Development Bank, *Ten Years After the Take - off: Taking Stock of China - Latin America and the Caribbean Economic Relations*, Inter - American Development Bank, October 2010, p. 4.

的形式出现，中国则倾向于提供军警等人力资源。中日在融入国际体系的过程中，都遭到了既有国际制度的“路径依赖”这一巨大阻力。

日本最早是在战后经济恢复之后，在美国的大力扶持下逐渐融入国际体系。中国则在改革开放之后逐渐开始这一进程。日本在融入国际体系的过程中一开始遭遇到了既有国际体系的严重阻力。在阻力的影响下，日本一方面继续通过提供经费支持和输送国际公务员等方式扩大在既有体系中的影响力；另一方面，日本也通过建立亚洲开发银行、亚洲货币基金等体制外新机制来扩大自身在国际舞台上的影响力。

与日本类似，中国也在逐渐融入国际体系的过程中遇到了既有国际制度的这一“路径依赖”阻力。一方面，中国积极推动布雷顿森林体系等既有国际机制的改革，争取在现有政治经济秩序下维护和促进自身利益；另一方面，中国也在建立金砖国家集团（金砖国家开发银行）、上海合作组织、亚洲基础设施投资银行等新的国际机制来提升自己的综合影响力。在新建国际机制上，中国可供选择的战略区域要远远多于日本。从战略区域来讲，日本可供选择的仅仅东南亚地区、东北亚地区和亚太地区。中国则不然，中亚、东南亚、东北亚、亚太、发展中国家等都是中国可供选择的战略组合区域。正是基于这一点，中国正在积极地在这些战略空间构建新的国际机制，也正在试图利用这一战略回旋余地来改善外部政治经济环境。

目前来看，中日均仍在积极追求在既有的国际体系中发挥更大的影响力。在联合国、世界银行、IMF 等关键国际组织中，在东南亚、东北亚等关键战略区域，中日的竞争仍较激烈。两者互为对手，彼此牵制和制衡。这种态势并不利于两国利益，事实上构成了基于比较收益考虑的战略互损关系。在经济全球化的时代背景下，合则两利，斗则两败。这无疑是当代国家的理性选择。然而，双边关系不是单向，而是双向互动的。

综合来看，日本只是中国在国际舞台上提升影响力的一个重要阻力，或者说是反华色彩最突出的一个角色，但并非最大阻力。作为世界头号强国，美国几乎把持着所有关键性全球性国际组织，且对中国崛起戒心深重，防范和遏制中国的战略谋划业已公开化。从这个角度看，中国国际影响力上行的最大障碍实际上来自美国。日本不过是美国对外战略安排中的一个工具而已。

第二，非洲：经济利益与政治支持的双重竞争。中日均在不同时间段开始介入非洲大陆。新中国建国后便开始积极介入非洲，并一直认为中非之间是“兄弟般”的友谊关系。但近些年来，中国在非洲的介入逐渐受到来自西方国家和日本的诸多非议。西方国家和日本对中非经贸关系、中国对非援助方式、中国的“不干涉内政”原则以及出售军火等问题均提出了批评性意见。

冷战结束后，日本开始积极地介入非洲大陆。日本对非关系的发展往往被冠以“仅仅是为了商业利益”。日本积极地同非洲开展经贸关系，大举向非洲国家提供官方发展援助，不仅仅是为了获取自然资源，也是为了获得非洲国家对日本入常等问题的政治支持。抵消中国在非洲的政治经济优势当然也是日本外交的重要考虑。

近年来，中日两国均掀起了重视非洲的新一轮浪潮。在这一并行的进程中，中日开始出现互相指责的对抗性态势。实际上，中国对非关系尽管相对重视政治和外交层面，但中国的对非介入总体上促进了非洲国家的经济发展和政治的相对稳定。当然，日本的对非介入也起到了类似的作用。如果将考察时间跨度拉长会发现，中国对非关系的历史更加悠远流长。日本的对非关系一方面出于经济、获取自然资源等物质利益考虑，另一方面，积极笼络非洲的政治意图较之中国更加短期和势利（拉票入常）。因此，无论是在经济利益还是政治支持等方面，中日均会在非洲形成一定的竞争局面。从历史和现状的角度看，中非关系更具稳固性和长远性。

第三，拉美：地平线上的布局与竞争。相对于非洲，中日在拉美的竞争刚刚开始。对于东亚的中日两国来讲，拉美地区过于遥远。中国和日本在这一地区的经济利益和政治利益都来的更晚。中拉经贸关系在最近几年开始出现快速发展。其中，中国和巴西等国的合作尤其明显。在中拉经贸关系中，中国获取自然资源的特征较为明显。尽管中国对拉美的投资也逐渐增多，但相对来讲，中国的 FDI 流入仍然远低于日本，也仅仅占到流入拉美地区的 FDI 总额的极少部分。此外，拉美也是中国对外援助的第二大目的地。拉美仍然是中国台湾问题最为突出的地区之一。

日本在一个多世纪之前便开始与拉美建立了较深厚的人文联系。到了近代以后，日本逐渐扩大了同拉美国家的经贸关系。与中国类似，日拉经贸关系中同样充斥着获取原材料的明显特征。日本在 20 世纪就已成为在拉美投资最多的亚洲国家。仅从投资上看，日本遥遥领先于中国和韩国等亚洲国家。此外，日本也积极地与拉美许多国家开展了自贸区的谈判（包括 TPP）。

总体来看，尽管中日两国在拉美的竞争尚未完全展开，但随着中拉关系的进一步提升，以及日本参与 TPP 等自贸区谈判进程的深化，中日两国在拉美的竞争将会越来越直接和明显。值得指出的是，中日在拉美的经贸活动均遭受到“以资源换取工业制成品”的新殖民主义论调的阻力。在这个问题上，中日两国存在着共同挑战和某种合作的可能性。

第四，长远而言，中日在世界范围内的竞争是国际政经格局不断变动的必然结果。一方面，国际机制并非固定不变，新兴国家崛起的现实需要在既有国际体系中得到反映，新旧势力之间必将围绕重要国际机制的权限展开长期博弈。中日不和使得这些国际机制成为两国角逐的重要场域。另一方面，外部资源和市场是任何国家经济发展不可或缺的环节，经济竞争是市场经济环境下的自然行为。随着经济的持续崛起和融入世界程度的加深，中国与发达国家的经济竞争态势将日趋显著。发展模式类似与双边关系走低的叠加效应是，中日在新兴市场的竞争将更加激烈。有时，这种市场正常竞争行为会因为两国不和而被赋予了强烈的政治意义。中日相互制衡之势已在新兴市场逐渐显现。在关乎两国切身利益的亚太区域，中日博弈与双边关系的关联性更为显著。

第 7 章
亚太经合进程与中日政策选择

当今世界，经济发展是各国内政外交的基本命题，区域内的双边与多边经合因而成为国际关系的关键环节，同时也是诸国高度重视的对外政策途径。在围绕地缘战略利益而展开的大国博弈中，亚太经合进程无疑是关键政策选项和必争之地。当前，亚太经合存在 TPP 与 RCEP 两大超级自贸区构想，美国和中国分别主导并大力推动。两者之间既有竞争，也互有交集。与此同时，涵盖亚太经合组织成员的亚太自贸区也已达成“北京路线图”的共识。此外，既有双边和次级区域经合机制亦在不断发展之中。其中，对世界经济版图最具影响力的莫过于中日韩自贸区（CJKFTA）的构建前景。中日与东盟国家的经贸合作也在竞相推动，相互促进。为了在空间广阔的亚太区域占据经济发展的有利态势，在亚太经合进程中趋利避害，争取先机和主动，诸国、尤其大国正在合纵连横，分化组合，发展前景充满了诸多不确定性。在中日关系下滑的背景下，亚太经合必将成为两国政经博弈的宏大舞台，两国所处之东亚更是相互制衡的重心。

一、亚太新环境与美日亚太经合战略动向

在战后亚太政经版图变迁之中，美日两国作为世界经济大国一直发挥着重要作用。依托其支配的布雷顿森林体系，美国在全球经济治理中处支配地位，无人企及，对亚太经济的影响也自不待言。日本则借助美国的扶持及自身不断增强的经济实力，在亚太、尤其东亚的经济活动中往往扮演着举足轻重的角色。然而，中国崛起极大刺激并驱动着美日对亚太事务、尤其是经贸发展战略思维的调整。基于全球经合发展趋势和防范中国经济对外拓展的考

虑，美日亚太经合战略正在出现新的战略思路和政策动向。

（一）地区经济格局变迁与日本经合新动向

第二次世界大战之后，日本对外经合政策经历了一个从不参与到适度参与、从消极到相对积极、从全球贸易框架取向逐渐转向外贸安排多样化的发展过程。究其成因，世界经合潮流与东亚经济格局变动是推动其政策变化的基本成因。

1. 日本 FTA 政策的转变①

日本是第二次世界大战之后全球多边贸易体系的最大受益者之一，其对外贸易政策基础一直是 GATT/WTO 框架以及无条件最惠国待遇原则。20 世纪 80 年代中叶之前，日本从未加入任何区域性贸易协定，且长期抨击其他国家的区域经济一体化进程。即便到了 90 年代末，其贸易自由化也主要是在 GATT、WTO 这种单轨化（single track）的多边贸易自由化框架下展开的。②直到 2002 年，日本仍是 FTA 谈判的一个消极参与者。日本对 FTA 持消极态度的原因如下：

其一，日本认为既有全球贸易机制促进了其经济发展，因而没有必要推进 FTA。日本和其他东亚国家长期以来维持着极高的经济、贸易增长率（尤其相对于世界其他地区），因而认为没有任何必要通过歧视性的经济一体化协定方式来确保市场安全。

其二，东亚各国迥异的发展层次和政治制度使得地区经济一体化难度极大。在这种地区环境下，推进实质的区域经合进程有些不切实际，且成效有限，由此导致日本政府的相关政策动力不大。

其三，日本并未在战后国际贸易体系制定中扮演积极角色。冷战时期，日本大多是在美国的安全保护下，集中精力发展经济。就国际体系参与度而言，日本可谓一个被动参与者。日本对马来西亚总理马哈蒂尔 1990 年提出的

---

① 日本一般将自由贸易协定（FTA）和经济伙伴关系协定（Economic Partnership Agreement，EPA）混用，且更常用 EPA。参见日本经济产业省：Ministry of Economy，Trade and Industry，“EPA/FTA/IIA”，http：//www. meti. go. jp/policy/trade_policy/epa/english. html（2014. 4）。

② Shujiro Urata，“Chapter 5：Japan's FTA Strategy and a Free Trade Area of Asia Pacific，” in *An APEC Trade Agenda? The Political Economy of a Free Trade Area of the Asia Pacific*，Pasir Panjang，Singapore，ISEAS Publishing，2007，p. 71.

东亚经济论坛（East Asia Economic Caucus）倡议就极为消极。①

然而，在剧烈变化的国际经贸环境下，这种消极角色已然不合时宜。1997年爆发的亚洲金融危机促使日本的FTA政策发生了巨大转变。亚洲金融危机重创了东盟诸国，金融危机在亚洲的蔓延让日本认识到，东亚各国事实上已紧密相连。IMF不尽人意的应对措施也让诸多亚洲国家逐渐意识到建立一个区域性框架作为IMF补充的必要性。② 另外，WTO框架下多边贸易谈判举步维艰与区域性贸易协定盛行之间的鲜明对比，同样是日本改变既有FTA政策的主要原因之一。③

与新加坡的自贸协定谈判标志着日本对外经合政策的转型。1999年10月，新加坡政府开始积极考虑与日本设立自贸区（JSFTA）。2001年1月，日本政府在多方评估后正式启动与新加坡的谈判进程。此次同新加坡的自贸区谈判意味着日本经济一体化政策的逐渐转变（尽管不是全盘转变）。④ 此后，日本开始积极推动与周边国家以及其他国家的自贸区建设。

新的国际经贸背景推动日本政府经合多轨政策路径的确定。2003年，日本通产省发布的《国际贸易白皮书》（White Paper on International Trade 2003）表示，日本的贸易自由化有必要由此前的单轨路径转向多轨路径（multi-track）。这意味着日本反思了战后以来的贸易自由化政策，并开始同时接受双边和多边贸易自由化机制。⑤ 日本最终转变FTA战略的政策考虑是多方面的：

其一，维持和扩展国际市场的需要。日本是21世纪初为数不多的几个仍未加入任何区域自贸协定的国家之一。随着全球自贸区的发展，日本越来越受到排他性和歧视性的区域贸易安排的市场限制。

其二，刺激国内经济结构改革、走出经济滞胀阴影的需要。在“失去的

① N. Munakata, “Evolution of Japan's Policy toward Economic Integration”, The Brookings Institution, December 2001, p. 3.

② N. Munakata, “Evolution of Japan's Policy toward Economic Integration”, The Brookings Institution, December 2001, p. 6.

③ Shujiro Urata, “Chapter 5: Japan's FTA Strategy and a Free Trade Area of Asia Pacific,” in *An APEC Trade Agenda? The Political Economy of a Free Trade Area of the Asia Pacific*, Pasir Panjang, Singapore, ISEAS Publishing, 2007, p. 71.

④ N. Munakata, “Evolution of Japan's Policy toward Economic Integration”, The Brookings Institution, December 2001, p. 26.

⑤ Ministry of Trade and Industry of Japan, “The white paper on international trade 2003”, Ministry of Trade and Industry of Japan, Tokyo, Japan, 2003, p. 297.

十年”之后，日本国内逐渐出现以经济结构性改革促进经济复苏的呼声。

其三，获得自然资源的需要。譬如，日本同海合会进行的自贸区谈判，其目的就是为了确保日本的石油和天然气供应。

其四，利用 FTA 增强日本在全球和地区事务中影响力的需要。① 在东亚政经格局大幅变迁、中国影响力迅速上升的背景下，日本对地区诸国经济发展的重要性不断下降，其既有地区地位呈现弱化、稀释之势。日本政府不得不与时俱进，更加重视 FTA 的政治经济意义。

由此来看，战后日本的地区经合政策已经发生重大转变，在大国博弈日趋显著、亚太环境复杂多变的新局之下，基于自身战略意图和外贸发展趋势考虑，日本的经合政策将会更具灵活性和针对性。

2. 日本 FTA/EPA 合作现状

截至 2014 年 4 月，日本已同新加坡、马来西亚、泰国、印尼、文莱、ASEAN、菲律宾、越南、印度、墨西哥、智利、秘鲁、瑞士（12 国 1 区域）签署自贸协定并生效。2014 年 7 月，日本与澳大利亚最终签订了自贸协定。日本还与蒙古国就自贸区的基本原则性条款达成一致。此外，日本也正与 3 个国家（韩国、加拿大、哥伦比亚）和 5 个多边构想（中日韩、RCEP、TPP、EU、海合会）进行自贸区谈判。日本还同土耳其完成了初步的政府联合可行性研究并启动了谈判（参见表 7 - 1）。②

从日本对外自贸区的发展过程及现状来看，该国自贸区合作表现出了如下几个主要特征：

第一，FTA 合作起步时间晚，但发展速度快。由于长期在 WTO 等多边贸易规则下开展国际经济合作，日本对区域性 FTA 一直没有足够重视。但当日

① Shujiro Urata, “Chapter 5: Japan's FTA Strategy and a Free Trade Area of Asia Pacific,” in *An APEC Trade Agenda? The Political Economy of a Free Trade Area of the Asia Pacific*, Pasir Panjang, Singapore, ISEAS Publishing, 2007, pp. 75 - 77.

② 资料来源：日本外务省网站。已经签订自贸协定的国家：新加坡、墨西哥、马来西亚、智利、泰国、印尼、文莱、东盟、菲律宾、瑞士、越南、印度以及秘鲁（共 13 方）；正在谈判以及尚未签订自贸协定的国家：澳大利亚（谈判中）、蒙古（谈判中）、加拿大（谈判中）、哥伦比亚（谈判中）、中日韩（谈判中）、欧盟（谈判中）、RCEP（谈判中）、TPP（谈判中）、GCC（谈判推迟）、韩国（谈判暂停）。进行联合可行性研究的国家：土耳其。上述资料均截至 2014 年 4 月。参见日本外务省：Ministry of Foreign Affairs of Japan, “Free Trade Agreement（FTA）and Economic Partpnership Agreement（EPA）”, http://www.mofa.go.jp/policy/economy/fta/index.html（2014.4）。

表 7 - 1　　日本已签署 FTA/EPA 及生效时间一览

亚洲	新加坡	2002 年 11 月正式生效/2007 年 9 月修订
	马来西亚	2006 年 7 月正式生效
	泰国	2007 年 11 月正式生效
	印尼	2008 年 7 月正式生效
	文莱	2008 年 7 月正式生效
	ASEAN①	2008 年 12 月正式生效
	菲律宾	2008 年 12 月正式生效
	越南	2009 年 10 月正式生效
	印度	2011 年 8 月正式生效
中南美洲	墨西哥	2005 年 4 月正式生效/2012 年 4 月修订
	智利	2007 年 9 月正式生效
	秘鲁	2012 年 3 月正式生效
欧洲	瑞士	2009 年 9 月正式生效

资料来源：Ministry of Economy, Trade and Industry, "EPA/FTA/IIA", http://www.meti.go.jp/policy/trade_policy/epa/eng lish.html (2014.4).

本因金融危机意识到区域经合的重要性之后，其 FTA 发展便如雨后春笋般生长起来。就其目前全球 FTA 合作格局而言，日本的自贸协定合作可谓相当积极。

第二，合作对象以亚太（尤其东亚）国家为主。东亚、亚太是日本经贸关系的重点所在，优先与这些地区开展自贸区谈判自在情理之中。作为日本能源安全的重要保障，中东的海合会（GCC）被列入日本开展 FTA 谈判的区域之一也存在必然性。

第三，双边自贸区与地区间超大型自贸区共存。从日本早期达成的自贸区协定看，其协定主要以双边居多。但随着时间的推移，日欧自贸谈判、TPP 与 RCEP 等跨洲、跨区的超大型自贸谈判逐渐出现在日本的谈判清单之中。超大型自贸区谈判的出现及日本的参与不仅意味着日本 FTA 战略的深刻变化，同时也意味着世界经合模式的转变。

第四，高标准与低标准自贸协定并行。在日本已经完成或者正在参与的自贸区谈判中，TPP 无疑是最为引人关注的自贸协定之一。与传统的自贸协

① 日本—东盟 FTA 不包括印度尼西亚。

定相比，TPP 的高标准往往令许多发展中国家望而却步。①

第五，区域自贸政策倾向中的战略色彩不断加深。这主要体现在日本的区域经合不仅意在创造更理想的外部经贸环境，而且也是其巩固盟友关系、参与大国战略博弈的重要手段。

3. 日本与亚太国家经贸关系现状

总体来看，日本的主要贸易伙伴几乎全部集中在亚太地区。如图 7-1 所示，除沙特和阿联酋两大能源供应国之外，日本的主要贸易伙伴（欧盟是一个贸易区）无一例外都是亚太国家和地区。日本经济颇为依赖外贸。即便从相当长的时间段进行评估，日本经济增长都极为吃力（每年大约 0.6%—0.8% 的实际国内生产总值增长率），仅有的经济增长驱动又主要依赖出口贸易。

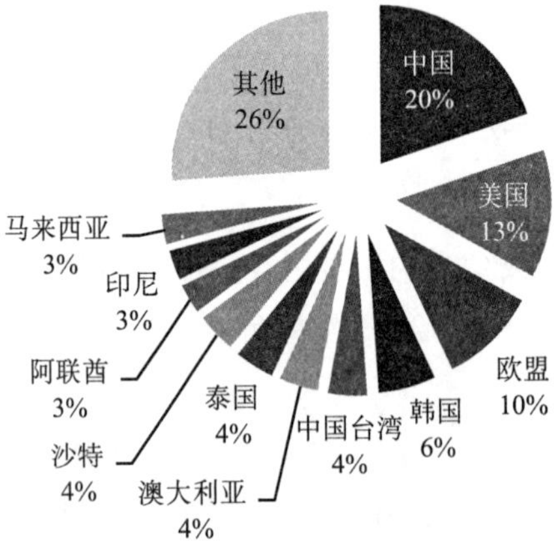

图 7-1　日本主要贸易伙伴及其所占日本对外贸易份额（2012 年）

数据来源：日本海关。参见日本经济产业省官网：http：//www.meti.go.jp/policy/trade_policy/epa/epa_en/eu/。

日本的经济复苏和增长严重依赖出口贸易，对华贸易更是推动日本出口贸易的重中之重。日本对华出口和中日双边贸易均在过去 10 年间稳步增长。在 2008 年金融危机之后，日本对华直接投资更是快速攀升。随着经济的长期滞涨和美国市场的衰退，中国的市场潜力已逐渐成为日本经济的生命线（中

① 贺平、沈陈：《RCEP 与中国的亚太 FTA 战略》，http：//www.ciis.org.cn/gyzz/2013-05/30/content_5993470.htm（2013 年 5 月 30 日）。

国已是日本的头号贸易伙伴)。[①] 在对华依赖逐步加深的情况下，2012 年爆发的钓鱼岛危机可能就会让日本经济严重受挫。中国经济的衰退以及中日关系的震荡都将对日本经济不利，并可能促使日本相关经济利益集团向政府施压，以确保日中关系稳定。[②]

除中国外，日本同东盟、印度等亚太经济体的贸易也有发展。其中，金融危机之后，东盟逐渐超越美国，成为仅次于中国的日本第二大贸易伙伴。另外，尽管日美、日韩、日台贸易均在金融危机中遭遇搁浅，但都已开始出现复苏气象。[③] 这意味着亚太地区对日本的经济复苏和增长将变得愈发不可或缺。

4. 中日在亚太经合中的分歧

除了众所周知的战略认知、政治外交矛盾，中日在亚太经合领域亦存在巨大分歧。在东亚合作层面，中国（以及许多其他国家）倾向于“10 +3”机制，但日本却更倾向于“10 +6”机制（在“10 +3”基础上外加印度、澳大利亚、新西兰三国)。[④]

中方主张的“10 +3”机制最早成型于 1997 年。此后，中日韩及东盟各国在“10 +3”的框架下就经济、金融、外交、环境、能源等领域开展了多层次的磋商与合作。2004 年 11 月，“东盟 +3”首脑会议决定最终将建立“东亚共同体”(East Asian Community)，并确认“10 +3”机制是达成这一远景目标的主要途径。与“10 +3”首脑会议的决议相同，中国政府认为“10 +3”

---

① M. Swaine, M. Mochizuki, M. Brown, P. Giarra, D. Paal, R. Odell, R. Lu, O. Palmer and X. Ren, *China's Military & the U. S. – Japan Alliance in* 2030, Washington, D. C. : Carnegie Endowment for International Peace, 2013, p. 139 – 140.

② M. Swaine, M. Mochizuki, M. Brown, P. Giarra, D. Paal, R. Odell, R. Lu, O. Palmer and X. Ren, *China's Military & the U. S. – Japan Alliance in* 2030, Washington, D. C. : Carnegie Endowment for International Peace, 2013, p. 139 – 140.

③ M. Swaine, M. Mochizuki, M. Brown, P. Giarra, D. Paal, R. Odell, R. Lu, O. Palmer and X. Ren, *China's Military & the U. S. – Japan Alliance in* 2030, Washington, D. C. : Carnegie Endowment for International Peace, 2013, p. 139 – 140.

④ Frank Frost, "Australia's proposal for an 'Asia Pacific Community': issues and prospects", Department of Parliamentary Services, Parliament of Australia, December 2009, p. 5. C. F. Bergsten, "China and Economic Integration in East Asia: Implications for the United States", Peterson Institute for International Economics, March 2007, p. 175.

机制是开展进一步东北亚经济合作的天然组合。[①]

日本则是另外一个思路。早在2002年小泉提出“东亚共同体”构想时便主张，要最大限度地推动日本—东盟的主导力量，建立“10+6”框架。日本、中国和韩国深化合作，是“建立这一共同体的巨大推动力，日中韩首脑会谈已经开创了很好的先例。”日本和东盟的一揽子经济合作构想“是东亚经济合作的重要基础。东盟和中国的自由贸易区以及东盟与澳大利亚、新西兰的经济合作也能不负众望地做出同样的贡献。日本、东盟、中国、韩国、澳大利亚和新西兰将成为共同体的核心成员。”[②] 正是在这种理念的基础上，日本政府于2006年提出了“东亚全面经济伙伴关系协定”（CEPEA）之构想。民主党上台之后继承了自民党以“10+6”为基础推动东亚合作的一贯立场。鸠山由纪夫曾表示：“我们这一地区如果是东盟加6国的话就有32亿人，APEC成员也有27亿人。这能迸发多大的能量啊?”[③]

为了弥合中日两国在东亚经济一体化发展方向中存在的分歧，中日两国于2011年8月在“10+6”经济部长会议上共同提出了设立货物贸易、服务贸易、投资自由化工作小组的提案。同年11月，东盟基于中日共同提案向东亚峰会提出了建立RCEP的主张。2012年11月，参加东亚领导人系列会议的16国领导人发布联合声明宣布将于2013年启动RCEP谈判，并计划在2015年底之前完成谈判。[④]

日中两国及东盟最终达成的RCEP方案既不同于中方极力主张的“10+3”机制，同时也不完全等同于日本主张的“10+6”机制。但该方案从区域的包含性来看满足了日本希望将印新澳三国纳入东亚经济一体化进程的主张。从其突出“东盟方式”、采取“渐进式自由化”以对东盟发展程度较低的成员实行特殊与区别对待的低标准来看，RCEP则又与中国希望建立一个低标准自贸区的意图部分吻合。因此，RCEP应是中日在东亚区域一体化上的妥协物。

---

① M. K. Dean, “ASEAN+3 or ASEAN+6: Which Way Forward?” in *Conference on Multilateralising Regionalism*, Geneva, Switzerland, September 2007, pp. 9–10.

② 【日】小泉纯一郎：《东亚的日本与东盟——构筑坦诚相见的伙伴关系》，http://mil.news.sina.com.cn/2002-01-15/50951.html。

③ 【日】鸠山由纪夫：《对亚洲的新承诺——为了实现东亚共同体构想》，2009年11月15日，在新加坡国际关系研究院（RSIS）发表的政策演说。

④ Australian Government Department of Foreign Affairs and Trade, “Regional Comprehensive Economic Partnership negotiations”, http://www.dfat.gov.au/fta/rcep/ (2014).

（二）美国的亚太经合动向：参与和主导

作为全球霸权国家，在战后相当长的历史阶段，亚太只是美国对外政策考虑的区域之一。它对亚太经合并不重视，破坏性不少，建设性无多。冷战结束以来，亚太尤其东亚政经格局发生了巨大变动。东亚崛起、中国崛起已成事实。从地缘政经角度看，美国认为其既有的亚太（尤其东亚）领导地位正在受到重大挑战，无论东亚一体化还是中国崛起，都是削弱美国传统影响力的新动向。为了继续维持亚太地位，寻找经济发展的新动力和新空间，美国对其亚太经合政策做了力度颇大的调整。

1. 美国贸易战略中的 FTA 及其发展历程

在第二次世界大战后相当长的时期里，FTA 并非美国对外贸易的政策重点。作为国家政策之一，贸易政策仅仅是美国实现国家目标[①]的途径之一。一般而言，美国往往通过三种贸易政策来实现特定国家目标：

第一，利用多边谈判，建立规则导向的贸易体系。美国主导建立 GATT 以及后来的 WTO 都是这种方式的体现。

第二，通过单边报复性措施、限制开放本国市场准入等措施，以确保贸易伙伴国开放本国市场准入或者终止不当的贸易行为。美国曾多次以这种单边方式促使日本修改国内法以确保“贸易公平”。

第三，美国政府同样通过双边性和区域性谈判以建立自贸区的方式来实现国家目标。尽管 FTA 在一开始并未受到美国政府的重视，但双边性和区域性贸易政策却在克林顿政府和布什政府时期逐渐成为美国贸易政策的重中之重。[②]

美国的对外 FTA 发展进程大体可以分为三个阶段：

第一，发展初期（1985—2002）。美国最早于 1985 年开始同以色列签订自贸协定，后于 1989 年同加拿大签订自贸协定，并在 1994 年将后者扩充

---

① 美国贸易政策有四个国家目标：（1）为美国出口开辟市场；（2）防止外国不公正贸易行为，保护国内生产者利益；（3）为外交政策和国家安全利益服务；（4）促进全球贸易以及增进世界经济增长。参见：W. H. Cooper，“Free Trade Agreements：Impact on U. S. Trade and Implications for U. S. Trade Policy”，Co ngressional Research Service，February 26，2014，p. 3.

② W. H. Cooper，“Free Trade Agreements：Impact on U. S. Trade and Implications for U. S. Trade Policy”，Congressional Research Service，February 26，2014，pp. 1 – 4.

为包含墨西哥的北美自由贸易区（NAFTA）。这一时期，自贸区作为一种贸易安排逐渐受到美国的重视，少数自贸协定相继签订，但发展进程相对缓慢。

第二，加速发展期（小布什政府）。2002 年，美国通过了《贸易促进授权法》（Trade Promotion Authority）。该法案通过之后，小布什政府加快了自贸区谈判进程，迎来了美国 FTA 的一个加速发展期。[①] 小布什政府不仅完成了前任政府遗留的自贸协定谈判，还极为迅速地同澳大利亚、摩洛哥、巴林、多米尼加、萨尔瓦多以及洪都拉斯等国启动或者完成了自贸协定谈判。美国 FTA 在这一时期的发展可谓硕果累累。

第三，稳步发展与转型期（奥巴马政府）。到了奥巴马政府时期，美国的 FTA 发展进程一方面维持了小布什政府的势头，另一方面又呈现出 FTA 大转型（转向超大型自贸协定以及超高标准自贸协定）的特征。

譬如，奥巴马政府执政后表示继续支持布什政府启动的三个自贸协定（哥伦比亚、巴拿马、韩国）。在同三国政府逐步地解决了诸多棘手事务之后，[②] 美国与韩国、哥伦比亚及巴拿马的三个自贸协定相继于 2012 年 3 月 15 日、5 月 15 日及 10 月 31 日正式生效。尤为重要的是，自 2009 年开始，奥巴马总统开始积极介入跨太平洋伙伴关系协定（TPP）谈判进程。与此同时，美国与欧盟也曾经表示可能启动跨大西洋贸易和投资伙伴关系（Transatlantic Trade and Investment Partnership，TTIP）谈判。美国积极倡议并发动 TPP 和 TTIP 谈判意味着其 FTA 战略开始向超大型自贸协定和超高标准自贸协定转变（见表 7 -2）。

2. 东亚一体化进程与美国的应对策略

东亚对美国的重要性和意义不言而喻，但美国并未一直高度关注并参与到东亚一体化进程之中。在东盟成立早期，美国与东盟保持着密切联系。

---

① W. H. Cooper, "Free Trade Agreements: Impact on U. S. Trade and Implications for U. S. Trade Policy", Congressional Research Service, February 26, 2014, pp. 1 -4.

② 譬如哥伦比亚的工会问题、巴拿马的税收政策等都颇受指责。同韩国的自贸协定面临的挑战则最为严峻。一些美国总部为底特律的汽车制造商（尤其是福特与克莱斯勒）因声称该协定未能妥善解决韩国的汽车进口壁垒问题，而明确表示反对该自贸协定。但两者在 2010 年的修订之后又逐渐转向支持。美国钢铁制造商及其他一些工会同样反对美韩自贸协定。参见 W. H. Cooper, "Free Trade Agreements: Impact on U. S. Trade and Implications for U. S. Trade Policy", Congressional Research Service, February 26, 2014, p. 5。

表7-2　　美国对外自贸协定发展历程

参与方	美国公法（Public Law）执执行时间	正式生效时间
美国—以色列FTA	1985年6月11日	1985年9月1日
美国—加拿大FTA	1988年9月28日	1989年1月1日，因NAFTA而中止
北美自贸区（NAFTA）	1993年12月8日	1994年1月1日
美国—约旦FTA	2001年9月28日	2001年12月17日
美国—新加坡FTA	2003年9月3日	2004年1月1日
美国—智利FTA	2003年9月3日	2004年1月1日
美国—澳大利亚FTA	2004年8月3日	2005年1月1日
美国—摩洛哥FTA	2004年8月17日	2006年1月1日
美国—巴林FTA	2006年1月11日	2006年8月1日
美国—多米尼加共和国—中美国家FTA（DR—CAFTA）	2005年8月2日	与萨尔瓦多2006年3月1日生效； 与洪都拉斯、尼加拉瓜于2006年4月1日生效； 与危地马拉2006年7月1日生效； 与多米尼加2007年3月1日生效； 与哥斯达黎加2009年1月1日生效。
美国—阿曼FTA	2006年9月26日	2009年1月1日
美国—秘鲁FTA	2007年12月14日	2009年2月1日
美国—哥伦比亚FTA	2011年10月21日	2012年5月15日
美国—韩国FTA	2011年10月21日	2012年3月15日
美国—巴拿马FTA	2011年10月21日	2012年10月31日
TPP	谈判中	
TTIP	谈判中	

资料来源：W. H. Cooper，“Free Trade Agreements：Impact on U. S. Trade and Implications for U. S. Trade Policy”，Congressional Research Service，February 26，2014，p. 7.

1997年亚洲金融危机之后，美国与东盟的关系开始冷却。ASEAN开始吸纳之前的社会主义国家入盟，与此同时，几个老东盟成员国逐步实现了民主化。[①]美国对东盟的忽视，给中国、日本等国在该地区扮演重要角色提供了空间。

---

① J. Kurlantzick，“ASEAN's Future and Asian Integration”，The Council on Foreign Relations（CFR），November 2012，p. 8.

2001年的9·11事件之后，美国因发动反恐战争而进一步疏远了东盟。在许多美国学者看来，亚洲近些年来的某些贸易协定以及金融安排、地区性的规范和标准都威胁着美国的利益。长远来看，一些将美国排除在外的新机制（尤其“10+3”机制）也有可能使美国在亚洲的作用边缘化。①

有鉴于此，奥巴马总统执政以后逐渐开始加大了重视东盟的力度（重返东南亚）。奥巴马不仅任命了首任美国常驻东盟大使，签署了《东盟友好合作条约》（ASEAN Treaty of Amity and Cooperation），改善了同缅甸的关系，并且举办了多次美国—东盟国家的高官会议。② 奥巴马总统的国家安全顾问托马斯·多尼隆（Thomas Donilon）在CSIS（Center for Strategic & International Studies）的演讲中（2012年12月）指出，“美国是一个太平洋国家，其利益密不可分地与亚洲的经济安全和政治秩序联系在一起。美国在21世纪的成功依赖于亚洲的成功。”③

综上所述，奥巴马总统上台后的一系列举动表明，惧于被逐步加快的东亚经合边缘化，美国采取了诸多实际举动，再次介入该地区的一体化进程，以确保自身在东亚的持久存在并维持其既有影响力。

二、TPP：遏制中国的经济工具？

跨太平洋伙伴关系协定（TPP）是当今亚太经合最具影响力、最具挑战性的区域经合构想，由此可能引发的地区性影响、对亚太国家经济发展的意义显而易见。对中国来说，美国大力倡导该构想的时机颇为微妙。亚太再平衡战略提出和实施以来，美国在西太平洋的军事布局按部就班、力度甚大，阻遏中国的战略安排也已步入公开化阶段。在这样的地区背景下，仅从单纯的经济角度理解TPP的动因并不令人信服，美国因应中国崛起的战略意图绝非空穴来风。

① E. A. Feigenbaum & R. A. Manning, “The United States in the New Asia”, The Council on Foreign Relations (CFR), November, 2009, p. 4.

② E. A. Feigenbaum & R. A. Manning, “The United States in the New Asia”, The Council on Foreign Relations (CFR), November, 2009, p. 8.

③ T. Donilon, “Statesmen's Forum: The Honorable Thomas E. Donilon, U. S. National Security Advisor: President Obama's Asia Policy and Upcoming Trip to the Region”, http: //csis. org/event/statesmens－forum－honorable－thomas－e－donilon－us－national－security－advisor（2012. 11. 15）.

（一）TPP的演变及核心谈判议题

跨太平洋伙伴关系协定发端于几个小国间的经合构想。2005年6月3日，新加坡、文莱、新西兰、智利（P4）共同发起TPP倡议。2006年5月28日，该构想正式生效。2008年，澳大利亚、马来西亚、秘鲁、美国和越南加入该谈判。由于美国的高调加入、接管主导权并强力推动，TPP的重要性骤升。2011年11月，夏威夷召开的APEC部长级会议确定了TPP的大致协定框架，并宣布将消除各种关税、非关税贸易及投资壁垒，拟将TPP树为未来APEC成员之间或其他国家之间自贸协定的潜在模板。[①] 谈判各方原本承诺将在2013年达成谈判协议。但在2013年12月7—10日的商务部长会议（巴厘）结束之后，谈判各方表示许多议题存在争议，谈判仍将持续。2014年1月，TPP谈判方再次集会，就相关敏感性议题进行了磋商。2014年11月，在亚太经合组织领导人非正式会议（北京）举办期间，TPP诸国领导人为此再次聚会，确定加快谈判进程。

按照美国及其他谈判方的说法，TPP是一个“全方位、高标准”（Comprehensive and High - standard）的自贸协定，将在几乎所有贸易和投资领域推动贸易自由化（包括WTO既定的所有规则和承诺）。[②] 在这种基调下，TPP谈判所包含的议题极为丰富：商品市场准入（Goods Market Access）、农产品市场准入、纺织品与服装、关税、原产地规则（Rules of Origin）、技术性贸易壁垒、卫生与植物检疫标准（Sanitary and Phytosanitary Standards）、服务业、投资、金融服务、电信、电子商务、货物不交关税暂时入关（Temporary Entry）、知识产权、政府采购、竞争/国有企业、贸易救济（Trade Remedies）、透明度、劳工、环境、免责条款（Exceptions）、定义（Definitions）、纠纷解决、合作与能力建设（Cooperation and Capacity Building）、监管连贯性（Regulatory Coherence）、商务促进与竞争/供应链（Business Facilitation and Competitiveness, Supply Chains）、发展、中小企业、生活协定（Living Agree-

① I. F. Fergusson, W. H. Cooper, R. Jurenas and B. R. Williams, “The Trans - Pacific Partnership (TPP) Negotiations and Issues for Congress”, Congressional Research Service, December 13, 2013.

② I. F. Fergusson, W. H. Cooper, R. Jurenas and B. R. Williams, “The Trans - Pacific Partnership (TPP) Negotiations and Issues for Congress”, Congressional Research Service, December 13, 2013.

ment）等都在谈判之列。① 如此看来，TPP 的确是一个颇具雄心的高级别自贸安排构想。

目前，自贸协定的 29 章内容仍在谈判之中。其中，知识产权、服务贸易、政府采购、投资、原产地规则、竞争、劳工及环境标准等议题已达成协定。在这些谈判议题中，多数标准较之 WTO 都更为苛刻，而国有企业、监管连贯性等议题甚至创建了 FTA 谈判的新规则。② 在所有这些谈判议题中，市场准入（商品、服务以及农产品市场准入）是自贸协定谈判的关键环节。TPP 将包含11 000 多种商品种类的关税逐步淘汰时间表（Tariff Phase – out Schedules）。在逐步淘汰时间表中，诸多商品的关税将在协定生效后立即取消，另外一些较为敏感的产品则各自视情况而定。③

（二）TPP 与美国的政治经济考虑

TPP 构想是美国当今亚太经合的优先政策选项。该构想不仅有显著的经济考虑，也有更宽泛的地缘战略意图。

第一，TPP 将会促进美国的经济利益。亚太是全球经济增长的重要引擎之一，对美国至关重要。以 2012 年为例，该地区的 GDP 总量已占全球 GDP 总量的 60%、全球贸易总量的 50%。其中，美国与 TPP 中现有 FTA 伙伴之间的贸易额占美国总贸易额的 33%，与现有 TPP 成员之间的贸易额则占美国贸易总额的 40%，与包含潜在 TPP 成员之间的贸易总额占美国贸易总额的 63%。④ 2013 年，美国出口到 TPP 国家的商品总计高达 6 980 亿美元，占美国总商品出口额的 44%。美国出口到 TPP 国家的农产品则达到 588 亿美元，占美国农产品出口总额的 85%。⑤ 如此看来，TPP 与美国经济紧密相连，且可能进一步推动美国的经

① I. F. Fergusson, W. H. Cooper, R. Jurenas and B. R. Williams, "The Trans – Pacific Partnership (TPP) Negotiations and Issues for Congress", Congressional Research Service, December 13, 2013, p. 19.

② I. F. Fergusson, W. H. Cooper, R. Jurenas and B. R. Williams, "The Trans – Pacific Partnership (TPP) Negotiations and Issues for Congress", Congressional Research Service, December 13, 2013. Summary.

③ I. F. Fergusson, W. H. Cooper, R. Jurenas and B. R. Williams, "The Trans – Pacific Partnership (TPP) Negotiations and Issues for Congress", Congressional Research Service, December 13, 2013. Summary.

④ I. F. Fergusson, W. H. Cooper, R. Jurenas and B. R. Williams, "The Trans – Pacific Partnership (TPP) Negotiations and Issues for Congress", Congressional Research Service, December 13, 2013, pp. 11 – 12.

⑤ Office of the United States Trade Representative, "Overview of the Trans Pacific Partnership", http://www.ustr.gov/tpp/overview – of – the – TPP (2014).

济发展。

第二，为美国的中小出口企业和制造业创造更多机会。根据 2012 年的统计数据，美国近 94% 的中小企业从事进出口贸易。[①] 中小企业是美国外贸的主要构成之一。因此，美国中小企业将不同程度地从 TPP 的发展中受益。与大型企业相反，中小企业克服国际贸易壁垒的能力逊色不少。因而，美国政府通过 TPP 等方式减少国际贸易壁垒的努力，中小企业往往受惠更多。与此同时，美国的制造业在世界上处于领先地位，随着 TPP 的发展而带来的贸易自由化将进一步强化美国制造业的竞争优势。

第三，制定亚太地区投资和贸易的新规则。TPP 更会成为美国在亚太地区进一步推进贸易自由化的模板。美国将通过 TPP 在诸如商品与服务、非关税壁垒、投资与知识产权等领域制定新规则，从而大大增加美国在世界经济中的领导地位。

另外，美国还试图在 TPP 谈判中制定限制国有企业的新规定，以防止这类企业违背市场竞争原则的行为。美国还试图制定一致的原产地规则（Rules of Origin）等一系列标准和规则。

第四，深化美国在亚洲经济一体化中的参与度，实现经济领域的“重返亚洲”。此前，美国被广泛排斥在亚洲经济一体化进程之外。譬如，东盟与中国、日本、韩国、澳大利亚、新西兰之间均签订了自贸协定，但惟独未与美国签订自贸协定。“10 + 3”经合机制同样不对美国开放。另外，中日韩三国之间也正就三边自贸协定进行谈判。所有这些亚洲区域经济一体化进程都将体现了亚洲的自主性。这不可避免地削弱了美国在该地区的影响力和存在感。

正如希拉里·克林顿所言，“美国未来十年内最紧要的任务就是要在亚太地区稳步增加其外交、经济、战略和其他领域的投资。”[②] TPP 正是美国在亚太地区经济一体化进程中重新扮演重要角色的绝佳机会。奥巴马总统在 2011 年夏威夷 APEC 峰会上表示：“TPP 不仅具有成为亚太地区的某种模式的潜力，同时也具备成为未来贸易协定模板的潜能”。这表明对美国而言，除经济

① J. Meltzer, “The Significance of the Trans - Pacific Partnership for the United States”, http://www.brookings.edu/research/testimony/2012/05/16 - us - trade - strategy - meltzer (2012. 5. 16).

② H. Clinton, “America's Pacific Century”, *Foreign Policy*, November 2011.

价值外，TPP 具有更广泛的战略意义。[①] 美国贸易代表办公室（Office of the United States Trade Representative）明确表示，TPP 将“引领亚太一体化进程”。[②] 因此，从更高层面来看，TPP 是美国所谓“转向亚洲”的经济安排，是其进一步推动全球贸易自由化的试验场。[③] 可以看出，TPP 不单单出于经济目的，还肩负着维持和巩固美国亚太和全球地位的历史使命。

（三）中国的 TPP 认知及其对策

毋庸置疑，TPP 是一个可能极大影响中国外部经贸环境的重要区域经合机制。中国决策者绝对不能忽视其中蕴含的挑战和变数。

第一，两种相互对立的 TPP 认知。TPP 正在酝酿、推进之中。它既具经济属性，也存在战略涵义；既有可预期的发展方向，也存在较大的不确定性。它的复杂性和动态性导致中国社会各界理解的多样性。

其一，机遇论与乐观认知。中国国内对美国推行 TPP 的意图存在着明显分歧。部分学者（比如中国人民大学的庞中英教授、中国太平洋经济合作全国委员会副会长吴正龙等人）认为，美国推行 TPP 主要出于经济原因（重振美国出口经济、拥抱亚太市场）。或者说，TPP 对中国造成的冲击是有限的，因为亚太国家大多在经济上依赖中国（如上海社会科学院的黄仁伟教授，北京大学国际关系学院的朱锋教授等）。[④]

其二，阴谋论与悲观认知。与此同时，也有相当多学者（李向阳、傅梦孜、杨洁勉）认为，美国的主要意图在于地缘政治战略考虑，TPP 是美国重返亚太战略的一部分。[⑤] 该观点强调，TPP 是美国架空 APEC、企图主导亚太经济事务的构想。对中国而言，一旦美国与中国周边国家，如日本、韩国、

---

① J. Meltzer, “The Significance of the Trans – Pacific Partnership for the United States”, http: //www. brookings. edu/research/testimony/2012/05/16 – us – trade – strategy – meltzer (2012. 5. 16) .

② Office of the United States Trade Representative, “Overview of the Trans Pacific Partnership”, http: // www. ustr. gov/tpp/overview – of – the – TPP (2014) .

③ I. F. Fergusson, W. H. Cooper, R. Jurenas and B. R. Williams, “The Trans – Pacific Partnership (TPP) Negotiations and Issues for Congress”, Congressional Research Service, December 13, 2013. Summary.

④ G. Song and W. J. Yuan, “China's Free Trade Agreement Strategies”, *The Washington Quarterly*, vol. 34, no. 5, Fall 2012, pp. 109 – 111.

⑤ G. Song and W. J. Yuan, “China's Free Trade Agreement Strategies”, *The Washington Quarterly*, vol. 34, no. 5, Fall 2012, p. 109.

马来西亚、越南等国达成 TPP，就会产生典型的贸易转移效应，对中国贸易出口带来负面影响。从政治角度看，TPP 将强化美国与东亚国家的联系，分化瓦解东亚一体化进程，削弱东盟与中国的经济联系与融合度，中国在亚太地区也将被逐渐边缘化。如果中国以后要加入 TPP，将再次面临加入 WTO 时的艰辛老路。① 其中，杨洁勉的观点极具代表性。他明确指出，美国的 TPP 战略将会“稀释”和“削弱”中国在亚太地区的影响力。这种情形可以描述为某种“软对抗”（Soft Confrontation）。②

第二，中国官方的 TPP 基调逐渐明朗。在 TPP 的 P4 阶段，由于其高标准和参与国家的影响力有限，中国和其他国家均未对该倡议给予过多关注。美国 2008 年宣布加入并主导其谈判之后，中国政府逐渐对 TPP 产生警觉。2011 年开始（2011 年夏威夷的 APEC 峰会之后），尤其在日本宣布加入 TPP 谈判后，中国对 TPP 的关注度进一步增加。中国政府高层和相关主管部门对 TPP 逐渐统一了调门，形成了“持开放态度”的公开立场。中国前国家主席胡锦涛在 2011 年的 APEC 峰会上明确表态，中国政府支持 TPP 的发展。李克强总理在 2014 年 4 月 10 日出席亚洲博鳌论坛时表示，“中国对跨太平洋战略经济伙伴关系协定（TPP）持开放态度，只要有利于世界贸易的发展，有利于公平开放的贸易环境，中方乐见其成”。

第三，TPP 是否排斥中国是一个很难回答的难题。对于美国是否试图故意将中国排除在 TPP 进程之外的问题，目前争议颇大。按照 TPP 的原则规定，凡表明愿意遵守 TPP 既有高标准规则以及既有 TPP 成员一致同意的亚太经济体均可成为新成员。③ 2013 年 11 月 20 日，美国国家安全顾问苏珊·赖斯（Susan Rice）明确指出：“我们欢迎包括中国在内的、任何愿意接受这一高标准协定的国家加入 TPP，并分享 TPP 带来的福祉。”④ 因此，以理论之，只要中国愿意遵守 TPP 的高标准协定（尽管对中国等发展中国家来说相对苛刻）并

---

① 赵长峰、左祥云：《TPP：中美之较量——中国的视角（工作文件）》，第 4 页。http：//www.docin.com/p－715531497.html。

② G. Song and W. J. Yuan，“China's Free Trade Agreement Strategies”，*The Washington Quarterly*，vol. 34，no. 5，Fall 2012，p. 109.

③ “Trans－Pacific Partnership Agreement”，Australian Govement Department of Foreign Affairs and Trade，2014.

④ S. E. Rice，Remarks As Prepared for Delivery by National Security Advisor Susan E. Rice，http：//www.whitehouse.gov/the－press－office/2013/11/21/remarks－prepared－delivery－national－security－advisor－susan－e－rice（2013.11.21）.

获得原成员同意即可加入。

目前的 TPP 也在强势推动关于国有企业的规则制定。作为贸易谈判的先到者，TPP 现有成员势必将针对可能加入的经济体制定（中国或其他亚太国家）特定规则。按照这种逻辑，这也许意味着 TPP 并不排斥中国加入（因为亚太经济体中，中国的国企问题较为突出）。[①]

第四，中国与 TPP 的相互影响。尽管中国是否会最终加入 TPP 仍存争议，但无可争议的是，中国加入与否将显著影响 TPP 的发展及其成员的经济利益。

对于促进 TPP 成员的经济利益而言，中国的参与不可或缺。美国彼得森国际经济研究所（PIIE）主席亚当·波森（Adam S. Posen）2014 年撰文指出，根据他的计算，如果中国加入 TPP，未来十年内中国国民收入将提高 4.7%，美国国民收入增加 1.6%，日本增加 4.4%。因此，中国加入 TPP 将使中日美三国实现“三赢”。与此相反，若中国被 TPP 排除在外，中国面临的贸易分流量是潜在收益的十分之一（即未来十年国民收入降低 0.5%），日本的预期收入会减半至 2.4%，美国的预期收入会削减三分之二到 0.5%（如图 7－2）。[②]

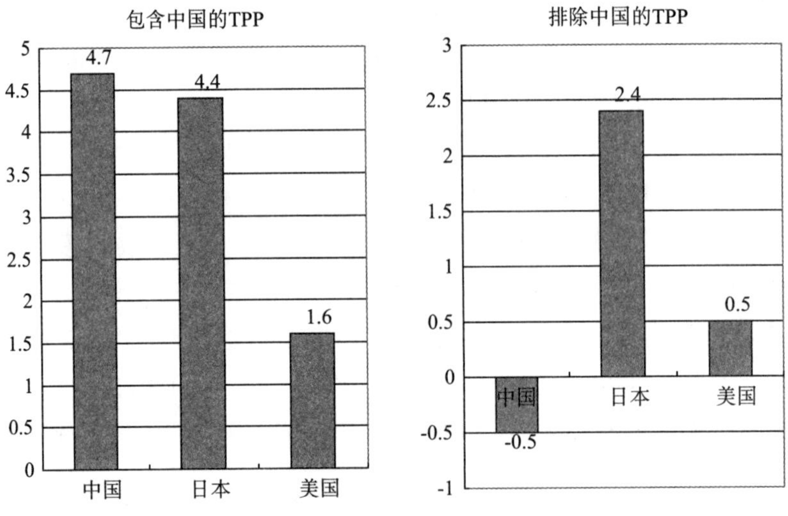

图 7－2　包含及排除中国的 TPP 对中美日未来 10 年内国民收入的影响（%）

数据来源：PIIE Adam Posen。说明：正数表示促进，负数表示贸易分流带来的国民收入增长的降低。

① 既有的 TPP 成员中越南等国也存在国企问题，因此，TPP 谈判中的关于国企条款尽管可能部分针对未来中国的可能加入，但也有可能是直接针对越南等既有成员的国企问题。

② A. S. Posen：《推动中国加入 TPP》，http：//blogs. piie. com/chinese/？ p＝395（2014. 6. 13）.

果如波森所言，中国加入 TPP 将意味着中美日三国的“三赢”局面。反之，尽管美日两国仍能从中国缺位的 TPP 中获益，但其获益程度将会大打折扣。

加入 TPP 对中国而言是有益的。它至少可从中获得以下收益：其一，如果较早加入 TPP，中国就能在开始阶段和美国讨价还价，参与规则制定。其二，有利于促进本地区的贸易自由化进程。其三，加入 TPP 能够倒逼中国提高劳工和环境标准，长期来讲对中国经济有利。① 即便中国短期内不能加入 TPP，其快速发展依然可对中国带来一些潜在好处：其一，这将刺激中国加快推动东亚一体化的动力，加大力度稳定已经取得的周边自由贸易区建设的成果。其二，为中国未来建设一个高标准的自由贸易区提供了一个可供参考的蓝本。其三，倒逼中国加快产业结构调整和升级的步伐。②

实际上，TPP 是否真的愿意接纳作为世界第二大经济体的中国，以及中国对高标准的 TPP 的兴趣程度，很大程度上决定了 TPP 的最终发展前景。不管如何，TPP 及其前景是亚太经合进程中的重大事件，对中国外部经济环境的冲击不可避免。

（四）日本对 TPP 的政策考虑及其动向

在亚太（东亚）经合中，日本向来首鼠两端，犹豫不决，投机取巧。究其原因，这和该国经济禀赋及亚太政策基调密切相关。然而，一直冷淡应对亚太多边经贸合作的日本，却高调宣示加入美国极力促动的 TPP。其中的政经考虑令人玩味。

1. 加入 TPP 对日本经济的潜在影响

2011 年 11 月，日本首相野田佳彦宣布正式开始参加 TPP 的前期磋商谈判。2013 年 4 月 21 日，美国政府发表声明，支持日本正式加入 TPP 谈判。随即，当时的 TPP11 于 4 月 20 日正式邀请日本加入谈判。2013 年 7 月 23 日，安倍晋三政府宣布加入 TPP 谈判，并成为 TPP 的第 12 个潜在成员。日本加入 TPP 谈判，不仅意味着日本与此前作为一个整体的 TPP 贸易谈判的开始，也

---

① G. Song & W. J. Yuan，“China's Free Trade Agreement Strategies”，*The Washington Quarterly*，vol. 34，no. 5，Fall 2012，p. 113.

② 赵长峰、左祥云：《TPP：中美之较量——中国的视角（工作文件）》，第 7 页。http：//www.docin.com/p－715531497. html。

意味着日美 FTA 谈判的启动。① 作为世界第三大经济体、TPP 成员中的第二大经济体以及世界生产—供应链中的重要国家，日本加入 TPP 无论对 TPP 的整体谈判进程，还是对中国等 TPP 之外的经济体都将产生不可避免的巨大冲击。

第一，对 TPP 和美国来说，日本的加入将大大增强 TPP 的区域和全球影响力。日本的加入意味着世界第一和世界第三大经济体同时置身 TPP。两个世界上举足轻重的经济体的结合显然会大幅提高 TPP 的全球影响力。当然，这还有助于美国“重返亚太”的大战略。日本加入 TPP 体现了日美同盟的某种形式的再确认。日美同盟的强化则有助于美国军事、经济等多方面重返亚洲的努力。②

第二，对日本而言，加入 TPP 将推动日本出口，促进日本经济增长，加快日本 FTA 建设进度，改善日本的外部竞争环境。尽管日本已经签订了 13 个自贸协定，但除日本—印度自贸协定之外，日本几乎没有同其他极具影响力的经济体签订自贸协定。与此同时，一水之隔的韩国不仅完成了美韩自贸协定、韩欧自贸协定，还签署了中韩自贸协定。因此，日本加入 TPP 将弥补之前 FTA 战略进度的相对滞后，为日本在国际经济竞争中争取有利环境。此外，加入 TPP 有助于日本参与新的贸易规则制定。正如安倍晋三在 2013 年的一次新闻发布会上的论调：“坚信同其他国家一道在亚太地区制定新的规则不仅符合日本的国家利益，而且还能促进世界繁荣”，并认为这是“我们的最后一次机会，失去这次机会将直接意味着日本被排除在世界规则制定者之外”。③ 许多人士还认为，加入 TPP 能够倒逼日本国内经济改革，重振日本长期颓靡的经济。当然，加入 TPP 还可能强化日美同盟，进一步提升日本在亚洲的战略地位。④ 这是日本 FTA 战略调整的重要诱因。

2. 日美 TPP 谈判分歧显著

---

① W. H. Cooper & M. E. Manyin，“Japan Joins the Trans – Pacific Partnership：What Are the Implications?” Congressional Research Service，August 13，2013. Summary.

② W. H. Cooper & M. E. Manyin，“Japan Joins the Trans – Pacific Partnership：What Are the Implications?” Congressional Research Service，August 13，2013，p. 13.

③ S. Abe，“Press Conference by Prime Minister Shinzo Abe”，http：//japan. kantei. go. jp/96_ abe/statement/201303/15kaiken_ e. html（2013. 3. 15）.

④ W. H. Cooper & M. E. Manyin，“Japan Joins the Trans – Pacific Partnership：What Are the Implications?” Congressional Research Service，August 13，2013，p. 15.

然而，TPP 中美日谈判涉及的内容众多，并深刻影响着两国内部的利益集团的利益，对国内政治的潜在冲击不可忽视。美日 TPP 谈判将面临曲折艰难的博弈过程。

第一，日本的敏感行业及其抵制倾向。农业问题是日本加入 TPP 谈判中最敏感的行业之一。作为最具政治影响力的农业组织，日本农协（JA）在国会中广泛游说，并极大影响了日本的贸易政策。在农协的游说下，日本对诸多农产品进口设置高额关税壁垒以保护本国农业。以大米和小麦为例，其日本关税壁垒分别高达 778% 和 252%（其余部分农产品关税率见图 7－3）。[①] 为了应对来自农业利益集团（农协与农水族议员群体）的压力，安倍政府曾许诺将在加入 TPP 之后每年向农业提供新的补贴。

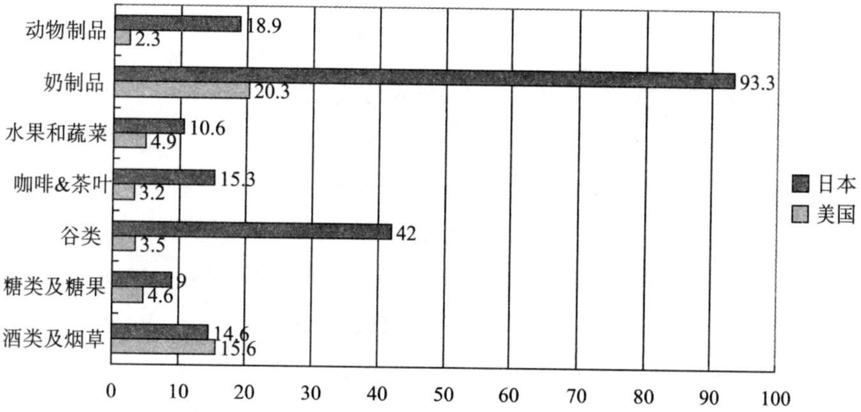

图 7－3　日美两国部分农产品关税率比较

数据来源：WTO Tariff Profiles. W. H. Cooper & M. E. Manyin，"Japan Joins the Trans－Pacific Partnership：What Are the Implications？" Congressional Research Service，August 13，2013，p. 16.

除农协之外，日本医师协会（the Japan Medical Association）是日本加入 TPP 的另一大国内阻力集团。医师协会广泛游说，称如果加入 TPP 将极大增加日本的药品和医疗器械价格，并进一步威胁日本的全民医保体系。

在日本农协和医师协会的游说下，无论安倍上台之前还是之后的日本政府均面临着巨大的社会压力。在竞选期间，安倍领导的自民党宣称，如果不能确保某些特殊利益，将不会与 TPP 各方轻易达成最终协定。在安倍赢得选

① W. H. Cooper & M. E. Manyin，"Japan Joins the Trans－Pacific Partnership：What Are the Implications？" Congressional Research Service，August 13，2013，p. 15.

举并宣布加入 TPP 谈判后，自民党政府部分高官仍对日本农产品保护持保守态度。[①] 因此，安倍政府同美国等 TPP 各方的谈判势必面临巨大压力。

第二，美国的关注议题及其阻力。美日互为主要贸易伙伴之一，两国在经济结构和产业上较为同质，由此带来的竞争性无疑会非常激烈。

首先，长期以来，美国试图迫使日本取消美国牛肉进口的市场准入限制。自 2003 年 12 月日本发现美国出口的牛肉存在疯牛病问题后，即颁布美国牛肉进口禁令。经过布什政府的艰苦谈判和反复施压，日本政府曾经短暂取消禁令。但在不久后的 2006 年 1 月，日本政府因再度发现进口的美国牛肉含有违禁成分而再度颁布禁令。2006 年 7 月开始，日本开始部分松绑，并表示可以进口 20 个月大小及更小的牛的肉制品。2013 年 2 月，经过反复施压和谈判，日本政府将进口限制进一步放松到 30 个月大小及更小的牛的肉制品，并表示考虑允许进口所有年龄段的美国牛肉。[②]

其次，美国对开放本国汽车市场准入较为谨慎。20 世纪 70、80 年代以来，日美间的汽车及汽车零部件进出口问题一直极为敏感。出于对国内汽车制造业及国会压力的回应，里根政府曾在 1981 年向日本政府强制施压，迫使其实施“自愿出口限制”。[③] 直到如今，美国底特律的汽车制造业（克莱斯勒、福特和通用汽车）以及美国联合汽车工会（UAW Union）都反对日本加入 TPP。[④] 根据美国众议院筹款委员会（The Committee on Ways and Means）的估计，日美 2012 年的双边贸易中，汽车出口为日本赚到了接近 535 亿美元（日美贸易顺差的三分之二还多）的贸易顺差。如果美国在 TPP 谈判后放开汽车关税，那么日本的顺差优势将进一步扩大。[⑤]

再次，保险及邮政业务同样是美日 TPP 谈判中的敏感议题。日本是仅次

① W. H. Cooper & M. E. Manyin, “Japan Joins the Trans – Pacific Partnership: What Are the Implications?” Congressional Research Service, August 13, 2013, pp. 16 – 17.

② W. H. Cooper & M. E. Manyin, “Japan Joins the Trans – Pacific Partnership: What Are the Implications?” Congressional Research Service, August 13, 2013, p. 8.

③ Ibid. , p. 8.

④ W. H. Cooper & M. E. Manyin, “Japan Joins the Trans – Pacific Partnership: What Are the Implications?” Congressional Research Service, August 13, 2013. Summary.

⑤ United States House Committee on Ways and Means, “TPP benefits of japan’s participation”, http: //www. google. com. hk/url? sa = t&rct = j&q = &esrc = s&source = web&cd = 1&ved = 0CBoQFjAA&url = http% 3A% 2F% 2Fdemocrats. waysandmeans. house. gov% 2Fsites% 2Fdemocrats. waysandmeans. house. gov% 2Ffiles% 2FTPP% 2520Benefits% 2520of% 2520Japan’s% 2520Participation_0. pdf&ei = hcLVU8zFL . p. 1.

于美国的世界第二大保险市场，但美国的保险企业却难以进入日本市场（尤其是生命保险和养老保险）。美国认为，主要原因在于日本政府给日本邮政公社的日本邮政保险提供了大量补贴。此外，美国快递业也认为，日本邮政企业同样接受了日本政府的高额补贴，从而构成了不公平竞争。在小泉纯一郎政府时期，日本政府曾试图改革日本邮政，并实现私有化。但随即上台的民主党却扭转和放缓了这一进程。因此，美国试图再次利用 TPP 谈判，向日本政府施压，以获得进入日本保险市场和快递市场的公平竞争环境。①

截至 2014 年，作为 TPP 两大核心成员的美日仍然存在巨大分歧。2014 年 4 月，美国首席贸易代表迈克尔·弗罗曼（Michael Froman）在东京的美日 TPP 谈判结束后表示，此次谈判虽有所进展，但“我们在关键问题上的立场仍然存在巨大分歧”。② 诚然，日美谈判分歧不仅直接事关日美经贸关系的发展，也会深刻影响 TPP 的地位与谈判进程。

（五）TPP 的内部分歧与挑战

TPP 构成复杂，彼此间的诸多差异性相当显著。因此，其内部（尤其是美国与其他谈判国之间）必然存在严重分歧。

第一，谈判各方几乎都存在所谓敏感行业。以日美为例，美国敏感行业包括纺织业（越南希望美国放宽准入）、糖业（澳大利亚希望美国扩大开放）和汽车行业（日本希望美国削减进口关税）。日本敏感行业包括 5 个农业领域（美国希望放开准入），即大米、肉类、小麦、奶制品和糖。③

第二，各国在知识产权、投资准则、环境问题与原产地规则（rules of origin）等主要问题上的分歧尤其明显。

第三，在某些劳动密集型产品关税消除的问题上，TPP 中的发达国家成

① United States House Committee on Ways and Means, “TPP benefits of japan's participation”, http://www.google.com.hk/url? sa=t&rct=j&q=&esrc=s&source=web&cd=1&ved=0CBoQFjAA&url=http%3A%2F%2Fdemocrats.waysandmeans.house.gov%2Fsites%2Fdemocrats.waysandmeans.house.gov%2Ffiles%2FTPP%2520Benefits%2520of%2520Japan's%2520Participation_0.pdf&ei=hcLVU8zFL. p. 9.

② I. Reynolds & M. Takahashi, “U.S. – Japan Remain Divided on TPP Deal Weeks Before Obama Visit”, http://www.bloomberg.com/news/2014-04-10/u-s-japan-remain-divided-on-tpp-deal-weeks-before-obama-visit.html（2014.4.10）.

③ 中华人民共和国商务部：《TPP 首轮谈判无果而终》。http://www.mofcom.gov.cn/article/i/jyjl/m/201403/20140300512833.shtml（2014 年 3 月 10 日）。

员与发展中国家成员之间存在巨大分歧。比如在纺织品、服装和鞋类产品问题上，美国的鞋类制造商就试图继续对进口鞋类征收高关税，但越南则试图推动降低美国关税，以获得更大的市场准入。① 巨大的发展差异意味着欠发达成员可能在 TPP 的深化过程中利益受损。这种分歧势必将降低 TPP 对东亚成员的预期效益。②

（六）TPP、RCEP 与 FTAAP 的关系

TPP 只是亚太超级自贸构想之一。RCEP 和亚太自贸区同样是不可忽略的潜在宽泛经贸安排。它们与 TPP 之间也将构成复杂的竞合关系。

1. TPP 与 RCEP：相互竞争还是并行不悖？

美国主导的 TPP 与东盟主导、中国参与推动的 RCEP 是否注定陷入相互竞争和冲突的态势？这仍是一个仁者见仁、智者见智的问题。如果如同部分学者所认为的，TPP 是美国“重返亚太”和遏制中国的经济策略，那么 RCEP 自然会被视作掣肘 TPP 的缓冲器。

与这种认知不同，澳大利亚、文莱、日本、马来西亚、新西兰、新加坡以及越南等诸多国家同时正在进行 TPP 谈判和 RCEP 谈判。③ 在这些国家看来，TPP 与 RCEP 其实并行不悖。新加坡贸易与工业部（Ministry of Trade and Industry）关于 RCEP 的介绍文件明确指出：“与 TPP 一样，RCEP 是建立亚太自贸区的可行之道”，并表示：“新加坡将 TPP 和 RCEP 均视作相互促进并推动区域一体化的并行双轨”。④ 澳大利亚外交与通商部在介绍 RCEP 的时候同样明确表示：“TPP 与 RCEP 均是建成亚太自贸区的可能性途径”⑤

尽管 RCEP 与 TPP 之间是否存在某种矛盾和冲突难以明了，但可以确定

---

① I. F. Fergusson, W. H. Cooper, R. Jurenas and B. R. Williams, “The Trans – Pacific Partnership（TPP）Negotiations and Issues for Congress”, Congressional Research Service, December 13, 2013, p. 21.

② Y. Huang, “Courting Asia: China's Maritime Silk Route vs America's Pivot”, http: //carnegieendowment. org/2014/04/25/courting – asia – china – s – maritime – silk – route – vs – america – s – pivot/h93c（2014. 04. 25）.

③ I. F. Fergusson, W. H. Cooper, R. Jurenas and B. R. Williams, “The Trans – Pacific Partnership（TPP）Negotiations and Issues for Congress”, Congressional Research Service, December 13, 2013, p. 6.

④ Ministry of Trade & Industry, Singapore, “Factsheet on the RCEP”, Singapore, November 2012, p. 3.

⑤ Australian Government Department of Foreign Affairs and Trade, “Regional Comprehensive Economic Partnership negotiations”, http: //www. dfat. gov. au/fta/rcep/（2014）.

的是，两者之间的区别显而易见（见表 7－3）。

表 7－3　RCEP 和 TPP 的简要对比

	RCEP	TPP
性质	东盟主导，中国推动	美国主导，日本参与
地区	东亚国家（西太平洋）为主	亚太地区
标准	较高	极高

首先，就两个自贸谈判的主导方而言，RCEP 主要由东盟主导、中国推动，而 TPP 则由世界头号经济体美国主导推动。

其次，就参与各方的所属地区而言，RCEP 更集中于东亚地区，而 TPP 则散布太平洋两岸。尽管目前许多国家在 TPP 和 RCEP 间“两头下注”。但主导 TPP 的美国似乎仍从未表达试图加入 RCEP 的意愿。与此相对，RCEP 中的最大经济体中国也未就是否加入 TPP 做出实质性举动。

此外，就两者的贸易规则标准而言，RCEP 强调“东盟模式”、兼顾不同成员的发展状况。① TPP 则不仅在许多既有的标准上比 WTO 更为严苛，而且还在国企、监管连贯性等议题上开创了 FTA 合作的先河。

2. TPP 与亚太自贸区（FTAAP）：相互矛盾还是彼此包容？

亚太自贸区的倡议在 2006 年的河内 APEC 领袖峰会就被提出，美国贸易代表隆·柯尔克（Ron Kirk）曾在 2012 年的 TPP 谈判中重申了这一目标。② 从理论上讲，所谓亚太自贸区应是亚太国家更为前瞻性的自贸协定倡议。换言之，TPP 与 RCEP 发展的进一步远景应与 FTAAP 的建设互不矛盾。

首先，从 TPP 的角度来看，TPP 对成员资格并没有正式的限制条件。目前，所有 TPP 成员均同属 APEC 成员。另外，目前的 TPP 成员多次公开表示，将在 APEC 内部优先发展新的成员。③ 因此，从理论上看，TPP 将有可能最终

① ASEAN，“Guiding Principles and Objectives for Negotiating the RCEP”，http：//www. google. com/url? sa = t&rct = j&q = &esrc = s&source = web&cd = 1&ved = 0CBwQFjAA&url = http% 3A% 2F% 2Fwww. asean. org% 2Fimages% 2F2012% 2Fdocuments% 2FGuiding% 2520Principles% 2520and% 2520Objectives% 2520for% 2520Negotiating% 2520the% 2520Regional% 2520Comprehensive% 2520Econ . p. 1.

② Meltzer，Joshua，“The Significance of the Trans – Pacific Partnership for the United States”，*The Brookings Institution.* [Online] May 16，2012. http：//www. brookings. edu/research/testimony/2012/05/16 – us – trade – strategy – meltzer.

③ I. F. Fergusson，W. H. Cooper，R. Jurenas and B. R. Williams，“The Trans – Pacific Partnership（TPP）Negotiations and Issues for Congress”，Congressional Research Service，December 13，2013，p. 6.

演化成为更大的自由贸易区，即：亚太区域自贸协定（Free Trade Agreement of the Asia – Pacific Region，FTAAP）。[①]

其次，就 RCEP 而言，《RCEP 谈判指导性原则和目标》（Guiding Principles and Objectives for Negotiating the RCEP）第六条规定，任何东盟的自贸协定伙伴（FTA Partner）均可加入 RCEP 谈判之中。此外，任何东盟的自贸协定伙伴及其他经济体在 RCEP 谈判结束后也仍然可以加入。[②] 因此，RCEP 和 TPP 一样并不限制现有成员之外的经济体加入。

此外，澳大利亚、新加坡、新西兰等国家都认为 TPP 与 RCEP 均是建成未来 FTAAP 的可行路径，并“两头下注”。因此，TPP 与 RCEP 尽管“各自为政”，却有可能最终殊途同归。目前来看，在 TPP 和 RCEP 都尚未成型的情况下，奢谈亚太自贸区仍然为时尚早。不过，该倡议仍是亚太经济合作的一个前瞻性议程，如果相关国家运用得当，势必对本国和亚太经合多有裨益。

2014 年 11 月，APEC 高峰会议在中国北京召开，中国同时也是 APEC 的轮值主席国。中国外交部副部长李保东曾表示，启动 FTAAP 进程是该年 APEC 峰会的主要目标。[③] 令人惊奇的是，亚太经合组织北京峰会最终达成了推动实现亚太自贸区北京路线图的共识。[④] 此举表明，在 TPP 的冲击下，中国的对冲之道是，一方面积极推进相对应的 RCEP 谈判进程，另一方面强力推动更具前瞻性的 FTAAP。

三、中日博弈与东亚合作进程

东亚是亚太地区的关键环节，是中日竞争和博弈的核心区域。在东亚体

---

① Funabashi, Toichi, “The Asianization of Asia”, *Foreign Affairs*, November/December 1993, vol. 72, no. 5, p. 5.

② ASEAN, “Guiding Principles and Objectives for Negotiating the RCEP”, http://www.google.com/url?sa=t&rct=j&q=&esrc=s&source=web&cd=1&ved=0CBwQFjAA&url=http%3A%2F%2Fwww.asean.org%2Fimages%2F2012%2Fdocuments%2FGuiding%2520Principles%2520and%2520Objectives%2520for%2520Negotiating%2520the%2520Regional%2520Comprehensive%2520Econ. p. 1.

③ 人民网：《李保东：今年 APEC 主要目标是启动 FTAAP 的进程》，http://finance.people.com.cn/n/2014/0410/c1004-24873069.html（2014 年 4 月 10 日）。

④ 参见：《北京纲领：构建融合、创新、互联的亚太——亚太经合组织第二十二次领导人非正式会议宣言》，《附件一：亚太经合组织推动实现亚太自贸区北京路线图》，中国北京，2014 年 11 月 11 日。http://www.fmprc.gov.cn/mfa_chn/zyxw_602251/t1209862.shtml。

系中，中日关系现状使得地区局势充满了不确定性，也可能转化为其他国际行为体的战略契机。极而言之，中日关系因缺乏互信而演绎的相互矛盾、掣肘、对立乃至冲突，必然构成两国战略利益的“失”，这个“失”相应成为特定国家和组织的“得”。中日竞争是基于战略考虑的国家间关系的常态，在一定程度上说明了东亚国际关系的现实。与此同时，这对东亚合作进程产生了双重影响：一方面，它制约了地区合作的发展节奏与空间；另一方面，它迫使两国寻求更积极的地区政策，从而推动了地区合作进程。

第一，中日关系在相当程度上主导或塑造了东亚格局，并据此深刻影响着地区国际关系。具体而言，冷战后亚太地区的战略结构“主要还是依靠中美日之间的三角权力关系”。① 因此，从地缘战略的视角看，中国因素、中美关系不仅是决定东亚地区合作走向的基本要素，而且影响着地区内相互关系的变动。

在东亚国际格局处在相对稳定与平衡的现状下，维持现状逐渐成为各方的战略利益。按照摩根索的经典现实主义理论，国家间政治所寻求的无非“或是保持权力，或是增加权力，或是显示权力”这三种基本方式，与之相对应的三项国际政策是“现状政策、帝国主义政策或威望政策”。这里，现状政策的目的在于“维持历史上某一特定时刻所存在的权力分配”。② 在国际关系中，维护现状者往往是当时国际体系中的既得利益者或是相对受益者。虽然当今国际体系有利于中小国家的生存与发展，但大国依然是国际格局演进的基本力量。中小国家相当程度上只是体系的适应者，而不是建构者。对它们来说，“权力”并非维护与促进国家利益的现实政策选择，而从大国间的互动过程中寻找生存与发展空间是这些国家独特的政治哲学。

东亚国际关系正处于大幅调整与变动的历史进程之中。在中日关系充满不确定性的国际背景下，中美关系是决定东亚国际关系走向最重要的双边关系，而由中小国家组成的东盟则在地区合作进程中发挥着主导作用。美国的影响力、中国因素的作用以及中日相互角逐使得东亚在变动之中达成了“维持现状”的战略需求。中日之间保持一定程度的紧张关系不仅符合美国在东

---

① Ralf Emmers, *Cooperative Security and the Balance of Power in ASEAN and the ARF*, London and New York: RoutledgeCurzon, 2003, p. 112.

② 汉斯·摩根索：《国家间政治——权力斗争与和平》，徐昕、郝望、李保平译，北京大学出版社，2006年版，第76—77页。

亚享有霸权的现实，而且可以最大限度地掌控日本与东亚合作进程。这个现状某种程度上也符合中国“经济发展，稳定周边”的国家战略需求。日本则为结构性和历史性问题所困扰，最可能扮演的角色是“坚持现状”，除非外部事件的严峻压力，否则它不会有多少改变。[①] 因此，对于中日来说，维持现状是中日关系性质最可能的选择。

第二，竞争性地区多边主义。地区合作是东亚国家寻求自身发展、适应全球化浪潮的重要举措。东亚合作是冷战后东盟寻求发展动力与突破，并扩展国际影响力的重要手段，同时逐渐成为中国多边外交和稳定周边的基本途径。亚洲金融危机之后，随着对外经济联系的日趋密切，中国参与并建构这一进程的积极性和主动性愈加显著。中国多边主义战略的一大影响是迫使日本在地区合作上采取“跟进”的反应性策略，由此形成两国在东亚经合中的竞争态势。

在东亚合作进程中，日本历来是一个态度暧昧的国家，有时甚至构成这一进程的障碍。受冷战思维和权力政治偏好的影响，日本对华战略误判和所谓“中国威胁论”，使日本在东亚合作问题上“难有作为，甚至还在起消极作用”。[②] 日本是本地区的重要经济力量。从逻辑上看，它应有能力成为东亚一体化进程中的推动者乃至“领导者”。但事实上，它在这个进程中既谨慎又被动。这显然制约了本地区的一体化进程。的确，日本一直“不是东亚地区主义的积极支持者”。[③] 究其内因，日本国内市场有限且严重依赖外部市场，与此同时，长期推行保护农产品的贸易保护主义政策，因而对开放性的对外经合兴趣不大。

究其外因，则与美国对日本内外政策的巨大影响力高度关联。东亚地区主义“将有可能影响日美同盟这一日本对外政策的优先考虑”。[④] 美国要求日本充当其战略工具，为其全球战略和亚太战略服务，在亚太地区承担更多的安全责任。这是因为：日本正在寻求新的地区和全球作用；日本有能力为地

---

① Barry Buzan & Ole Weaver, *Regions and Powers*: *The Structure of International Security*, UK: Cambridge University Press, 2003, p. 177.

② 刘江永:《中日关系二十讲》，中国人民大学出版社，2007 年版，第 407 页。

③ S. Javed Maswood, “Japanese foreign policy and regionalism”, in S. Javed Maswood, ed., *Japan and East Asian Regionalism*, London and New York: Routledge, 2001, p. 9.

④ S. Javed Maswood, “Japanese foreign policy and regionalism”, in S. Javed Maswood, ed., *Japan and East Asian Regionalism*, London and New York: Routledge, 2001, p. 9.

区安全做出更大贡献；作为一个富裕但脆弱的岛国，日本是当前政治、经济和安全安排的最大得益者；在日美安保协定架构下，日本的地区行动不会激起邻国的不安和忧虑。[①] 日本长期追随美国的战略意图是，依靠美国不仅可以稳定西方市场、获取自然资源，而且可以共同对抗中国，乃至实现自己的政治大国梦想。迎合和追随美国是日本考虑地区政策的前提。因为美国担心东南亚无核区条约会限制其海军在东南亚水域自由通行，日本曾经拒绝签署东南亚无核区（SEANWFZ）条约。因为日本政府反对在东亚经济合作中“排挤”美国，日本同样拒绝了东亚经济论坛（EAEC）的东盟倡议。与此相对，日美在跨太平洋的亚太合作上则步调一致，支持亚太经合组织（APEC）并是该组织的主要推动者。[②] 在日本人眼里，东亚合作、东盟地区论坛仅仅是美日同盟的一个补充和改善对中、韩关系的一个工具。[③] 而今，加入美国主导的TPP谈判进程同样也是日本强化美日同盟关系的实际步骤。

在新的地区环境下，日本不得不调整其过度重美轻亚的投机政策。冷战结束以来，中国—东盟关系取得了全方位的发展。东盟前秘书长王景荣指出：“东盟共同体一经建成，将为东盟和中国的优势互补提供更多的机会”，作为东盟的近邻和重要的对话伙伴，在支持东盟共同体建设和经济一体化的过程中，中国将“扮演更为重要的角色”。[④] 随着中国的不断壮大，双方关系还有广阔的发展空间。

中国—东盟关系、尤其经贸关系的空前发展不仅刺激了日本期望与东盟保持“特殊关系”的敏感神经，而且加剧了对中国“睦邻”外交抱有的战略偏见，认为中国此举是扩展经济势力范围、挤压日本的地区影响力。因此，在中国—东盟自由贸易区（CAFTA）和政治合作不断深化之时，为了在东南亚巩固和争取更大的国际影响力，形成与中国竞争中的有利态势，近年来日本重新审视了其相对消极与谨慎的地区合作战略，加速了与东盟经济合作的

---

① David Arase, “U. S. and ASEAN Perceptions of Japan's Role in the Asian - Pacific Region”, in Harry H. Kendall & Clara Jpewono, ed., *Japan, ASEAN, and the United States*, The Regents of the University of California, 1991, pp. 265 - 266.

② S. Javed Maswood, “Japanese foreign policy and regionalism”, in S. Javed Maswood, ed., *Japan and East Asian Regionalism*, London and New York: Routledge, 2001, p. 15.

③ Ralf Emmers, *Cooperative Security and the Balance of Power in ASEAN and the ARF*, London and New York: Routledge Curzon, 2003, p. 116.

④ 王景荣：《东盟看中国》，《财经年刊——2008：预测与战略》，2008年。

步伐。中国—东盟自贸区的建设像是一个“发动机”，推动了日本、韩国以及印度等国与东盟的自贸区谈判。[①] 2003 年 10 月，东盟和日本在印尼的巴厘签订了《全面经济合作框架协议》。在中国和东盟签署了《东南亚友好合作条约》之后，2003 年 12 月，日本也正式签署该条约，双方还签署了“面向新世纪的日本与东盟伙伴关系”的《东京宣言》。大部分东盟国家均为出口导向型经济体，稳定的市场对它们来说非常重要，因此，中日相继与它们达成自由贸易协定，不仅显示了两国对东南亚的高度重视，而且极大地促进了东盟国家的经济利益。安倍第二次担任首相以来，遍访东盟诸国，加大对东南亚国家的援助力度，甚至与菲律宾、越南逐渐加强军事关系。在中日关系持续下滑的背景下，两国在东南亚的竞争态势将更加激烈。

第三，竞争性双边主义。双边自由贸易协定是东亚国家经济合作的重要手段。在中国积极与东盟国家建设自由贸易区的同时，日本在双边主义行动上也有前所未有的动作。在继续保护国内主要农产品市场的前提下，日本先后与新加坡、马来西亚、菲律宾、印尼和泰国等东盟国家签署了《经济伙伴关系协定》（Economic Partnership Agreement）。“自由贸易协定”不仅推动了国家间经济关系的发展，弥补了地区化进展缓慢的不足，而且蕴含着战略安全考虑。

一方面，自由贸易协定是更好地管理地区内国家间日益紧密的相互依赖经济关系的手段。相互依赖导致各国越来越多地面临共同的经济挑战，并将彼此的命运紧紧联系在一起。按照新自由主义的观点，国家间有必要建立合作机制，以有效管制彼此间的相互依赖关系。

另一方面，按照新现实主义的观点，所有国际经济协定最终都服从于战略伙伴的潜在共同安全目标。自由贸易协定有助于巩固和推进与“友好”国家的战略安全关系。日本的举措则带有明显的“竞争性”、“针对性”和“防御性”。否则，我们就无法理解为什么近些年来日本才开始回应东盟早就倡导的政经合作。日本对“自由贸易协定”策略的热情固然有经济合作的考虑，但主要动因很大程度上是基于竞争性双边主义（competitive bilateralism）思维的产物，它之所以提议与东盟建立自由贸易区并积极与东盟国家签署《经济伙伴关系协定》，相当程度上是对中国推动设立中国—东盟自贸区的“对抗性

---

① 张蕴岭：《哪一种大东亚?》，《财经年刊——2008：预测与战略》，2008 年。

战略反应”（strategic counter – reaction）。[①]

第四，竞争性地区战略思维。中国积极发展与东盟国家的睦邻友好关系，除了互利互益的经济考虑，其战略动机是建设一个有利于国内经济发展的和平稳定的周边环境，化解中国崛起威胁论，防备有关大国将东盟塑造为战略遏制中国的前哨基地。这种战略思维基本上是一种以经合推动政治互信的防御性手段。东盟是日本东亚战略构想的重要环节，它期待东盟能够成为制约中国的重要力量。日本对一个重新崛起的中国这一前景高度敏感，不乏失落与恐惧感以及防范遏制之意。与中国进行战略竞争乃至对抗是日本地区政策的驱力。

东南亚对中国的战略安全同样至关重要。在战后相当长的时间里，东南亚一直是超级大国遏制中国的重要地区。先是美国，后是苏联“在中国南翼保持威慑力并据此对中国进行战略遏制”。[②] 中国东南亚战略的底线是：该地区绝对不能为任何大国所支配，并可能成为对中国实施战略牵制或包围的区域。中国 30 多年的高速发展是世界政治经济上的重大事件，也为东亚政经格局的演进提供了新的机遇与动能。为了延续得来不易的战略机遇期，从 20 世纪 90 年代起，中国就积极调整了其对外政策，以适应不断变化的国内国际环境。在继续坚持双边主义和全球合作架构的同时，也在不断创建与参与到各种地区多边主义机制之中，以构建有益于国内经济发展的和平稳定的周边国际环境。其中，维护中国地缘战略安全的政策举措是不得不思索和推行的重要政治议程。在中国看来，“多边主义曾经是包围崛起的中国和干涉内政的一大尝试。……中国愿意支持一个由中等国家发起的非正式与灵活的安全对话机制，它不能成为中国安全利益潜在威胁。对于中国来说，由美国或日本来主导这样的安全机制是不可接受的”。[③]

因此，中日在东亚合作进程中存在双边、多边的战略竞争，这实质上是东亚国际格局变动的反映，是两国战略认知矛盾、相互抗衡的结果。

---

① Christopher M. Dent, *New Free Trade Agreements in the Asia – Pacific*, New York: Palgrave Macmillan, 2006, pp. 51 – 52.

② Donald G. McCloud, *System and Process in Southeast Asia: The Evolution of a Region*, Westview Press, 1986, p. 179.

③ Ralf Emmers, *Cooperative Security and the Balance of Power in ASEAN and the ARF*, London and New York: RoutledgeCurzon, 2003, pp. 116 – 117.

四、东南亚：中日两国的必争之地

东南亚地理位置险要，资源丰富，市场潜力巨大，发展前景可观，是中国崛起和遏制中国不可或缺的关键环节。中日关系的性质决定了它们对东南亚的看法和政策，也预示着它们在该地区相互博弈的互动态势。

中日相互制衡关系样式的地区影响之一是东亚“不等边”三角关系结构的出现。这种新型关系是中日关系的部分产物，也是东亚地区建构中东盟因素凸显的前提条件。新世纪以来，中国国力不断壮大，成为举足轻重的国际力量。与此同时，中国国家利益不断辐射海外，地区和全球事务的参与性不断增加，因而成为国际关系的新增变量。在东亚格局中，中国崛起的地区影响是中日在东南亚的广泛竞争，日本—东盟关系的逐步弱化和中国—东盟关系的迅速发展，最终形成中国—日本—东盟的“不等边”三角关系结构。

（一）东南亚与亚太经济治理

在过去的20年里，东盟（ASEAN）是东亚地区贸易、经济和安全一体化的领导者。[①] 东亚实际上存在着一个奇怪的国际现象：最具经济、军事实力的日本、中国和美国等大国并没有相互合作，建立区域性国际组织，反而是相对弱小的东南亚国家积极合作创立了最多的国际机制。ASEAN 建立的原因之一是，东南亚一些小国担心美国撤离该地区，于是组建 ASEAN 与美国进行对话，以寻求保持美国在该地区存在的安排。然而，日本和华盛顿对 ASEAN 并不感兴趣，也没有考虑过加入该组织。[②] 目前，东盟是世界上是世界上几个重要的区域组织中相对较为成功的之一（较之非盟、海合会、南共市）。[③]

进入新世纪，东盟在经贸合作议题上有积极举措。比如东盟宣布将会在2015 年建成“经济共同体”（AEC）。2002 年，东盟与中国同意签订自由贸易

① J. Kurlantzick, “ASEAN's Future and Asian Integration”, The Council on Foreign Relations (CFR), November 2012, p. 4.

② J. Kurlantzick, “ASEAN's Future and Asian Integration”, The Council on Foreign Relations (CFR), November 2012, p. 2.

③ F. Cameron, “The European Union as a Model for Regional Integration”, The Council on Foreign Relations (CFR), September 2010, p. 2.

协定。此外，东盟也启动了同印度、日本、澳大利亚、新西兰以及韩国的自由贸易协定计划。这一系列自由贸易倡议和协定表明，东盟领导人认为，任何未来的自由贸易成果更可能通过亚洲内部合作而非与西方合作来实现。然而，某些东盟成员国反感过快地同中国签订自贸协定。[①] 这种对中国—ASEAN 自贸协定的反感将会放缓 ASEAN—亚洲的贸易自由化。[②]

亚洲金融危机之后，“10 +3” 机制在 1997 年成型。这一机制尤其关注区域金融一体化。[③] 正是这一机制提出了“清迈倡议”（CMI）。2000 年 5 月，“10 +3” 国家达成《双边互惠信贷协定》（bilateral swap agreements，BSAs）协议。2009 年 2 月，东盟 10 国与中日韩三国在财政部长会议上最终达成协议，将既有的《双边互惠信贷协定》转为区域外汇储备池（foreign reserve pool[④]），该储备池于 2010 年 3 月正式生效。[⑤] 2012 年，清迈倡议成员同意将储备基金扩展到 2 400 亿美元。[⑥] 此外，东盟最还倡议发起了东亚峰会（East Asia Summit，EAS）。该机制将 10 +3 机制的成员国和印度、澳大利亚与新西兰结合在一起，其主要议题领域为能源和资源问题。[⑦] 东盟最近以及目前最具影响力的关于亚太经济治理的倡议当属 RCEP 了。该倡议如果最终达成将是世界上首屈一指的自贸区，而作为该倡议的主导者的东盟将对亚太经济治理做出更大的贡献。

在地区安全方面，东盟陆续发起了一些功能各异的区域对话论坛。其中，东盟地区论坛（The ASEAN Regional Forum，ARF，1994 年启动）旨在冷战

① 担心东盟国家领导人未做好充分准备，或者担忧中国的商品倾销和关税壁垒。

② J. Kurlantzick，“ASEAN's Future and Asian Integration”，The Council on Foreign Relations（CFR），November 2012，p. 4.

③ Frank Frost，“Australia's proposal for an ‘Asia Pacific Community’: issues and prospects”，Department of Parliamentary Services，Parliament of Australia，December 2009，p. 2.

④ 即清迈倡议多边机制（Chiang Mai Initiative Multilateralization，CMIM）。

⑤ W. Yuan & M. Murphy，“Regional Monetary Cooperation in East Asia: Should the United States Be Concerned?” the Center for Strategic and International，November 2010，p. 2.

⑥ J. Kurlantzick，“ASEAN's Future and Asian Integration”，The Council on Foreign Relations（CFR），November 2012，p. 5.

⑦ Frank Frost，“Australia's proposal for an ‘Asia Pacific Community’: issues and prospects”，Department of Parliamentary Services，Parliament of Australia，December 2009，p. 2.

后增进区域主要大国之间的交流，其核心讨论议题是安全挑战和建立信任措施。[①] 1995 年，东盟成员国还签订《东南亚国家无核区条约》（the Southeast Asian Nuclear Weapon Free Zone），并在 1997 年正式生效。[②]

总体来看，冷战结束之后，东盟发展迅速，并崛起为东亚、乃至亚太区域的一支不可忽视的力量。东盟奉行大国平衡的积极对外战略，具有诸多大国相当重视的战略价值，因而是东亚和亚太国际关系的重要支点。

（二）日本与东南亚：竭力构建特殊关系

第二次世界大战以后（尤其是日本 1956 年加入联合国之后），日本外交政策主要集中于三个核心原则之上：联合国外交、同自由世界（西方国家）开展合作、维持日本的亚洲国家身份。[③] 战后初期，日本集中精力进行重建，极少关注国际事务。随着美苏两极对立的恶化，日本领导人对第一个原则也不甚重视。但随着日本经济的快速繁荣以及与韩国和中国外交的相继正常化，日本的东亚外交政策开始逐步进入一个新的阶段。

1976 年是战后日本外交史上的一个重要转折点。日本这一年正式成为 G7 集团中唯一的非西方成员。这种 G7 集团中的身份显著强化了日本的亚洲身份，并促成了日本东亚外交政策的转变。次年，日本时任首相福田赳夫到访东盟，并发表了所谓的“福田主义”演讲。福田赳夫的历史性演说第一次正式阐明了日本积极主动的东亚外交政策。从那时开始，日本逐渐在应对金融危机、核扩散、人权、恐怖主义、环保和能源安全等区域问题上扮演积极角色。日本在战后对东亚国家有着积极的官方发展援助（ODA）项目，诸多国家均受益于此。此外，日本在东亚的金融和经济一体化中充当着领头羊的角色。

总体上看，在战后相当长的历史阶段，日本与东盟国家建立了较为密切的相互关系，一度是东南亚地区最大的贸易伙伴、最大的援助国、最大的投

---

① Frank Frost, “Australia's proposal for an ‘Asia Pacific Community’: issues and prospects”, Department of Parliamentary Services, Parliament of Australia, December 2009, p. 2.

② J. Kurlantzick, “ASEAN's Future and Asian Integration”, The Council on Foreign Relations (CFR), November 2012, p. 7.

③ H. Tanaka & A. P. Liff, “Japan's Foreign Policy and East Asian Regionalism”, The Council on Foreign Relations (CFR), December 2009, p. 1.

资国。东南亚也是日本寻求构建“特殊关系”、塑造“经济后院”、走向政治大国的重点区域。

然而，冷战结束后，在中国崛起、东盟发展的大背景下，东盟—日本关系从所谓“特殊关系”逐渐演变为普通的双边关系。主要原因有三：

其一，冷战的结束标志着以意识形态为出发点的国际关系时代宣告终结，日本和东盟进入到以经济发展为基本内容的新阶段。

其二，东亚的地缘政经版图发生了重大变化，中日实力此消彼长，中强日弱格局已成定局。这为区内国际关系的重构提供了新的语境。

其三，东盟经济和地区合作高速发展，充分显示了自信和自主性（参见表7-4）。在自由贸易协定（FTA）成为东亚国家密切双边政经关系重要手段的同时，该地区出现了许多以东盟中心的多边合作机制，包括东盟地区论坛（ARF）、“东盟+1”、“东盟+3”、“东盟+6”、“东盟+8”等机制相继形成，其目的是讨论政治和安全问题、促进互信、增加军事透明度、消解地区冲突以及维持地区秩序。在这些对话机制中，东盟均享有领导地位，并发挥“主导”作用（leadership）。

表7-4　东盟国家GDP总量一览（2013年）　　单位：美元

国家	GDP
印尼	868 345 645 449
马来西亚	312 435 494 621
菲律宾	272 017 377 292
新加坡	297 941 261 088
泰国	387 252 164 291
文莱	16 111 135 789
越南	171 391 820 360
老挝	11 141 187 664
缅甸	48 709 523 000
柬埔寨	15 249 684 397
东盟总量	2 400 595 293 951

数据来源：世界银行官网，其中缅甸数据来自国际货币基金组织（World Economic Outlook Database）。

在这种背景下，日本—东盟关系更多地是通过东亚地区化进程中的互动而展现出来。例如，1997年亚洲金融危机之后日本财政部呼吁建立亚洲货币基金（AMF）并主动请缨表示愿意充当最大的注资国。尽管美中两国均否决了日本的这一动议，然而，日本之后成功说服中国共同达成清迈倡议。① 另外，日本也同亚洲许多国家签署了自贸协定，从而进一步地巩固了地区合作，促进了与东盟的关系。

根据日本官方数据（图7－4），日本—东盟贸易额占日本对外贸易的份额一直相对稳定。除2009年金融危机影响下有所回落之外，日本—东盟进出口贸易均稳步增长。

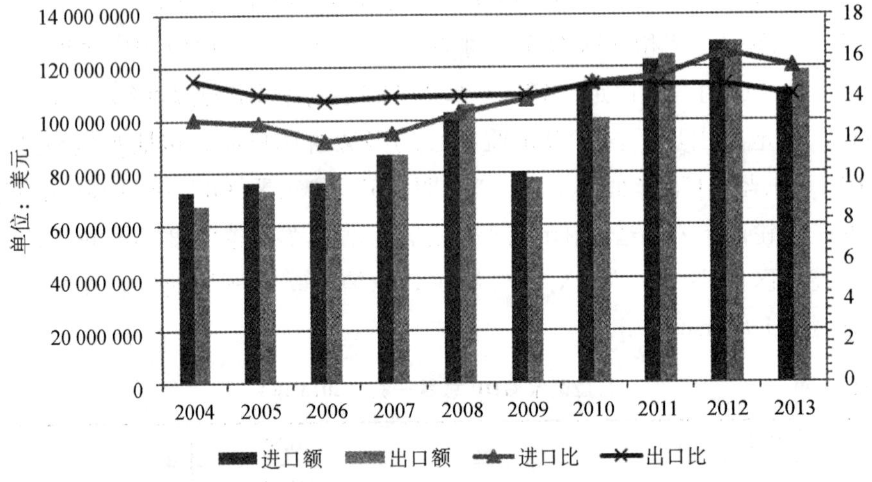

图7－4　日本—东盟贸易基本数据（2004—2013）

数据来源：日本对外贸易组织。进口比指进口额占日本总进口额的比例，出口比即出口额占日本总出口额的比例。Japan External Trade Organization（JETRO），“Japanese Trade and Investment Statistics”，http：//www. jetro. go. jp/en/reports/statistics/（2014）.

如果横向比较的话，东盟同样是日本举足轻重的贸易伙伴之一。如图7－5所示，早在1995年左右，东盟便是日本仅次于美国的第二大贸易伙伴。在亚洲金融危机之后，东盟相对于日本的贸易地位一度有所下降。但在21世纪初，东盟和日本贸易开始复苏并逐步增长。直到2009年世界金融危机之后，东盟—日本贸易尽管有所下降但之后强势反弹，最终超越美国成为仅次于中国的日本第二大贸易伙伴。

① H. Tanaka & A. P. Liff，“Japan's Foreign Policy and East Asian Regionalism”，The Council on Foreign Relations（CFR），December 2009，p. 4.

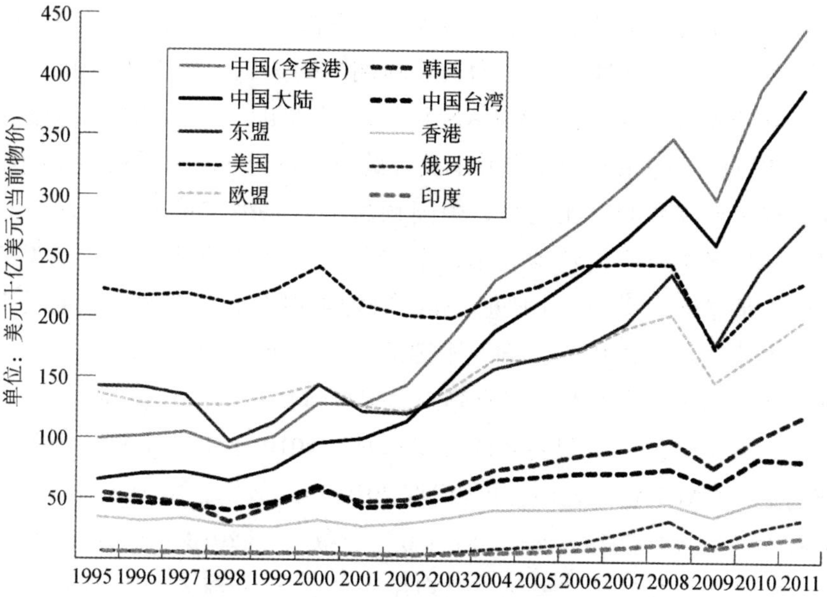

图 7－5　日本对部分经济体贸易状况

数据来源：UNCTAD. M. Swaine, M. Mochizuki, M. Brown, P. Giarra, D. Paal, R. Odell, R. Lu, O. Palmer and X. Ren, *China's Military & the U. S. – Japan Alliance in* 2030, Washington, D. C.: Carnegie Endowment for International Peace, 2013, p. 138.

综合来看，日本与东南亚国家的经济关系非常密切。战后，日本以战争赔偿为契机，在美国的鼓励和支持下，采取重视东南亚的政策姿态，深耕东南亚数十年，在该地区余威尚在，且保持着相当大的经济影响力。中国—东盟经济关系的突飞猛进极大地平衡了日本—东盟关系。然而，日本重视并力图推进与东盟关系的政策不会改变。

（三）中国与东南亚：东亚经合的推进器

冷战结束以来，中国—东盟关系、尤其双方经贸关系是国际关系中发展最迅速、领域最广泛的双边关系。无论从经济角度、还是战略视角看，东南亚都是中国和平发展不可或缺的区域。重视东盟、深化相互关系是中国亚太战略的关键一环。

1. 逐渐接触与“魅力攻势”

随着中国—印尼关系重新走向正常化，东盟和中国在 1991 年迎来了发展的新阶段。从 1997 年开始，中国—东盟国家每年都有例行的首脑会议。21 世纪伊始，中国发动了所谓的“魅力攻势”，积极与东南亚国家接触。这一时期，中国在该地区的影响力快速增长。同期内的美国则因为发动反恐战争而长期忽视 ASEAN：经常缺席 ASEAN 和其他亚洲组织举办的高级峰会（即便参会也往往讨论一些东南亚国家并不关心的反恐问题），长期疏远亚洲国家的领导人。与之形成鲜明对比的是，中国频繁派遣高级官员前往该地区参加各类会议，并且多次或明或暗地表示，中国参会的目的乃是为了推动亚洲经济一体化而不是恐怖主义。[①] 中国近几届政府均重视发展与东盟国家的关系，视东盟为中国周边外交的优先方向。中国的高速发展也为东盟国家提供了良好的发展机遇。中国—东盟关系虽有隐患，但总体稳定，发展势头不错。

经贸关系是中国—东盟关系的关键构成。2010 年 1 月 1 日，中国—东盟自由贸易区（CAFTA）全面启动。根据 2010 年的数据，中国—东盟自由贸易区内拥有 19 亿人口，国内生产总值近 6 万亿美元（2013 年已达 11.6 万亿美元），贸易总额达 4.5 万亿美元，该自由贸易区是全球人口最多的自由贸易区，也是继欧洲联盟、北美自由贸易区之后的全球第三大自由贸易区。[②] 2011 年 11 月 18 日，中国与东盟共同创立了中国—东盟中心。作为中国和东盟国家成立的唯一政府间国际组织，中国—东盟中心积极致力于在更新更高水平上推动双方关系的发展，做中国与东盟睦邻互信的促进者，务实合作的推动者，友好情谊的传播者，开展更多务实合作项目，促进双方贸易、投资、文化、教育、旅游等领域的交流与合作。[③]

此外，东盟与中国在两个主要政治会议中有着紧密联系。这两个会议分别是东盟地区论坛（ASEAN Regional Forum）和东亚峰会（East Asia Summit）。东盟地区论坛成立于 1994 年，现有 27 个成员国。东盟地区论坛是目前亚太地区的唯一官方多边安全对话机制。其中主要的讨论议程在于东南亚地区的安全形式，跨国性问题包括核扩散问题，东亚金融危机所带来的政治和社会问题等。东亚峰会首次开会于 2005 年，现有 18 个成员国。东亚峰会是目前主要是东亚国家中的重要领导峰会。其中讨论议程包括东亚地区的安全问

① J. Kurlantzick, “ASEAN's Future and Asian Integration”, The Council on Foreign Relations (CFR), November 2012, p. 2.

② 中国新闻网：《十年功成崭新起点，中国东盟共创自贸时代》：http://www.chinanews.com.cn/cj/cj-gncj/news/2010/01-01/2050136.shtml（2010 年 1 月 1 日）。

③ 中国—东盟中心：《中心概况》，http://www.asean-china-center.org/zxgk/。

题，也主要讨论成员国之间的贸易关系。在东亚峰会中也提议创造东亚共同体。

2. 中国—东盟经贸关系的高速发展

2012年，中国跃升为东盟最大的外贸伙伴。严格意义上看，东盟内贸占2012年东盟总贸易额的比例最大。从东盟外贸角度看，中国占了2012年东盟总贸易额的12.9%，超过了日本的10.6%、欧盟的9.8%、美国的8.1%以及韩国的5.3%（参见图7-6）。

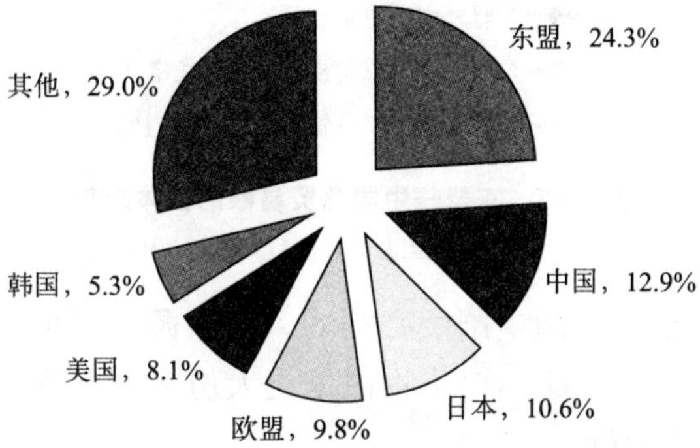

图7-6 各经济体占东盟总贸易额的比例（2012年）

资料来源：东盟统计年鉴（2012年），东盟共同体统计数据（2013年）。

从东盟—中国总贸易额的整体趋势的角度分析，东盟—中国经贸关系也非常密切。从2007年到2012年，东盟—中国贸易额作为东盟同年总贸易额的一个比例大致上维持在10%到13%之间，呈现较为稳定的发展态势。同期，除2009年外，东盟—中国总贸易额同比增长率大体上保持在20%左右。2009年，东盟—中国总贸易额的同比增长率不仅没有达到20%，甚至出现了负数的增长率。但这并没有导致东盟—中国的贸易额占东盟同年总贸易额的比例下降。因此，这意味着东盟总贸易额在2009年经历了类似程度的下降。此现象形成的原因在于，2009年正是美国金融危机对全球经济的消极冲击的高峰期，对东盟整体贸易额以及东盟—中国的贸易额起了类似程度的影响。

图7-7展示的是2007年到2012年间的东盟—中国总贸易额、东盟—中国总贸易额的同比增长率以及东盟—中国贸易额所占东盟总贸易额的比例。

表7-5展示的则是东盟—中国贸易往来中的十大进出口货物。从中，我们可以看出东盟—中国经贸关系的基本特征。从东盟对华出口货物看，自然资源占前十名的一半。可以看出，东盟国家对华的重要经济价值的来源之一，

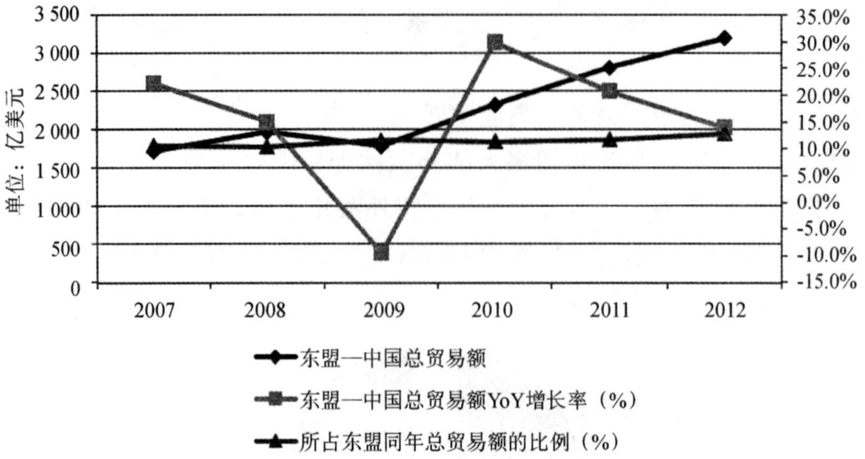

图 7-7　东盟—中国总贸易额的整体趋势

资料来源：东盟统计年鉴（2012 年），东盟共同体统计数据（2013 年）。

是东盟地区拥有制造业大国中国所必需的天然资源。相反，从东盟对华的进口货物分析，制造业产品比出口货物占据更大份额，这体现了中国作为所谓“世界工厂”的经济地位。

表 7-5　　东盟—中国贸易十大进出口货物（2011 年）

类别	东盟向中国出口		东盟从中国进口	
	货物	占出口总额比例（%）	货物	占进口总额比例（%）
1	电气机械，器材及其零件	24.2	电气机械、器材及其零件	28.1
2	矿物燃料、矿物油、青物质、地蜡	17.6	核反应堆机械及零件	21.8
3	核反应堆机械及零件	10.8	矿物燃料、矿物油、青物质、地蜡	4.4
4	橡胶及橡胶用品	9.5	钢铁	4.2
5	动物和植物油和脂肪	6.2	钢铁用品	3.3
6	塑胶及塑胶用品	4.8	橡胶及塑胶用品	2.7
7	有机化学工产品	4.6	有机化学工产品	2.3
8	矿砂、矿渣等	3.0	光学、测量、医疗仪器及其零件	1.8

续表

类别	东盟向中国出口		东盟从中国进口	
	货物	占出口总额比例（%）	货物	占进口总额比例（%）
9	木及木质用品和木炭	1.6	车辆，不包括铁路	1.7
10	其他化工产品	1.4	无机化学品	1.6

注：货物分类采用 HS 编码。

数据来源：《东盟统计年鉴》（ASEAN Statistical Yearbook 2012），pp. 90 – 91. 参见：http：//www.asean. org/images/2013/resources/statistics/statistical_publication/ASEANStatisticalYearbook2012. pdf。

贸易往来之外，东盟—中国经贸关系也包括中国对东盟的外国直接投资。图 7 – 8 展示了 2012 年对东盟的外国直接投资的主要来源地。在所有东盟以外的外国直接投资来源中，中国排名第四，占 2012 年东盟外国直接投资来源总额的 3.9%，排在欧盟、日本以及美国之后、印度之前。仔细分析中国对东盟外国直接投资额占 2012 年对东盟外国直接投资总额的比例，我们看到的是，2012 年，中国实际上仅占对东盟外国直接投资来源总额的一小部分，远远不如欧盟的 21.1% 以及日本的 21.0%。

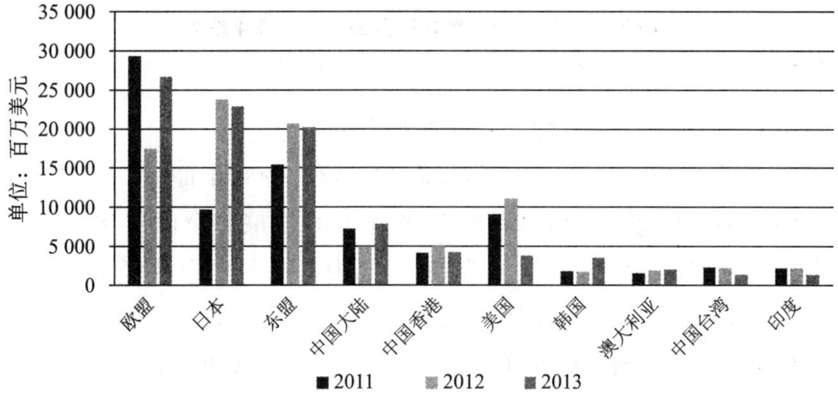

图 7 – 8　东盟 FDI 流入主要来源地（2011—2013）

数据来源：ASEAN Statistics 2014。ASEAN，“Foreign Direct Investment Statistics”，http：//www. asean. org/news/item/foreign – direct – investment – statistics（2014. 7. 8）.

此外，通过纵向历史数据可以观察中国对东盟地区直接投资的总体趋势。图 7 – 9 显示了 2009 年至 2012 年间中国对东盟外国直接投资额的整体趋势。可以发现，最亮眼的是 2010 年到 2011 年间，中国对东盟外国直接投资额的急剧增长，翻了将近两倍。中国对东盟直接投资不仅没有受2009年至2010年全球金融危机影响而下降，反而出现了快速上升的现象。中国经济的稳定发展、中国—东盟自贸区2010年全面启动是重要成因。

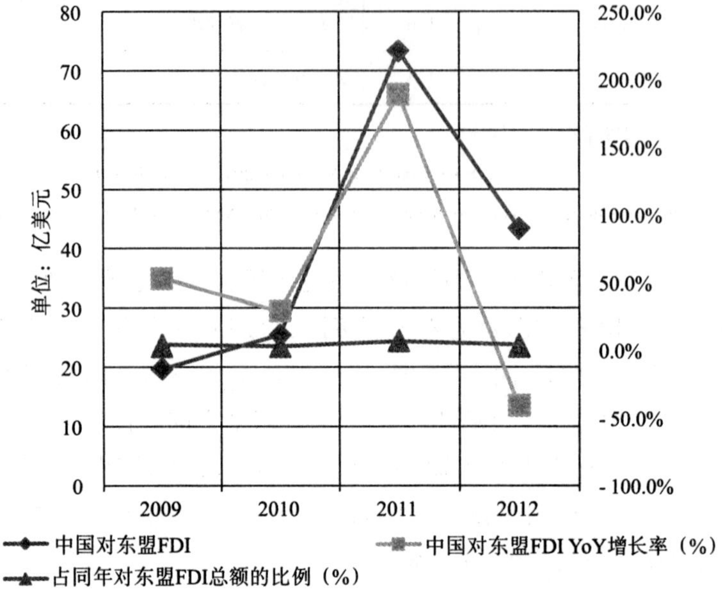

图7－9　中国对东盟外国直接投资的整体趋势

资料来源：东盟统计年鉴（2012年），东盟共同体统计数据（2013年）。

4. 中国—东盟自由贸易协定：东亚经合的引擎

中国—东盟自由贸易区由中国总理朱镕基于2000年提出。经过专家组研究后，[①] 中国和东盟国家于2002年签署《中国与东盟全面经济合作框架协议》，并正式开启自由贸易协定的谈判。[②]《中国与东盟全面经济合作框架协议》不仅是加强中国—东盟经济、贸易与投资关系的法律文书，也为中国和东盟于2010（东盟六国，即文莱、印度尼西亚、马来西亚、菲律宾、新加坡与泰国）和2015年（柬埔寨、老挝、缅甸与越南）完成自由贸易区的建立提供了基础。中国—东盟自由贸易协定的整体框架便由2004年签订的商品贸易

① "Forging Closer ASEAN－China Experts Group on Economic Relations in the 21st Century", a report submitted by the ASEAN－China Experts Group on Economic Cooperation (Oct., 2001), p. 36.

② Keith E. Flick & Kemburi, Kalyan M., eds., *ASEAN－China Free Trade Area: Challenges, Opportunities and the Road Ahead*, Singapore: S. Rajaratnam School of International Studies, 2012, p. 2.

协定、2007年签订的服务贸易协定以及2009年的投资协定组合而形成。[①] 整体来看，中国—东盟自由贸易协定于2010年1月1日生效，当时的中国与东盟六国之间落实了93%的贸易产品的零关税政策。越南、老挝、柬埔寨、缅甸四国则预期在2015年实现对90%贸易展品的零关税。[②]

中国—东盟自由贸易区囊括超过19亿人口、1400万平方公里的土地，是世界上人口最多、领土范围最大的自由贸易区，这些都能够凸显其在全球以及地区的经济体系中的重要地位。[③] 毋庸置疑，该协定的启动是近年中国—东盟经贸高速发展的推进器。

（四）中日竞争与东盟发展

中日均与东南亚存在着广泛的经济、政治和历史人文联系，东南亚的重要性对两国均毋庸置疑。无论从经济层面还是政治、战略角度看，中日在东南亚的竞争态势都明显而紧张。在许多观察家看来，日本的东南亚政策在很大程度上就是为了平衡中国在该地区的影响力。[④]

第一，中日在经济领域的激烈竞争。早在2000年11月，时任中国总理朱镕基在“10+3”会议上倡议并与东盟成员国领袖签订协定，提出在2010年前达成中国—东盟FTA。紧接着中国同东盟达成该协定之后，日本首相小泉纯一郎也于2002年初造访东南亚5国，提出所谓的“小泉倡议”（Koizumi Initiative），并同样和东盟领袖达成日本—东盟自贸协定的共识。

此后，中日两国在东南亚的竞争逐渐趋于白热化。2003年，中国同东盟签订了战略伙伴关系协定，并在同年成为东盟的第一个对话伙伴。为了应对中国不断崛起的经济影响力，日本在2003年主办了东盟—日本峰会（中国—东盟峰会在2005年召开）。在此次峰会上，日本极力倡导“东亚共同体”概念，以试图强化其在该地区的领导地位。2008年，日本再次同东盟签订了

---

① Rony Soerakoesoemah, “ASEAN - China Free Trade Area: A Review,” *ASEAN - China Free Trade Area: Challenges, Opportunities and the Road Ahead*, p. 18.

② Jianren Liu, “Early Review of ACFTA: Achievements, Problems and Its Impact on Sino - ASEAN Relations,” *ASEAN - China Free Trade Area: Challenges, Opportunities and the Road Ahead*, p. 11.

③ Jianren Liu, “Early Review of ACFTA: Achievements, Problems and Its Impact on Sino - ASEAN Relations,” *ASEAN - China Free Trade Area: Challenges, Opportunities and the Road Ahead*, p. 11.

④ R. C. D. Castro, “China and Japan in maritime Southeast Asia: extending their geo - strategic rivalry by competing for friends”, *Philippine Political Science Journal*, vol. 34, no. 2, 2013, pp. 150 - 169.

《日本与东盟深化经济伙伴关系协定》（AJCEP Agreement）。

2008 年金融危机之后，中日两国再次就清迈倡议中的外汇储备池的出资份额问题出现竞争。随着经济的增长，中国表示愿意承担更多的资金。但为了平衡中国，日本在遭受金融危机的不利情况下，依然“硬着头皮”坚持要和中国同等出资（均为384 亿美元，其中，中国分为中国大陆342 亿美元，中国香港 42 亿美元，参见图 7－10）。[①] 相互较劲的色彩颇为浓厚。

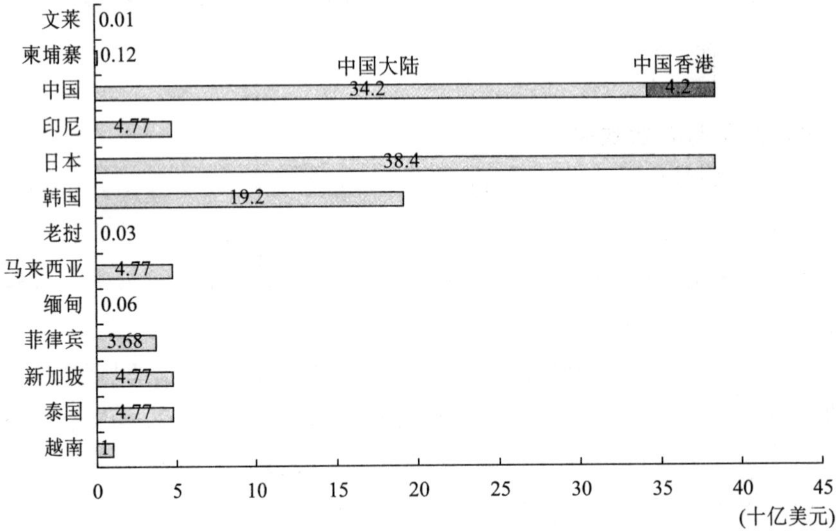

图 7－10　清迈倡议多边机制出资比例分布（2009 年）

数据来源：亚行。C. Sussangkarn，“The Chiang Mai Initiative Multilateralization：Origin，The Chiang Mai Initiative Multilateralization：Origin”，Asian Development Bank Institute，Tokyo 100－6008，Japan，July 2010，p. 7.

目前来看，中国虽在对东盟直接投资上仍远逊日本。但就双边贸易而言，中国 2006 年就超过日本成为东盟的最大贸易伙伴。

第二，中日两国在政治和安全领域的竞争日趋明显。2003 年，中国先日本一步同东盟签订了《东南亚友好合作条约》（the Treaty of Amity and Cooperation in Southeast Asia，TAC）。这意味着中国和东盟的关系超出了经济范畴，开始向政治合作延伸。为了应对中国崛起的影响力，日本紧随中国之后

① K. J. Cheol，“Competition among China，Japan and Korea to woo ASEAN”，http：//asianintegration. org/index. php？option = com_ content&task = view&id = 38&Itemid = 26 （2009. 6. 3）.

于2004年7月同东盟签订了该条约。此外，日本往往利用南海争端等安全问题来牵制中国。[①] 在英国国际战略研究所（IISS）2014年举办的香格里拉对话（The Shangri－La Dialogue）上，安倍晋三反复强调："日本将会极力地支持东盟国家确保海空安全、以及海空航行和飞越自由的努力"，并明确表示："日本政府强烈支持菲律宾关于同中国解决南海争端的呼吁"，"也类似地支持越南试图同中国就此开展对话的努力"。[②]

随着中国的持续崛起，近年来美国亚太"再平衡"战略实施，以及保守主义代表人物安倍晋三执政，中日在东南亚博弈的迹象显得愈发明显。以2013年为例，中国国家主席习近平和国务院总理李克强相继到访东南亚数国，日本首相安倍晋三更是遍访东盟十国。由于日本自民党已经空前地控制了日本参众两院，这意味着安倍晋三将极有可能长期执政。在这种情形下，中日东南亚角逐应该会进一步加深和激化。

事实上，中日关系不和及其在东南亚的政治经济竞争，客观上为中小国家构成的东盟发展提供了难得的机遇。

第一，中日竞争放大了东盟的地区地位。在中日不和形成的地区环境中，两国相争必然付出相应的政经代价，东盟则是最大的受益者。这样的现状有利于东盟地区和平稳定的战略目标及其"大国平衡战略"的运作。在既没有单个霸权国家主导、也没有大国合作共同支配的地区，最适宜于中小国家发挥国际影响力并拓展其战略活动空间。

在冷战后的东亚，东盟快速发展的背景是东北亚国际关系的"失调"，东盟国际威望的稳步提升是中日相争的部分衍生物。一方面，东南亚国家从东北亚大国那里汲取自身发展的力量，获得国际行动的着力点；另一方面，中日两国则因相互关系的纠缠而竞相争取东盟国家的"好感"，看重这个组织提供的国际舞台，以作为外交战略的突破口。东南亚的战略价值是中日两国都不得不关注的问题。东南亚对于两国都是相当重要的战略地带。中国希望该

① 吉田涉、永泽毅、阿部哲也：《中日角力东南亚》，《日本日经中文网》：http：//cn. nikkei. com/politicsaeconomy/politicsasociety/6723－20131010. html（2013. 10. 10）. K. J. Cheol，"Competition among China，Japan and Korea to woo ASEAN"，http：//asianintegration. org/index. php? option＝com_content&task＝view&id＝38&Itemid＝26（2009. 6. 3）。

② L. Sieg and R. Armstrong，"In dig at China，Japan PM says supports SE Asia on freedom of sea，air"，http：//www. reuters. com/article/2014/05/30/us－security－asia－japan－idUSKBN0EA17G20140530（2014. 5. 30）.

组织成为地区和平发展的“稳定器”，不希望看到它沦为防范与遏制中国的战略工具；日本则期待延续与东盟的“特殊关系”，并与美国、东盟等一道形成防范或遏制中国崛起的潜在战略阵营。中日在东南亚因此形成战略竞争的态势。两国的战略防备与竞争事实上为东盟国家提供了难得的战略回旋余地和活动空间。

第二，中日竞争是东盟有效实施对外战略的地区背景。东盟的“大国平衡战略”由其成立之初提出的“和平、自由、中立”的外交目标演绎而来，东盟推崇“地区问题，地区解决”（regional problems，regional solutions）的理念，不希望大国插手乃至主导东南亚事务，它试图通过大国对东南亚战略地位的关注及其相互间利益与矛盾关系，力求形成一种大国相互制衡、无一国可以支配东南亚的地区态势，以维护地区的稳定和繁荣，并最大化地争取东盟国家的国际地位与利益。东盟“则在其中周旋和协调，扮演平衡者的角色，发挥主控中心作用”。[①] 冷战结束之后，几乎世界上所有的大国或重要国家间行为体都构成了东盟“大国平衡战略”的组成部分，其中，中、美、日是最重要的平衡力量。东盟认为，在这个格局中，美国“是最重要的平衡力量”。[②] 近年来，中国在东南亚地区的影响力正处于上升态势，是“一个雄心勃勃的地区强国”，而美国则是一个“温和的超级大国”，因此“有必要扩大美国和日本在该地区的存在与影响力，以制衡中国”。[③] 在东盟地区论坛的运作中可以看出东盟的这一意图，该论坛的主要目标是“拖住美国、扶植日本、约束和改造中国”。[④] 东盟作为亚太一“极”崛起之后，便很快形成了一股强大的制衡力量，在各大国的矛盾与冲突中起到了重要的协调、牵制作用。[⑤]

冷战结束以来，东盟的“大国平衡战略”越来越得心应手，并取得了令人瞩目的外交成就：其一，在东亚地区合作进程中，东盟被赋予“领导者”的国际地位，在地区合作议程上享有主导权，东盟国家也成为各项国际会议的举办地和地区一体化舞台的中心。其二，东南亚金融危机之后，东盟国家逐渐认识到东北亚，尤其中日两国对于东南亚的政治经济意义。东盟以地区

① 张锡镇：《东盟的大国均势战略》，《国际政治研究》，1999 年第 2 期。

② Michael Leifer, *Singapore's Foreign Policy: Coping with vulnerability*, London: Routledge, 2000, p. 105.

③ 曹云华：《在大国间周旋——评东盟的大国平衡战略》，《暨南学报哲学社会版》，2003 年第 3 期。

④ 喻常森：《东盟地区论坛的目标及大国的立场》，《东南亚研究》，2004 年第 4 期。

⑤ 张晓玉：《东盟对亚太大国关系的制衡》，《当代亚太》，1995 年第 1 期。

合作为手段，借用中日两国的影响力和经济资源，不仅顺利地摆脱了危机的冲击，而且在地区经济合作的潮流中谋取了许多利益。其三，东南亚地区逐渐形成了大国竞相关注的战略区域，东盟则至少表面上掌握了地区战略安全环境的自主权。概言之，在当前的东亚国际格局下，东盟正在享有战后以来最理想的地区环境和国际地位。

东盟的“大国平衡战略”对地区合作进程既有积极、也有消极的影响。其一，地区环境的大致和平与稳定是东盟运作该战略的前提，这就驱使其成为地区和平发展的“稳定器”，在大国间发挥独特的正面作用，有利于地区和谐。其二，该战略要求东盟保持“中立”姿态，在大国间的战略竞争中争取战略空间的同时，也维持了其利益最大化的东亚现状。其三，该战略的意图不在东亚地区合作进程，而在于“次级”地区的东盟本身的发展与利益。大国主导模式有可能使东盟在东亚地区合作进程中边缘化，是该战略刻意规避的地区合作途径。因此，虽然东盟在东亚合作进程中扮演着主要角色，但其战略对这一进程发挥的建设性作用是有限的。

中日关系现状有利于东盟的“平衡术”。东盟将中国定位为一个战略安全方面的重要地区建构者与经济领域的崛起大国。冷战结束后，不断强大的中国这个重要元素不仅是东亚地区变迁的重要语境，也是日本—东盟关系发展的新增变量。中国积极参与到地区合作的进程之中，一方面直接呼应了东盟的大国平衡战略，成为推动东盟继续合作的催化剂；另一方面，间接冲击了日本想象中的地区领导地位，压缩了日本在东南亚的传统“经济势力范围”。为了维护这个日本人心目中的战略“后院”，它不得不随中国的地区合作“节拍”和动作而反应。这种新的地区态势正是东盟大国“平衡术”所极力寻求的理想条件。

东盟“平衡术”与东亚国际关系相关，但它的运作是有内外条件限制的，因此其局限性也不言而喻。中小国家可以从大国之间的战略分歧和矛盾中获得一定的“好处”，但战略风险也不可不察。对东盟来说，中日之间的竞争与较量是其得“渔翁之利”的机会，但战略风险也是难以预测和控制的变数，故“既合作又竞争”的相对平稳的中日关系更符合东盟的现实与长远利益。在东亚大国关系结构中，遏制中国的战略思维有恶化地区局势、导致地区分裂的可能性，最终对东盟产生消极影响，因而东盟认为“日本不应成为中美日三角关系的干扰因素，这个三角关系的稳定对其安全是至关重要的。”① 基于自身的战略利益，东盟不可能将战略筹码集中于其中一国，而是充分利用大国间的矛盾与竞争，多方下注，以获取最大化的国家利益与地区利益。对于东盟而言，“选择其中一个的‘一边倒’决不是一件轻松舒坦的事情”。② 换言之，东盟不希望在中日之间做这样的抉择，也不愿意在中美之间做出重大选择。

从历史上看，东南亚一直是国际体系中“软弱”的次级区域，很难避免外部影响，大国经常轻易地渗透到这个地区。这是一个多样性显著且松散的地区，在外部影响力面前，缺乏保卫自己并捍卫自主的机制。③ 相对于外部大国，东盟的脆弱性与依赖性显而易见。这是一个“外部大国具有特殊利益并为影响力而竞争的地区”。④ 基于东南亚这种地缘政治特点，单纯依靠某个大国不仅不能带来符合国家利益与地区战略利益，反而有可能陷入大国之间的激烈角逐之中。冷战时期两大阵营间的争斗、苏联与美国在东南亚的较量，带来的不是地区和平与稳定，而是延绵不断的地区冲突。“中立”客观上为东盟的地区力量平衡战略提供了重要机遇。东盟地区论坛有效地将日本和中国“捆绑”进地区制度框架里，日本借此可以缓解历史问题，中国可以化解邻邦的忧虑，两国都可以借此避免针对彼此的突出“平衡行为”（balancing behavior）。⑤ 对东亚国际安全格局和中国国际作用的不同认知为日本—东盟战略关系的发展提供了重要的思考依据，也为东盟不偏不倚的“均势战略”设置了政策底线。利用和主导东盟的任何战略企图对于日本乃至中国都是不切实际的政治虚幻，至少表面上“中立”的东盟可能是比较现实和可以接受的战略态势。因此，“中立”的东盟是维持东亚国际现状的必要环节，有利于东盟维护与促进其战略利益，同时也是东盟运作“平衡术”的前提。

第三，东盟的平衡策略是吸引并同等重视中日两国。为了因应东亚地区不断变化的安全环境，东盟成员国需要美国在该地区保持军事存在，以促进

---

① Michael Leifer, *Singapore's Foreign Policy: Coping with vulnerability*, London: Routledge, 2000, p. 127.

② Victor Sumsky, “ASEAN and East Asia”, in Gennady Chufrin, ed., *East Asia Between Regionalism and Globalism*, Singapore: ISEAS, 2006, p. 60.

③ Alan Collins, *The Security Dilemmas of Southeast Asia*, Singapore: ISEAS, 2000, p. 2.

④ Wayne Bert, *The United States, China and Southeast Asian Security: A Changing of the Guard?* New York: Palgrave Macmillan, 2003, p. 143.

⑤ Barry Buzan & Ole Wæver, p. 158.

地区和平与稳定，当然也有遏制中国崛起的战略考虑。中国的邻邦可能面临的两大极端前景是：中国是日趋强大（且具有侵略性），还是因发展失衡、外部资本及观念的渗透及政治中心弱化而造成内部分裂。对中国分裂和崩溃的恐惧及对其成功的疑虑，构成了一个强大压力。“双重恐惧”使外部的优先政策是“接触”还是“遏制”中国之间产生了明显的困境。① 因此，如何因应中国的快速崛起已经成为各国不能回避的战略问题。利用与防范兼顾的两面策略是这些国家潜在的战略构想。东亚合作也体现出东盟这样的意图：表面上看，通过各种对话网络将中国“社会化”为一个“好邻居”是东亚国家的共同意愿，但本质上看，如果这样的“社会化”没有达到预期目的，中国发展表现出越来越多的“恶意”，那么“抗衡”中国就是东盟地区论坛的共同基础。② 在大多数东盟国家看来，“美国在本地区的军事部署是制约中国霸权野心、防止其违反海上航行自由（尤其在南中国海）的一个手段”。③ 但是，东盟并不必然成为日本遏制中国的战略伙伴。东盟利用并防范中国，同样也在利用并防范日本或其他大国（包括美国）。也就是说，所有大国都是东盟“均势战略”的组成部分。

由此看来，中日竞争的战略态势客观上为东盟提供了相对更大的国际行动空间，获得相对更多的政治经济利益。虽然东盟的行动能力遭到质疑，且有许多协调与运作的局限性，甚至有人认为它“已经轻易地丧失了其凝聚力和发展方向”，东盟地区论坛显然也“已经不能处理地区安全问题了”。④ 但是，东盟倡导并主导东亚地区合作的策略是成功的，它充分利用了中日两国的矛盾与地区竞争的态势，不仅借此赢得东亚地区领导权的国际地位，而且在自由贸易协定的潮流中大大受益。与此同时，东盟崛起及其平衡战略的有效运作意味着这个“次级”地区的发展和成功，但并不意味着是东亚地区合作的进展。相反，这显示了东亚地区合作的复杂性和现实性。从某种意义上看，东亚一体化与东盟自身发展既有相互促进的一面，但也有相互竞争的

---

① Barry Buzan & Ole Wæver, p. 148.

② Barry Buzan & Ole Wæver, p. 161.

③ Ralf Emmers, *Cooperative Security and the Balance of Power in ASEAN and the ARF*, London and New York: Routledge Curzon, 2003, pp. 112.

④ Andrew T. H. Tan, *Southeast Asia: Threats in the Security Environment*, Singapore: Marshall Cavendish International, 2006, pp. 6-7.

一面。

概言之，中日竞争与东盟崛起相互关联，相应影响着东亚合作进程。在总体上维持现状的趋势下，我们很难突破东亚合作现状并寻求到地区化实质推进的共同政治动力。不言而喻，中日关系样式某种程度上决定了东盟的发展。

五、中日韩自贸区：地缘政治的风向标

中日韩是国际经济体系中享有重要地位的三大经济体。三国经济圈甚至可能构成全球经济版图的中心之一。无论从哪个角度审视，三国都有推动彼此经合的强大动因，其带来的诸多好处远远超过了潜在损失。然而，中日韩自贸区概念不仅提出时间甚晚，谈判进程也面临着巨大障碍。三国自贸之路依旧任重道远。

（一）中日韩自贸区倡议背景

中日韩自贸区（CJKFTA）倡议是亚太一体化中的重要议题。该概念的面世是新世纪的新鲜事。2002 年，中日韩在三国领导人峰会上提出了建设三国自贸区的倡议，并承诺将在未来 7 年之内完成机制建构和规划。

2003—2009 年期间，中国国务院发展研究中心（DRC）、日本综合研究开发机构（NIRA）和韩国国际经济政策研究所（KIEP）共同开展了关于建立中日韩自由贸易区（CJKFTA）的联合研究项目。2010 年 11 月开始，中日韩三国在中国青岛东亚经济交流机构第四届大会上签订了《“环黄海行动”备忘录》，在中日韩三国的部分环海城市开始自贸区先行试点。2010—2012 年又进行了官产学联合研究并得出积极结论。

2012 年 11 月，中日韩三国在柬埔寨金边举行的东盟系列峰会上正式宣布启动谈判。截至 2014 年 9 月，中日韩自贸区谈判已经进行到第五轮，[①] 各方分歧仍然较大，前景不容乐观。

---

① 中华人民共和国商务部：《中日韩自贸区第五轮谈判在北京举行》，http://fta.mofcom.gov.cn/article/ftanews/201409/17814_1.html。

（二）合作基础与动因

中日韩三国之间的历史问题、领土争端及现实竞争都是东北亚自贸区建设的显著阻力。但正如日本首席谈判代表鹤冈公二在首轮谈判中所言："尽管政治上困难重重，但还是开始了谈判，从这一点上也证明了日中韩 FTA 的价值"。[①] 鹤冈公二所谓中日韩 FTA 的价值究竟何在呢？

首先，中日韩自贸区将会使三国总体受益，并有助于全球经济复苏。中日韩均是世界上极为重要的经济体。以 2013 年为例，中日韩 GDP 分别为 9.24027 万亿美元、4.801530 万亿美元和 1.304554 万亿美元，分别位居世界第二、第三和第十四大经济体（见图 7－11），其经济总量占世界 GDP 总量的 20%。如果将对比的视角缩小，中日韩三国还是东亚最大的三个经济体，三国经济总量合占东亚的 70%。在全球范围内，三国经济总规模仅次于欧盟和北美，自贸区建成后将形成 15 亿人口的庞大市场。此外，三国均为全球贸易大国，其货物贸易总出口和进口量占全世界 18.45% 和 17.32%。三国服贸出口和进口分别占世界的 10.12% 和 13.45%（2012 年数据）。[②] 三国对外投资规模亦较为突出。2010 年，三国直接投资流入量和流出量分别占全球的 9.2% 和 12.8%。[③] 但是，与同期的中国相比，日本和韩国每年的 FDI 流入量始终处于较低水平。鉴于中、日、韩在世界经济和贸易中的重要地位，三国在全球 FDI 流量中所占比重仍显较低。同时，中日韩三国之间的投资不仅比重非常低，波动幅度也很大。[④]

因此，正如三国第二次联合研究报告所指出的，虽然中日韩经济在世界

---

① 日经中文网：《中日韩自贸区谈判的攻与防》，http：//cn. nikkei. com/politicsaeconomy/economic – policy/5155 – 20130327. html（2013. 03. 27）。

② 其中，中日韩货物贸易出口分别为：11.13%、4.34%、2.98%；进口分别为：9.77%、4.76%、2.79%。服务贸易出口为：4.35%、3.25%、2.52%；进口为：6.73%、4.20%、2.52%。参见：WTO，"Trade profiles：China"，http：//stat. wto. org/CountryProfile/WSDBCountryPFView. aspx？Language = E&Country = CN（2014.03），WTO，"Trade profiles：Japan"，http：//stat. wto. org/CountryProfile/WSDBCountryPFView. aspx？Language = E&Country = JP（2014.03），WTO，"Trade profiles：Korea，Republic of"，http：//stat. wto. org/CountryProfile/WSDBCountryPFView. aspx？Language = E&Country = KR（2014.03）.

③ 中国国务院发展研究中心（DRC）、日本贸易振兴机构（JETRO）、韩国国际经济政策研究所（KIEP）：《中日韩自由贸易区可行性联合研究报告》，中华人民共和国商务部 2011 年 12 月，第 2—4 页。

④ 同上。

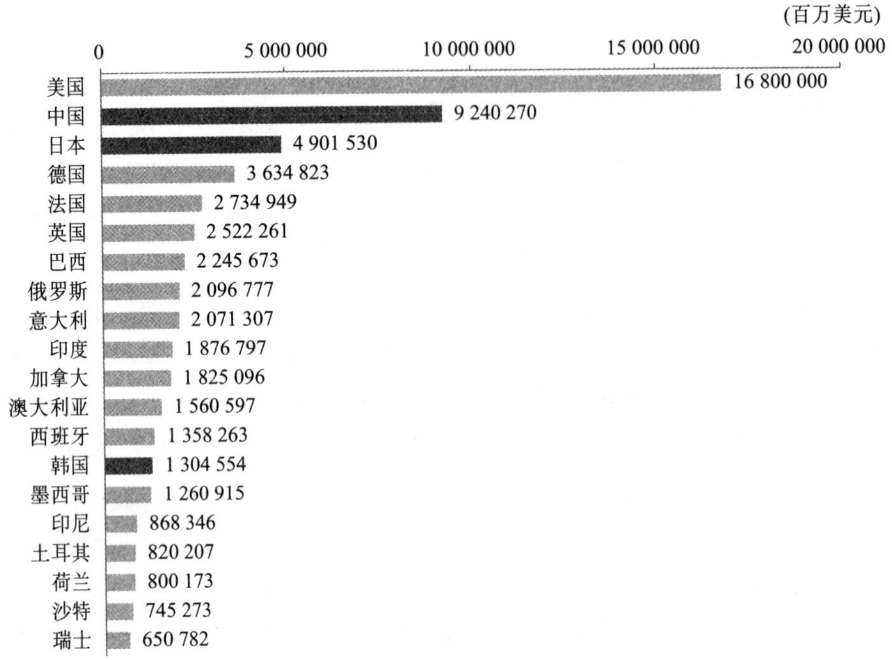

图 7－11　2013 年世界 GDP 前 20 排名国家

数据来源：World Bank，“GDP ranking”，http：//data. worldbank. org/data－catalog/GDP－ranking－table（2014. 7. 1）.

上占有非常重要的位置，但三国经济一体化进程还没有取得任何实质性进展。鉴于东亚地区的经济实力和竞争力，在该地区推进经济一体化将给本地区乃至全世界带来巨大收益。[①] 2003 年的联合研究报告估计，中日韩三国 GDP 将因此每年分别增加近 47 亿—64 亿美元、67 亿—74 亿美元和 114 亿—263 亿美元。签署自由贸易协议将使中日韩 GDP 分别提升 1. 1%—2. 9%、0. 1%—0. 5%和 2. 5%—3. 1%。[②] 由于中日韩三国在全球经济中的举足轻重的地位，其经济增长势必会有利于全球经济复苏与增长。

其次，三国自贸区对中日韩的具体影响。以日本为例，布鲁金斯学会研究员索丽斯（Mireya Solís）估计，中日韩自贸区将占日本出口总额的

① 中国国务院发展研究中心（DRC）、日本贸易振兴机构（JETRO）、韩国国际经济政策研究所（KIEP）：《中日韩自由贸易区可行性联合研究报告》，中华人民共和国商务部 2011 年 12 月，第 2 页。

② H. Ahn，C. Lee and H. Lee，“Analysis of a China－Japan－Korea Free Trade Area：A Sectoral Approach”，the Korea Institute for International Economic Policy（KIEP），p. 2.

27.7%。这一比例不仅远高于日本之前已签订并生效的13个自贸协定的总和（19.1%），而且还超过了TPP所带来的出口拉动效应（27.2%）（参见图7－12）。

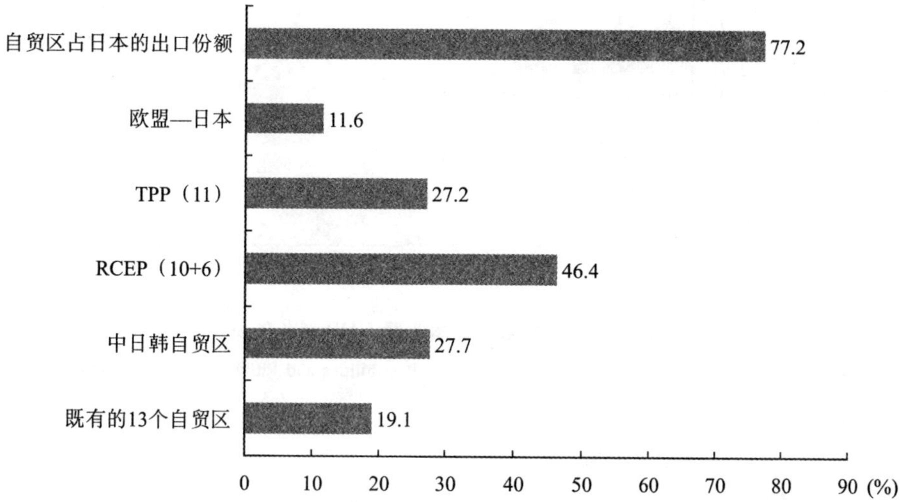

图7－12　各自贸区占日本的出口份额（2011年）

资料来源：M. Solís，"Japan's Trade Policy in 2013：Possibilities and Pitfalls"，http：//www.brookings.edu/research/opinions/2013/02/01－japan－trade－policy－solis（2013.1.1）.

从对日本GDP增长贡献率来看，中日韩自贸区的贡献率同样高达0.74%。这一贡献率仅次于RCEP的1.1%，远远超过了TPP及日本—欧盟自贸区带来的贡献率（参见图7－13）。

（三）自贸区谈判的核心议题

根据中日韩自贸区可行性研究报告，谈判的主要内容包括：货物贸易、服务贸易、投资和其他议题（技术性贸易壁垒、卫生和动植物检疫措施、知识产权、透明度、竞争政策、争端解决机制、电子商务、政府采购和环境等）。

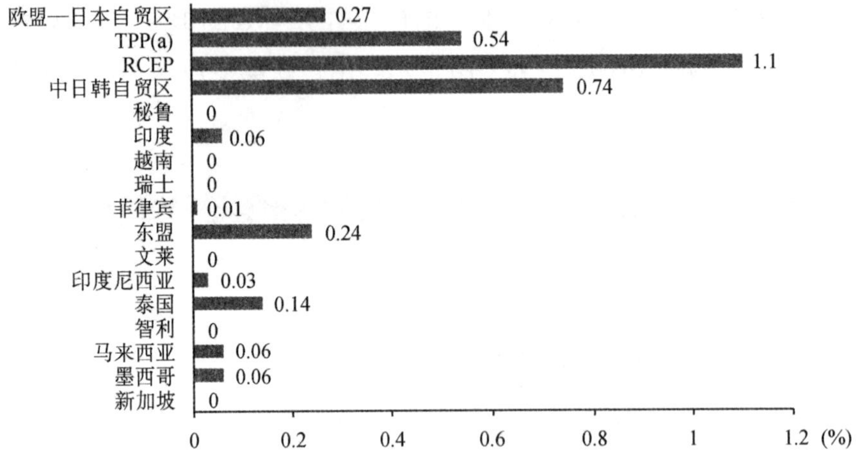

图 7－13 贸易自由化对日本实际 GDP 增长的贡献率

资料来源：M. Solís，“Japan's Trade Policy in 2013：Possibilities and Pitfalls”，http：//www. brookings. edu/research/opinions/2013/02/01 – japan – trade – policy – solis（2013. 1. 1）.

1. 货物贸易谈判面临的主要问题

中日韩之间的货物贸易在过去 20 年间增长巨大，彼此都是对方最重要的贸易伙伴之一。截至 2013 年，日韩两国的最大贸易伙伴均为中国。在货物贸易谈判板块，农业议题首当其冲。

第一，农业①议题敏感复杂。总体来看，中日韩均是世界上的重要农业国，某些农产品的产量极大。据统计，仅以 2008 年为例，三国的大米和猪肉产量就占到世界的 30. 8% 和 47. 6% 。② 但如果加以细分，三国农产品占世界巨大份额的主要原因在于中国的高产。如图 7－14 所示，日韩两国主要的农产品（大米、大小麦、大豆、玉米等）产量远不及中国。

日韩两国农业均面临严重困难，主要包括：可耕地匮乏、耕种规模小、农业劳动力持续流失及老龄化等相似问题。在三国的农产品贸易中，中国对日韩两国均保持了贸易顺差，韩国则对日本保持了贸易顺差。以 2009 年为例，中国农产品对日韩两国出口分别为 50. 887 亿美元和 18. 343 亿美元，进口则仅为 2. 472 亿美元和 1. 936 亿美元。韩国对日本农产品出口为 8. 999 亿美元，进

① 此处农业为小农业概念，即与渔业、林业等具体分行业并列之农业概念。

② 中国国务院发展研究中心（DRC）、日本贸易振兴机构（JETRO）、韩国国际经济政策研究所（KIEP）：《中日韩自由贸易区可行性联合研究报告》，中华人民共和国商务部 2011 年 12 月，第 7 页。

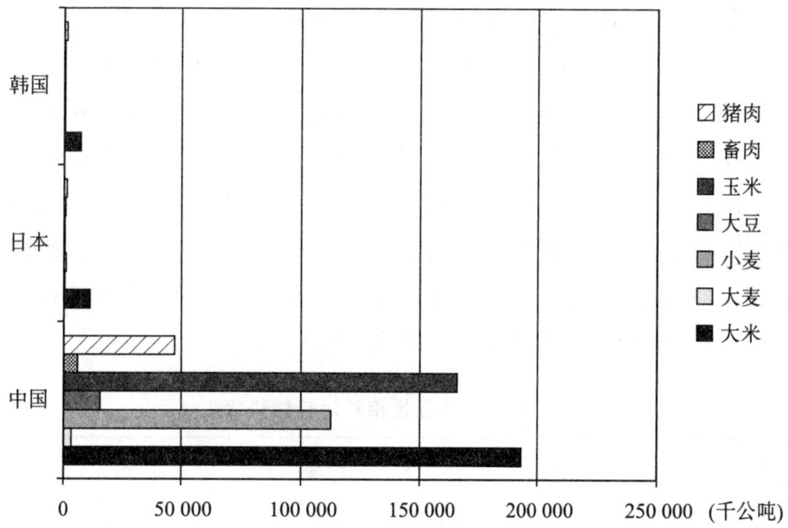

图 7－14　中日韩三国主要农产品生产状况

数据来源：联合国粮农组织统计数据。中国国务院发展研究中心（DRC）、日本贸易振兴机构（JETRO）、韩国国际经济政策研究所（KIEP）：《中日韩自由贸易区可行性联合研究报告》，中华人民共和国商务部 2011 年 12 月，第 8 页。

说明：大米数据为带壳重量，畜肉和猪肉数据为带骨重量。

口为 3.042 亿美元。[①] 中日韩在渔业和林业领域的状况与农业极为雷同。中国的渔业、林业产量远超日韩，在三方贸易中同样保持顺差。[②]

如上所述，中国大农业相对于日韩具有极为明显的相对竞争优势，从三国 FTA 中所获得的可预见收益要高于日韩。一直以来，为了保护自身不具比较优势的大农业，日韩两国推行了高关税保护政策。以 2010 年为例，中日韩三国的最高最惠国税率分别为 65%、640% 和 887%。[③] 因此，作为日韩对外贸易谈判的重点议题，三国将可能为农产品自由化设置较长的过渡期。

第二，制造业领域的敏感议题。中日韩同属世界制造业大国。以 2009 年三国制造业贸易为例，日本对中韩两国都保持顺差，韩国则对中国保持顺差。

① 中国国务院发展研究中心（DRC）、日本贸易振兴机构（JETRO）、韩国国际经济政策研究所（KIEP）：《中日韩自由贸易区可行性联合研究报告》，中华人民共和国商务部 2011 年 12 月，第 10 页。

② 中国国务院发展研究中心（DRC）、日本贸易振兴机构（JETRO）、韩国国际经济政策研究所（KIEP）：《中日韩自由贸易区可行性联合研究报告》，中华人民共和国商务部 2011 年 12 月，第 13 页。

③ 中国国务院发展研究中心（DRC）、日本贸易振兴机构（JETRO）、韩国国际经济政策研究所（KIEP）：《中日韩自由贸易区可行性联合研究报告》，中华人民共和国商务部 2011 年 12 月，第 10 页。

中国对日韩制造业的出口分别为616亿美元和437亿美元，进口则为963亿美元和831亿美元。日本对韩国的制造业出口为433亿美元，进口为192亿美元。[①] 2009年，中日韩三国的简单平均最惠国实施关税分别为8.7%、2.4%和6.6%。[②] 从三国关税可知，相对农产品而言，中日韩在制造业领域的敏感性更低。然而，石化、汽车、机械和电子等行业仍是中国的相对敏感行业，中国的食品、服装、纺织品等产品对日本而言同属高税收产品，韩国在同中日贸易中同样存在相对敏感的产品（参见表7－6）。[③] 在自贸协定谈判中，削减关税和非关税壁垒将会是制造业议题谈判的焦点。

表7－6　　中日韩相关产业显性相对比较优势指数

产业	中国	日本	韩国
农业	0.68	0.07	0.19
纺织业	2.97	0.28	1.37
电子行业	1.45	1.58	2.04
通用机械	1.28	1.35	1.10
钢铁	0.80	1.26	1.36
汽车	0.18	2.12	1.14
石油化工	0.63	0.92	1.13

资料来源：H. Ahn，C. Lee and H. Lee，“Analysis of a China－Japan－Korea Free Trade Area：A Sectoral Approach”，the Korea Institute for International Economic Policy（KIEP），p. 3.

第三，原产地规则。货物贸易的原产地规则分为两类：非优惠原产地规则和优惠原产地规则。前者主要应用于非优惠商业政策工具，如实施反倾销及反补贴税等。后者则适用于区域贸易协定，以定义从某一区域贸易协定成员进口商品享受优惠关税待遇所需满足的特定条件。[④] 中日韩三国均在既往的FTA和EPA谈判中积累了丰富的相关经验，但如何借鉴之前的经验以及统合

① 中国国务院发展研究中心（DRC）、日本贸易振兴机构（JETRO）、韩国国际经济政策研究所（KIEP）：《中日韩自由贸易区可行性联合研究报告》，中华人民共和国商务部2011年12月，第17—18页。

② 中国国务院发展研究中心（DRC）、日本贸易振兴机构（JETRO）、韩国国际经济政策研究所（KIEP）：《中日韩自由贸易区可行性联合研究报告》，中华人民共和国商务部2011年12月，第19页。

③ 中国国务院发展研究中心（DRC）、日本贸易振兴机构（JETRO）、韩国国际经济政策研究所（KIEP）：《中日韩自由贸易区可行性联合研究报告》，中华人民共和国商务部2011年12月，第21页。

④ 中国国务院发展研究中心（DRC）、日本贸易振兴机构（JETRO）、韩国国际经济政策研究所（KIEP）：《中日韩自由贸易区可行性联合研究报告》，中华人民共和国商务部2011年12月，第32页。

不同的意见将是谈判的焦点。

第四，海关程序和贸易便利化。尽管中日韩近年来的相互贸易额持续增长，但世界银行的研究表明，三国之间的货物进出口所需时间远远超过OECD国家。不单如此，这种不利情形长期未得到改善（见图7－15和图7－16）。因此，为了促进三国贸易的进一步繁荣，中日韩需要在自贸协定的谈判中就改进海关程序与合作做出更大努力。

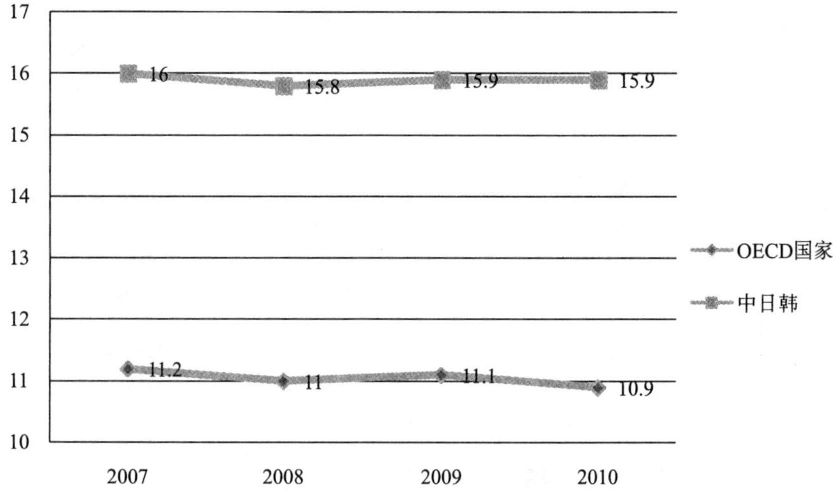

图7－15　OECD国家间与中日韩间货物出口平均所需时间对比（单位：日）

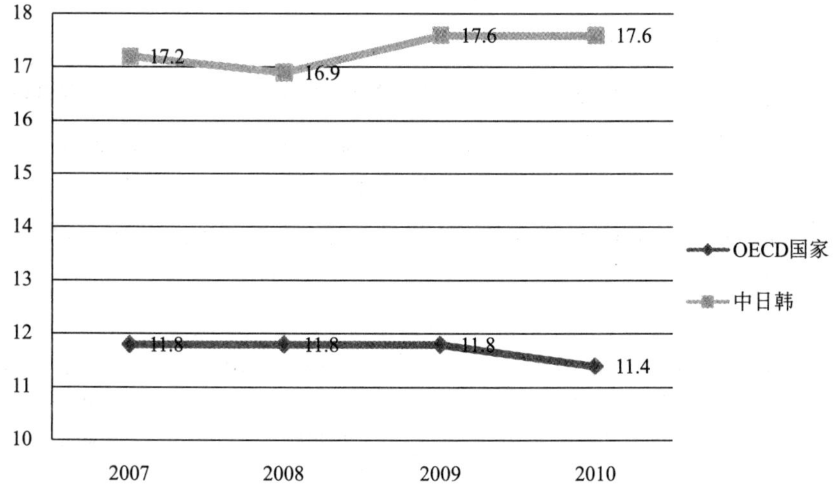

图7－16　OECD国家间与中日韩间货物进口平均所需时间对比（单位：日）

2. 服务贸易谈判面临的主要问题

服务业为中日韩经济增长贡献巨大，分别占中日韩三国 GDP 的 46.8%、73.2%以及 58.2%（参见图 7-17）。三国服贸总额分别位列世界第 4 位、第 5 位和第 13 位。[①] 在既往的三国服贸记录中，三国服贸均为逆差。这意味着其发展空间依然巨大。

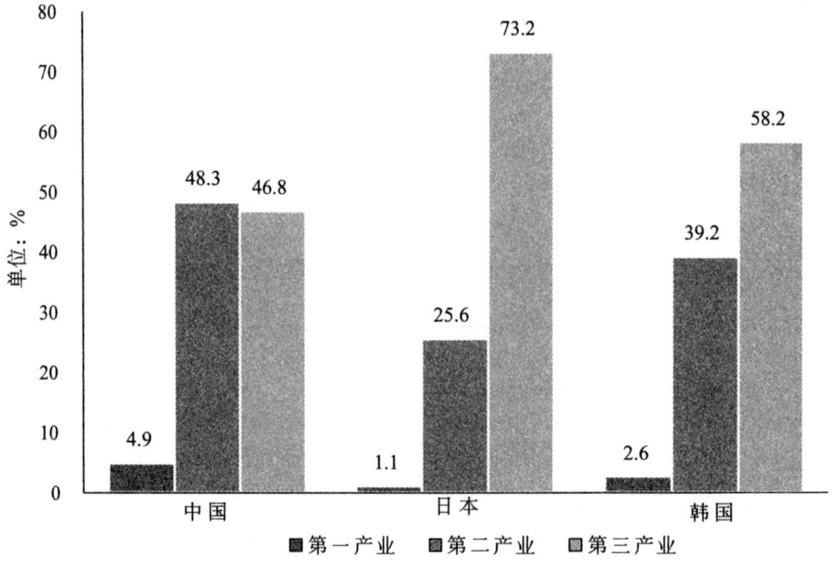

图 7-17　中日韩三国 GDP 中三大产业构成比较

数据来源：中国国家统计局，美国中央情报局。其中，中国数据为 2014 年数据（国家统计局），日韩数据均为 2013 年数据（CIA，2014）。

研究显示，在 155 个部门中，中国已对外承诺开放 93 个，在 WTO 的服务部门分类中占 60%。[②] 相对中国，日本的服务部门开放程度更高。在总的 155 个部门中，日本承诺开放的部门多达 112 个，占 WTO 服务部门分类表的 72%。[③] 韩国则针对 155 个部门中的 98 个部门做出了承诺，占 WTO 服务部门

① 中国国务院发展研究中心（DRC）、日本贸易振兴机构（JETRO）、韩国国际经济政策研究所（KIEP）：《中日韩自由贸易区可行性联合研究报告》，中华人民共和国商务部 2011 年 12 月，第 46 页。

② 中国国务院发展研究中心（DRC）、日本贸易振兴机构（JETRO）、韩国国际经济政策研究所（KIEP）：《中日韩自由贸易区可行性联合研究报告》，中华人民共和国商务部 2011 年 12 月，第 53—54 页。

③ 参见 WTO 数据：http：//stat. wto. org/CountryProfile/WSDBCountryPFView. aspx? Language = E&Country = CN，JP，KR.

分类表的 63%。[①] 此外，在中日韩之前所签订的自贸协定都或多或少地涉及了服贸款项。

在中日韩自贸区谈判中，中国较为重视专业服务、环境服务、航天运输服务以及医疗服务。日本则重视金融服务、信息技术及电信和计算机相关服务、视听、娱乐服务等众多领域。韩国则极为重视金融服务、法律服务、电信服务等专业服务以及建筑服务等。[②] 总体来看，三国虽然各有所长，但如果要进行自贸区谈判，势必要重视和开放其他服务业领域。

3. 投资谈判面临的主要问题

中日韩三国同是世界上 FDI 流入和流出的主要地区之一。仅以 2010 年为例，中国吸引外资达 1057 亿美元。截至该年，中国是发展中国家群体中 FDI 的最大流入国。除此之外，中国也从近年开始逐步成为主要的 FDI 流出国之一。《世界投资报告 2011》指出，该年度中国对外直接投资的流量和存量分别占到全球的 5.1% 和 1.4%，位居所有经济体的第六位（除中国香港外），并位居发展中经济体第一位。[③] 与中国一样，日本也是世界主要的 FDI 流入和流出国之一，2010 年的 FDI 流入额为 12.5 亿美元，对外投资则高达 563 亿美元。韩国在 2010 年的 FDI 流入额为 131 亿美元，而对外投资则达到 331 亿美元。[④]

总体来看，中日韩三边投资仍存在较大问题，比如，尽管中国是日韩的主要 FDI 流入国（中国是韩国最大的 FDI 目的地），但中国对这两个国家的 FDI 投资却捉襟见肘。此外，尽管三国的经济规模巨大，且地理邻近，但三国之间的投资远未达到应有水平。三国之间 2009 年的投资流量仅为 113 亿美元，仅占世界 FDI 总流量的 1%。[⑤] 中日韩三国之间的这种 FDI 流入和流出现状意味着进一步推动区域自贸协定意义重大。

在目前的谈判中，中国建议该协定应该提供更好的投资者保护、更高的

---

① 参见 WTO 数据：http://stat.wto.org/CountryProfile/WSDBCountryPFView.aspx? Language = E&Country = CN，JP，KR.

② 中国国务院发展研究中心（DRC）、日本贸易振兴机构（JETRO）、韩国国际经济政策研究所（KIEP）：《中日韩自由贸易区可行性联合研究报告》，中华人民共和国商务部 2011 年 12 月，第 59 页。

③ 中国国务院发展研究中心（DRC）、日本贸易振兴机构（JETRO）、韩国国际经济政策研究所（KIEP）：《中日韩自由贸易区可行性联合研究报告》，中华人民共和国商务部 2011 年 12 月，第 61—63 页。

④ 同上。

⑤ 同上。

透明度和更有效的争端解决机制。日本则认为三边协定远未达到中日韩 FTA 所期望的高目标。因此，三国应该尽快达成三边投资协定并以此为基础启动三国 FTA 的投资章节的谈判。[①]

（四）中日韩自贸区谈判现状及其前景

截至 2014 年 9 月初，中日韩自贸区谈判仍然仅仅进行了五轮，三国政策差异仍非常明显。观察人士称，三国自贸区谈判曾一度受阻，直到日本宣布加入 TPP 之后又开始活跃起来。尽管如此，日本政府人士仍然一致认为三国“FTA 的具体前景仍然还没有一丝眉目”。[②]

中日韩自贸协定谈判受阻的原因可谓林林总总，但大致来看主要有谈判本身、经济因素、政治及历史因素以及外部干扰等。

第一，就谈判而言，中日韩三国资源禀赋各异，且发展阶段不同，从而形成了各自的敏感议题。这些敏感议题对自贸协定谈判来讲本身就是极为棘手的阻力。从三国关税构成看，中、韩关税水平相近，均高于日本，但三国各产业的关税保护水平不同。日韩两国对本国农产品实施高关税保护，进口农产品的平均关税分别高达 23% 和 46.2% 。韩国对渔业产品、日本对橡胶产品的保护水平均高于其他两国，达 15% 以上。中国多数制成品的关税水平则高于日、韩，如石化、钢铁、机械设备、运输设备和纺织服装等。[③]

日韩两国均存在耕地减少、农业人口老龄化等严重问题，在这种情况下，两国均对进口农产品课以高关税。与日韩两国相反，中国的农产品产量极高且价格低廉。如何解决三国之间的农产品市场自由化问题一直是自贸谈判的关键议题。日本与美国的 TPP 谈判同样面临农产品这一难题，与美国在此议题上僵持不下，导致日美 TPP 谈判受阻。因此，要期望日本在中日韩 FTA 谈判中放弃长期坚持的农产品高关税保护政策，可能面临更大困难。

---

① 中国国务院发展研究中心（DRC）、日本贸易振兴机构（JETRO）、韩国国际经济政策研究所（KIEP）：《中日韩自由贸易区可行性联合研究报告》，中华人民共和国商务部 2011 年 12 月，第 73 页。

② 日经中文网：《中日韩自贸区谈判的攻与防》http：//cn.nikkei.com/politicsaeconomy/economic－policy/5155－20130327.html（2013 年 3 月 27 日）。

③ 张琦：《如何对待敏感产业：中国已签署自贸区协议对中日韩 FTA 的启示》，http：//www.drcnet.com.cn/eDRCnet.common.web/docview.aspx？leafid＝21199&docid＝1446994&version＝integrated（2007 年 1 月 12 日）。

第二，中日韩不断演变的经济状况与经贸关系同样影响了自贸协定谈判进程。随着中国经济实力的快速崛起，并迅速成为韩国和日本的第一大进口国和第一大出口国，与之相应，韩国则演变成为中国的第四大出口国和第二大进口国，日本则演变为中国的第二大出口国和第一大进口国（见图 7－18、图 7－19、图 7－20、图 7－21、图 7－22 以及图 7－23）。

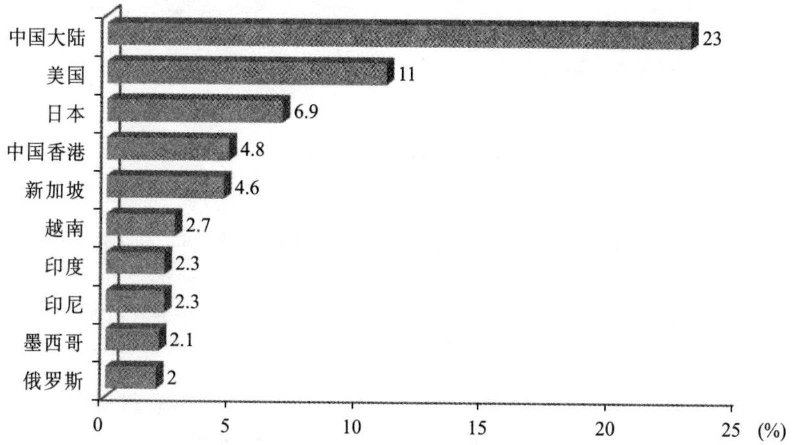

图 7－18　2012 年韩国外贸出口主要对象分布

数据来源：The Observatory of Economic Complexity：OEC，MIT. The Observatory of Economic Complexity：OEC，MIT，“South Korea”，http：//atlas. media. mit. edu/profile/country/kor/（2014）.

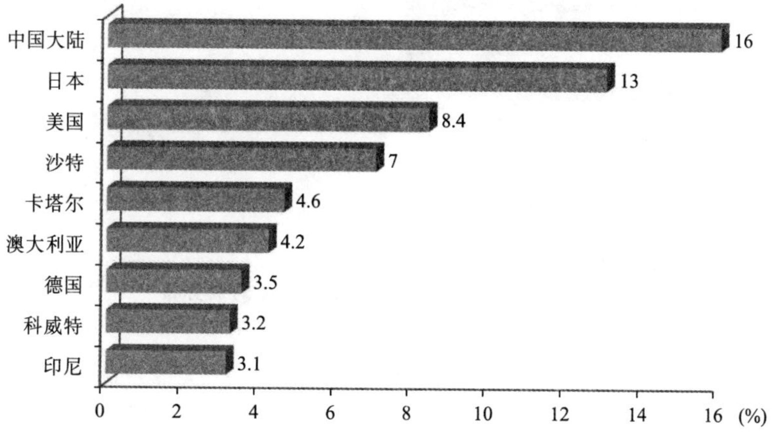

图 7－19　2012 年韩国外贸进口主要对象分布

数据来源：The Observatory of Economic Complexity：OEC，MIT. The Observatory of Economic Complexity：OEC，MIT，“South Korea”，http：//atlas. media. mit. edu/profile/country/kor/（2014）.

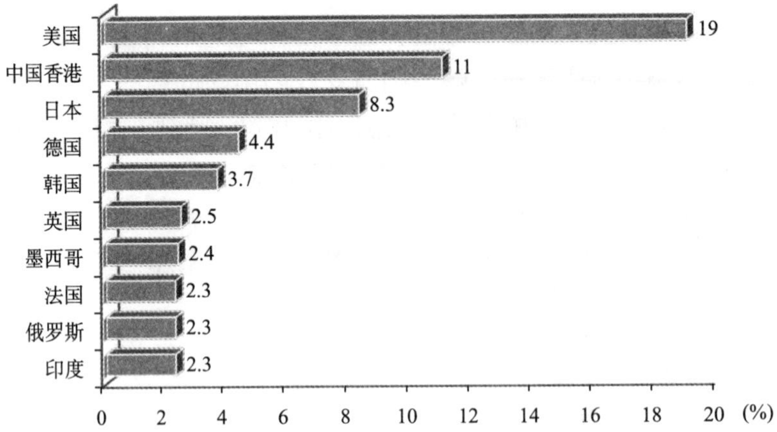

图 7-20 2012 年中国外贸出口主要对象分布

数据来源：The Observatory of Economic Complexity：OEC，MIT. The Observatory of Economic Complexity：OEC，MIT，“South Korea”，http：//atlas. media. mit. edu/profile/country/kor/（2014）.

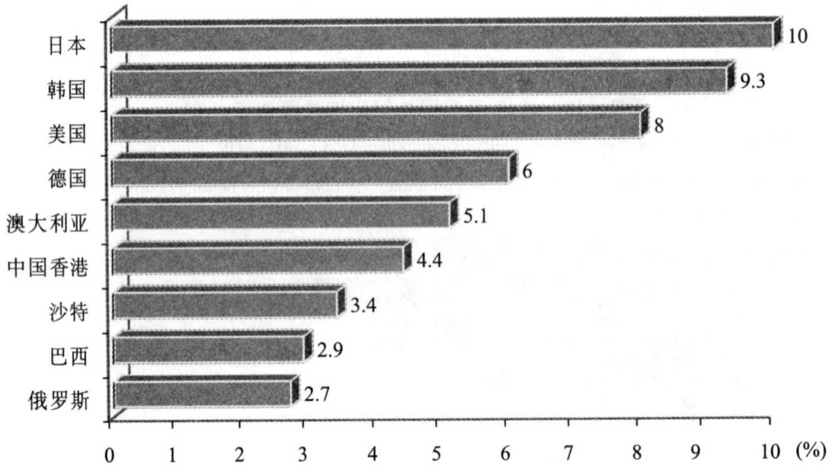

图 7-21 2012 年中国外贸进口主要对象分布

数据来源：The Observatory of Economic Complexity：OEC，MIT. The Observatory of Economic Complexity：OEC，MIT，“South Korea”，http：//atlas. media. mit. edu/profile/country/kor/（2014）.

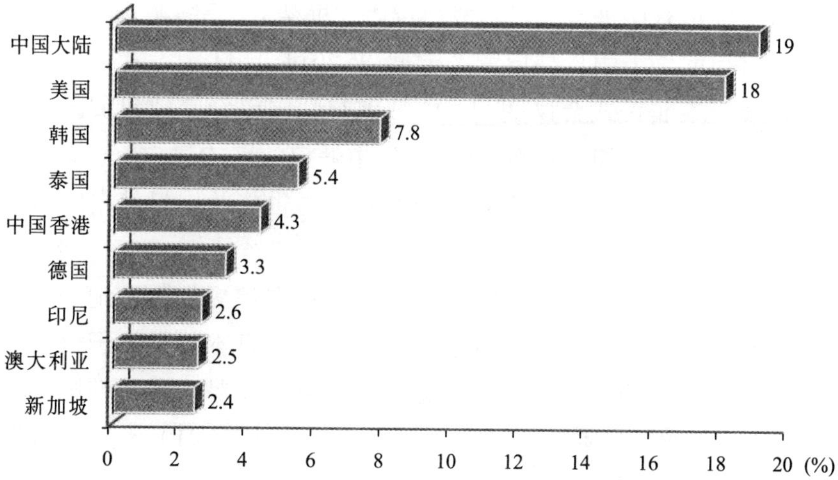

图 7－22　2012 年日本外贸出口主要对象分布

数据来源：The Observatory of Economic Complexity：OEC，MIT. The Observatory of Economic Complexity：OEC，MIT，“South Korea”，http：//atlas. media. mit. edu/profile/country/kor/（2014）.

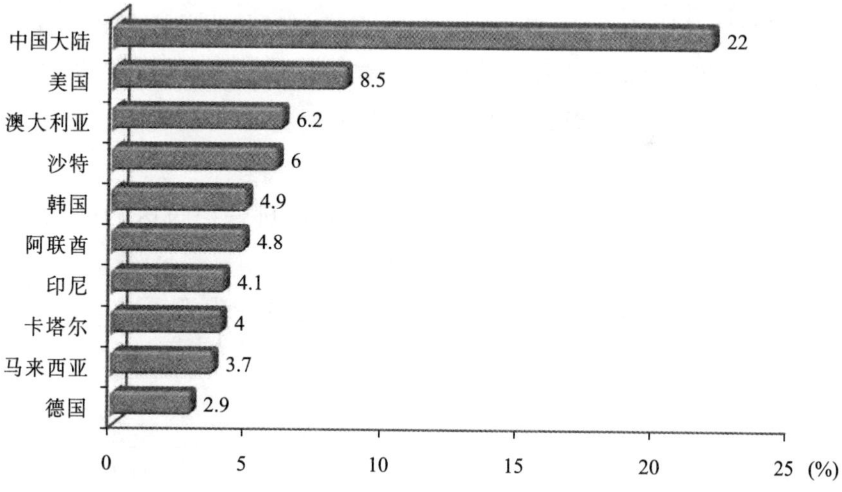

图 7－23　2012 年日本外贸进口主要对象分布

数据来源：The Observatory of Economic Complexity：OEC，MIT. The Observatory of Economic Complexity：OEC，MIT，“South Korea”，http：//atlas. media. mit. edu/profile/country/kor/（2014）.

不难发现，韩国与中国的经贸关系已经空前紧密。对韩国而言，积极发展中韩自贸区建设对继续扩展在华市场自然大有裨益。因此，韩国对推动双边自贸区协定相当积极。在中日韩自贸区受阻的情况下，中韩双边自贸区谈判却一轮接一轮地有序进行（已达成自贸协定框架）。据多数观察者表示，中韩自贸区极有可能先于中日韩自贸区定型。① 2014 年 11 月，在北京举办的亚太经合组织领导人非正式会议期间，中韩宣布两国已经完成自贸区协定实质性谈判，正式签署协议和生效指日可待。② 中韩自贸区的建立无疑具有里程碑意义，它不仅有助于推动日本的对外经贸步伐，也将为中日韩自贸区谈判进程注入强大动力。

如果说经济状况的变化和经贸关系的演变将中韩更加紧密地联系起来的话，那么这种演变反而让中日愈行愈远。尽管目前日本仍是中国极为重要的贸易伙伴，但其贸易地位已经不可避免地为美国所超越，并为韩国逐步逼近（韩国已经成为仅次于日本的中国第二大进口国，图 7－21）。③ 中日经贸关系的渐行渐远逐渐影响到中国及日本推动中日韩自贸区的积极性。

第三，日本与中韩间的政治和历史问题是自贸协定谈判的主要障碍。中日韩之间本就存在极为复杂的历史遗留问题和政治纠葛。近年来，三国之间的紧张气氛显得尤为明显。中国不断地纪念与日本相关的事件（甲午战争、七七事变以及抗日战争等），日本则不断地强化美日同盟并逐步解禁集体自卫权，韩国则和中国一样对日本的历史态度感到愤怒，并反复做出强硬表态。④ 三国间这种政治互信的缺乏，以及日渐紧张的对立和对抗趋势，将可能严重影响中日韩自贸区谈判的推进进程。

第四，外部力量的干扰同样会极大影响到中日韩自贸区的前景。其中，最明显的因素可能就是美国及其主导的 TPP。

一方面，韩日均为美国的盟国，在内政外交诸多政策领域，美国对两国

① 中国新闻网：《商务部：中韩自贸协定框架已成，中日韩谈判仍存分歧》，http://www.chinanews.com/gn/2013/12－04/5581276.shtml（2013 年 12 月 4 日）；财新网：《中韩自贸协定料先于中日韩自贸协定达成》。http://international.caixin.com/2014－07－03/100699033.html（2014 年 7 月 3 日）。

② 参见中国外交部官网：http://www.fmprc.gov.cn/mfa_chn/zyxw_602251/t1209080.shtml.

③ 中国商务部数据显示，近年来中韩贸易增势超过中日贸易。据中国海关总署统计，2013 年 1—11 月的中韩贸易额约为 2 500 亿美元，较去年同期大幅增长 7.4%。中日贸易额却同比减少 6.2%，约为 2 840 亿美元。中日贸易额与中韩贸易额间的差额缩小到约 340 亿美元。中国国内甚至有人认为“3 年以内中韩贸易额将超过中日贸易额”。中国驻大阪总领馆经商室：《中韩贸易增势超过中日贸易》，http://yzs.mofcom.gov.cn/article/zcfb/201401/20140100451579.shtml（2014 年 1 月 6 日）。

④ 朴槿惠总统曾在演讲中直言：“施害者与受害者的立场即使再过一千年也不会改变”。日经中文网：《中日韩自贸区谈判的攻与防》，http://cn.nikkei.com/politicsaeconomy/economic－policy/5155－20130327.html（2013 年 3 月 27 日）。

均有决定性影响。美国对三国自贸区的态度并不明朗，但显然不会乐观其成。美国对日韩施压的可能性不能排除。

另一方面，TPP进程可能会弱化三国自贸区谈判的动能。尽管TPP远非一日之功，但为了积极参与到世界贸易规则的制定、间接达成美日FAT等因素，日本已经十分积极地参与到了TPP的谈判中。如果说参与中日韩自贸区谈判是日本“入亚”的一种表现，那么加入TPP谈判就是“入美”的体现。在“入亚”受阻的情况下，日本转而寻求再度“入美”的动力将会进一步增强。日本这种“入美”的举动则又有可能反过来进一步阻碍“入亚”。

日本在“入亚”和“入美”之间左右摇摆，首鼠两端。在这样的情况下，中韩FTA谈判先行的重要意义就得以凸显。随着中韩自贸协定的稳步推进，鉴于日韩两国产业的同质性和竞争性，日本将越来越担心被排挤在东北亚经济一体化进程之外。这种恐惧将会促使日本重新审视自己的东北亚经合策略，进而不得不推动中日韩三国自贸区谈判进程。以此来看，中韩自贸区谈判可能起到将日本拖回东北亚自贸议程，并进一步稀释TPP的战略效果。

在亚太经合新局下，中国可行的应对方略是：首先，高度重视中日韩自贸区建设的战略意义，积极推动三国自贸协定谈判。从战略高度考虑，甚至可以适当做出一定的妥协，推动韩日达成协定。其次，充分利用中韩自贸谈判的“战略楔子”作用，尽快落实双边自贸协定。最后，不应完全置身TPP之外，要密切关注并深入研究TPP的意义及加入与否的影响，为可能的决策做好准备。

六、从“新开行”到“亚投行”：中国新策与日本反应

近几年来，在西方发达国家面临经济困顿、世界经济普遍不太景气的背景下，中国则逆势而上，且一直保持着较高的经济增长速度，整体崛起及其发展趋势举世瞩目，由此引发的国际影响与外部反应也日趋显著。一方面，许多国家基于经济发展和社会稳定的需要，视中国崛起为难得的发展机遇，并通过不断强化对中经贸关系以获得发展新动力。另一方面，现有国际政经体系的既得利益者认为，中国崛起是令其焦虑的现实或潜在挑战与威胁。它们纷纷大幅调整对华政策和对外战略，试图限制和制约中国的发展进程及国际影响力的持续提升。中国的外部环境，尤其是周边环境面临着新的不确定

性和严峻挑战。不言而喻，中国崛起离不开全球环境，可持续经济发展需要更广阔的国际市场，不断增加的海外利益需要得到维护，深度国际融合进程急需各种政策工具和操作平台。毋庸置疑，突破外部干扰、确保发展环境是中国政府现阶段的重中之重。其中，经合仍是中国对外战略的关键途径。2013 年以来，广泛拓展对外经贸联系、强化与东盟的关系、新开发银行和亚洲基础设施投资银行的设立等举措，是中国新形势下应对外部挑战的战略选择，其对中国和世界的政经意义非同小可。

其一，继续落实东盟优先的周边外交战略。中国—东盟关系发展迅速，但也存在南海争端等问题。稳定并进一步推进与东盟的全方位关系是破解“围堵”中国的关键环节。一直以来，中国政府采取了以经贸为主要途径的各种政策，努力维护和促进与东盟国家的关系发展。2014 年 11 月 13 日，李克强总理在第十七次中国—东盟（10 +1）领导人会议上提出，中方愿向东盟国家提供 100 亿美元优惠性质贷款，支持双方各领域的务实合作，并在 2013 年的基础上再向东盟提供 5 000 万元人民币的无偿援助，以支持东盟共同体建设。此外，中方将在未来 3 年提供 3 000 万元人民币，支持中国—东盟自贸区框架下的经济技术合作。中国国家开发银行还将设立 100 亿美元的中国—东盟基础设施专项贷款。[①] 这些新动作无疑将进一步深化中国—东盟关系的可持续发展。与此同时，中国也在大力推进与中亚诸国的经贸关系。为了推动丝绸之路经济带和 21 世纪海上丝绸之路（“一路一带”）的建设和发展，国家主席习近平宣布，中国将出资 400 亿美元成立“丝路基金”。未来 5 年，中国将为周边国家提供 2 万个互联互通领域培训名额。[②] 中国对东盟和中亚区域的经合规划，不仅大大拓展了中国经济的发展空间，更重要的是，优化了中国的周边战略环境，大大抵消了美日针对中国的制衡态势。

其二，设立着眼于新兴市场国家和发展中国家的新开发银行，是布雷顿森林体系的有力补充，也是中国走向全球的必要环节。2013 年 3 月 27 日，在南非德班举行的第五届金砖国家峰会上，金砖国家领导人同意成立新开发银行（NDB，简称“新开行”）。2014 年 7 月 15 日，金砖国家发表《福塔莱萨

---

① 李克强：《在第十七次中国—东盟（10 +1）领导人会议上的讲话》，缅甸内比都，2014 年 11 月 13 日。http://www.fmprc.gov.cn/mfa_chn/zyxw_602251/t1210820.shtml。

② 习近平：《联通引领发展，伙伴聚焦合作》，2014 年 11 月 8 日。http://www.fmprc.gov.cn/mfa_chn/zyxw_602251/t1208701.shtml。

宣言》，规定金砖国家新开发银行初始资本为1 000亿美元，由5个创始成员平均出资，总部设在中国上海。该行的宗旨是，为金砖国家及其他新兴经济体和发展中国家的基础设施和可持续发展项目动员资源，作为现有多边和区域金融机构的补充，促进全球经济增长和发展。该行设立对中国来说意义非凡。在政治外交方面，它将作为重要的外交途径，促进中国同发展中国家的合作；进一步推动全球经济治理改革，促使西方国家正视中国等新兴国家不断增强的实力。在经济方面，这将进一步改善中国的外部经济环境，拓展中国的外部发展空间；拉紧同有关国家的利益纽带，推动经贸投资交流合作。

其三，更具战略意义的是设立着眼中国周边（亚洲发展中国家）的亚投行。2013年10月2日，中国国家主席习近平在雅加达同印尼总统苏西洛会谈时表示，为促进本地区互联互通建设和经济一体化进程，中方倡议筹建亚洲基础设施投资银行（Asian Infrastructure Investment Bank，简称“亚投行”），愿向包括东盟国家在内的本地区发展中国家基础设施建设提供资金支持。中国提出的筹建亚投行的倡议得到周边国家的广泛响应。2014年10月24日，包括中国、印度、新加坡等在内的21个首批意向创始成员国的财长和授权代表在北京正式签署《筹建亚投行备忘录》，[①] 共同决定成立亚洲基础设施投资银行，银行总部设在中国北京。这标志着由中国倡议设立的亚洲区域新多边开发机构的筹建工作将进入一个新阶段。

根据《筹建亚投行备忘录》，亚投行的法定资本为1 000亿美元，初始认缴资本目标为500亿美元，实缴资本为认缴资本的20%。中国财政部部长楼继伟表示，各意向创始成员国同意将以国内生产总值（GDP）衡量的经济权重作为各国股份分配的基础，因此中国将持有最大股份，但中国在亚投行并不刻意寻求一股独大，也不一定非要占到50%，随着亚投行成员的增多，中国的占股比例会相应下降。[②] 亚投行业已设立，未来发展值得期待。

---

① 这21个创始成员国分别是：柬埔寨、孟加拉国、文莱、中国、印度、哈萨克斯坦、科威特、老挝、马来西亚、蒙古国、缅甸、尼泊尔、阿曼、巴基斯坦、菲律宾、卡塔尔、新加坡、斯里兰卡、泰国、乌兹别克斯坦和越南。截至2015年3月21日，新西兰、沙特阿拉伯、塔吉克斯坦、约旦、马尔代夫、英国、法国、德国、意大利、卢森堡、瑞士又先后提出正式申请加入亚投行，亚投行的创始成员国达33个。2015年6月29日，亚投行协定在北京签署，意向创始成员国达到57个。

② 参见：《新浪财经》（http：//finance. sina. com. cn/china/bwdt/20141027/193020654299. shtml）。

设立亚投行是亚洲经合进程中的大事，也是促进亚洲经济发展的重要步骤。亚洲基础设施具有非常大的投资需求。战后以来，亚洲基础设施虽然在不断建设，但仍然比较落后，因而，相关投资需求长期存在。与世界银行及亚行消灭贫困的宗旨相比，亚投行将重点放在了基础设施投资之上。据亚行预测，2010—2020 年 10 年间，亚太区域基础设施建设需要投入 8 万亿美元，亚行每年只能提供约 100 亿美元的基础设施项目贷款，[①] 这远远满足不了亚洲基础设施建设的庞大需求。基础设施投资的巨大缺口可由亚投行进行弥补。这是亚投行应运而生的重要背景。

与此同时，在亚洲总体发展之下，亚投行的融资条件良好。当前情况下，亚洲投资资金总体充裕，设立亚投行的可行性同样毋庸置疑。根据亚行对亚洲 30 个国家的统计，2013 年这些国家的国内储蓄额合计为 6 万亿美元，其中，中国占这些储蓄额的 76.4% 左右。据亚行预计，这些储蓄总额会逐年上升，2019 年将达到 9.5 万亿美元，中国仍将占据其中的 76.3%（参见表 7-7）。在此背景下，亚投行的出现可谓水到渠成。新设的亚投行不仅可以充分集中配置区内国家的居民储蓄，对于多数缺少基础设施建设资金的亚洲国家来说，无疑也是个福音。

表 7-7　亚洲、太平洋 30 国国内储蓄总额发展趋向　单位：亿美元

时间	2010	2011	2012	2013	2014	2015	2016	2017	2018	2019
中国	30 974	36 701	41 976	45 888	50 046	54 449	58 910	63 691	68 658	72 508
印度	5 777	5 898	5 568	6 125	6 475	7 049	7 719	8 484	9 240	10 123
东盟	4 992	5 718	5 919	5 901	5 978	6 407	6 956	7 734	8 309	8 856
印尼	2 344	2 799	2 805	2.643	2 610	2 754	3 019	3 524	3 876	4 101
泰国	927	961	1 074	1 105	1 051	1 088	1 144	1 207	1 265	1 345
马来西亚	847	1 007	971	940	1 069	1 193	1 320	1 430	1 541	1 663
菲律宾	499	530	534	623	670	781	883	987	1 103	1 236
越南	360	403	514	567	557	563	559	552	484	468
其他*	15	18	21	23	22	27	31	35	40	43
哈萨克斯坦	406	537	527	564	601	667	726	788	855	927
其他**	1 191	1 392	1 393	1 569	1 702	1 811	1 972	2 177	2 388	2 646

① 谢世清："亚投行和亚开行能实现双赢"，《第一财经日报》，2014 年 11 月 12 日。

续表

时间	2010	2011	2012	2013	2014	2015	2016	2017	2018	2019
合计	43 340	50 246	55 382	60 047	64 802	70 382	76 284	82 874	89 450	95 060
中国所占比例(%)	71.5	73.0	75.8	76.4	77.2	77.4	77.2	76.9	76.8	76.3

* 其他东盟国家包括文莱、柬埔寨、老挝。

** 其他包括亚美尼亚、阿塞拜疆、格鲁吉亚、吉尔吉斯共和国、塔吉克斯坦、乌兹别克斯坦、蒙古、孟加拉国、不丹、尼泊尔、巴基斯坦、斯里兰卡、斐济、基里巴斯、巴布亚新几内亚、萨摩亚、东帝汶、汤加和瓦努阿图。

资料来源：斋藤尚登、神尾笃实：《中国亚洲基础设施投资银行构想的光和影》，日本大和总研株式会社，2014年9月17日。

在这种情况下，亚投行设立的必要性就一览无余了。对于不同发展阶段的国家而言，这也是个多赢选择。（1）对于本地区的发展中国家来说，通过加强基础设施建设，可以迅速改善内部投资和发展环境，推动经济的可持续发展。（2）就中国周边整体而言，此举可以加快互联互通步伐，促进区域经济联系，增强区域经济发展的动力。（3）对于资本大国来说，这又是一个良好的投资渠道，且是刺激国内经济成长的关键一环。当然，这最终将有助于全球经济的良性发展。

对于中国而言，设立亚投行的意义更为突出。其一，中国位于亚洲的中心，具有通联亚洲各国的有利地理条件。加强与周边国家的互联互通，对中国经济欠发达的西北、东北和西南等地区意义重大。其二，扩大在亚洲区域的影响力，同时可以通过中国企业投标亚洲基础设施建设，一定程度上消化国内日趋增大的过剩产能。其三，改善中国外汇储备的投资收益率（主要是新增外汇储备的合理配置）。其四，亚投行将会积极推广以成员的货币进行贸易结算和投融资，人民币将成为其中的核心货币。① 2008年世界金融危机以后，美元、欧元等主要国际货币的汇率发生激烈变动，以美元为中心的外汇储备面临的风险不断上升，如果在亚投行体系内与周边国家和地区之间进行人民币结算，将不仅可以减少中国企业受外汇汇率波动的影响，同时也是人民币国际化的关键一步。其五，通过投资，可以缓解和改善与中国存在领土争端的菲律宾、越南等国的政治外交关系，稳定中国周边国际环境。其六，

① 斋藤尚登、神尾笃实：《中国亚洲基础设施投资银行构想的光和影》，日本大和总研株式会社，2014年9月17日。

打破美日在全球和亚洲主导多边金融机构的现状，有力反制其制约中国经济发展空间的战略布局。

客观来看，亚投行的成立不仅是对一成不变的世界金融体系的一个补充和辅助，对于亚洲各国经济发展来说也是一个里程碑式的事件。国际金融协会会长蒂莫西·亚当斯则表示，现有国际金融机构已经不能反映世界经济现状。但在美国内部，提高中国在 IMF 的出资比例的建议根本没有市场。正是因为这些现实障碍，世界经济体系已经不能客观反映新兴国家的经济实力。因此，中国建立独立于布雷顿森林体系以外的国际机构是可以理解的。[①] 对于世界经济发展来说，亚投行势必会成为一个非常有效的工具。

然而，对于布雷顿森林体系中的既得利益者（譬如主导世行的美国、主导 IMF 的欧盟及主导亚行的日本）而言，这似乎不是个好消息。对其而言，新开发银行和亚投行的出现无异于是对其现有地位的公开挑战。因此，这些国家对亚投行的发展动向心存芥蒂，在不能直接阻止的情况下，便动员自己的国际影响力，竭尽所能予以排斥和抵制。

首先，美国的抵触心态相当明显。当前的国际金融机制是战后初期在布雷顿森林协定的基础上建立起来的、以美元为中心的国际货币体系。它以国际货币基金组织（IMF）和世界银行（WB）为核心，前者负责向成员提供短期资金借贷，目的是保障国际货币体系的稳定；后者则通过提供中长期信贷以促进成员的经济复苏。作为重要的全球性经济组织，国际货币基金组织和世界银行在世界经济体系中发挥着重要作用。美欧长期在上述国际金融机构占据主导权，在国际经济版图已然大幅改写的背景下，始终拒绝两大机构投票权重的改革。2008 年金融危机之后，IMF 和世行应该更多反映新兴国家的意见和代表性的呼声日益高涨，但在西方国家一统天下的国际货币基金组织和世界银行，提高发展中国家的出资比例和投票权益的尝试步履蹒跚。随着中国经济的不断发展，作为拥有世界最大外汇储备和世界第二大经济体的经济大国，中国必须拥有维护和促进其全球经济利益的政策平台。这必将受到美国的战略干扰。由于美国的强力干预，此前对加盟亚投行颇有兴趣的部分欧盟国家、澳大利亚、韩国等国不得不改变初衷。美国官员不遗余力，以“前所未有的决心游说”反对亚投行的成立，并“极力劝说重要盟友拒绝该项

① 日本：“アジアインフラ投资银行，日中米韩の识者に闻く”，《朝日新闻》，2014 年 10 月 26 日。

目”。在此背景下，美国国务卿克里要求澳大利亚不要加入由中国主导筹建的亚投行，又对“韩国参加亚投行深表关切（Deeply Concerned）”。[①] 在美国的高压之下，这些国家无一例外都被迫放弃加盟，至少现阶段暂不考虑。对亚投行的态度折射出了美国的霸主心态和战略构思，那就是极力抵制任何有损于其全球霸主地位的做法。

其次，日本对亚投行的设立更是充满了显而易见的反感和排斥感，迄今没有表达加盟意愿。在日本人看来，亚投行是其长期主导的亚行的强大对手，是弱化日本亚洲影响力的不祥之物。亚行是日本遂行对外战略的主要政策平台，是日本亚太大国的传统依托。1966 年 11 月，亚洲开发银行（Asian Development Bank，简称亚行）在东京召开首届理事会，宣告正式成立，并于同年 12 月 19 日正式启动，总部设在菲律宾首都马尼拉。亚行主要通过开展政策对话、提供贷款、担保、技术援助和赠款等方式，促进成员国在基础设施、能源、环保、教育和卫生等领域的发展，帮助发展中成员减少贫困，提高人民生活水平，以实现“没有贫困的亚太地区”的目标。亚投行的出现自然被日本视为亚行的竞争者和挑战者。对于亚行与亚投行的关系，韩国乐金（LG）经济调查研究所研究员金炯柱做了一个形象的比喻：前者像是一个虽有众多成果，但随着年龄的增长逐渐衰老的船长。后者则像一个经验不足却很有朝气的年轻船长。韩国应该作为一个优秀水手来协助年轻船长适应历史发展潮流。[②] 然而，日本则普遍视之为亚行的威胁，并与美国密切协调，公开抵制亚投行。日本对亚投行的质疑和担忧主要反映在以下几个方面：

其一，认为成立亚投行是中国突破现有国际经济框架的一个表现。基于与美国协调一致的惯有外交风格，日本不仅抵制亚投行，并且“私下与美国协商，要求东南亚各国和澳大利亚不要参与新银行的投资”。[③]

其二，认为亚投行与亚行业务重叠，质疑亚投行设立的必要性。原国际货币基金组织副总裁、现日本国际金融信息中心理事长加藤隆俊对亚投行的必要性持怀疑态度，认为日本付出心血的亚行已在负责发展中国家的基础设

① 《华尔街见闻》。http：//wallstreetcn. com/node/209750。

② 日本：“アジアインフラ投资银行，日中米韩の识者に闻く”，《朝日新闻》，2014 年 10 月 26 日。

③ 日本：“中国主导的亚洲基础设施投资银行，日本拒绝出资”，《产经新闻》，http：//www. sankei. com/economy/news/140706/ecn1407060003 – n1. html。

施建设了，日本没有理由加入与亚行业务重叠的亚投行。[1] 日本政府声明，由于与亚行分工不明确，在现有计划的前提下不会参加。[2]

其三，对亚投行的中国色彩感到不安。前亚行学院院长河合正弘认为，亚投行完全采取中国方式。亚行等国际组织的运作方式则完全不同，在基础设施建设方面，对于前期调查、购买土地、原住民搬迁等交涉工作会花费更多时间。对环境的影响也会精确调查，投标工作完全遵守事先制定的规则。换言之，其对亚投行的投资程序是否能像亚行那样规范心存疑虑。同时，因为亚行的基础设施投资条件较为苛刻，这会让一些国家转向可能较易融资的亚投行。此外，即便基础设施建设非常完备，但如果受益的只是部分既得利益者，也会在当地造成诸多社会问题。[3] 总之，日本普遍视亚投行为一个当今国际经济体系的冲击者、亚行的竞争者和中日亚太经合博弈的新工具。

可以看出，亚投行面临的国际氛围颇有一定的挑战性。基于竭力维持国际经济体系中的既得利益和力图阻遏中国崛起的战略意图，美日等国对亚投行的抵触心态和抵制行动是必然之举。这可能反证了亚投行设立的必要性和重大意义。对中国而言，亚投行是优化对外经贸环境、拓展海外发展空间、应对美日经合挑战的战略设计。若亚投行顺利发展，则中国全球政经影响之路越走越宽，国际地位和外部形象相应不断提升；若亚投行步履蹒跚，发展受挫，则是对中国战略设计的沉重打击。亚投行只能成功，不容有失。站在经济发展和对外战略的高度审视，作为亚投行的引领者，中国必须重视该行的建设和发展，使之成为一个业内典范、特色突出、多方共赢、国际认可、前景广阔的多边开发机构。

促进亚投行可持续发展，必须正视外部提出的诸多合理（及不合理）的质疑和关切。作为国际经济体系中的一个新设机制，许多政经人士对该行的发展进程、潜在问题和影响有着不同的认识和评估。化解这些疑虑是提高亚投行国际吸引力的关键。总体来看，对亚投行及其发展的担心主要表现在以下几个方面：

其一，美日等国倾向于认为，亚投行是大国政经博弈的中国工具，是中

---

① 日本："アジアインフラ投资银行，日中米韩の识者に闻く"，《朝日新闻》，2014 年 10 月 26 日。

② 日本："中国主导的亚洲基础设施投资银行，日本拒绝出资"，《产经新闻》，http：//www. sankei. com/economy/news/140706/ecn1407060003 - n1. html。

③ 日本："アジアインフラ投资银行，日中米韩の识者に闻く"，《朝日新闻》，2014 年 10 月 26 日。

国挑战现有国际经济秩序的战略步骤，意在拓展经济实力范围。此论当然不值一驳，但其对其他发达国家的负面影响仍需密切关注。

其二，认为亚投行未来的运作将充满中国色彩，可能存在政治干预银行业务运作的倾向。

其三，由于政治干预，亚投行运作的公平性、规范性、透明性令人质疑。

其四，担心亚投行只是中国转移国内过剩产能的工具，对投资地的经济发展不一定积极有利。鉴于此前的对外投资经历，中国对外投资一般过度专注效率和效益，投资过程侧重当地政府，有忽略当地民意民生之嫌，且不太关注环境和传统文化保护。

其五，对亚投行的可持续发展信心不足。亚洲基础设施投资需求巨大，且资金充裕，但许多亚洲国家经济落后，国内政治较为动荡，因而存在不可预知的投资风险。亚投行能否获取相应的投资收益、维持盈利状态令人怀疑。

这些对亚投行发展趋向的预判值得中国关注和警醒，当然也是亚投行建设和发展中必须重视和逐渐解决的问题。未来亚投行如何定位才能最大限度地实现中国战略设计的基本目标、提高中国的国际地位和外部形象？亚投行必须明确自身的发展定位：

第一，坚持开放性。亚投行将是一个开放、包容的多边机构。亚投行须秉持开放姿态，对潜在加盟国持开放和欢迎态度。亚投行现有成员大多属于发展中国家。它们可能是亚投行基础设施投资的首批受益者。未来，更多域内和域外国家，尤其是发达国家的加盟不仅可以逐渐提高该行的国际影响力，同时也会促进亚投行治理结构的国际化和民主化。

第二，确保专业性，凸现自身特色。亚投行被定位为一个政府间性质的亚洲区域多边开发机构，将逐渐发展为一个高效、专业的基础设施投融资平台，一个适应本地区各国发展需求、分工协作、展现各国合作意愿、促进区域经合进程的多边开发银行。其主要使命是促进亚洲区域内的基础设施建设和互联互通的需要。与此同时，亚投行要突出有别于世行、亚行等多边金融机构的自身特色，在制度设计、融投资方式、专业服务、投资收益等方面，在尊重市场和行业发展规律基础上，凸现一定的“中国方式”和“亚洲特色”，发挥新兴多边金融机构的独特优势和比较优势。

第三，促进可持续发展，强化规范性建设。经济效益是亚投行可持续发展和国际信誉的关键衡量指标。亚投行的优劣势均很明显。它拥有广阔的投资市场，但也面临一些不可预知的投资风险。一般而言，基础设施投资需求较大的国家，其经济发展、社会稳定、政府担保信用往往不尽如人意。投资的盈亏状况因而存在较大的不确定性。这也许是新兴的亚投行必须面临的严峻考验。规范化运作是解决这个难题的前提。遵循市场和行业发展规律，淡化政治干预是多边银行可持续发展的关键。亚投行必须按照多边开发银行的模式和原则运营，吸收和借鉴其他多边金融机制的优点，扬弃其缺陷，着眼于建立一个治理机制健全、符合行业规范、专业化运作的多边机构，降低交易成本，确保业务国际竞争力。为此，必须组建一支国际化、职业化、经验丰富的管理团队。这是亚投行规范运作、确保投资收益的关键环节。

第四，加强亚投行的包容性，形成良性竞争国际氛围。虽然不能排除存在一定的竞争性，但亚投行不是亚行的替代者，也不是世行和其他多边金融机构的挑战者。它应与世行、亚行等其他多边及双边开发机构展开密切合作，包括未来可能的联合融资和平行融资等模式，相互沟通和交流，促进区域合作与伙伴关系，共同解决发展领域面临的诸多挑战。强调亚投行与现有国际金融机构的合作性，意味着该行将是既有国际经济体系的辅助和补充，而非现有秩序的颠覆者。此举对于缓解美日等发达国家的战略疑虑、增加其加盟热情是必不可少的。

第五，淡化中国主导色彩，尊重成员间的多样性和差异性。中国主导是亚投行设立和发展的关键前提。从该行的酝酿、协调到最终设立中国无疑是至关重要的核心角色。中国也是该行最大的出资国，未来将在该行运作中理当发挥领导作用。中国对亚投行及其发展负有重大责任。然而，在该行实际运作过程中，需要照顾其他弱小股东的心理感受，尽量减少银行的政治色彩，淡化而非强调中国实质掌控的外部印象，奉行低姿态主导方式。随着更多域内和域外成员的加入，中国应适时减少股份，推动亚投行向更多元和科学的架构发展。此外，亚投行要力争多方共赢的结果。在政府间协调的基础上，也要充分重视投资地的民生基础设施建设，尊重民意，加强与非政府行为体的沟通交流。脚踏实地，切忌贪大求全的面子工程和不讲究经济收益的政治工程。在投资过程中，采纳国际招投标的通行方式，尽量促进当地人就业和当地经济发展。赢得民心是最终获得敬重和好感的社会基础。

不言而喻，亚投行是中国因应严峻周边环境的重大战略安排。它有益于亚洲经济发展和亚洲经济一体化进程，为中国和平崛起打开了一片新的发展空间，为中国不断走向世界提供了一个强有力的政策工具和渠道，同时也是中国直面亚太经合新局面的重要战略布局。亚投行是个新生事物，其发展过程不仅会面临美日等国的排斥和干扰，也需要面对各种各样的质疑。在成员之间构建一个多方共赢体制，确保公正公平和透明，让更多国家逐步认可、接受并加盟亚投行，最终成为一个超越亚行、国际影响巨大的多边金融机制，这是亚投行的重大课题。

七、小结

亚太经合环境正在酝酿着新一轮的调整和变迁。大国博弈使得地区经合丰富多彩，其中蕴含的长远战略谋划跃然纸上。这是中日两国竞争和对抗的广阔舞台。

第一，日本的亚太经合战略正在调整，中国是其重要动因。自第二次世界大战结束以来，日本的经合战略发生了巨大变化。最初，日本的国际经济合作主要在 GATT 以及后来的 WTO 等多边模式下展开。但随着世界贸易格局的逐渐转变，日本的经合战略随之发生了变化。目前，日本采取了多边主义和双边主义/区域主义双规并进的方式开展国际经济合作。迄今为止，日本已经与诸多经济体签订了自贸协定（EPAs）。此外，日本还在近年宣布加入美国主导下的 TPP 谈判。日本的这些经济合作举措将对日本本身以及中国等外部世界产生极为重要的影响。东亚，尤其是次级区域的东南亚更是日本地区经合的重点。不言而喻，中国崛起、制衡中国是日本经合战略调整的重要动力。

第二，美国的亚太经合战略是该地区经合演进的重要背景。与日本类似，美国最初的经合战略十分重视多边主义的重要性。但随着克林顿政府，尤其是小布什政府的大力推动，FTA 战略已经成为美国经合战略中关键一环。目前，美国同许多国家签订了高质量的 FTA。奥巴马总统上台后，美国的 FTA 战略逐渐转向了超大规模和超高标准的 FTA。东亚一体化进程一直都是美国十分关注的议题。随着美国“重返亚太”，美国越来越直接和深入地介入到了这一地区的一体化进程之中。

作为美国近年来极力推动的超大型以及超高标准的 FTA 协定，TPP 的演进对中日两国的经济合作影响极大。TPP 的核心议题极为广泛，谈判标准较高。一方面，TPP 将给美国带来诸多经济、战略利益。另一方面，日本宣布加入 TPP 谈判增加了东北亚、东亚乃至整个亚太经合的复杂性。目前，TPP 谈判仍然存在许多棘手的阻碍（以美日两国为甚）。TPP 目前并不限制中国加入，中国对 TPP 的实际回应也颇为模糊。TPP 的前景并不明朗，有可能演化为最终包含亚太国家的 FTAAP，也有可能导致亚太经合的分化，甚至成为美日阻遏中国的经济工具。

第三，东南亚是中日博弈的重心。东南亚和中国地理毗邻，也是日本传统的重要经济伙伴。日本战后极为重视这一地区的经济和外交利益。当前，日本和东盟诸国维持着高额的贸易，并在东南亚国家进行大量直接投资。自 20 世纪末伊始，中国对该地区发动“魅力攻势”，并与东盟国家建立了日趋紧密的经贸及其他领域的合作关系。近年来，中日都加大了对东南亚的外交和经贸投入，双方在该地区的竞争愈发明显。中日在东南亚各有优势，政策上各有特点，东盟一直坚持同等重视中日的战略姿态。中日在东南亚的政经博弈来日方长。

第四，中日韩自贸区建设是亚太经合进程中的重要倡议，政经意义重大。2002 年至 2014 年，该自贸协定已经举行了五轮谈判。该自贸协定谈判包含农业、制造业、投资等领域的议题。据三方官产学联合研究报告显示，三国自贸协定的达成将可能给中日韩带来巨大经济利益。但截至目前，三国自贸谈判仍然远远落后于中韩双边自贸谈判。东北亚自贸区的建设面临谈判议题本身、经贸关系、政治和历史因素和外部干扰等一系列棘手的障碍。随着日本宣布加入 TPP 谈判，中日韩自贸区谈判将面临更加严峻的挑战。对中国而言，重视中日韩自贸区建设、推动并签署该自贸协定是稳定外部经贸环境、破解中美博弈困境的战略途径。

第五，新设国际机制是中国顺应时代潮流和亚太新局的必要举措。中国经济崛起引发了越来越显著的国际影响，美日等国基于各自战略思维，采取了实质上防范和围堵中国的战略行动，中国的外部环境，尤其是周边环境面临着新的挑战。新设国际机制是中国冷静应对各种外部挑战、拓展发展空间的重大战略安排。从新开行到亚投行的设立，中国参与对外经合的政策思路日渐清晰，其政经意义显而易见。在中日亚太经合博弈的过程中，这些新设国际机制，尤其是亚投行将发挥前所未有的国际作用。

第8章
结　　论

中日关系变化及其趋向是亚太政经演进的新背景和新变量。究其成因，地区格局的深刻变迁是驱动中日关系变迁的重要条件。在亚太崛起的宏观背景下，中国经济的高速发展、美国亚太再平衡战略的实施及日本“正常化”进程交织在一起，激发了日本抗衡中国的政策冲动，随之动摇了中日关系的根基。究其本质，中日正从竞合型双边关系走向针对彼此的相互博弈的互动新样式。这种相互博弈和制衡的双边关系具有长期性、全面性和危险性的特征。中日博弈表现在双边、地区和全球诸多层面，以及政治、经济、外交、军事等众多领域之上。其中，亚太是中日博弈不可或缺的关键区域，两国亚太政策相互制衡的动因将大大增强。亚太经合是两国政经布局和折冲的重要一环。总体来看，中国面临的亚太经济环境正酝酿着新的发展态势，由此衍生的竞争性和挑战性不言而喻。为了确保和平崛起进程的稳步推进，中国必须直面亚太新局和中日关系的现实，研究并推行一套趋利避害、行之有效、着眼长远的方策。

一、基本结论

中日关系究竟处于何种状态？双边关系的性质发生了什么变化？两大经济体之间的政经博弈将产生什么影响？对亚太经合进程有何意义？基本结论归纳如下：

第一，中日关系业已进入长期紧张、相互抗衡的新阶段。第二次世界大战结束以来，中日关系经历了曲折发展的若干阶段。合则两利，斗则两伤。这是中日关系演进赋予世人的深刻启示。稳定的双边关系符合中日双方整体利益。作为地理相邻的两大经济体，和平共处将大幅增强两国的国际地位，并游刃有余地因应各自的现实挑战。日本的经济复苏，中国的和平发展，在一定程度上离不开相对稳定的中日关系。

然而，中日关系的现实是残酷的，由此衍生的挑战性和危害性不可谓不严峻，可能由此产生的后果和变数亦不得不令人忧虑。至于政治责任，两国官方和民间均各有一套针锋相对的说辞，各有依据指责对方是破坏双边关系的罪魁祸首。无须多言，一旦涉及中日关系，理性思维似乎就迅速让位于情感逻辑了。遍观战后中日关系史，稳定和推进两国关系发展的尝试始终存在诸多重大障碍。历史情仇、现实矛盾、未来预期、内外因素竞相交织，编织了一张制约中日关系发展的巨大障碍网。双边关系中的“点”与“面”相互印证，相互促动，小局主导大局，特定问题往往迅速升级为影响两国关系的全局性问题。中日关系的确是当今国际关系中最复杂、最难处理、也颇具影响的一对双边关系。

影响当今中日关系发展的因素形形色色。但究其根本，日本对中国崛起的猜忌和敌意是引发两国关系动荡和下滑的根源。显然，美国基于维持世界霸权地位而推出的预防性战略，即亚太再平衡战略，当然构成了日本对华政策的重要诱因。或许，阻遏中国只是日本的战略构想之一，最终摆脱美国的长期控制、成为彻彻底底的正常化国家，也是日本难以明示的战略愿景。以此来看，对抗中国可能是日本战略谋划中的重要环节之一。中国因素是日本实施总体战略的便利借口，抗衡中国是美国期待并高度认可、因而可以争取美国让利和支持的政策途径。这是典型的以邻为壑、损人利己的不义之举。两国关系走坏也就顺理成章了。

中国是可以遏制得了的吗？中国崛起进程是可以轻易阻止得了的吗？凭借强硬对抗就可以迫使中国放弃其合法权益吗？稍有政治常识的人都会对答案心知肚明。在中国国力迅速上升的背景下，对抗中国只会面临一个结果，那就是迫使中国予以回击和反制。只要日本不改弦更张，抛弃阻遏中国的战略幻想，停止对抗中国的政策行为，中日关系就没有改善的条件和理由。然而，在美国对华政策的约束下，日本很难丢弃联美抗华的迷思。可以断言，在中国真正崛起（中国实力对日占据压倒性优势、对美具有强大战略威慑能力）之前，日本阻遏中国的政策欲望不会弱化。中日关系事实上已经进入长期抗衡的新阶段。

第二，中日经济博弈具有全球性特征。中日是国际关系中的重要力量，分别是当今世界第二、第三大经济体，两国经济是世界经济版图中的关键构成，两国关系样式无疑具有全球性影响。

“二战”结束以来，日本曾经创造过举世瞩目的经济奇迹，由此归纳而成的所谓“日本模式”，对东亚其他经济体的经济发展带来了重要启示。在随后不断兴起的亚洲四小龙、东盟国家和中国经济奇迹的背后，日本模式及其带头作用不应刻意忽视。

新近中国经济崛起是世界经济史上的又一创举，同时也是西方世界之外的一支新兴崛起力量。中国崛起同样具有显著的全球性意义和影响，发展中国家可以从中获得更多经济发展的启迪。由此看来，中日两国的发展历程、经济实力都是世界经济的重要支撑，是许多国家推动经济发展的参考对象。两国均具不可低估的全球性影响。

同样，在中日关系变化的背景下，两国政经博弈必然是全球性、全方位、多层面、多领域的互动。其中，一个非常突出的原因是，同为东亚国家的两国，在发展模式、经济禀赋等方面具有相当程度的相似性。两国均为外向型经济体，国际市场对两国经济发展至关重要，在能源、矿产等资源需求上，两国均颇为依赖外部市场（日本尤甚）。

以此来看，在国际经济体系中，中日存在较为突出的竞争性。在亚洲、非洲、拉美等新兴市场上，两国经济布局和竞争态势不可避免。必须指出的是，中日全球范围内的经济竞争或博弈属于正常的市场竞争行为，是经济全球化背景下市场行为体的理性行为模式。这与其他经济体的惯常做法并无差别。然而，它又是中日关系变化的反映和折射物。中日关系下滑将极大增加两国经济博弈的强度，同时强化了两国全球经济博弈的政治动因。

第三，亚太是中日博弈的主要地域。作为亚太两大主要经济体，亚太是中日政治经济发展的基本背景，也是它们生存与发展的基本依托。当今世界，亚太已发展为全球政经的核心地带，是全球权力枢纽之一。亚太时代业已降临。在亚太崛起的背景下，大国纷纷调整亚太战略，高度重视亚太地区的政经意义，力求在亚太发展进程中占据有利态势，抢占地区经合主动权，塑造有利于自己的区域经济环境，赢得发展先机，争取最大化的战略利益。

亚太经合新近的发展态势表明，大国博弈是亚太经合演进的重要动因。其中，美日亚太经合新战略逐渐明朗化。建构新的亚太经合机制不仅仅出于纯粹的经济考虑，限制并阻遏中国发展环境的战略意图不能排除。然而，这样的经合战略构想存在诸多不确定性。中国亦是亚太经济难以忽略和排除的强大经济力量，是亚太经合进程不可或缺的一环。在多样性、差异性相当显著的亚太，中国政策工具箱中的应对选项非常丰富，政策回旋余地并不匮乏。中日亚太经合中的博弈必将逐次展开。东亚经合显然是中日博弈的重中之重，两国在东南亚的角逐将日趋激烈。

第四，经济实力与经济发展是决定中日关系最终走向的核心变量。简而言之，中日关系的前景最终将取决于两国的实力对比，美国因素只是一个影响重大的外因。遍观几千年中日关系史，中强日弱既是常态，也是双边关系稳定的基石。近代中日关系破裂的根源在于中国衰落、日本兴起而形成的日强中弱结构。目前，两国关系的强—强格局是历史演进的过渡期，由此衍生的矛盾和对立并不令人奇怪。这样的磨合期将是一个较为长期的过程。归根结底，对于推崇实力的日本而言，恢复中强日弱的双边关系格局是其回归理性、从而确保中日关系稳定的基础。因此，经济发展及其前景是衡量中日关系进程的核心变量。

当今世界，战争形态及其性质已然大变。战争的毁灭性后果是可以预期的。大国间，尤其是核大国之间动用战争手段是不可想象的。中日之间亦然。在经济全球化的深刻影响之下，中日经济已成全球经济体系中相互缠绕的重要环节，两国经济不可分割。另外，随着中国经济不断发展，经济实力和国际竞争力不断增强，除了在劳动密集型产业上继续保持竞争优势之外，在资本和技术密集型产业上与发达国家的差距日趋缩小。在全球市场上，中国正在成为一个越来越强大的竞争者，与日本的经济竞争也会日趋增多。由此来看，经济领域的博弈将是中日关系的基本表现样式。

第五，中日经济关系正处于深刻变迁的新时期。中日经济之间既存在相似性，也存在极大的差异性。就相似点来看，首先，中日两国均是全球化的主要受益者。战后不断推进的全球化进程为日本和中国经济的腾飞均起到了不可或缺的作用。其次，中日发展模式比较类似，即所谓“东亚模式”。该模式最先由日本实施，之后被韩国和中国等东亚国家相继效仿。中日均因“东亚模式”实现了长期高速经济增长。此外，中日之间的传统文化也较为接近。两国均在社会领域强调集体文化，在政治层面强调道德，在经济领域则强调精神价值。这种相似的传统文化被广泛认为对两国经济奇迹起到了推动作用。

随着全球化进程的演进，两国传统文化均在发生部分变化。

中日经济的差异性同样显著。其一，两国在劳动力、资源、土地、国内市场等方面存在巨大差异。中国的劳动力虽在教育程度上稍逊日本，但在人口数量和人口潜力方面远胜日本。中国幅员辽阔，资源丰富，国内市场巨大。这些优势都意味着中国更能“自力更生”，逐步减少对外需的严重依赖以实现经济的持续增长。日本国土狭小，资源缺乏，严重依赖外需。此外，国内市场的狭小则为日本经济的长期复苏埋下隐患。其二，日本作为先发国家仍具极大的先发优势，中国理应借鉴日本的经验教训实现赶超。其三，日本在战后与西方国家之间形成了紧密的经济、安全合作关系，极大地拓展了日本的国际空间。中国则长期受到西方世界的围堵和排挤，这不仅限制了中国的国际政治、安全空间，还阻碍了中国经济的发展。其四，日本发展模式为其战后经济腾飞做出了巨大贡献，但结构性矛盾也阻碍了日本经济的持续发展。中国在改革开放后逐步突破了传统的计划经济体制，并部分借鉴了日本经验。经过长期发展之后，中国政府对既有的经济体制进行了较大规模的改革。目前来看，中日两国均面临经济体制深入改革的重大课题。

当前，中国在宏观经济规模方面已全面超越日本。中国 GDP 总量和进出口贸易额远超日本，人均 GDP、投资和对外援助方面虽与日本存在较大差距，但发展势头迅猛。日本经济则陷于长期停滞状态，在“安倍经济学”刺激下虽有所回温，但长远来看，其与中国在经济发展方面的差距正逐渐缩小，在经济某些环节上已为中国所超越。作为一个成熟经济体，日本在劳动力素质、科技以及资本等生产要素方面有很强的竞争优势。作为一个发展中国家，中国充分利用其后发优势，大量引进外资、人才与技术，实现了跨越式发展。改革开放 30 余年，中国在科技、人才、资本方面已经逼近甚至超越了日本。中国又是一个资源大国、人口大国，在自然资源条件、劳动力数量、市场规模和潜力等方面所具有的先天优势更是日本望尘莫及的。因此，在国际市场上，相较中国，日本正在逐渐失去曾经的竞争优势。诚然，当前日本在某些技术密集型制造业部门和创意文化产业方面仍然具有较强的比较优势，但中国正逐步缩小与日本的差距。

日本在东亚经济合作中曾经一度扮演“盟主”和“领头雁”的角色，目前逐渐为中国取而代之。中国的迅猛发展带动了周边国家的经济增长，推动了周边国家出口贸易发展及基础设施完善。当前的东亚地区秩序正经历着结构性变革，权力中心逐渐由日本向中国转移，中国全面超越日本已成必然趋势。

显然，经济全球化使得中日经济关系愈发紧密，并对两国政治、安全关系产生了部分影响。目前，两国经济相互依赖究竟多大程度上左右了双边关系仍存争议。中日双边关系变化将极有可能深刻影响东北亚自贸区、RCEP 以及 TPP 等区域经合进程。

二、趋势预判

从中长期走势看，中日关系发展中的积极因素乏善可陈，有更多理由对其发展前景感到悲观。2010 年以来，中日关系的政治、社会基础发生动摇，经贸关系也有走低之势，美国推动日本抗衡中国的战略运作趋于公开化和表面化，且有愈演愈烈之势。衡量中日关系的各项指标无不大幅下挫，走低态势已成定局。总体来看，中日关系中的消极因素远超积极因素，两国关系回归钓鱼岛争端爆发前的状态，其可能性并不令人乐观，僵持状态仍将持续下去。着眼未来，在中日实力对比彻底倾斜之前，或曰中国真正崛起之前，两国关系将始终充满不确定性，其间必有波折反复，间或有短暂和好，但亦有进一步下探的空间和可能。总之，中日关系的本质难以根本扭转，中国需要做好对日持久博弈的心理和政策准备。

第一，政治层面：中日关系的政治基础动摇。中日现实矛盾很难化解。钓鱼岛主权已演化为两国执政合法性和民族尊严的政治符号。中日政府让步余地不大，两国民意也不允许政府妥协后退。当今，日本社会的和平力量大幅消退，社会思潮趋向激进，政治右倾化日趋明显。这样的日本缺乏客观对待历史旧业的动力。历史问题仍将是中日关系中的一大持久障碍。日本的错误历史观很难纠正，对华态度亦难以改变。基于遏制中国和国家正常化的战略需要，日方需要政治借口（中国威胁），需要外交冲突（中日对抗）。此举是吸引并利用美国、拉拢周边特定国家、塑造国内政治生态、引导国内民意的政治算计。未达目的，日方不会善罢甘休。即便没有钓鱼岛争端、历史问题，日本也会制造冲突性议题和挑衅性事件，干扰并制衡中国。究其根源，不愿意理性接受中国崛起是根本原因。

第二，社会层面：双边关系的社会基础大幅削弱。建交之后，中日政府通过官方协议解决了双边关系发展的诸多重大障碍。然而，普通民众之间相互认知中的基本问题并未得到重视和解决。中国民众在战争中遭受的骇人听闻的苦难并未获得物质赔偿和精神抚慰，施害者的历史罪责并未彻底清算。民意是国际关系的基础，它直接影响对外认知和对外政策。第二次世界大战结束近70年、中日建交40余年了，中日关系的社会基础仍显脆弱。当今，日方肆无忌惮否定侵略历史的言行此起彼伏，无疑大幅加剧了中国民间的对日反感和恶感。日本国内以中国为假想敌的新民族主义市场巨大，且发展迅速。两国民间相互认知已达历史低谷，深陷恶性循环怪圈，恶性互动之势加剧，中日关系的社会基础更趋薄弱。两国政治外交关系的稳定和发展因此受到民意的巨大牵制。

第三，军事层面：潜在军事碰撞是中日关系恶化的重大隐患。中日正在全球、地区、双边层面展开互动性制衡，甚或不惜战略互损。日本积极编织国际反华联盟、诋毁中国国家形象的姿态不会收敛，只会强化。日本及其靠山将中国视为潜在敌国和作战对象，强化美日军事同盟关系，并大力扩充军备，调整针对中国的军力部署，酝酿修改和平宪法，对中国的安全挑战越来越大。中方不能不做出预防性回应，强化军力建设、加强军事斗争准备是顺理成章的政策选项。可以预期的是，围绕钓鱼岛主权归属斗争而频繁展开的海空对峙似有持续升级之势，偶发性冲突事件不能排除。一旦发生有意或无意的军事冲突，两国关系将会急剧恶化。

第四，潜在隐患：中日关系尚存其他重大隐患和爆点。在台独、藏独、疆独、南海等事关中国核心利益的问题上，日本通常唯美国马首是瞻，但基于两国强劲的经贸关系，其言其行尚算克制。若日方将遏制中国的战略构想付诸实际行动，将上述问题作为打压和削弱中国的战略筹码，中日关系的冷战局面将难以避免。日方在这些问题上的态度和行为，是衡量中日关系可能走向的重要指标。

第五，经济层面：可能降温的经贸关系将会削弱中日关系的政治基础。建交以来，在不同时段，中日矛盾、分歧总是层出不穷，并严重阻碍双边关系的稳定发展。然而，两国基本上能够维持斗而不破的局面。究其原因，双边经济关系的持续发展以及两国经济相互依赖关系的不断增强，构成了中日关系的强大联系纽带和共同利益基础，成为抵消政治外交关系恶化的减压阀和缓冲器。高水平的经济关系是中日关系稳定的重要物质基础。然而，新近中日政治关系的严重倒退正在不可避免地冲击两国经济关系，政经分离似乎也逐渐失去了存在的前提条件。经济关系弱化必将反过来削弱两国政治外交关系的基础。

第六，外部因素：美国对华战略的本质不会轻易更改，中日关系将面临美国的巨大牵制。战后，中日关系与中美关系密切关联。美日同盟是深刻影响日本内政外交政策的重大成因，日本对华政策在相当程度上受制于美国的亚太战略框架。当今世界，美国对外战略的根本目标是维持其全球霸权地位。在国际金融危机冲击之下，美国和西方世界经济发展遭遇严峻考验，实力相对下降。与此同时，以中国为代表的新兴国家则呈现出强劲增长势头，综合实力迅速上升。既有的国际政经版图已被快速改写。基于现实主义政治思维，美国将中国视为其霸权的最大潜在威胁。阻遏中国崛起是美国恐惧霸权旁落的必然反应（即便中国对世界霸权毫无兴趣）。美国的亚太再平衡战略实质上就是针对中国、阻遏中国崛起。

为此，美国动员其传统的盟友网络，希冀在中国周边编织一张庞大的战略威慑之网。这一构想与日本的对华认知和战略意图高度契合。在阻遏中国方面，两者拥有类似的诉求，可谓一拍即合。因此，在自身国力相对下降、阻遏战略成本不断攀升的情况下，鼓动日本摆脱国内法律约束，推动日本扩军备战，激励日本强硬对抗中国，不过是美国维系自身霸权地位的战略手段而已。

中日关系维持持续紧张态势对美国的亚太（东亚）霸权是有战略好处的。中日两强相争，美国从中得利。美国此举至少可以大幅增加其在东亚军事存在的吸引力，提高自身的战略价值，同时削弱东亚一体化的动能，延迟中国（或日本）主导地区事务的进程，从而凸现和延续自身的霸主地位。以此来看，美国打压中国的战略谋划不会轻易放弃。中日关系中的美国因素将是负面的、消极的、非建设性的外部变量。

有鉴于此，中短期来看，抗衡与博弈将是中日关系的常态。其中，经济层面是两国激烈博弈的基本领域。亚太，尤其是东亚经合则是两国博弈的重点场合。

第一，美日会不断强化亚太经合政策协调。中国崛起是美日地区政策协调的共同动因。在战略安全领域，美日两国已经推出了针对中国的一系列具体举措，力图形成战略威慑中国的地区态势。在亚太经合层面，为了最终实现美日共同主导亚太经济环境的战略目标，阻遏中国经济影响力的海外辐射，美日将会加强亚太经合中的战略协调。美日 TPP 谈判及其发展态势值得密切关注。

第二，日本会加大与中国在东亚博弈的力度。东亚是亚太政经核心之一，是中日高度敏感的博弈场。随着中国综合实力的不断提升，日本在东亚的传统影响力迅速下降。目前，两国在东亚的影响力相对均衡，各有自身优势，在行为方式上也各有特点。但从发展趋势看，日本的地区影响力将会不断下行，中国则在崛起大势之下逐渐成为东亚核心国家。有鉴于此，日本东亚经合政策中的中国因素将日渐明显，抗衡与阻遏中国的地区领导权是日本东亚政策的显著动因。

第三，东南亚是中日东亚战略博弈的支点。东南亚地缘位置险要，其资源禀赋、市场、海道对东北亚国家而言不可或缺，是中日政经博弈的必争之地。冷战结束之后，东盟已发展成为一支不可忽视的重要力量。对日本而言，它要维持与东盟国家的传统关系，视之为牵制中国、走向世界政治大国的必要环节。对中国而言，东南亚攸关南部海域安全，是中国连接外部世界的重要纽带。良好的中国—东盟关系也是破解美日制衡中国的基本途径。争取东盟乃是中日博弈的核心一环。

第四，中日经合领域的博弈可能加剧。经合机制是发挥国际影响力、推行对外战略的良好平台。在各种地区经合机制中，日本业已取得先机，在亚洲的金融、投资等合作领域较有优势，并据此深刻影响着地区经济发展，促进了与亚洲国家的关系。21 世纪以来，中国在对外经贸合作方面取得了前所未有的成就，但在至关重要的金融、投资等区域性合作机制上仍然缺乏必要的影响力。这是中国对外投资、推动地区经合进程、提高对外影响力的一块短板。未来，中国必须通过参与、重塑、建构等方式迅速提高主要经合领域中的话语权和主导权。新开发银行和亚投行的设立是中国主动出击、创建对外政策工具和操作平台的重大战略行动。这对日本无疑是个挑战。两国因此展开的竞争必将非常激烈。

三、政策思考

中国崛起不会一帆风顺。中日关系变化只是该进程的一段插曲。对中国而言，中日关系走坏不一定全然都是坏事。日本的敌意和对抗是中国崛起的试金石和磨刀石，是中国深化改革开放、推动经济发展、强化国家凝聚力、提高国家治理和对外交往能力的催化剂和动力源。然而，也不能忽视中日关系变动和亚太新局带来的潜在冲击和挑战。为此，我们需要站在战略高度审视之，客观理性研究之，冷静高效应对之。

第一，从和平发展战略高度思考和因应中日关系变化。外部压力加大，对外矛盾增多，外部环境更趋复杂，这是新时期中国外交不得不面临的新常态。虽然全球和周边环境已经发生巨大变化，但中国尚未具备足够实力，也没有必要去改造它。适应并积极争取一个相对稳定的外部环境仍是中国崛起进程提出的要求。改革开放以来，中国取得的重大成就是坚持全球化发展战略的结果，也是与现有国际体系紧密互动的产物。即便这是西方世界建构并主导的国际体系，但与中国的经济发展和总体战略并不相互排斥。两者之间存在广泛的共同利益，是一种相互补充、相互融合、相互竞合的新型关系模式。中国崛起仍需时日，仍需一段较长的战略机遇期。继续尊重现有国际秩序符合中国国家利益。在大国博弈加剧的新形势下，中国仍应站在和平发展的战略高度，审视并处理与主要大国之间的复杂关系。

其一，中日关系应置于中美关系框架下审视。中美关系是中日关系发展的重要背景。美国因素事实上是日本对华政策的重大诱因。美国阻遏中国的战略意图是必然的，它利用日本对抗中国的战略手段也是不可避免的。然而，美国的战略谋划必定考虑到战略压迫中国的限度。常理看来，与中国战略摊牌并发生直接对撞可能面对灾难性，甚至毁灭性的后果，对美国的既有霸权利益也极为不利。美国制华是其霸权心态的自然反应，但两国并非没有回旋的余地。中美关系总体稳定的前景还是可以争取和期待的。只要中美关系相对稳定，中日关系总体上就是可控、可预期的。因此，中国有必要加大与美合作力度，尽可能推进和落实中美新型大国关系的发展。

其二，稳定的中日关系仍是中国崛起不应放弃的外部条件。日本对华敌视性政策既是两国实力对比失衡的结果，也是日本长久对华优越感逐渐丧失的情感反应。在东亚格局剧变、中日实力逆转的背景下，日本歇斯底里的反华情绪和举动并不令人惊讶。对于日渐强大的中国，日本需要一段较长的心理适应期和政策磨合期。中国应有足够的战略定力和战略自信，从容面对日本的敌意和干扰。从发展趋势看，东亚回归到以中国为中心的地区格局是不可阻挡的趋向。时间似乎对中国更为有利。在此之前，稳定的中日关系应是中国积极追求的政策目标。这样的中日关系既是东亚局势的稳定器，也是中国和平发展之所需。然而，推进这样的政策目标需要行之有效的政策手段。

其三，对等反制是争取周边稳定的重要策略。对日坚持原则是必然之举，是促使日方回归理性、进而稳定两国关系的不二选项。改革开放之后，中国将经济发展视为国家战略的基石，对外战略的基本目标是积极寻求和平稳定的国际环境，尤其是周边环境。在这个过程中，低姿态外交是中国对外交往的重要策略。改革开放前30年，该政策取向使得中国能够集中精力于经济发展这个中心任务之上，为中国争取了数十年稳定的周边环境，对中国经济发展的意义不可低估。然而，任何事情都有两面性。此举带来的政策弊端是，周边国家已经习惯了中国的战略克制和低姿态外交，对中国作为一个主权国家而采取的正常对外行为（如海上维权）难以适应和接受，由此引发了许多矛盾和争端。

中国决策层必须认识到，国际关系是权力取向的互动关系。在新的外部环境下，一个显而易见的事实是，无论中国说什么、做什么，无论怎么重申和平发展理念，展示寻求和平友好善意，美日等国皆会置之不理，仍将试图压制和阻遏中国。事实表明，中国崛起已是不争的事实，曾经的外交模式似乎不合时宜，可能不再适应于新形势下的中外关系。一味顾全大局、一味韬光养晦以维持周边相对稳定环境的时期恐一去不复返了。

客观而言，中国有延续该外交战略的内在要求和政治意愿，但中国崛起的事实和美日等国步步紧逼的战略施压改变了该战略存在的前提条件。中国对外政策调整是外部推动的、不以自身意志为转移的刺激—反应式行为。无须讳言，在新的外部形势下，对于若干国家而言，低姿态换不来理解和尊重，克制和退让换不来好感和友好，经贸让利同样换不来政治善意，一厢情愿的言行更换不来同情和理解。和平稳定的国际环境不是中国单方面努力就可以实现的，也不是以中国主权受侵、权益受损、外交退让、民众受气为条件来实现的。和平稳定需要合作，也需要斗争。以此观之，搁置争议、掩盖矛盾以争取时空的策略既难取信于人，也难以切实维护中国的合法权益。在这种情况下，作为一个世界性大国，中国除了行使一个主权国家应有的外交职责、使用正常的外交方式之外，别无他途。对待日本亦如此。

日本是一个敬重权力、欺软怕硬的国家。对日妥协将助长其政治野心，对日让步将鼓励其坚持错误理念和行为，冷静应对、对等反制、以牙还牙是迫使其认清历史大势、制止其遏华意图和行为的有效行动方略。然而，其目的不是为了打倒日本，而是力求稳定中日关系、阻遏日本可能的铤而走险。这有益于中国的长远发展利益，符合中国整体战略要求。

其四，适度实施经济制裁是反制日本的重要手段。在经济全球化时代，中日在国际经济体系中的地位和作用均非常突出，两国经济禀赋各异，竞争优势和劣势较为明显。与此同时，两国也有许多相似的经济特性：均为出口导向型经济体，外部经贸环境意义非凡，两国不同程度地依赖外部资源和市场，均创造过或正在创造举世瞩目的经济奇迹。经济全球化某种程度上是影响双边关系的重要背景，并在国家间关系中极大降低了经济制裁使用的可能性。“政冷经热”现象可能就是经济全球化的产物。政经分离和经济对抗是中日关系变化下两国相互抗衡的潜在政策选项。两者利弊兼具，不可不察也。就现实而言，中国经济正处转型升级关键期，在若干高端技术和制造领域似乎难以轻易与日本脱钩。从政治视角审视，在中日关系出现破裂和急剧恶化的情况下，不能排除发起某种范围和程度经济战的可能性。经济制裁显然是反制日本右倾化、打击其反华气焰的有力武器。但从经济角度看，实施对日经济制裁尚需相当长的准备期，不宜贸然行事。在使用经济斗争工具过程中，要力求政策的精细化，努力避免粗放式政策行为。日本经济界并非铁板一块，对华态度也相差悬殊。对日经济斗争的首要目标应该是那些站在日本政治右倾化阵营的日企。

第二，对内改革，对外开放，着力提高综合国力。实力决定一切。在国际关系中，中国日趋强大意味着对世界政经更大的贡献率，合作伙伴和朋友更多，外交手段更加丰富，对外战略的回旋余地更大。同样，决定中日关系演进的核心变量是两国实力对比。日本敌视中国的根本原因是中国整体实力超越了日本。超越同样是解决中日矛盾的钥匙，化解日本对华心结的要点是彻彻底底超越它。中国真正崛起之时，中日之间存在的诸多矛盾可能就会迎刃而解。因此，坚持改革开放之国策，延续中国高速发展的势头，大力提高综合国力，是对日斗争的硬道理。

具体而言，加速产业转型升级，提高经济质量和国家竞争力，是中国始终不渝的战略任务。基于中日博弈考虑，强化科技创新和高端技术的竞争力，弥补产业短板和经济结构缺陷，迅速缩小与日本之间的产业差距，降低对日产品和技术的依赖性，是预防中日潜在经济对抗的必要政策安排。在这个方面，中国仍有巨大差距和发展空间。

第三，推行全方位对外经合战略，构建稳定外部经贸环境。经济竞争是中日博弈的关键环节。鉴于两国经济发展的诸多共性，全球性、区域性经济布局与竞争在所难免。日本的优势在于与美国的盟友关系和强大的金融、技术和经合经验，中国的优势则是市场潜力和发展趋势。不言而喻，各个层面的经济竞争是中日博弈的基本方式。破解日本及其盟主美国的经合布局对中国潜在挑战的政策途径，在于加强经济外交，积极影响全球，尤其是中亚太经合进程，塑造对中国经济发展有利的外部环境。

其一，实施双边 FTA 战略，化解美日经济布局的冲击。双边 FTA 战略是应对潜在多边经贸机制挑战的重要手段。中国可以在亚洲、欧洲、非洲、拉美等区域挑选互利共赢、经济互补的伙伴，推动 FTA 的全球布局，大力优化中国的海外经贸环境，抵消亚太经合的潜在挑战。在东北亚，尽快正式签署中韩双边自贸区协定，加快中日韩三国自贸区进程。

其二，加强与区外主要经济体的经济联系，缓解亚太经合的潜在挑战。中国是全球许多主要经济体的主要贸易伙伴，相互依赖的程度不断提高。稳定并促进与这些区外经济体的经济联系，不断深化互惠互利关系，努力形成可持续发展的良好局面，这是化解亚太可能面临的潜在经贸风险的有效途径。

其三，积极参与亚太各个层面的经贸合作，增加中国的话语权。在亚太经合进程中，中国应该奉行既有的开放性姿态。中国应有充分的自信，没有中国参与的任何亚太经合机制将是不完整的，也是没有前途的。及早表明经济参与的政策姿态，有助于厘清特定经合机制的性质，也有益于中国尽可能影响该机制的发展进程。

其四，融入并力图重塑既有经合机制，使之更多反映中国利益诉求。作为一个现有国际经济体系的后来者和一个新近崛起的经济大国，中国在全球、亚太、东亚经合机制中的地位和影响力尚处初级阶段。这不利于中国对外政经布局，也不能反映中国不断增强的经济实力。积极争取在布雷顿森林体系中的应得地位，改革不合理、不公正的国际经济秩序是包括中国在内的许多新兴国家的共同愿望。改革是渐进的，但其趋向必须逐渐反映中国的利益诉求。

其五，适当新设以中国为主导的经合机制。国际经合机制是促进经济发展、塑造良好外部经贸环境、提高经济影响力的重要安排。在当今国际经济体系下，适当新设以我为主的经合机制，作为中国对外战略和地区经合的重要平台，为中国的对外合作服务，与此同时，以此促使既有国际经合机制尊重中国的权益和合理诉求。亚洲基础设施投资银行、金砖国家开发银行的建立开启了中国影响国际经济体系、寻求促进自身政经利益政策空间的新篇章。此举政经意义极为重大。未来，必须加快新开行和亚投行的建设步伐，使之成为值得国际社会信服、多方共赢的多边金融机制，为中国进一步融入世界、拓展海外发展空间、创建良好的政策操作平台发挥示范效应，并打下扎实基础。

第四，深化与东盟国家的关系是中国立足亚太的关键环节。东南亚是美日阻遏中国的关键环节，也是其遏华战略实施的短板。大力强化中国一东盟关系是因应美日亚太布局的重点。

其一，坚持视东盟为中国周边外交的优先方向。东南亚对中国和平崛起意义非凡。中国的东盟政策应被置于东亚，乃至亚太的宏大背景下加以考虑。支持东盟的发展和壮大，支持东盟在东亚合作中继续发挥主导作用，符合中国周边战略利益。经合仍是中国一东盟关系的主线。创造共同利益并合理分配，提升相互经济依存度，是未来对东盟工作的主要思路。

其二，高调支持东盟共同体建设。东盟经济共同体可能是我国经济融合东盟的重要机遇。因此，在政治外交层面要高调支持东盟经济共同体建设，在东盟经济共同体基础性项目中寻找合作机会，推动东盟内部及其与中国互联互通，协助东盟建成并如期建成经济共同体。在这个过程中，积极推进和深化中国一东盟经济整合。在自由贸易区的基础上，加强与东盟的协调合作，利用自由贸易区的机制优势，推进国内产业升级和对东南亚的产业转移，打造好中国一东盟自贸区升级版。

其三，加快落实“10 +3”宏观经济研究办公室国际化进程。东亚国家特别是东盟国家有在区域层面加强金融和货币秩序的强烈政治意愿。中国应因势利导，加强与东盟国家的政策协调，尽快形成东亚层面的金融和货币合作，落实好“10 +3”宏观经济研究办公室国际化进程，并使其发挥应有作用，在充满不确定性的全球经济环境下为保护东盟以及本地区的稳定、增长和繁荣贡献力量。

其四，加强与东盟国家政府部门的多边和双边联通机制。中国同东盟国家可在旅游、信息通讯、基础设施建设、农业、人力资源开发、相互投资、财经、湄公河流域开发等重点领域开展合作。与东盟国家的相关职能部门形成政策交流和协调的定期联通机制，是推动与东盟国家经济关系的重要手段。

其五，支持并推进东盟倡导的 RCEP 进程。在美国推行亚太再平衡战略和组建 TPP 的背景下，中国有必要依据东盟的战略要求和安排，在地区合作进程中发挥积极作用，推动 RCEP 的谈判进程，争取早日达成协议。

综上所述，中日关系变动有影响和挑战，但中国不可妄自菲薄、故步自封，亦不可因国力日趋强大而不可一世、傲视群雄。中国发展道路漫长，应继续有条件地保持战略克制，尽量稳定中日关系，为和平崛起创造尽可能持久的战略机遇期。坚持并深化改革开放，进一步增强综合国力，是中国解决内外难题的法宝。在这个过程中，中国要直面并富有智慧地审视和应对亚太新局，推出兼具针对性和前瞻性的组合对策，化解亚太经合环境演进可能带来的潜在风险。只要坚持和平发展道路，保持战略定力，实施积极、灵活、全方位的对外方略，任何阻遏中国崛起的企图都难以得逞，中日关系亦将迎来新的局面。

参考文献

一、著作与报告

【美】安德鲁·戈登：《日本的起起落落：从德川幕府到现代》，李朝津译，广西师范大学出版社，2008年版。

【美】狄百瑞：《亚洲价值与人权：儒家社群主义的视角》，社会科学文献出版社，2012年版。

【美】汉斯·摩根索：《国家间政治：权力斗争与和平》，徐昕、郝望、李保平译，北京大学出版社，2006年版。

【日】《福泽谕吉全集》第十卷，岩波书店，1961年版。

【日】毛里和子：《中日关系：从战后走向新时代》，徐显芬译，社会科学文献出版社，2009年版。

经济合作与发展组织、联合国粮食及农业组织：《2013—2022年农业展望》，中国农业科学技术出版社，2013年第1版。

李寒梅：《日本民族主义形态研究》，商务印书馆，2012年版。

梁云祥：《日本外交与中日关系》，世界知识出版社，2012年版。

刘江永：《中日关系二十讲》，中国人民大学出版社，2007年版。

马凯硕：《亚洲人会思考吗?》，韦民译，海南出版社、三环出版社，2005年版。

阮宗泽：《中国崛起与东亚国际秩序的转型：共有利益的塑造与拓展》，北京大学出版社，2007年版。

沈予：《日本大陆政策史（1868—1945）》，社会科学文献出版社，2005年版。

盛运来主编：《中国统计年鉴2013》，中国统计出版社，2013年版。

王缉思、李侃如：《中美战略互疑：解析与应对》，北京大学国际战略研究中心 & 布鲁金斯学会，2012年3月。

王星宇：《冷战后日本政治思潮研究》，世界知识出版社，2012年版。

王仲春：《联合国维持和平行动与中国的贡献》，中国联合国协会出版社，2012年版。

徐志民：《战后日本人的战争责任研究》，社会科学文献出版社，2012年版。

张小明：《美国与东亚关系导论》，北京大学出版社，2011年版。

中国国防白皮书：《中国武装力量的多样化运用》，2013年。

中国国际战略学会与军控与裁军研究中心：《当代国际维和行动》，军事谊文出版社，2006年版。

中国国务院发展研究中心（DRC）、日本贸易振兴机构（JETRO）、韩国国际经济政策研究所（KIEP）：《中日韩自由贸易区可行性联合研究报告》，中华人民共和国商务部，2011年12月。

周强武主编：《2013年世界与中国经济研究（上）》，中国财政经济出版社，2014年版。

Bert, Wayne, *The United States, China and Southeast Asian Security: A Changing of the Guard?* New York: Palgrave Macmillan, 2003.

BOP Consulting, *Mapping the Creative Industries: A Toolkit*, British Council 2010 Creative Economy Unit, 2010.

Bromley, Mark, Mathieu Duchâtel and Paul Holtom, *China's Exports of Small Arms and Light Weapons*, Stockholm International Peace Research Institute (SIPRI), Solna, Sweden, October 2013.

Buzan, Barry and Ole Wæver, *Regions and Powers: The Structure of International Security*, UK: Cambridge University Press, 2003.

Chanlett - Avery, Emma and Ian E. Rinehart, *The U. S. - Japan Alliance*, Congressional Research Service, December 12, 2013.

Chufrin, Gennady (ed.), *East Asia between Regionalism and Globalism*, Singapore: ISEAS, 2006.

Collins, Alan, *The Security Dilemmas of Southeast Asia*, Singapore: ISEAS, 2000.

Deloitte Touche Tohmatsu and U. S. Council on Competitiveness, 2013 *Global Manufacturing Competitiveness Index*, 2012. Available at: http://www.deloitte.com/assets/Dcom - United-States/Local%20Assets/Documents/us_pip_GMCI_11292012.pdf.

Dent, Christopher M., *New Free Trade Agreements in the Asia - Pacific*, New York: Palgrave Macmillan, 2006.

Digital Vector, "Global Animation Industry: Strategies, Trends and Opportunities," Available at: http://s3.amazonaws.com/zanran_storage/www.proexport.com.co/ContentPages/2557544255.pdf.

Emmers, Ralf, *Cooperative Security and the Balance of Power in ASEAN and the ARF*, London and New York: RoutledgeCurzon, 2003.

Flick, Keith, E. and Kalyan M. Kemburi (eds.), *ASEAN - China Free Trade Area: Challenges, Opportunities and the Road Ahead*, Singapore: S. Rajaratnam School of International Studies, 2012.

Hanauer, Larry and Lyle. J. Morris, *Chinese Engagement in Africa: drivers, reactions, and implications for U. S. policy*, The RAND Corporation, 2014.

Inter – American Development Bank, *Japan and Latin America and the Caribbean: building a sustainable trans – pacific Relationship*, Inter – American Development Bank (IDB), Nov. 2013.

Inter – American Development Bank, *Ten Years After the Take – off: Taking Stock of China – Latin America and the Caribbean Economic Relations*, Inter – American Development Bank, October 2010.

Kendall, Harry H. and Clara Jpewono (eds.), *Japan, ASEAN, and the United States*, The Regents of the University of California, 1991.

Lam, Peng Er and Victor Teo (eds.), *Southeast Asia between China and Japan*, London: Cambridge Scholars Publishing, 2012.

Leifer, Michael, *Singapore's Foreign Policy: Coping with vulnerability*, London: Routledge, 2000.

Lostumbo, Michael, et al. , *Overseas Basing of U. S. Military Forces: an assessment of relative costs and strategic benefits*, The RAND Corporation, 2013.

Maswood, S. Javed (ed.), *Japan and East Asian Regionalism*, London and New York: Routledge, 2001.

McCloud, Donald G. , *System and Process in Southeast Asia: The Evolution of a Region*, Westview Press, 1986.

Ministry of Foreign Affairs of Japan, *Japan's Official Development Assistance White Paper* 2013, Ministry of Foreign Affairs of Japan, Tokyo, Japan, February 2014.

Ministry of Land, Infrastructure, Transport and Tourism, *White Paper on Land, Infrastructure, Transport and Tourism in Japan, 2012*, available at: http: //www. mlit. go. jp/english/white – paper/2012. pdf.

Ministry of Trade and Industry of Japan, *The white paper on international trade* 2003, Ministry of Trade and Industry of Japan, Tokyo, Japan, 2003.

RAND Corporation, *Pacific Currents: the responses of U. S. allies and security partners in East Asia to China's rise*, RAND Corporation, Santa Monica, CA, 2008.

Shinn, David H. , et al. , *China and Africa: A Century of Engagement*, Chatham House, 2012.

Subramanian, Arvind, *Eclipse: living in shadow of China's economic dominance*, Peterson Institute for International Economics, September 2011.

Swaine, Michael, et al. , *China's Military & the U. S. – Japan Alliance in* 2030, Washington, DC: Carnegie Endowment for International Peace, 2013.

Tan, Andrew T. H. , *Southeast Asia: threats in the security environment*, Singapore: Marshall Cavendish International, 2006.

Tay, Simon, Jesus Estanislao and Hadi Soesastro (eds.), *A New ASEAN in a New Millennium*, Jakarta: Centre for Strategic and International Studies, 2000.

Wezeman, Peter D. , Siemon T. Wezeman and Lucie Béraud – Sudreau, *Arms Flows to Sub – Saharan Africa*, Stockholm International Peace Research Institute, Solna, Sweden, December 2011.

Wolf Jr. , Charles, Wang Xiao and Eric Warner, *China's Foreign Aid and Government – Sponsored Investment Activities*, RAND Corporation, SANTA MONICA, CA, 2013.

World Economic Forum, *The Global Competitiveness Report 2013 –2014.*

Yoshida, Tadahiro, *East Asia Regionalism and Japan*, APEC Study Center, Institute of Developing Economies, JETRO, March 2004.

二、文章

【日】鸠山由纪夫:《对亚洲的新承诺: 为了实现东亚共同体构想》, 2009 年 11 月 15 日, 在新加坡国际关系研究院 (RSIS) 发表的政策演说。

【日】西口清胜:“东亚共同体的构筑与日本的战略”,《南洋资料译丛》, 2006 年第 6 期。

【日】小泉纯一郎:《东亚的日本与东盟: 构筑坦诚相见的伙伴关系》。http: //mil. news. sina. com. cn/2002 –01 –15/50951. html。

【英】莱斯 · 詹金斯:“拉丁美洲与中国: 一种新的依附关系?”,《国外理论动态》, 2014 年第 2 期。

FT 中文网:《中国强则“金砖”强》。http: //www. ftchinese. com/story/001049687。

Shoichi Itoh:“东北亚能源安全: 美日联盟的关键时刻 (上)”,《世界新能源简讯》, 2014 年第 2 期。

财新网:《日本农业改革危与机》。http: //international. caixin. com/2014 –02 –05/100635708. html。

财新网:《中韩自贸协定料先于中日韩自贸协定达成》。http: //international. caixin. com/2014 –07 –03/100699033. html。

曹云华:“在大国间周旋: 评东盟的大国平衡战略”,《暨南学报》(哲学社会版), 2003 年第 3 期。

查道炯:“冷战后日本对华政策的变化与中国的对策”,《当代亚太》, 2004 年第 11 期。

陈峰君:“东亚模式的争议与我见”,《教学与研究》, 2001 年 2 月。

陈懋修：《中国与拉美关系评估》。http：//carnegietsinghua. org/2012/11/19/% E4% B8% AD% E5% 9B% BD% E4% B8% 8E% E6% 8B% 89% E7% BE% 8E% E5% 85% B3% E7% B3% BB% E8% AF% 84% E4% BC% B0/frix。

陈志敏："伙伴战略：世纪之交中国的现实理想主义外交战略"，《太平洋学报》，1999 年第 3 期。

陈忠："民族主义视点与中日关系"，《上海大学学报（社会科学版）》，2006 年第 4 期。

代帆："中日在菲律宾的软实力比较研究"，《世界经济与政治论坛》，2014 年第 2 期。

丁斗："中日经济关系的相互依存及其敏感性问题"，《太平洋学报》，2005 年第 7 期。

范黎波、屠新泉："中国应对贸易摩擦增的策略"，《宏观经济研究》，2005 年第 8 期。

冯玉军："上海合作组织的战略定位与发展方向"，《现代国际关系》，2006 年第 11 期。

冯昭奎："国际政治环境变化与中日关系"，《世界经济与政治》，2006 年第 6 期。

甘峰："'亲美入亚'与冷战后日本亚太战略选择"，《浙江大学学报》（人文社会科学版），2001 年第 4 期。

龚迎春："中日东海海洋争端的进展和现状"，《中国海洋法学评论》，2010 年第 2 期。

国际货币基金组织对外关系部：《基金组织执董会批准对份额和治理进行全面改革》，国际货币基金组织，美国华盛顿特区，2010 年 11 月 5 日。

国史网：《中国的多边外交与上海合作组织》。http：//www. hprc. org. cn/gsyj/wjs/dfbj/200909/t20090916_31479. html。

贺平、沈陈："RCEP 与中国的亚太 FTA 战略"，《国际问题研究》，2013 年第 3 期。

胡鞍钢："中日两国各类战略资源与比较优势比较"，《学习时报》，2005 年 9 月 26 日。

吉田涉、永泽毅、阿部哲也：《中日角力东南亚》。http：//cn. nikkei. com/politicsaeconomy/politicsasociety/6723 –20131010. html。

季卫东："日本重归"，《财经年刊——2008：预测与战略》，2008 年。

金熙德："日本对华 ODA 的演变与中日关系"，《现代国际关系》，2006 年第 11 期。

金熙德："日本联合国外交的定位与演变"，《世界经济与政治》，2005 年第 5 期。

金熙德："战后日本经济外交的作用及其演变"，《日本学刊》，1995 年第 4 期。

金熙德："中日'政冷经热'现象探析"，《日本学刊》，2004 年第 5 期。

康德瑰："中日应克服三大认知差异"，《东方早报》，2013 年 12 月 12 日。

蓝庆新、郑学党："中国文化产业国际竞争力评价及策略研究：基于 2010 年横截面数据的分析"，《财经问题研究》，2012 年 3 月。

李兴："论上海合作组织的发展前途：基于中俄战略构想比较分析的视角"，《东北亚论坛》，2009 年第 1 期。

李因才："日印关系由谁掌舵？"，《世界知识》，2013 年第 12 期。

梁文兴："联合国安理会改革与中共立场之研究"，《复兴岗学报》，第 87 期，2006 年

9 月。

梁云祥、王秀丽："从日本社会调查看中国的软实力及其对中日关系的影响"，《国外社会科学》，2012 年第 5 期。

梁云祥："日本政治右倾化与中日关系"，《国际政治研究》，2014 年第 2 期。

林毅夫："后发优势与后发劣势：与杨小凯教授商榷"，《经济学》（季刊），2002 年第 4 期。

林毅夫："要素禀赋比较优势与经济发展"，《中国改革》，1999 年第 8 期。

刘昌明、庞春恩："从双边主义到多边主义：中国与东亚关系的新模式"，《山东大学学报》（哲学社会科学版），2007 年第 5 期。

刘华："调门虽高，投入有限：财政困境下的'安倍军事学'"，《国际战略研究简报》，2014 年第 7 期。

刘建超："'一带一路'建设是亚洲国家的共同事业"，《光明日报》，2014 年 5 月 28 日。

刘江永："论日本对外战略的发展"，《日本问题》，1986 年第 1 期。

刘江永："世界格局演变与中日关系"，《日本研究》，2009 年第 4 期。

刘世龙："战后日本的亚太战略选择"，《日本学刊》，2000 年第 3 期。

刘长敏："中美战略对话机制的发展及其解析：守成大国与新兴大国关系新探索"，《现代国际关系》，2008 年第 7 期。

门洪华："压力、认知与国际形象：关于中国参与国际制度战略的历史解释"，《世界经济与政治》，2005 年第 4 期。

门洪华："中国外交哲学的演变"，《教学与研究》，2005 年第 4 期。

庞中英："中国的亚洲战略：灵活的多边主义"，《世界经济与政治》，2001 年第 10 期。

祁斌：《我们需要一个什么样的资本市场：未来十年中国经济的转型与突破》。http：//www. cf40. org. cn/plus/view. php？aid = 7452。

日经中文网：《中日韩自贸区谈判的攻与防》。http：//cn. nikkei. com/politicsaeconomy/economic – policy/5155 – 20130327. html（2013. 3. 27）。

时永明："东亚区域合作与中日关系"，《和平与发展》，2012 年第 4 期。

苏长和："发现新中国外交：多边国际制度与中国外交新思维"，《世界经济与政治》，2005 年第 4 期。

王光亚：《王光亚大使在第 60 届联大审议安理会改革问题时的发言》，http：//www. china – un. org/chn/ldhy/ld60/t220920. htm。

王京滨："中日软实力实证分析：对大阪产业大学大学生问卷调查结果的考证"，《世界经济与政治》，2007 年第 7 期。

王景荣："东盟看中国"，《财经年刊——2008：预测与战略》，2008 年。

王平："日本 ODA 政策的形成、演变及前瞻"，《日本学刊》，2008 年第 3 期。

王巧荣：“论20世纪90年代中国的伙伴关系外交”，《形势与政策》，2006年第2期。

王晓蓉：“中国应对TPP的对策：研究前沿与论争焦点”，中国社会科学院亚太与全球战略研究院，2013年。

王新生：“冲突与合作：未来十年的中日关系”，《国际政治研究》，2014年第2期。

王玉主：“中日之争与东亚合作：以“10+3”、“10+6”为主的分析”，《创新》，2010年第3期。

魏民：“中日韩自贸区谈判与中国的应对”，《当代世界》，2013年第5期。

巫宁耕：“东亚模式的缺陷与革新”，《经济学家》，1998年第6期。

西蒙·芒迪：“Zambian workers alienated by cultural and linguistic divide”，*Financial Times*，http：//www.ftchinese.com/story/001036651/ce。2011年1月25日。

谢超：“实力变化对中日关系的影响：基于大国关系定量衡量的分析”，《国际政治科学》，2013年第3期。

谢世清：“中国与世界银行合作30周年评述”，《宏观经济研究》，2011年第2期。

徐万胜：“论日美同盟与中日关系”，《国际问题研究》，2006年第4期。

徐万胜：“论中日关系机制化建设”，《日本学刊》，2013年第1期。

徐万胜：“政党体制转型与日本对外政策”，《外交评论》，2012年第6期。

英国《金融时报》：《中日角力转至非洲》，FT中文网。http：//www.ftchinese.com/story/001054478。

游博：“冷战后日本政党格局变化及对中日关系的影响”，《日本学论坛》，2006年第2期。

喻常森：“东盟地区论坛的目标及大国的立场”，《东南亚研究》，2004年第4期。

袁神、吴庆悦：“中国与日本软实力比较：基于软实力系统构建的视角”，《亚太经济》，2010年第6期。

张琦：《如何对待敏感产业：中国已签署自贸区协议对中日韩FTA的启示》，http：//www.drcnet.com.cn/eDRCnet.common.web/docview.aspx？leafid=21199&docid=1446994&version=integrated.

张锡镇：“东盟的大国均势战略”，《国际政治研究》，1999年第2期。

张晓玉：“东盟对亚太大国关系的制衡”，《当代亚太》，1995年第1期。

张瑶华：“日本在中国南海问题上扮演的角色”，《国际问题研究》，2011年第3期。

张蕴岭：“哪一种大东亚？”，《财经年刊——2008：预测与战略》，2008年。

章前明、方柏华：“战后日本的亚洲政策探析”，《当代亚太》，1995年第6期。

赵华胜：“中俄关系中的上海合作组织”，《和平与发展》，2010年第2期。

赵瑾：“应对贸易摩擦的国际经验和中国选择”，《国际经济评论》，2004年第5期。

赵可金：“硬外交、软着陆：试论中国外交新思维的形成与影响”，《国际观察》，2005年第5期。

赵长峰、左祥云：《TPP：中美之较量——中国的视角（工作文件）》。http：//www. docin. com/p－715531497. html。

郑启荣、孙洁琬："论世纪之交的中国多边外交"，《当代中国史研究》，2001年第6期。

中国金融新闻网：《从金砖国家开发银行到亚投行，国际金融舞台上"中国声音"日渐响亮》。http：//www. financialnews. com. cn/gj/gjyw/201405/t20140508_55164. html。

中国日报网站：《2013年中日关系舆论调查研究报告》。http：//www. chinadaily. com. cn/hqzx/2013－08/05/content_16872036. htm。

中国网：《郑永年：中国崛起要求民族心理转型》。http：//www. china. com. cn/international/txt/2008－05/07/content_15092441. htm。

周玉渊："认识大国：中国与日本在东南亚的软实力比较研究"，《东南亚研究》，2012年第6期。

竺彩华："东亚经济合作何去何从？——从中美日经济实力消长谈起"，《外交评论》，2012年第1期。

庄芮、方领："基于国际竞争力比较的中日韩服务贸易谈判问题探析"，《国际贸易问题》，2013年第9期。

卓南生：《安倍参拜"军神"后看日本的舆论诱导与外交》。联合早报网：http：//www. zaobao. com/forum/expert/zhuo－nan－sheng/story20140120－301532。

A. T. Kearney,"The 2014 A. T. Kearney Foreign Direct Investment Confidence Index: Ready for Takeoff,"http://www. atkearney. com/documents/10192/4572735/Ready＋for＋Takeoff＋－＋FDICI＋2014. pdf/e921968a－5bfe－4860－ac51－10ec5c396e95.

Allison,Graham,"China Doesn't Belong in the BRICS",Belfer Center for Science and International Affairs, Kennedy School of Government, Harvard University, 2013. http://belfercenter. ksg. harvard. edu/publication/22906/china_doesnt_belong_in_the_brics. html。

Asian Development Bank,"Members,"http://www. adb. org/about/ members(2014).

Australian Government Department of Foreign Affairs and Trade,"Regional Comprehensive Economic Partnership negotiations",http://www. dfat. gov. au/fta/rcep/(2014).

Bergsten,C. Fred,"China and Economic Integration in East Asia: Implications for the United States",Peterson Institute for International Economics,March 2007.

Browne,Morjorie Ann and Luisa Blanchfield,"United Nations Regular Budget Contributions: members compared,1990－2010",Congressional Research Service,January 15,2013.

Cameron,Fraser,"The European Union as a Model for Regional Integration",The Council on Foreign Relations(CFR),September 2010.

Castro,Renato De,"China and Japan in maritime Southeast Asia: extending their geo－strategic rivalry by competing for friends",*Philippine Political Science Journal*,vol. 34,no. 2,2013.

Chanlett – Avery, Emma, et al. , "Sino – Japanese Relations: Issue for U. S. policy," Congressional Research Service, 2008.

Christensen, Thomas J. and James Swan, "China in Africa: Implications for U. S. Policy", http://2001 – 2009. state. gov/p/eap/rls/rm/2008/06/105556. htm.

Clinton, Hillary, "America's Pacific Century", *Foreign Policy*, November 2011.

Condon, Madison, "China in Africa: what the policy of nonintervention adds to the western development dilemma", *The Fletcher Journal of Human Security*, vol. XXVII, 2012.

Cooper, William H. , "Free Trade Agreements: Impact on U. S. Trade and Implications for U. S. Trade Policy", Congressional Research Service, February 26, 2014.

Cooper, William H. and Mark E. Manyin, "Japan Joins the Trans – Pacific Partnership: what are the implications?" Congressional Research Service, August 13, 2013.

Cornelissen, Scarlett, "Japan's Role in Africa: principle, pragmatism and partnership", Center for Chinese Studies, Stellenbosch, South Africa, 2012.

Davis, Lynn E. , "Globalization's Security Implication," RAND, 2003.

Donilon, Thomas E. , "Statesmen's Forum: The Honorable Thomas E. Donilon, U. S. National Security Advisor: President Obama's Asia Policy and Upcoming Trip to the Region", http://csis. org/event/statesmens – forum – honorable – thomas – e – donilon – us – national – security – advisor.

Ellington, Lucien, "Learning from the Japanese Economy," *The National Clearinghouse for U. S. – Japan Studies*, Bloomington, IN, September 2004.

Feigenbaum Evan A. and Robert A. Manning, "The United States in the New Asia", The Council on Foreign Relations (CFR), November 2009.

Fergusson, Ian F. , et al. , "The Trans – Pacific Partnership (TPP) Negotiations and Issues for Congress", Congressional Research Service, December 13, 2013.

Frost, Frank, "Australia's proposal for an 'Asia Pacific Community': issues and prospects", Department of Parliamentary Services, Parliament of Australia, December 2009.

Fukagawa, Yukiko, "Rebuilding Japan's International Competitiveness and Developing Global Human Resources: From the Perspective of Competition with South Korea and China," 2011 – 2012 JIIA Research Project: Policies Needed to Ensure Japan's International Competitiveness.

Funabashi, Toichi, "The Asianization of Asia", *Foreign Affairs*, vol. 72, no. 5, November/December 1993.

Godement, Francois, "the End of Non – interference?" European Council On Foreign Relations (ECFR), 2013.

Guo, Kai and Papa N'Diaye, "Is China's Export – Oriented Growth Sustainable?" International Monetary Fund, August 2009.

Gurría, Angel, "Japan and the OECD: Celebrating 50 years of progress", http://www.oecdobserver.org/news/fullstory.php/aid/4313/Japan_and_the_OECD.html(2014).

Hatoyama, Yukio, "Japan: Shifting Away from American - led Globalization", *New Perspectives Quarterly*, vol. 27, no. 1, 2010.

Hatoyama, Yukio, "My Political Philosophy", Tokyo: *Voice*, September Issue, Aug. 10th, 2009.

Hoshi, Takeo and Anil Kashyap, "Why Did Japan Stop Growing?" the National Institute for Research Advancement(NIRA), January 21, 2011.

http://www.financialnews.com.cn/gj/gjyw/201405/t20140508_55164.html.

Huang, Yukon, "Courting Asia: China's maritime silk route vs America's pivot", http://carnegieendowment.org/2014/04/25/courting - asia - china - s - maritime - silk - route - vs - america - s - pivot/h93c.

IMF, "Globalization: A Brief Overview", http://www.imf.org/external/np/exr/ib/2008/053008.htm

IMF, "IMF Members' Quotas and Voting Power, and IMF Board of Governors", http://www.imf.org/external/np/sec/memdir/members.aspx

IMF, "IMF Quotas", http://www.imf.org/external/np/exr/facts/quotas.htm.

International Comparison Program(ICP), "Purchasing Power Parities and Real Expenditures of World Economies: Summary of Results and Findings of the 2011 International Comparison Program," International Bank for Reconstruction and Development / The World Bank, Washington DC, 2014.

Itoh, Motoshige, "Thinking about an East Asian Community," NIRA Report Strengthening Regional Cooperation in East Asia, 2010, available at: http://www.nira.or.jp/pdf/1001_1english_report.pdf.

Iwilade, Akin, "Has the Rise of China in Africa made Democratisation Less Likely?" ACCORD, 2014.

Iyasu, Alula A., "China's Non - Interference Policy and Growing African Concerns". http://africanarguments.org/2013/07/18/china%E2%80%99s - non - interference - policy - and - growing - african - concerns/.

Japan External Trade Organization(JETRO), "Japanese Trade and Investment Statistics", http://www.jetro.go.jp/en/reports/statistics/(2014).

JETRO, "Survey: Analysis of Japan - China Trade in 2013 and Outlook for 2014", https://www.jetro.go.jp/en/news/releases/20140228009 - news.

Kan, Naoto, "Japan: Prime Minister Naoto Kan marks the 50th anniversary of the OECD", http://www.oecd.org/general/japanprimeministernaotokanmarksthe50thanniversaryoftheoecd.htm.

Katz, Ricahard, "Mutual Assured Production: why trade will limit conflict between China and Japan," *Foreign Affairs*, 07/08 2013.

Kim, Jae Cheol, "Competition among China, Japan and Korea to Woo ASEAN", http://asianintegration.org/index.php?option=com_content&task=view&id=38&Itemid=26.

Kurlantzick, Joshua, "ASEAN's Future and Asian Integration", The Council on Foreign Relations (CFR), November 2012.

Lee, Ho-Chul and Mary P. McNulty, "East Asia's Dynamic Development Model and the Republic of Korea's Experiences," The World Bank, March 2003.

Lim, Daniel Yew Mao and James Raymond Vreeland, "Regional Organizations and International Politics: Japanese Influence over the Asian Development Bank and the UN Security Council", *World Politics*, vol. 65, no. 1, January 2013.

Meltzer, Joshua, "The Significance of the Trans-Pacific Partnership for the United States", http://www.brookings.edu/research/testimony/2012/05/16-us-trade-strategy-meltzer.

Ministry of Commerce (China), "Statistics of FDI in China in January - December 2013", http://english.mofcom.gov.cn/article/statistic/foreigninvestment/201402/20140200498911.shtml

Ministry of Defense, "Defense Programs and Budget of Japan: Overview of FY2014 Budget," available at: http://www.mod.go.jp/e/d_budget/pdf/260130.pdf.

Ministry of Economy, Trade and Industry, "EPA/FTA/IIA", http://www.meti.go.jp/policy/trade_policy/epa/english.html.

Ministry of Foreign Affairs of Japan, "An Argument for Japan's Becoming Permanent Member". http://www.mofa.go.jp/policy/q_a/faq5.html.

Ministry of Foreign Affairs of Japan, "Japan's contribution to United Nations peacekeeping operations", Ministry of Foreign Affairs of Japan (2014).

Ministry of Trade & Industry (Singapore), "Factsheet on the RCEP", Ministry of Trade & Industry, Singapore, November 2012.

Moreno, Albert Luis, "The Decade of Latin America and the Caribbean: a real opportunity", Inter-American Development Bank, New York Avenue, N. W., 2011.

Morrison, Waye. M., "China's Economic Rise: History, Trends, Challenges, and Implications for the United States," Congressional Research Service, July 9, 2014.

Morrissey, Oliver, "Conditionality and Aid Effectiveness Re-evaluated", *The World Economy*, vol. 27, no. 2, February 2004.

Munakata, Naoko, "Evolution of Japan's Policy toward Economic Integration", The Brookings Institution, December 2001.

Nelson, Rebecca M. and Martin A. Weiss, "IMF Reforms: issues for congress", Congressional

Research Service, March 11, 2014.

Noguchi, Yukio, "The 1940 System: Japan under the wartime economy," *The American Economic Review*, May 1998.

Office of the Historian, Bureau of Public Affairs, United States Department of State, "Occupation and Reconstruction of Japan, 1945 – 52", http://history.state.gov/milestones/1945—1952/japan – reconstruction(2014).

Office of the United States Trade Representative, "Overview of the Trans Pacific Partnership", http://www.ustr.gov/tpp/overview – of – the – TPP(2014).

Orr, Robert M. Jr, "Collaboration or Conflict? Foreign Aid and U. S. – Japan Relations," *Pacific Affairs*, Winter 1989—1990.

Overholt, William H., "China and Globalization," RAND Corporation, Santa Monica, CA, May 2005.

Overholt, William H., "Japan's Economy, at War with Itself," *Foreign Affairs*, Jan/Feb 2002.

Palley, Thomas I., "The Rise and Fall of Export – led Growth," The Levy Economics Institute, Annandale – on – Hudson, NY, July 2011.

Riew, John, "Japan's Comparative Advantages in Global Market," available at: http://www.cirje.e.u – tokyo.ac.jp/research/workshops/micro/documents/micro1024.pdf.

Samuels, Richard, "Japan's Grand Strategies: Past and Future," http://web.mit.edu/ssp/seminars/wed_archives06fall/samuels.htm.

Schoff, James L., "Transformation of the U. S. – Japan Alliance", *the Fletcher Forum of World Affairs*, vol. 31, winter 2007.

Song, Guoyou and Yuan Wen Jin, "China's Free Trade Agreement Strategies", *The Washington Quarterly*, vol. 34, no. 5, Fall 2012.

Stiglitz, Joseph E., "Some Lessons from the East Asian Miracle," *The World Bank Research Observer*, vol. 11, no. 2, August 1996.

Sy, Amadou, "Japan in Africa: A Rising Sun?" http://www.brookings.edu/blogs/africa – in – focus/posts/2014/01/13 – japan – in – africa – sy.

Tanaka, Hitoshi and Adam P. Liff, "Japan's Foreign Policy and East Asian Regionalism", The Council on Foreign Relations(CFR), December 2009.

The Central Intelligence Agency, "International organization participation", https://www.cia.gov/library/publications/the – world – factbook/fields/2107.html#ch(2014).

The Department of Foreign Affairs and Trade, Australia, "Trans – Pacific Partnership Agreement", Australia, 2014.

The Observatory of Economic Complexity, "Export destinations of The Philippines(1995)", http://atlas. media. mit. edu/explore/tree_map/hs/export/phl/show/all/1995/(2014).

The Observatory of Economic Complexity, "Import origins of The Philippines(2012)", http://atlas. media. mit. edu/explore/tree_map/hs/import/phl/show/all/2012/(2014).

The Observatory of Economic Complexity, MIT, "Japan," http://atlas. media. mit. edu/profile/country/jpn/(2014).

The Singapore Department of Statistics, "External Trade (Yearbook)", http://www. singstat. gov. sg/statistics/browse_by_theme/trade. html(2014).

The World Bank and Development Research Center of the State Council, the People's Republic of China, "China 2030: building a modern, harmonious, and creative high - income society," The World Bank, Washington DC, 2012.

The World Bank, "The East Asian Miracle: Economic Growth and Public Policy," The World Bank, Washington, D. C., 1993.

Tiezzi, Shannon, "Africa: China and Japan's next battleground?" http://thediplomat. com/2014/01/africa - china - and - japans - next - battleground/.

Tull, Denis M., "China's Engagement in Africa: scope, signicance and consequences", *The Journal of Modern African Studies*, vol. 44, no. 3, September 2006.

U. S. Energy Information Administration, "China, U. S. Energy Information Administration", http://www. eia. gov/countries/cab. cfm? fips = CH.

UNDP, "Human Development Index trends, 1980 - 2013", http://hdr. undp. org/en/content/table - 2 - human - development - index - trends - 1980—2013(2014).

United States House Committee on Ways and Means, "TPP benefits of japan's participation", http://www. google. com. hk/url? sa = t&rct = j&q = &esrc = s&source = web&cd = 1&ved = 0CBoQFjAA&url = http% 3A% 2F% 2Fdemocrats. waysandmeans. house. gov% 2Fsites% 2Fdemocrats. waysandmeans. house. gov% 2Ffiles% 2FTPP% 2520Benefits% 2520of% 2520Japan's% 2520Participation_0. pdf&ei = hcLVU8zFL.

Wade, Abdoulaye, "Time for the west to practise what it preaches", http://www. ft. com/intl/cms/s/0/5d347f88 - c897 - 11dc - 94a6 - 0000779fd2ac. html#axzz33kE9wYsF

Wang, Jian - ye and Abdoulaye Bio - Tchané, "Africa's Burgeoning Ties with China: maximizing the benefits of China's increasing economic engagement with Africa", *Finance and Development*, vol. 45, no. 1, March 2008.

Wen, JinYuan and Melissa Murphy, "Regional Monetary Cooperation in East Asia: Should the United States Be Concerned?" the Center for Strategic and International, November 2010.

Yang, Lijun and Lim Chee Kia, "Hatoyama's East Asian Community and Sino - Japanese Relations," East Asian Policy, available at: http://www. eai. nus. edu. sg/Vol2No1_YangLijun&LimCheeKia. pdf.

Yoon, Chang - In, "Comparative Advantage of the Services and Manufacturing Industries of a Korea, China and Japan and Implication of its FTA Policy," 2006, Available at: http://faculty. washington. edu/karyiu/confer/seoul06/papers/yoon - kim. pdf.

Zakaria, Fareed, "Culture Is Destiny: a conversation with Lee Kuan Yew," *Foreign Affairs*, vol. 73, no. 2, 1994.

三、网站

世界知识产权组织网站：http：//www. wipo. int/

世界经济论坛网站：http：//www. weforum. org/

世界贸易组织网站：http：//www. wto. org/index. htm

世界银行网站：http：//www. worldbank. org. cn/

东盟秘书处网站：http：//www. asean. org/

中华人民共和国农业部网站：http：//www. moa. gov. cn/

中华人民共和国商务部网站：http：//www. mofcom. gov. cn/

中华人民共和国国家统计局网站：http：//www. stats. gov. cn/

中华人民共和国国防部网站：http：//www. mod. gov. cn/

中华人民共和国外交部网站：http：//www. fmprc. gov. cn/mfa_chn/

中华人民共和国教育部网站：http：//www. moe. gov. cn/

中华人民共和国财政部网站：http：//www. mof. gov. cn/

中国国务院发展研究中心（DRC）：http：//www. drc. gov. cn/

中国国家外汇管理局网站：http：//www. safe. gov. cn/

中国国际问题研究所：http：//www. ciis. org. cn/gyzz/

中国金融 40 人论坛：http：//www. cf40. org. cn/

亚洲开发银行网站：http：//www. adb. org/

国际比较项目（ICP）网站：http：//icp. worldbank. org/

国际货币基金组织网站：http：//www. imf. org/

拉丁美洲和加勒比经济委员会网站：http：//www. cepal. org/default. asp？idioma = IN

斯德哥尔摩国际和平研究所（SIPRI）网站：http：//www. sipri. org/

新加坡统计局网站：http：//www. singstat. gov. sg/

日本农林水产省网站：http：//www. maff. go. jp/

日本国土交通省网站：http：//www. mlit. go. jp/

日本外务省网站：http：//www. mofa. go. jp/

日本文部科学省网站：http：//www. mext. go. jp/

日本经济产业省网站：http：//www. meti. go. jp/

日本贸易振兴机构（JETRO）网站：http：//www. jetro. go. jp/

日本防卫省网站：http：//www. mod. go. jp/

澳大利亚外交贸易部网站：http：//www. dfat. gov. au/

经济合作与发展组织网站：http：//www. oecd. org/

美国中央情报局网站：https：//www. cia. gov/index. html

美国企业研究所网站：http：//www. aei. org/

美国传统基金会网站：http：//www. heritage. org/

美国兰德公司（RAND）：http：//www. rand. org/

美国卡内基国际和平基金会网站：http：//carnegieendowment. org/

美国国会研究处网站：http：//www. crs. gov/

美国国务院网站：http：//history. state. gov/

美国国际战略研究中心（CSIS）网站：http：//csis. org/

美国布鲁金斯学会网站：http：//www. brookings. edu/

美国彼得森国际经济研究所网站：http：//www. piie. com/

美国白宫网站：http：//www. whitehouse. gov/

美国科学家联盟网站：http：//fas. org/

美国能源情报署网站：http：//www. eia. gov/

美国贸易代表办公室网站：http：//www. ustr. gov/

美国麻省理工学院经济复杂性瞭望台（The Observatory of Economic Complexity）网站：http：//atlas. media. mit. edu/

美洲开发银行网站：http：//www. iadb. org/

联合国开发计划署网站：http：//www. undp. org/content/undp/en/home. html

联合国教科文组织网站：http：//www. unesco. org/

联合国粮食与农业组织网站：http：//www. fao. org/

联合国统计司网站：http：//unstats. un. org/

联合国网站：http：//www. un. org/

后　记

本书是财政部亚太中心 2014 年重点课题研究成果。近年来，亚太环境发生了重大变化，中国周边局势似乎也进入多事之秋。不言而喻，中国崛起和美国亚太再平衡战略的推行是亚太局势演绎相互关联的重要诱因。与此同时，作为两个举足轻重的亚洲大国，中日关系也随之持续下滑，无可挽回地步入竞争性超越合作性的磨合期和困难期。这将是一个长期的转型过程。在中国崛起关键期，中日关系新样式产生的影响不可忽视。如何在中日关系新常态下争取较长时间的战略机遇期，构建有益于我国经济发展的良好外部政经环境，是我们必须思考的重要问题。有鉴于此，财政部亚太中心精心策划并构思了本书的主题。

然而，这又是一个颇具难度的研究对象。研究中日关系问题的国内外学者甚多，其中不乏如数家珍的能手，所提出的相关见解也是形形色色。在这种学术背景下，如何在研究上取得一定的突破，显然极为困难。与此同时，反复性是中日关系发展中的一大特色。如何客观衡量其发展趋向存在诸多不确定性。此外，本课题聚焦于中日关系的变化及其在亚太经合进程中的博弈，但相关细节性文献相当匮乏。这对于深度揭示两国经合博弈而言是个巨大挑战。

本书对中日关系的发展历程做了较为详细的梳理，重点考察了该关系的现状，并对其演进趋向做了评估。在国际环境深刻变化的背景下，中日关系进入困难的转型期不可避免。这是不以我们意志而转移的客观现实。中日新的互动关系体现在诸多层面和领域之上。经济博弈是其中至关重要的环节，其中，亚太经合博弈更是两国对外政策的必争之地。着眼于长远，我们需不断加强对中日关系演变及其给东亚乃至整个亚太带来影响的战略性和前瞻性研究，从中发现规律，提出破解之策。在处理对日关系上，中国要有足够的自信，在对抗中寻求合作，在合作中保持警醒，努力在两国互动中占据优势。

必须强调的是，本书最终顺利完稿并交付出版，得益于诸多相关人士的积极关注和鼎力帮助。感谢财政部亚太中心的胡振虎、帅扬，他们对本课题的主题定位、相关研讨会的举办贡献良多，也感谢亚太中心其他人员为本课题完成贡献了心力。感谢北京大学国际关系学院的李玉、王缉思、贾庆国、杨保筠、李寒梅、尚会鹏、王逸舟、许振洲、查道炯、张海滨、梁云祥、王勇、韩华、范士明、吴强、初晓波、潘荣英等老师，中国社会科学院亚太与全球战略研究院的许利平研究员，以及日本新潟大学法学部的中国问题专家真水康树教授，诸位在日常交流和相关学术研讨中答疑解惑，发表了许多真知灼见，作者从中受益匪浅。感谢北京大学国际关系学院的王龙林、艾鹏两位研究生，在文献搜集与梳理、框架设计、前期创作等阶段，两位付出了艰苦且卓有成效的努力，表现出过硬的学术素养和不可低估的研究潜能。北大资源中学的韦心月同学发现并纠正了若干差错。最后，感谢外交部提出的宝贵修改意见，使得本书的分析和看法更趋客观合理。一言以蔽之，没有诸君的支持和奉献，就没有本课题的顺利完成和本书的推出。

时间紧，任务重，是本课题从始至终面临的挑战。鉴于作者能力所限，其中肯定存在不当不周之处。敬请读者诸君海涵并不吝赐教。

作者

2015 年 12 月 28 日